Elizabeth R. Zetzel

Die Fähigkeit
zu emotionalem
Wachstum
Ernst Klett Verlag
Stuttgart

W0071216

Aus dem Englischen übersetzt von
Gudrun Theusner-Stampa
Die Originalausgabe erschien unter dem Titel
»The Capacity for Emotional Growth«
in The International Psycho-Analytical Library
bei The Hogarth Press and the Institute of Psycho-Analysis, London
© Elizabeth R. Zetzel
Über alle Rechte der deutschen Ausgabe verfügt der
Ernst Klett Verlag, Stuttgart
Fotomechanische Wiedergabe nur mit Genehmigung des Verlages
Einbandgestaltung und Typographie: Heinz Edelmann
Gesamtherstellung: Graphische Werkstätten Kösel, Kempten
Printed in Germany 1974
ISBN 3-12-908890-3

Inhalt

In bezug auf die relative Bedeutung innerer und äußerer Faktoren für Wachstum und Entwicklung des Individuums hat es immer viele Fragen gegeben – und es wird sie weiterhin geben. Die Forschung der jüngsten Zeit hat die Bedeutung äußerer Reize und komplexer Beziehungen, sowohl befriedigender als auch frustrierender Art, für die Auslösung positiver Anpassungsbemühungen zur Bemeisterung der inneren und äußeren Realität hervorgehoben. Wie wir in späteren Kapiteln ausführlicher erklären werden, gipfelt die Kindheitsentwicklung in der Erkenntnis, daß die in ödipalen Phantasien ausgedrückten inneren Wünsche mit der bereits in Beziehungen zu je einem Elternteil integrierten realen Zuneigung zu beiden Eltern unvereinbar sind. Für die reife Lösung dieses wichtigen Konflikts sind nicht nur Furcht und Haß Voraussetzung, sondern auch Liebe und Vertrauen.

Ähnliche Überlegungen kann man in bezug auf die Ausbildung und spätere Entwicklung spezifischer Interessengebiete und ihre Bedeutung für die Berufswahl und -laufbahn anstellen. Ein scheinbarer Interessenkonflikt war z. B. eine wesentliche Determinante meiner anfänglichen Motivation, psychoanalytische Erkenntnisse in den Beruf des klinischen Psychiaters zu integrieren. Dieser Konflikt wurde verschärft durch den Umstand, daß meine analytische Ausbildung im wesentlichen abgeschlossen war, bevor ich meine medizinische Ausbildung beendet hatte. Ich ging also mit der unausgesprochenen Annahme an die Psychiatrie heran, psychoanalytisches Wissen sei eine angemessene Vorbereitung für die Beurteilung von Patienten aus dem Gesamtbereich der klinischen Psychiatrie. Es stellte sich aber heraus, daß diese Annahme im Lauf meiner Psychiatrie-Ausbildung am Maudsley Hospital erheblich modifiziert werden mußte.

Diese Ausbildung fand weitgehend in dem Jahr vor dem Ausbruch des Zweiten Weltkrieges statt. Daher war ich qualifiziert, während der folgenden sechs Jahre als Psychiaterin im Emergency Medical Service und bei den Streitkräften zu dienen. Einerseits wurde dadurch meine Analytiker-Laufbahn erheblich unterbrochen. Andererseits wurde ich in meinem Interesse bestärkt, psychoanalytische Kenntnisse bei der Beurteilung und Behandlung hunderter neurotischer Soldaten anzuwenden. Meine Erfahrungen in diesen Jahren festigten meine Überzeugung vom Wert der psychoanalytischen Theorie als Grundlage für das Verstehen vieler psychiatrischer Probleme. Ich wurde so auch der signifikanten Unterschiede zwischen Patienten gewahr, die offensichtlich zur Gruppe der Übertragungsneurotiker gehörten, und anderen, deren Charakterstruktur oder Symptomatik auf tieferliegende Schwierigkeiten hinwiesen.

Aus diesen Gründen wandte ich nach dem Ende des Zweiten Weltkriegs am wiederhergestellten Psychiatrie-Institut des Maudsley-Hospitals weiterhin analytische Kenntnisse an. Zugleich nahm ich die psychoanalytische Praxis wieder auf, und ich wurde zum Assistant Director der Londoner Psychoanalyse-Klinik ernannt. Vor meiner Rückkehr nach Amerika im Jahr 1949 hielt ich mehrere Vorlesungen am Londoner Institut für Psychoanalyse.

Ich weiß die Tatsache zu würdigen, daß das vorliegende Buch unter den Auspizien der Internationalen Psychoanalytischen Bibliothek und der International Universities Press erscheint. Wenn ich auch zwei Drittel meines Berufslebens in den USA zugebracht habe, werden meine Wurzeln doch immer in London bleiben, wo ich sowohl meine analytische als auch meine psychiatrische Ausbildung bekommen habe. Ich möchte daher bekennen, daß ich mein Leben lang dem verstorbenen Ernest Jones zu Dank verpflichtet sein werde, der mich in die Psychoanalyse eingeführt hat, ebenso dem verstorbenen Eric Guttman, der als erster mein erweitertes Interesse für die klinische Psychiatrie angeregt hat. Die Hilfe, die mir Dr. Donald Winnicott hat zukommen lassen, weiß ich sehr zu schätzen. Daß ich mir über die Bedeutung früher Objektbeziehungen klar geworden bin, verdanke ich der Gelegenheit, in seiner Klinik am Paddington Green Hospital zu arbeiten. Ich schulde ihm auch Dank für die Ermutigung bei der Veröffentlichung dieses Buches.

Ich möchte ebenfalls Mr. Masud Khan meinen Dank für seine unschätzbare Hilfe aussprechen, desgleichen Mr. Joseph Sandler, dem Herausgeber des »International Journal of Psycho-Analysis«. Ich bin ihm besonders dankbar dafür, daß er mir Mr. Albert Dickson als Redaktionsassistenten empfohlen hat. Während der Endredaktion des Manuskripts war mir Mr. Dickson eine unschätzbare Hilfe. Ich schulde ihm ebenfalls Dank für die Erstellung des Registers. Schließlich möchte ich meinem Mann, Dr. Louis Zetzel, für seine Hilfe und Ermutigung bei jedem Aspekt meiner Berufslaufbahn Dank sagen.

I

**Psychoanalyse
und Psychiatrie**

In den Pionierjahren Freuds war seine Beschäftigung mit psychotischen Erkrankungen im wesentlichen ein Versuch, die in der klinischen Psychoanalyse und in der Traumdeutung gemachten Entdeckungen auf die manifeste Symptomatik psychotischer Patienten anzuwenden. Sein wichtigster Beitrag auf diesem Gebiet stammte, wie bekannt, nicht aus dem direkten Kontakt mit Kranken. Vielmehr untersuchte er die Aufzeichnungen eines

1
Einführung

psychotischen Patienten etwa in der gleichen Weise, wie er an Mythologie und Literatur heranging. Sein Konzept vom Narzißmus und seine Auffassung von Trauer und Melancholie beruhten zwar auf bestimmten klinischen Beobachtungen; sie stammten aber nicht aus der Behandlung von Patienten mit psychotischen Störungen.

In der Frühzeit der psychoanalytischen Bewegung bemühte sich Abraham am ernsthaftesten um einen Zugang zu einer großen Vielfalt von geistig-seelischen Erkrankungen unter dem Blickwinkel der Psychoanalyse. Seine Beiträge zu diesem Thema sind immer noch von entscheidender Bedeutung. Insbesondere sein Versuch, zwischen verschiedenen Stufen der Libidoentwicklung und charakteristischen Arten von Objektbeziehungen eine Beziehung herzustellen, bestimmte viele Jahre lang die Bemühungen der Psychoanalytiker um eine Klassifikation der Geisteskrankheiten. Mein eigener Zugang zur Psychose wurde während meiner psychoanalytischen Ausbildung von einer derartigen Orientierung geprägt. Zu dieser Zeit bekam ich außerdem den Eindruck, die psychoanalytische Theorie biete ein angemessenes Werkzeug für die Diagnose und Beurteilung aller Patienten der Psychiatrie. Die damals für Medizinstudenten vorgeschriebenen Lehrveranstaltungen in Psychiatrie beschränkten sich auf zehn formelle Demonstrationen in einer typischen staatlichen Klinik. Daher hatte ich, abgesehen von meinen eigenen analytischen Kontrollfällen, etwas angereichert durch Krankenvorstellungen bei klinischen Konferenzen, vor dem Beginn meiner psychiatrischen Ausbildung im Jahr 1938 keinen Kontakt mit Psychiatrie-Patienten gehabt. Es ist also leicht zu verstehen, daß diese sehr einseitige Ausbildung mich bei meiner anfänglichen Beurteilung der Patienten auf den Stationen des Maudsley-Hospitals unvermeidlich zu schweren Fehlern führte.

Daß ich diese Lage bald erkannte, geht daraus hervor, wie ich mich heute, nach mehr als fünfundzwanzig Jahren, noch an die ersten Fälle erinnere, die mir anvertraut wurden. Einer von ihnen ist ein Kurzbeispiel für einen Mißbrauch der Psychoanalyse, wie er selbst heute noch zu schweren Fehlern in der Beurteilung der Kriterien für die Empfehlung von Psychoanalyse und verwandten Psychotherapiemethoden führt.

Die Patientin war ein junges Mädchen, das in einem Zustand äußerster Unruhe eingeliefert wurde. Sie forderte immer sowohl Befriedigung als auch Durchsetzung ihrer eigenen Vorstellungen; vor kurzem hatte sie einen heftigen Streit mit ihren Eltern über einen Freund gehabt. Da sie sich immer mehr unvereinbaren Realitäten konfrontiert sah, wurde sie verwirrt, von Ressentiment erfüllt und wütend; schließlich beschuldigte sie ihre Eltern, sie schmiedeten ein Komplott gegen sie. Diese Symptome hatten bei der Einlieferung zu einer Diagnose mutmaßlicher akuter Schizophrenie geführt. Ein paar Tage später jedoch, als ich sie zum erstenmal sah, waren die Symptome, mit denen sie eingeliefert worden war, im wesentlichen verschwunden. Sie konnte mir also einen klaren und zusammenhängenden Bericht über ihre Erlebnisse der jüngsten Zeit geben, wobei keine Anzeichen von psychotischen Denkweisen auftraten. Ihre Hauptkonflikte schienen zudem fast ausschließlich auf der ödipalen Stufe zu liegen. Ich tat deshalb ihre in jüngster Zeit eingetretene Dekompensation als vorübergehend und übertrieben ab und kam zu dem Schluß, sie sei im Grunde neurotisch. Da ihre Symptomatik für eine Fixierung auf der ödipalen Stufe sprach, fiel sie unter die psychoanalytische Klassifikation der Hyterie. Diese Diagnose ließ eine Behandlungsweise angezeigt erscheinen – Psychoanalyse.

Obwohl ihre rasche Besserung einige Fragen aufkommen ließ, wurde die Therapie durch die anfängliche Diagnose bestimmt – Behandlung mit Insulinschocks. Während der folgenden Wochen wurde aus der ziemlich attraktiven jungen Frau ein runder, wabbeliger Fettkloß. In ihrem seelisch-geistigen oder emotionalen Zustand war kein entsprechendes Wachstum zu entdecken. Wahrscheinlich war diese Patientin weder akut schizophren noch im strengen Sinn neurotisch. Traditionelle Psychoanalyse hätte genauso wenig wie die Schockbehandlung ihre therapeutischen Bedürfnisse erfüllt. Ich möchte anmerken, daß physikalische Behandlungsmethoden wie psychologische erheblich mißbraucht worden sind, während die Bereiche ihrer therapeutischen Wirksamkeit noch erforscht werden müssen.

Diese Erfahrung machte mich als erste auf mögliche Grenzen der manifesten Triebinhalte als Primärgrundlage für die diagnostische Klassifizierung aufmerksam. Ich konnte jedoch Arten des Fühlens, des Denkens und des Wahrnehmens nicht im Rahmen der psychoanalytischen Theorie beurteilen, wie ich sie damals verstand. Im Jahr vor dem Ausbruch des Zweiten Weltkriegs fuhr ich fort, meine beiden letzten Kontroll-patienten zu analysieren. Meine Hauptanstrengung war jedoch darauf gerichtet, als klinische Psychiaterin Erfahrung und Können zu erwerben. Vorläufig verschob ich jeden Versuch, die analytische Theorie allzu allgemein auf mein Verständnis der klinischen Manifestationen verschiedener Arten von Geisteskrankheiten anzuwenden, auf später.

Während des Zweiten Weltkriegs arbeitete ich zunächst in einem Neurosenzentrum und später im Royal Army Medical Corps, wo sich mein früherer Eindruck bestätigte, daß Inhalt oder Bedeutung von Symptomen bezogen auf Triebstufen nicht genügten, um den Grad der Erkrankung, den natürlichen Verlauf oder die Reaktion auf Psychotherapie zu erklären. Meine erste analytische Abhandlung, geschrieben im Jahr 1943, beschrieb die Symptomatik von drei neurotischen Soldaten und ihre Reaktionen auf die Behandlung. Keiner von ihnen war schwer gestört. Alle drei waren Männer, die vorher sowohl persönlich als auch beruflich gute Leistungen aufzuweisen hatten. Keiner von ihnen hatte die Art von Trennungsangst erlebt, die Fairbairn in einem zur gleichen Zeit erschienenen Artikel beschrieb. Alle hatten sich bis zum Zeitpunkt des spezifischen angsterregenden Erlebnisses gut ans Soldatenleben angepaßt. Der erste, der am meisten gestört war, wurde am schnellsten wieder gesund. Der zweite behielt eine leichte Depression zurück. Der dritte war zwar objektiv nur minimal geschädigt, hatte aber nach einem traumatischen Kampferlebnis eine relativ irreversible Persönlichkeitsveränderung durchgemacht.

Diese drei Fälle (auf die ich in mehreren Kapiteln dieses Buches Bezug nehme) dienen als Modell oder Blaupause für die Gebiete meiner Hauptinteressen als Psychiaterin und Psychoanalytikerin. Der erste Patient kann z. B. als Beispiel eines männlichen »guten« Hysterikers dienen. Er war, kurz gesagt, ein Patient, dem traditionelle Psychoanalyse genützt hätte. Seine Vorgeschichte, seine Symptomatik, seine Träume und seine Selbstbeschreibung bezeugten deutlich, daß er, anders als die oben beschriebene Patientin, tatsächlich eine echte ödipale Dreiecksituation erreicht, aber unvollkommen bewältigt hatte. Seine phobischen Symptome und seine manifeste Angst bewiesen seine Fähigkeit, Angst zu erkennen und zu ertragen. Obwohl es damals in meinem Vokabular den Ausdruck »therapeutisches Bündnis« noch nicht gab, ist mir im Rückblick klar, daß die Besserung dieses Patienten in erster Linie der therapeutischen Beziehung zuzuschreiben war. In der kurzen Zeit, die in einem Neurosenzentrum in Kriegszeiten zur Verfügung stand, wäre es nicht möglich gewesen, die Übertragungsneurose, die im Entstehen war, vollständig aufzulösen.

11

Den zweiten Patienten kann man, ebenfalls im Rückblick, als ein gutes Beispiel für eine neurotische (oder reaktive) Depression ansehen, das viele der von Edward Bibring in seiner wichtigen Abhandlung über den Mechanismus der Depression (»The Mechanism of Depression«, 1953) besprochenen Punkte veranschaulicht. Nach seinem Kampferlebnis sah sich der Patient der Tatsache gegenüber, daß er nicht so gut war, wie er vorher geglaubt hatte. Seine Selbstachtung war also herabgesetzt; außerdem deutete vieles darauf hin, daß die Aggression, die dem Ich vorher für Abwehrzwecke zur Verfügung gestanden hatte (eine Reaktionsbildung), ihr Aktionsfeld im Ich ins Über-Ich verlagert hatte. Die Art von Selbstvorwürfen und Selbstherabsetzung, die er an den Tag legte, ist ein klassisches Beispiel der neurotischen Depression. Daß sein Zustand relativ chronisch wurde, weist darauf hin, daß seine frühere Anpassung nicht auf einer echten Bewältigung einer erkannten und ertragenen Depression beruht hatte. Sie war vielmehr von einer Art der Pseudo-Bewältigung abhängig gewesen, wie sie im 6. Kapitel beschrieben wird.

Der dritte Fall schließlich gehörte zur Gruppe der Kriegsneurotiker, die mich auf die prophylaktische Wirkung der auf einer früheren Entwicklungsstufe erkannten manifesten Angst gegen traumatische Neurosen aufmerksam machte. Kurz gesagt, der Gegensatz zwischen Patienten der ersten und der dritten Art weckte mein Interesse für die Angst als Begleiterscheinung der Fähigkeit zur emotionalen Entwicklung. In diesem Zusammenhang ist zu beachten, daß diese spezifischen Fälle ausgewählt wurden, um typische Zustände zu veranschaulichen. Bis 1943, als meine erste Abhandlung geschrieben wurde, waren in einem Kriegs-Neurosenzentrum weit über hundert neurotische Soldaten untersucht und behandelt worden. Bis zum Ende des Krieges gingen noch viele weitere durch meine Hände. Das klinische Material, das sich später in der theoretischen Abhandlung »Angst und die Fähigkeit, sie zu ertragen« (»Anxiety and the Capacity to Bear It« – siehe 3. Kap.) niederschlug, bestand daher aus einer sehr großen Stichprobe von männlichen und weiblichen neurotischen Soldaten. Diese Abhandlung war die letzte, die ich vor meiner Rückkehr in mein Vaterland 1949 in London vortrug.

Als ich in Boston ankam, hatte man schon vielfach versucht, in der Behandlung einer Vielfalt von Zuständen im Bereich der Psychiatrie Techniken anzuwenden, die mit der traditionellen Psychoanalyse eng verwandt waren. Während der Periode der Begeisterung für die Psychoanalyse, die in Amerika auf den Zweiten Weltkrieg folgte, beherrschten derartige Versuche viele psychiatrische Kliniken. Das Vorgehen vieler unerfahrener Assistenzärzte in der diagnostischen Beurteilung erinnerte mich deshalb stark an meine eigenen vorzeitigen

Bemühungen des Jahres 1938. Das Pendel hatte zu stark ausgeschlagen. Vorzeitige Versuche der Integrierung von Psychoanalyse und Psychiatrie bedrohten die Integrität beider Disziplinen. Ich stellte so fest, daß ich die Rolle des advocatus diaboli spielte. Meine Betonung der Notwendigkeit sorgfältiger formaler Beurteilung klang oft mehr nach Sir Aubrey Lewis am Maudsley-Hospital als nach den tiefschürfenden und erregenden psychoanalytischen Rekonstruktionen, die man erhofft und erwartet hatte. Besonders bei Leuten, die keine psychoanalytische Ausbildung und Erfahrung hatten, begegnete mir wieder in extremer Form die naive Überzeugung, Psychiatrie und Psychoanalyse sollten nicht unterschieden werden. Die Kritik an der Psychiatrie, gegründet auf blinden freudianischen Glauben, ist nicht immer gerechtfertigt. Ein derartiger unkritischer Glaube an die totale Anwendbarkeit der Psychoanalyse findet sein Gegenstück nur in der totalen Ablehnung. Jede Richtung leugnet die Notwendigkeit, die langwierigen und mühsamen Aufgaben auf sich zu nehmen, die mit der Suche nach Gebieten der echten Kommunikation verbunden sind.

Diese Schwierigkeit läßt sich klären, wenn man vorausschickt, daß zur Psychiatrie notwendigerweise eine Reihe verschiedenartiger Ansätze gehört. Einige Folgerungen aus diesem Umstand hat Lord Brain sehr entschieden zusammengefaßt: »Die Erkenntnis, daß es in der Psychiatrie verschiedene Ausdrucksweisen gibt, wird uns daran hindern, fälschlich zu glauben, die wissenschaftliche Methode der Verifizierung, so wertvoll sie in ihrer eigenen Sphäre sein mag, sei universell anwendbar.« Und er sagt weiter: »Ein System der psychopathologischen Theorie steht und fällt auch nicht notwendig mit dem Erfolg oder Mißerfolg seiner therapeutischen Anwendungen« (1963). Freud legte zu allen Zeiten vor allem Wert aufs Verstehen, unabhängig von therapeutischen Ergebnissen. Er war sich von Anfang an der Gefahren bewußt, die sich aus der Suche nach Methoden rascher Heilung ergeben könnten. Außerdem traf er schon sehr früh eine relativ scharfe Unterscheidung zwischen Psychose und Neurose, was die Möglichkeit des Ansprechens auf traditionelle psychoanalytische Behandlungsmethoden angeht. Viele heutige Psychoanalytiker sind der Ansicht, psychotische Patienten reagierten nicht auf die Technik der traditionellen Psychoanalyse. Aber welcher theoretischen Richtung sie auch angehören mögen, sie würden dennoch behaupten, das psychoanalytische Wissen habe unermeßlich zu unserem Verständnis und unserer therapeutischen Wirksamkeit bei der Behandlung von Patienten mit schweren psychischen Störungen beigetragen. Dieses Thema wollen wir im Schlußkapitel des ersten Abschnitts ausführlicher erörtern.

Man muß betonen, daß Freuds Mangel an therapeutischem Optimismus im Hinblick auf die analytische Behandlung psychotischer Störungen sein Interesse am Verstehen aller Arten von geistig-seelischen Erkrankungen nicht verminderte. Zumindest unausgesprochen stimmte er mit Lord Brains Aussage von 1963 voll überein. Freuds Art des Vorgehens gegenüber der Psychose war jedoch im ganzen eher mikroskopisch als makroskopisch. Sein Hauptinteresse gehörte der Untersuchung der Trieb- oder Phantasiebedeutung der manifesten Symptomatik bei der größten Vielfalt klinischer Krankheitsbilder. Die auch heute noch bestehende Allgemeingültigkeit einiger seiner Feststellungen zeugt von der Fruchtbarkeit dieser Art des Vorgehens. Man darf wohl darauf hinweisen, daß sich zwar diese Forschung in den Jahren der bahnbrechenden Entdeckungen als wertvoll erwiesen hat, im Lauf der Zeit aber dem Gesetz der abnehmenden Erträge unterworfen sein wird. Wie ich schon in bezug auf mein erstes Fallbeispiel gesagt habe, genügt die Tatsache, daß ein Patient Symptome oder Phantasien manifestiert, die auf einen ungelösten ödipalen Konflikt hinweisen, nicht, um die Diagnose, man habe es mit einer analysierbaren hysterischen Neurose zu tun, zu rechtfertigen (siehe 14. Kapitel). Kurz gesagt, sehr ähnliche Inhalte können einerseits von potentiell gesunden Neurotikern ausgedrückt werden, am anderen Extrem von Patienten, die an einer schizophrenen Störung leiden.

Der im ersten Abschnitt des vorliegenden Buches implizierte Zugang zur psychoanalytischen Psychiatrie ist eher makroskopisch als mikroskopisch. Er beruht erstens auf einer Berücksichtigung der Rolle, die Affekt-Toleranz und Affektbewältigung bei der Bestimmung der Prädisposition für gewisse Arten von psychischen Störungen spielen. Er beruht zweitens auf meiner zunehmend festen Überzeugung, daß es wichtig ist, zwischen einer Triebregression, die sich auf eine neurotische Symptombildung oder auf ein beherrschbares affektives Leiden beschränkt, und der schwerwiegenderen Regression, die zur Schädigung von grundlegenden Ich-Funktionen führt, sowohl begrifflich als auch klinisch zu unterscheiden. Eine solche Regression ist nicht notwendigerweise ein böses Zeichen, sofern sie im Verlauf einer Entwicklungskrise oder auf Grund schwerer Belastung auftritt. Sie kann sich wirklich als vorübergehend und mit Hilfe minimaler therapeutischer Intervention reversibel erweisen. Eine derartige Regression, die progressive Folgen haben kann, muß deshalb unterschieden werden von der heimtückischeren Regression, die bestimmte Formen der Psychose charakterisiert.

Welcher Art die Regression auch sein mag, man muß sie außerdem von einem Entwicklungsmangel unterscheiden. Ein solcher Mangel kann relativ und partiell sein, wie wir in den Kapiteln über Angst und Depression zeigen. Er kann aber auch schwerwiegender und umfassender sein. Die Differenzierung zwischen Selbst und Objekt kann begrenzt oder störbar sein. Es kann sein, daß niemals eine zuverlässige Zweierbeziehung zustande gebracht wurde. Vieles weist darauf hin, daß viele Menschen, besonders wenn sie aus sehr beschränkten oder kargen emotionalen Verhältnissen stammen, vielleicht niemals einen echten Dreieckskonflikt erlebt haben. Derartiges Entwicklungsversagen kann man im Rahmen der Psychoanalyse als einer umfassenden Entwicklungspsychologie verstehen. Es beleuchtet jedoch die Folgerungen, die sich aus Lord Brains Aussage ergeben. Traditionelle Psychoanalyse ist die Behandlungsform der Wahl für potentiell reife erwachsene Patienten, deren Entwicklungsrückstände sich hauptsächlich auf die Bewältigung echter innerer Konflikte beschränken. Es ist begreiflich, daß man versucht hat und weiterhin versuchen wird, diese therapeutische Methode als die einzige zu benützen, die irgendwelche Hoffnung für schwerere neurotische Behinderungen und bestimmte Charakterstörungen bietet. Solche Versuche sollte man aber nicht mit zuviel therapeutischem Optimismus unternehmen. Sie können nur gelingen, wenn der Patient sich als fähig erweist, in der therapeutischen Situation eine stabile Zweierbeziehung herzustellen und aufrechtzuerhalten.

Ernsthaft in Frage stellen muß man jedoch die Anwendung einer therapeutischen Methode, die die Regression fördert, wenn es um die Behandlung von Patienten geht, die durch schwerwiegende Entwicklungsmängel stark behindert sind. Patienten, die Angst oder Depression nicht ertragen können, werden sich selten als fähig erweisen, eine Übertragungsneurose durchzuarbeiten. Viele derartige Patienten können keine Form von Therapie erfolgreich beenden. Wenn wir an die Beziehung zwischen Psychiatrie und Psychoanalyse herangehen, ist es unerläßlich, eine klare Unterscheidung zwischen psychoanalytischem Verstehen zu machen, das man bei der Beurteilung jedes Psychiatrie-Patienten verwenden kann, und der Auswahl jener Patienten, die den meisten Nutzen von einer psychoanalytischen Behandlung und verwandten Einsicht-Therapien haben können. Die Entwicklung von Therapiemethoden schließlich, die etwas anderes sind als traditionelle Psychoanalyse, und die sich auf ein solides analytisches Verstehen verschiedener klinischer Krankheitsbilder gründen, ist heute noch ein nicht ganz erforschtes Gebiet. Einige der Hauptüberlegungen, die zu dieser schwierigen und anspruchsvollen Aufgabe gehören, werden im Schlußkapitel dieses Abschnitts eingeführt.

2

Kriegsneurose:
Ein klinischer Beitrag

Der größte Teil des während des Ersten Weltkriegs und danach veröffentlichten Materials über Kriegsneurosen betraf relativ grobe Störungen. Die Autoren wollten damals mit Recht vor allem die psychogene im Gegensatz zur physiogenen Natur des »Schrapnellschocks« demonstrieren. Die Konzentration auf den Nachweis der Psychogenese war im allgemeinen jedoch ungünstig für die eingehendere psychologische Untersuchung des Einzelfalles. Gewöhnlich war der Zweck der Symptome – nämlich, weiteres Kämpfen zu vermeiden – so offensichtlich und so nah an der Oberfläche, daß er kaum die Bezeichnung »unbewußt« verdiente.

Im Zweiten Weltkrieg war das klinische Material, das die Psychiater zu sehen bekamen, fundamental anders; grob hysterische Reaktionen waren seltener, und »Depression« war die häufigste klinische Diagnose. Vielleicht veranlaßte eine verblassende Erinnerung an den ersten Krieg viele Psychiater, im folgenden Krieg eine gemeinsame ätiologische Grundlage für alle Neurosen zu suchen. »Flucht in die Krankheit«, früher als gemeinsame Ursache aller Neurosen angesehen, wird daher bald ersetzt durch »Trennungsangst«. Anstatt von »Angst vor dem Schlachtfeld« zu sprechen, sprechen manche von »Mangel an Kampfmoral und sozialem Gewissen«, und die moralistische Haltung geht so weit, daß ein Mitglied der Britischen Psychoanalytischen Gesellschaft sagt: »Vielleicht ist es nicht verwunderlich, daß ich, nachdem ich eine gewisse enttäuschende Erfahrung mit neurotischen Soldaten en masse gemacht hatte, mich zu der Bemerkung getrieben fühlte, ›Was diese Leute wirklich brauchen, ist kein Psychotherapeut, sondern ein Prediger‹« (Fairbairn, 1943, S. 287).

Das Wirken allgemeiner (Gruppen-)Faktoren wie Mangel an Kampfmoral bei der Entstehung von Kriegsneurosen ist nicht zu leugnen; tatsächlich machten mir meine Erfahrungen an einem Neurosenzentrum klar, wie wichtig konstitutionelle und Umweltfaktoren bei der Auslösung neurotischer Reaktionen rein eskapistischer Art auf bewußter oder vorbewußter Ebene sind. Aber allgemeine Feststellungen über solche Fälle tragen wenig zu unserer Kenntnis des Unbewußten bei, und dogmatische Aussagen, die darauf hindeuten, wir hätten von Kriegsneurosen wenig zu lernen, beruhen auf voreiliger Verallgemeinerung.

16

Unbewußte Konflikte sind für Gesunde und Kranke gleich wichtig, und die Grenze zwischen Gesundheit und Krankheit ist nicht scharf gezogen; aber es gibt große individuelle Unterschiede in der Fähigkeit, Triebspannung und Angst zu ertragen. Bei den kranken Soldaten gab es sehr viele chronische Neurotiker, die niemals fähig waren, Spannung und Frustration auszuhalten. Die analytische Untersuchung solcher Fälle, so interessant sie auch in den tiefsten Schichten wäre, würde wenig Auskunft über die spezifische Psychogenese der heutigen Kriegsneurose geben. Die meisten Männer, die zusammenbrechen, kurz nachdem sie zum Militär gekommen sind, gehören zu dieser Kategorie, und es hat keinen Sinn, sie überhaupt Kriegsneurotiker zu nennen. Viele andere Fälle von scheinbar akutem Zusammenbruch zeigen bei der psychiatrischen Untersuchung, daß die aktuelle Neurose nur ein neuer Ausdruck einer lebenslangen Unzulänglichkeit ist. Aber so häufig solche Beobachtungen sein mögen, so erfassen sie doch noch nicht den ganzen Umfang des klinischen Materials. Es gibt besonders eine kleine, aber keineswegs unerhebliche Gruppe von Männern *ohne* Vorgeschichte von Persönlichkeitsfehlanpassung oder Unzulänglichkeit, die trotzdem nach einem wirklichen Kampferlebnis zusammengebrochen sind.

Das Studium solcher Fälle gibt gewisse Aufschlüsse über ein weiteres Problem. Es ist noch nicht viele Jahre her, seit Freud über den bemerkenswerten Umstand gesprochen hat, daß wir auch heute noch nicht in der Lage sind, die scheinbar einfache Frage zu beantworten, warum ein Mensch eine Neurose bekommt, und ein anderer nicht. Die analytische Praxis in Friedenszeiten hat es meistens mit chronischen Fällen oder mit Patienten zu tun, die so schwer gestört sind, daß im Rückblick die neurotische Erkrankung unvermeidlich erscheint. Wahrscheinlich hat Edward Glover zum Abschluß seiner Bemerkungen über die psychischen Wirkungen von Kriegszuständen auf die Zivilbevölkerung deshalb gesagt: »Die fruchtbarste Forschungsrichtung ... wird wahrscheinlich in der Vollanalyse geringfügiger, verzögerter und rudimentärer Arten [der Neurose] liegen« (1942, S. 37).

Die Beobachtungen, die in diesem Kapitel besprochen werden sollen, liegen in dieser Richtung. Sie betreffen drei Fälle von relativ leichten Neurosen bei früher gesunden Männern. Derartige Fälle werden vom statistisch orientierten Psychiater wegen ihrer zahlenmäßigen Bedeutungslosigkeit leicht vergessen, aber sie bieten am Einzelfall interessierten Psychoanalytikern Material, das in bezug auf die allgemeine Theorie von gewisser Bedeutung ist.

Die Arbeitsbedingungen in einem geschäftigen Neurosenzentrum machen eine Vollanalyse selbst bei ausgewählten Fällen unmöglich, aber die reiche Fülle an klinischem Material ermöglicht es dem analytisch ausgebildeten Psychiater, auffallende Fälle für eine eingehendere, wenn auch immer noch begrenzte, Untersuchung herauszusuchen, und Feststellungen beim Einzelfall vor dem Hintergrund der allgemeinen Psychogenese und Psychopathologie von großen Mengen anderer Fälle zu betrachten.

Ich habe daher vor, in diesem Kapitel einige theoretische Fragen mit Hilfe von Material zu veranschaulichen, das ich aus drei Fällen relativ leichter Neurose bei vorher gut angepaßten Persönlichkeiten gewonnen habe. Der Umstand, daß all diese Männer beim Militär waren, erklärt, warum sie in die Klinik aufgenommen wurden – keiner von ihnen war so krank, daß er unter den Bedingungen des Zivillebens eine Krankenhausbehandlung angestrebt hätte; nur weil ihre Symptome sie daran hinderten, Kriegsdienst zu tun, waren sie an Psychiater überwiesen worden. Keiner dieser Männer hatte sich vorher für nervös gehalten, und sie hatten alle ein Leben geführt, in dem wenig oder gar kein objektives Zeichen für ernsthafte seelische Konflikte zu bemerken war. Sie waren alle glücklich verheiratet; sie waren alle einer stetigen Arbeit nachgegangen; sie hatten alle Ehrgeiz, ein soziales Gewissen und eine gute Sublimierungsfähigkeit gezeigt. Sie hatten sich alle an das Soldatenleben gut angepaßt, und sie waren alle nach spezifischen Kriegserlebnissen zusammengebrochen – der erste nach dem Erlebnis von Luftangriffen in England, die beiden anderen nach der Evakuierung von Dünkirchen. Sie hatten auch alle nach ihren Erlebnissen mindestens ein Jahr lang uneingeschränkt Dienst getan, bevor sie in die Klinik eingeliefert wurden.

Trotz der aufgezählten oberflächlichen Ähnlichkeiten werden wir sehen, daß diese drei Fälle erhebliche Unterschiede in der Psychogenese und in der Psychopathologie aufweisen. Jeder der Männer wurde aus einem anderen Grund krank – obwohl in jedem Fall Kriegserlebnisse zum Ausbruch einer neurotischen Erkrankung geführt hatten, die sonst vielleicht nicht aufgetreten wäre. Bringt die Art, wie diese Erlebnisse benützt wurden, Licht in den Ursprung neurotischer Erkrankungen?

Diese Fälle führen unter anderem zu folgenden Fragen:

1. Gibt es eine Rechtfertigung für Aussagen der jüngsten Zeit, Kriegsneurosen seien auf »Trennungsangst« bei ungebührlich abhängigen Männern zurückzuführen?

2. Weist die Diagnose »Angstzustand«, die bei all diesen Männern gestellt wurde, auf eine ähnliche Psychopathologie hin?

3. Spielt der Aggressionstrieb in der Psychogenese bestimmter Kriegsneurosen eine spezifische ätiologische Rolle?

4. Wie ist die Psychopathologie der Depression, die man bei Fällen von Kriegsneurose so häufig beobachtet?

Ich kann natürlich in diesem Kapitel nicht all diese Fragen definitiv beantworten. Ich erwähne sie als Probleme, die man im Sinn behalten muß, wenn man das klinische Material betrachtet.

Fall 1: Soldat A., sechsundzwanzig Jahre alt, wurde im März 1942 in die Klinik eingeliefert; er klagte über Nervosität und Schlaflosigkeit, die schon über ein Jahr lang bestanden, und zwar seit Erlebnissen bei Luftangriffen vor einem Jahr.

A. war das dritte Kind eines erfolglosen berufsmäßigen Jockeys und hatte schon in früher Jugend seinen Unterhalt selbst verdient. Er war immer fröhlich, aktiv und voll Selbstvertrauen gewesen und hatte sich überhaupt nicht für nervös gehalten, obwohl er bis zum Alter von vierzehn Jahren Bettnässer und Schlafwandler gewesen war und Nägel gebissen hatte. Er war sehr klein und war als Kind wegen seines ungewöhnlich großen Kopfes viel geneckt worden.

Er war ehrgeizig, energisch und etwas aggressiv; in seinem erwählten Beruf hatte er rasche Fortschritte gemacht – und als er vierundzwanzig Jahre alt war, hatte er als Manager eines erfolgreichen Restaurants sieben bis zehn Pfund in der Woche verdient. ... Auch seine sexuellen Unternehmungen hatten sich als befriedigend erwiesen, wenn es ihnen auch etwas an Zärtlichkeit fehlte; er hatte erfolgreiche Liebesaffären gehabt und hatte dann mit zweiundzwanzig Jahren eine glückliche Ehe geschlossen. Er hatte ein zweijähriges Kind.

Er wurde im März 1940 einberufen und fand sich gut ins Soldatenleben ein. Seine Kenntnisse in der Vorratshaltung wurden von seinen Offizieren bald erkannt, und er wurde in der Offiziersmesse entsprechend beschäftigt, wobei er ausgezeichnete Beförderungschancen hatte.

Im Winter 1940–41 war er in einer Stadt stationiert, die einige äußerst schwere Luftangriffe erlebte, und er meldete sich freiwillig für die Arbeit in einem Rettungstrupp. Er wurde mehrfach von Druckwellen umgeworfen, sah viele grauenhafte Szenen und half oft bei der Bergung verstümmelter und zerstückelter Leichen. Gegen Ende der Luftangriffe wurde er etwas ängstlich, meldete sich aber nicht krank. Seine Einheit wurde in einen anderen Landesteil verlegt, und er machte dort weiter vollen Dienst. Irgendwann, etwa im Juni, merkte er jedoch, daß er immer noch sehr angespannt und unruhig war. Er schlief auch schlecht und hatte zahlreiche beunruhigende Albträume. Er meldete sich krank und bekam einen kurzen Urlaub, der keine Besserung brachte. Dann wurde er an einen Psychiater überwiesen, der empfahl, er solle in einem niedrigeren militärischen Rang im Dienst bleiben. Es zeigte sich jedoch keine Besserung, und schließlich wurde er im März 1942 in die Klinik eingewiesen.

Bei der Aufnahme war dieser Mann von den drei besprochenen Fällen durch seine Symptome bei weitem am meisten geschädigt. Er war merklich angespannt, angsterfüllt und voller Sorgen in bezug auf sich selbst. Das Auffallendste an ihm war sein Wunsch, über seine Schwierigkeiten zu sprechen. Er sagte, er habe sich nach einer Gelegenheit gesehnt, über seine Probleme zu sprechen und sie zu verstehen. Er wußte, daß seine Krankheit psychische Ursachen hatte, und er konnte nicht verstehen, warum er krank geworden war. Um es mit seinen Worten zu sagen: »Ich konnte nicht begreifen, warum nach einem Luftangriff, bei dem ich ein paar Bergungsarbeiten gemacht hatte, mich das irgendwie angreifen sollte, denn ich hatte schon seit meiner Kindheit immer eine harte, aggressive Natur gehabt.«

Er beschrieb Träume, aus denen hervorging, daß seine Erkrankung eine spezifische Psychogenese hatte. In all seinen Träumen ging es nicht um Bomben, verbombte Orte oder verbombte Menschen, sondern um Flugzeuge und Menschen, die aus ihnen herausfielen. Insbesondere beschrieb er einen stets wiederkehrenden Traum aus jüngster Zeit, in dem er eine Frau im weißen Kleid aus einem Flugzeug fallen und ohne Fallschirm »zur Erde hinunterschweben« sah. Er hörte seine eigene Stimme sagen: »Diese geht dahin« und fand dann die Frau, deren Beine unter ihr zusammengeknickt waren, hinter einer Hecke in der Nähe.

Wenn ich diesen Traum auch nicht vollständig analysieren konnte, warfen doch die Assoziationen des Patienten während meines ersten Gesprächs mit ihm ziemlich viel Licht auf die Psychopathologie seiner Neurose.

Die wichtigsten Assoziationen zu den Träumen waren folgende:

1. Er hatte sich über die Tatsache gewundert, daß seine Träume Flugzeuge betrafen und nicht Bomben, aber er sagte, er habe sich immer außerordentlich für kühne Heldentaten in der Luft interessiert. Besonders habe ihm ein bestimmter Kunst-Fallschirmspringer gefallen, der schließlich einen tödlichen Unfall erlitt, als sich sein Fallschirm nicht öffnete.

2. Dies führte ihn zu Bemerkungen über den Umstand, daß er von großen Höhen immer fasziniert und geängstigt war. Einmal war er auf einen Turm geklettert, nur um an der gleichen Stelle zu stehen, von der aus ein Selbstmörder vor kurzem in den Tod gesprungen war.

3. Die Stellung, in der er die Frau gefunden hatte – mit eingeknickten

Beinen –, rief ihm zwei Dinge ins Gedächtnis. Erstens erinnerte er sich, daß er einmal als Junge gesehen hatte, wie ein Mädchen auf einem steilen Hügel die Gewalt über sein Fahrrad verloren und in ähnlicher Stellung gestürzt war, wobei es schwere, verstümmelnde Verletzungen erlitt. Er hatte dem Mädchen geholfen, einen Krankenwagen zu rufen, hatte es aber nicht gewagt, sich später nach ihm zu erkundigen, obwohl es ihn sehr interessiert hätte. Zweitens erinnerte er sich, daß sein Vater oft gestürzt war – besonders bei Querfeldeinrennen – und daß er ihn in früher Kindheit einmal während eines Rennens hatte stürzen sehen.

4. Während er über diese Erinnerungen berichtete, sagte er, es sei ihm etwas sehr Wichtiges eingefallen, nämlich, daß seine schweren Angstsymptome nicht auf die allgemeinen Erlebnisse während der Luftangriffe zurückgingen, die ihn nicht mehr beunruhigt hätten als seine Kameraden, sondern auf einen einzelnen Vorfall, der ihn stark aus dem Gleichgewicht gebracht habe. Er war gebeten worden, beim Bergen der Leichen mehrerer holländischer Luftwaffensoldaten zu helfen, die vor kurzem bei einem Zusammenstoß getötet worden waren. Er berührte eine der Leichen und stellte fest, daß sie noch warm war. Das erfüllte ihn, wie er sagte, mit »unaussprechlichem Entsetzen«, und nach diesem Vorfall traten seine schweren Angstsymptome auf.

Während der folgenden sehr kurzen Behandlung zeigte der Patient weiterhin einen Reichtum an Assoziationen und den Wunsch zu verstehen, kombiniert mit ungewöhnlicher psychologischer Einsicht. Ich möchte die wichtigsten Punkte, die auftauchten, zusammenfassen und dann den Fall im ganzen besprechen.

Ich erfuhr, daß er zur Zeit dieser Luftangriffe eine enge Freundschaft mit einem älteren Ehepaar geschlossen hatte, das in der Stadt wohnte. Zunächst war er mit Mann und Frau gleich befreundet gewesen, aber allmählich wurde die Beziehung zwischen ihm und der Frau herzlicher; sie nahm offenbar auf etwas mütterliche Weise Anteil an ihm. Der Ehemann war erst kurze Zeit vor den Luftangriffen zum Militär gegangen, und obwohl sich der Patient sicher war, daß an seiner Freundschaft mit der Frau »nichts Schlechtes« war, begann er ein wenig daran zu zweifeln. Er hatte diese Freundschaft kurz nach dem Einsetzen seiner Symptome abgebrochen.

Er sprach frei über sein Sexualleben, und ohne viel Deutung brachte er sein früheres aggressives übermäßiges Selbstvertrauen in einer Weise in Zusammenhang mit seinen früheren Minderwertigkeitsgefühlen wegen seiner Kleinheit und wegen seinem großen Kopf, die einen Adlerianer entzückt hätte. Ich möchte wieder aus dem Bericht zitieren, den er für mich über seine Erkrankung schrieb:

»Nun zur sexuellen Seite. Ich nehme ziemlich sicher an, daß der Sexualtrieb einer der beherrschendsten Faktoren im Durchschnittsmenschen ist. Ich weiß, daß er das Mittel sein kann, um die eigenen Mißerfolge und Triumphe auszudrücken. Aggressivität ist eine der besten Methoden, um ihn auszudrücken. Ich würde auch sagen, sie könnte so den Minderwertigkeitskomplex ausdrücken: das Sexualorgan kann als aggressive Kraft benützt werden und eine fast brutale Tendenz ausdrücken und so den einzelnen verführen zu glauben, daß er gar keinen Minderwertigskeitskomplex hat; oder sie könnte, falls einer einen Körperschaden hat, dazu hergenommen werden, das auszugleichen, was dem Individuum fehlt.«

Es sah nicht so aus, als sei seine sexuelle Potenz bei seiner Frau während seiner Krankheit merklich beeinträchtigt gewesen. Andererseits war sein Selbstvertrauen im Umgang mit anderen Männern wesentlich geschädigt, und er hatte einen Großteil seines früheren Interesses an seiner Arbeit verloren. Er fühlte selber, daß er seine frühere Aggressivität »verloren« hatte; er hatte auch viel von seinem Interesse an der Armee und am Krieg verloren; und er sah zukünftigen Erfahrungen mit feindlichen Angriffen furchtsam entgegen. In diesem Zusammenhang war seine Furcht spezifisch. Er schrieb:

»...Nun mußte ich einmal mit einem toten Flieger in Berührung kommen. Mein Entsetzen war unaussprechlich, als ich fand, daß er noch warm war. Aber ich hatte davor schon mit vielen Leichen zu tun gehabt. Als ich das Ergebnis des Zusammenstoßes sah, verbunden mit den schrecklichen Fällen, die ich während der Luftangriffe gesehen hatte, wurde meine Aggressivität zerschmettert. Ist das eine Form von Feigheit? Meine Gedanken, wenn ich all diese Gewalttaten sehe, richten sich auf mich selbst und meine Familie. Ich habe einen Schrecken und eine Angst in diesem Krieg, und das ist der Gedanke, ein Glied zu verlieren.«

Die symbolische Bedeutung dieser Angst liegt auf der Hand. Ihre fundamentale Bedeutung für den Ausbruch seiner Neurose bestätigte sich im Verlauf der Behandlung. Der Wendepunkt in seiner Krankheit kam, als er in seinen Assoziationen mit großer Aufregung ein bis dahin vergessenes Schreckenserlebnis wiederbelebte, das er als genau dem Gefühl entsprechend beschrieb, das er beim Berühren des toten Fliegers empfunden hatte. Es war ein Erlebnis in seiner Kindheit, als er seinem Vater bei einigen Frettchen half, die dieser besaß. Er hatte gesehen, daß eins der Frettchen an einer Krankheit litt, die man »Schwanzfäule« nennt, und er war von einem Gefühl der Angst und des Ekels überwältigt worden.
Während seines Klinikaufenthalts nahm der Patient an der körperlichen Ertüchtigung teil, die in einem leeren Schwimmbecken statt-

fand, wobei der Lehrer am Rand des Beckens oberhalb der Gruppe von Schülern stand. Im Lauf seiner Behandlung erwähnte A. oft die Angst, die diese Situation in ihm erregte. Er sei, so sagte er mir, ständig hin und her gerissen zwischen dem Wunsch und der Angst, der Lehrer könnte herunterfallen. Diese widersprüchliche Haltung hatte sich auch in seinem früheren Interesse für Menschen (wie Kunstflieger) gezeigt, die ständig Gefahren auf sich nahmen, und in seiner Faszination (wie sie sich in seiner Turmbesteigung manifestierte) durch Todesstürze. Wenn man sich erinnert, daß sein Vater ein Jockey war, der häufig stürzte, scheint es nicht ungerechtfertigt anzunehmen, daß sein Gefühl in bezug auf große Höhen mit ambivalenten Gefühlen gegen seinen Vater zu tun gehabt haben wird. Der Wunsch, er solle stürzen, stellte einen Todeswunsch in der klassischen Ödipussituation dar.

Psychopathologie und Psychogenese dieses Falles werfen viele interessante Probleme auf. Wir können natürlich nicht die vollständige Geschichte erfahren, da die Behandlungszeit sehr beschränkt war. Mir schien es jedoch, als liefere dieser Fall ein ungewöhnlich deutliches Bild vom Wiedererscheinen einer infantilen Neurose auf der Höhe des Ödipuskonflikts im Leben des Erwachsenen. Zur Zeit seiner Kriegserlebnisse befand der Patient sich in einer emotionalen Situation, die ihm seine frühere Beziehung zu seinen Eltern wieder ins Gedächtnis rief. Die Lösung seines Kindheitskonflikts war unvollständig geblieben, denn er hatte seine ganze Kindheit hindurch Angstsymptome gezeigt. Er hatte auch eine leichte Höhenphobie behalten, und seine Kastrationsangst war durch ein aggressives Vertrauen in seine unfehlbare sexuelle Potenz überkompensiert worden. Es war hinreichend klar, daß seine Hauptangst mit der Kastrationsangst verbunden war. Der Kontakt mit der Leiche des Fliegers (welche tiefere Bedeutung er auch gehabt haben mag) scheint diese spezifische Angst reaktiviert zu haben – wie sich an seiner bewußten schrecklichen Angst vor Verstümmelung durch Verlust eines Gliedes zeigt. Zugleich schien ihm seine frühere Lösung (nämlich übermäßiges Selbstvertrauen und Mangel an Zärtlichkeit) nicht mehr möglich zu sein. Es ist möglich, daß das Wissen, daß der Flieger wirklich tot war – da es mit realen Erfahrungen zusammenhing, die das Vorhandensein realer äußerer Gefahr und Feindseligkeit ständig bekräftigten und wiederholten –, seine frühere Abwehr durch relative Omnipotenz und Mangel an Angst im Umgang mit anderen Männern unhaltbar machte. Wir kamen nicht an tiefere Schuldgefühle in bezug auf seine omnipotenten Todeswünsche heran, außer durch Ableitung.

Obwohl dieser Mann klinisch gesehen von den drei besprochenen Patienten am kränksten war, gesundete er bei weitem am besten. Seine Erkrankung war besonders interessant wegen der Art, wie seine Erlebnisse bei den Luftangriffen ungelöste Konflikte berührt hatten, die mit der klassischen Ödipussituation zusammenhingen. ... Obwohl – manche von uns würden vielleicht auch sagen, weil – er sein Leben lang gewohnt gewesen war, mit Angst fertigzuwerden, die seine genitalen Forderungen betraf, veränderten seine Erlebnisse seine wichtigsten menschlichen Beziehungen nicht von Grund auf. Er verlor nicht, wie die anderen Männer, über die ich sprechen werde, irgend etwas von seiner Fähigkeit zur Herstellung von Objektbeziehungen. Er zeigte nur wenig Depression. Seine sexuelle Potenz war nicht angegriffen, und trotz fortwährender leichter Angst und einem geringfügigen subjektiven Verlust an Selbstgefühl blieb er ein im Grunde fröhlicher, freundlicher und ehrgeiziger kleiner Mann, der mit der erneuerten Absicht zur Truppe zurückkehrte, Beförderung zu erreichen.

Fall 2: Sergeant B., ein Berufssoldat von sechsundzwanzig Jahren wurde im März 1942 in die Klinik aufgenommen; er klagte über den Verlust seines Selbstvertrauens und unangemessene Ermüdbarkeit, die seit etwa achtzehn Monaten bestanden.
B. war das älteste Kind und der einzige Sohn aus einer unglücklichen Ehe. All seine früheste Zuneigung galt seinem Vater, der, nachdem er mit seinem Geschäft Bankrott gemacht hatte, Frau und Kinder verließ, als B. elf Jahre alt war. B. scheint ein normales Kind gewesen zu sein und erinnerte sich an keinerlei neurotische Züge oder Schwierigkeiten. Trotz seiner großen Zuneigung zu seinem Vater hatte er keinen bewußten Groll oder Schmerz über seinen Fortgang erlebt und hatte sich leicht an die neue Situation angepaßt.
Mit fünfzehn Jahren war er gegen den Willen seiner Mutter in die Armee eingetreten und war seither ständig im Dienst geblieben. Er fing als Knabe bei der Militärmusik an und hatte bis zum Kriegsausbruch in der Regimentskapelle gespielt. Er war stetig befördert worden und hatte sich immer gut ins Soldatenleben geschickt – er stand auf gutem Fuß mit Vorgesetzten und Untergebenen –, und er identifizierte sich sehr stark mit der Geschichte und den Leistungen seines Regiments, das für seine Kampfqualitäten berühmt ist. Er heiratete im September 1939, und sein erstes Kind wurde im Juni 1941 geboren. Seine Ehe war glücklich, und in der Beziehung zu seiner Frau hatte es keine sexuellen Schwierigkeiten gegeben; sie hatte seit seiner Rückkehr von Dünkirchen in seiner Nähe gelebt.
Bald nach dem Kriegsausbruch war er nach Frankreich gegangen, und

24

seine Einheit hatte nach der Eroberung Belgiens in die Kämpfe eingegriffen. Er war zwar ein wenig ängstlich, bevor er in den Kampf ging, aber er stellte fest, daß er das Kämpfen ganz und gar genoß; während des Rückzugs nach Dünkirchen benützte er sowohl das Bajonett als auch das Gewehr mit erheblichem Genuß. Er mußte am Strand über vierundzwanzig Stunden lang warten; er war zahlreichen Tieffflieger-Bombenangriffen ausgesetzt, die ihm erhebliche Angst machten. Er wurde schließlich gerettet und war fast der einzige seiner Freundesgruppe, der heil nach England zurückkehrte.

Während mehrerer Monate nach seiner Rückkehr hatte er typische Angstträume von Sturzkampfflugzeug-Angriffen, die allmählich nachließen. Er meldete sich aber nicht krank, und er kam in der Armee weiterhin gut zurecht; im Juni 1940 wurde er befördert, und bis zu seiner Aufnahme in die Klinik diente er zur vollen Zufriedenheit seiner vorgesetzten Offiziere als Geheimdienstsergeant. Etwa im Oktober 1940 begann er zu bemerken, daß er sich fast immer sehr müde fühlte. Seine Angstträume waren verschwunden, und er schlief sehr gut, ja, zu gut, da er morgens nie aufstehen wollte und auch das Gefühl hatte, einen Mittagsschlaf zu brauchen. Er stellte auch fest, daß er im Umgang mit anderen Männern weniger selbstsicher war; er hatte oft das Gefühl, er werde kritisiert, und er hatte Schwierigkeiten, mit Nachdruck Befehle zu geben. Er fühlte sich leicht deprimiert, verlor den Appetit und fing an abzunehmen. Trotzdem machte er weiter uneingeschränkt Dienst und erwartete, ins Ausland geschickt zu werden. Er hoffte, unter den Bedingungen des aktiven Dienstes würden seine Symptome verschwinden. Im Januar 1942 hatte er jedoch einen Anfall von Diarrhoe und gab etwas Blut und Schleim von sich. Er wurde deshalb zur Untersuchung in ein allgemeines Krankenhaus eingeliefert. Man bemerkte seine Lethargie und seine unangemessene Ermüdbarkeit, und nachdem alle körperlichen Untersuchungen ohne Befund geblieben waren, wurde er an einen Psychiater überwiesen, der seine Verlegung in ein Neurosenzentrum empfahl.

Nach der Einlieferung in die Klinik stellte man fest, er sei ein hochgewachsener, magerer Mann mit hohlen Wangen und lockigem, blondem Haar, äußerst intelligent und kooperativ; die Tatsache, daß ihm körperlich nichts fehlte, akzeptierte er ganz. Er gab zu, daß ihm seit seinen Erfahrungen in Dünkirchen der Krieg ziemlich sinnlos vorgekommen war; andererseits leugnete er, daß dies seine Haltung der Armee gegenüber irgendwie berührte, da er sich immer noch als einen Berufssoldaten betrachtete, der die Absicht hatte, seine Zeit vollständig abzudienen, und hoffte, zu gegebener Zeit Feldwebel oder Offiziersanwärter zu werden. In seinem geistig-seelischen Zustand gab es wenig depressive Inhalte, wenn er auch einen leicht depressiven und uninteressierten Eindruck machte. Er sprach ziemlich monoton, mit wenig Ausdruck. Er gab zu, daß er sich seit seiner Rückkehr von Dünkirchen ziemlich stark verändert hatte. Er zeigte keine offenkundige Angst, obwohl er sagte, er werde manchmal nervös, wenn er Flugzeuge niedrig fliegen höre. Er beschrieb leicht an Beziehungswahn gemahnende Gedanken und sagte, er habe manchmal das Gefühl gehabt, andere Männer sprächen über ihn oder lachten über ihn. Seine allgemeine Haltung war jedoch keineswegs paranoid.

Es war nicht möglich, diesen Mann mit einer analytischen Methode zu behandeln. Ich hatte aber eine Reihe von Gesprächen mit ihm, und die Psychogenese und Psychopathologie seiner Erkrankung wurden weitgehend erhellt. Die wichtigsten Punkte waren folgende:

1. Der Verlust des Vaters hatte natürlich eine viel traumatischere Wirkung gehabt, als damals deutlich wurde. Er hatte mit Erfolg sehr viel Wut und Haß verdrängt – sowohl gegen seinen Vater, weil er fortging, als auch gegen seine Mutter, weil es ihr nicht gelang, ihn zu halten.

2. Wenn er auch keine offenkundigen homosexuellen Beziehungen zu Kameraden zugab, hatte er doch mehrere sehr enge Freundschaften gehabt. Er sprach auch ziemlich viel über den Leiter der Regimentskapelle, der ihm in den ersten Jahren seines Militärdienstes viel väterliche Anteilnahme erwiesen hatte.

3. Er hatte erhebliche Schuldgefühle, weil er den Kampf wirklich genossen hatte. Er hatte sich nie für blutdurstig oder aggressiv gehalten, und bevor er in den Kampf ging, hatte er sich gefürchtet. Die Tatsache, daß er während der Schlacht wirkliche Befriedigung erlebt hatte, machte ihm sehr zu schaffen.

4. Es schien auch, als habe er während des Rückzugs nach Dünkirchen mehrere Tage lang seine Frau vollständig vergessen. Das erschien ihm im Rückblick unbegreiflich und beunruhigend.

5. Der Verlust seiner Freunde verursachte ihm erheblichen Schmerz, und er machte sich auch Selbstvorwürfe. Er hatte das Gefühl, er hätte ohne sie nicht heil zurückkommen sollen. Obwohl er einerseits glaubte, seine Rückkehr verpflichte ihn, für sein Regiment alles nur Mögliche zu tun, hatten andererseits seine retrospektiven Schuldgefühle wegen seiner Befriedigung und wegen des Verlusts seiner Freunde ziemlich viel bewußte Abneigung gegen den Krieg in ihm erzeugt, die er nicht überwinden konnte.

Am Anfang dieses Kapitels habe ich den Umstand erwähnt, daß der größte Teil der psychiatrischen Literatur über den Ersten Weltkrieg von groben eskapistischen Reaktionen unwilliger Soldaten handelt. Es ist deshalb interessant, daß bei einem Berufssoldaten auf den wirklichen Kampf so viele Schuldgefühle und Selbstvorwürfe folgten. Es besteht nur wenig Zweifel, daß während der Schlacht im seelischen Haushalt dieses Mannes tiefe Veränderungen stattfanden, die zu einer ungeheuren Freisetzung früher unterdrückter aggressiver Tendenzen führten. Es ist interessant, sich zu überlegen, ob man dies als ein Beispiel für Aggression in einer Form ansehen kann. Ernest Jones schreibt:

»...Trotzdem ist der nosologische Status dieses Triebes keineswegs klar. Freud ist der Ansicht, die Tendenz zur Aggression sei eine angeborene, selbständige Triebdisposition im Menschen, und wenn auch hier die Betonung auf dem Wort ›Tendenz‹ liegt, könnte doch kein Analytiker diese Feststellung bezweifeln, denn es könnte ja nichts zutage treten, wenn nicht eine Tendenz dazu bestünde. Schwieriger ist die Frage, ob sich eine solche Tendenz jemals spontan und in reiner Form ausdrückt. Das heißt, würde jemals irgendjemand, ob Kind oder Erwachsener, einen Angriff mit der Absicht zu verletzen und zu zerstören unternehmen, ohne daß der Impuls entweder mit einem erotischen Impuls verbunden wäre, wie es bei Sadismus ständig der Fall ist, oder eine Reaktion auf eine Frustration oder Entbehrung, die das Individuum unerträglich findet?... es ist außerordentlich schwierig, eine spontane Aktivität des Aggressionstriebes isoliert festzustellen, und ich selbst weiß von keinem eindeutigen Beispiel.« (1936, S. 169).

Der Umstand, daß der Patient über eine Aggression bestürzende Schuldgefühle empfand, die äußerlich als legitimer Kampf während eines bitteren Feldzugs so durch und durch gerechtfertigt war, weist darauf hin, daß die Bedeutung dieser Aggression kompliziert war. Seine Selbstvorwürfe lassen auch darauf schließen, daß ein starkes sadistisches Element beteiligt gewesen war. Zwei weitere Tatsachen – nämlich, daß vieles auf eine starke emotionale Bindung an seine Freunde hinwies, und daß er während des Kampfes die Existenz seiner Frau vollständig vergaß – deuten darauf hin, daß dieser Sadismus homosexueller Natur war.

Welche tieferen unbewußten Aspekte seine Neurose auch gehabt haben mag, der oberflächliche Konflikt bestand deutlich zwischen seiner Loyalität zu seinem Regiment und seinem soldatischen Ehrgeiz einerseits und seiner Reaktion der Schuldgefühle und der Selbstvorwürfe im aktuellen Kampf auf der anderen Seite. Es scheint auch klar, wenn es auch keine Beweise für frühere neurotische Behinderungen gab, daß der Patient insofern für einen neurotischen Zusammenbruch prädisponiert war, als seine Wahl der berufsmäßigen Soldatenlaufbahn durch unbewußte Konflikte und durch eine partiell homosexuelle Lösung seines Ödipuskomplexes bestimmt gewesen war. Ich möchte abschließend betonen, daß dieser Mann durch seine Symptome, die insgesamt die gesteigerte Schwierigkeit und den größeren Kraftaufwand ausdrückten, der nötig war, um seine Anpassung aufrechtzuerhalten, niemals ernsthaft behindert war. Sein subjektives Gefühl des Energiemangels und der unangemessenen Ermüdbarkeit waren auf den daraus folgenden Verlust an freier psychischer Energie zurückzuführen.

Fall 3: Pionier C., ein Mann von dreiunddreißig Jahren, wurde im Mai 1942 in die Klinik aufgenommen; er klagte über Depressionen und ein Gefühl, es stecke etwas in ihm, das ihn veranlasse, weinen zu wollen. Seine Symptome hatte er zwei Jahre lang gehabt, vom Zeitpunkt des Rückzugs nach Dünkirchen an.

Er hatte vorher keine psychischen Schwierigkeiten gehabt. Er stammte aus einem walisischen Bergbaugebiet. Er war eins von mehreren Kindern, und in seiner Familie gab es keine Nerven- oder Geisteskrankheiten. Seine Kindheit war glücklich und normal verlaufen. In der Schule hatte er sich gut bewährt, und er hatte sich immer an sportlichen und geselligen Unternehmungen beteiligt. Wie die meisten Waliser war er musikalisch und hatte immer bei Konzerten mitgewirkt. Nach dem Schulabschluß hatte er in einem Steinbruch gearbeitet, und zwar dreizehn Jahre lang bei der gleichen Firma. Er war geschickt in seiner Arbeit, und er war vor Kriegsbeginn mehrere Jahre lang der Vorarbeiter gewesen, der die Verantwortung für eine hydraulische Maschine hatte. Er hatte sich auch lebhaft für soziale und wirtschaftliche Fragen interessiert und war mehrere Jahre Sekretär des örtlichen Zweigs der Labour Party gewesen. Er war seit elf Jahren glücklich verheiratet und hatte zwei gesunde Kinder. Er war ein starker, gut gebauter Mann, der nie ernstlich krank gewesen war.

Im Frühjahr 1939 trat er in die Supplementary Reserve ein (das war ein Sammelbecken für gelernte Handwerker) und wurde bei Kriegsausbruch zum aktiven Dienst einberufen. Er ging mit einem der ersten Kontingente des britischen Expeditionskorps nach Frankreich. Während des Winters 1939/40 genoß er das Soldatenleben gründlich. Er verstand sich gut mit den anderen Angehörigen seiner Einheit, beteiligte sich an verschiedenen Konzerten, tat im britischen Sektor Aufbauarbeit und sah dem aktiven Kampf mit Selbstvertrauen und ohne Angst entgegen.

Am Anfang des Feldzugs ging seine Einheit nach Belgien, und da sie Pioniere waren, mußten sie während des Rückzugs vor allem Brücken sprengen. Sie waren ständigen und heftigen Bombenangriffen von Sturzkampfflugzeugen ausgesetzt. Am Beginn des Rückzugs explodierte eine Landmine ganz in seiner Nähe. Bald stellte er zu seiner eigenen Überraschung und zu seinem Schrecken fest, daß er von Angst erfüllt war. Seine Nervosität nahm rasch zu; zugleich bekam er an den Oberschenkeln eine Hauterkrankung, die ihm das Gehen immer mehr erschwerte. Er begann zu zittern, und sein bemitleidenswerter Angstzustand wurde bald so offensichtlich, daß seine Kameraden ihm sein Gewehr wegnahmen. Seine schriftliche Beschreibung seines Erlebens bedarf keiner weiteren Erklärung:

»... Die erste Brücke, an der wir eine Sprengladung anbringen mußten, war bei La Scarpe, dann weiter an einem Ort 7 km von Amiens, als meine Haut anfing, wund zu werden. Während dieser Zeit und bis wir abzogen, war mein Leben eine einzige Hölle. ... Nahe dem Fuß des Mont Cassel, wo ich in meiner Angst vor dem Bombardement auf dem Bauch lag, fiel eine Bombe ganz nah bei mir und schleuderte mich eine kleine Strecke weit fort, wodurch ich merkte, daß ich weinte. Von da an wurde ich herumgefahren, bis wir etwa 12 Meilen von Dünkirchen den Lastwagen aufgeben mußten.«

Nachdem der Lastwagen zurückgelassen worden war, konnte er nicht mehr mit den anderen mitkommen. Das hatte zur Folge, daß er fast zwölf Stunden lang in äußerster Angst allein am Straßenrand saß, bevor er gerettet und nach England zurückgebracht wurde.

»... Nachdem ich wieder ein paar Wochen in Sheffield gewesen war, erfuhr ich durch ein Telegramm, daß meine Muter sehr krank war; also wurde ich für zwei Tage nach Hause geschickt. Meine Mutter war schon gestorben, also kam ich verspätet nach Sheffield zurück und bekam eine Strafe.«

Seine Hauterkrankung besserte sich rasch; er wurde wieder als voll kriegsverwendungsfähig eingestuft und machte weiterhin voll Dienst. Aus verschiedenen Gründen war er jedoch seit seiner Rückkehr nach England nicht voll in seinem erlernten Handwerk eingesetzt worden, und obwohl er kurz vorher einen Kurs für Fortgeschrittene absolviert hatte, war er hauptsächlich mit Routinearbeiten beschäftigt worden.
Seit seiner Rückkehr aus Frankreich hatte er sich immer deprimiert gefühlt. Wenn er auch nach dem Tod seiner Mutter große Trauer empfand, glaubte er doch nicht, daß dies seine Depression erklären könne. Manchmal merkte er, daß er weinte, ohne zu wissen warum. Er hatte Angst vor Luftangriffen. Er stellte manchmal fest, daß er sich besser fühlte, wenn er etwas getrunken hatte, und eine kurze Zeit lang trank er ziemlich viel, gab es aber dann wieder auf. Er hatte sich lange seiner Symptome zu sehr geschämt, um sich krank zu melden. Zugleich hatte

er alles Vertrauen zu Offizieren und Unteroffizieren verloren, und zwar seit seinem Erlebnis, als er allein am Straßenrand gesessen hatte, auf das später nach dem Tod seiner Mutter die Bestrafung folgte, von der er meinte, sie sei ungerecht gewesen. Seine Beziehung zu seiner Frau war unverändert, und er bemerkte keine Verminderung seiner sexuellen Potenz.

Als er in die Klinik aufgenommen wurde, war er sehr stark in der Defensive; er fürchtete, als Simulant angesehen zu werden und war zunächst nicht bereit, über seine Erlebnisse zu sprechen. Später war er äußerst kooperativ. Seine ständige und wiederholte Klage war, es sei etwas in ihm, das seine Depression erzeuge und dazu führe, daß er weinen wolle. Es war aber nicht leicht, herauszubekommen, ob er mit diesem »etwas« etwas Hinzugekommenes oder etwas Verlorenes meinte, da er häufig sagte, in Dünkirchen habe er etwas verloren, das er nie wieder bekommen könne. Das einzige, was ihm helfen könnte, sagte er, sei die Möglichkeit, wieder als gelernter Handwerker wirklich nützliche Arbeit zu tun.

Nach mehreren Gesprächen kam ich zu dem Schluß, der Ursprung der Depression liege so tief, daß es nicht ratsam sei, ein begrenztes analytisches Verfahren zu beginnen. Dem Patienten half vor allem die Tatsache, daß ich seinen Wunsch, nützliche Arbeit zu tun, unterstützte, indem ich ihm einen geeigneten Posten verschaffte, wo er seinen Beruf ausüben konnte. Er nahm auch mit einigem Nutzen an Gruppendiskussionen über allgemeine psychologische Probleme teil. Mir scheint, daß dieser Fall trotz des begrenzten Materials auf viele Punkte von theoretischem Interesse hinweist.

1. Es ist kaum zu bezweifeln, daß die ganze Vorgeschichte dieses Patienten die eines in jeder Hinsicht »normalen« Mannes war. Seine frühere Anpassung an beide Geschlechter war befriedigend gewesen; bei seiner Arbeit hatte er sich ausgezeichnet bewährt, und er hatte auch beträchtliche Sublimierungsfähigkeit bewiesen. Sein Patriotismus und seine hohe Kampfmoral zeigen sich auch in dem Umstand, daß er sich freiwillig zur Supplementary Reserve gemeldet hatte, obwohl er eine Arbeit hatte, bei der er als unabkömmlich galt. Außerdem hatte er sich vor dem Feldzug gut an das Armeeleben angepaßt.

2. Die Art der traumatischen Ereignisse muß noch näher erläutert werden. Die erregenden Vorfälle scheinen sich kumuliert zu haben. Das erste Ereignis war die nahe Explosion der Landmine, die ihn durch die Luft schleuderte. Dies scheint am Anfang schwere Angstsymptome ausgelöst zu haben. Ich habe an anderer Stelle versucht, die traumatische Wirkung von Erlebnissen dieser Art – d. h. Erlebnissen, bei denen

der Mensch durch Luftdruck aufgehoben oder umgeworfen wird, ohne Verletzungen davonzutragen – mit einer früher vorhandenen unbewußten Überzeugung von der eigenen Unverletzlichkeit in Zusammenhang zu bringen. Das vollständige Fehlen aller Angstgefühle bei diesem Mann, bevor er in den Kampf ging, weist darauf hin, daß ein solcher Mechanismus in seinem Fall eine Rolle gespielt haben kann. Das heißt, er war psychisch unvorbereitet für sein Angsterlebnis. Um Freud zu zitieren:

»...Es ist nun ein wichtiger Fortschritt in unserer Selbstbewahrung, wenn eine solche traumatische Situation von Hilflosigkeit nicht abgewartet, sondern vorhergesehen, erwartet, wird. Die Situation, in der die Bedingung für solche Erwartung enthalten ist, heiße die Gefahrsituation...« (1926, S. 199).

Wenn ich richtig verstehe, was Freud meint, wäre es legitim, die spätere Reaktion zunehmender Angst und Hilflosigkeit bei diesem Mann als Wiederholung einer »traumatischen« im Gegensatz zu einer »Gefahrsituation« zu erklären. In diesem Zusammenhang ist auch noch das folgende Zitat relevant:

»...Andererseits muß auch die äußere (Real-)Gefahr eine Verinnerlichung gefunden haben, wenn sie für das Ich bedeutsam werden soll; sie muß in ihrer Beziehung zu einer erlebten Situation von Hilflosigkeit erkannt werden. Eine instinktive Erkenntnis von außen drohender Gefahren scheint dem Menschen nicht oder nur in sehr bescheidenem Ausmaß mitgegeben worden zu sein.« (1926, S. 201)

Die symbolische Bedeutung des zweiten traumatischen Ereignisses – der Wegnahme seines Gewehrs – ist offensichtlich. Bei der Besprechung dieses Vorfalls mit dem Patienten war es jedoch schwierig herauszubekommen, wie wichtig er gewesen war, weil der Mann zu diesem Zeitpunkt so völlig desintegriert war. Sein Gefühl, man habe ihn am Straßenrand im Stich gelassen, war nach seiner eigenen Meinung bei weitem das schlimmste Erlebnis von allen. Auf dieses führte er seinen Verlust des Vertrauens zur Menschheit zurück, sein Gefühl, etwas verloren zu haben, und sein Empfinden, er könne nie wieder der gleiche Mensch werden wie vorher. Der spätere Tod seiner Mutter, gefolgt von der Bestrafung für verspätetes Zurückkommen, hatte anscheinend sein Gefühl des Verlusts vertieft, bestätigt und unterstrichen.

Welcher Art war dieses Trauma, das auf einen akuten Angstzustand, völlige psychische Hilflosigkeit und eine symbolische Kastration folgte, und das in einer Atmosphäre fortgesetzter sowohl psychischer als auch physischer Hilflosigkeit stattfand – man erinnere sich, daß ihm die wunden Stellen an den Beinen das Gehen erschwerten – und unter ständiger und wachsender äußerer Gefahr? Könnte man es als eine Annäherung an jene am meisten gefürchtete Kindheitssituation ansehen, in der der Mensch sich von allen Liebesobjekten verlassen und in Gefahr fühlt, vernichtet zu werden?

3. Es ist interessant, der Reaktion dieses Mannes die von Sergeant B. gegenüberzustellen, der die gleiche Schlacht genossen hatte. Während bei Sergeant B. verdrängte Aggression freigesetzt worden war, fiel bei Pionier C. das vollständige Fehlen von jeglicher Aggression auf. Es ist interessant, über die Gründe dieses Fehlens zu spekulieren. Wie hing es mit den unbewußten Determinanten seiner psychischen Unvorbereitetheit auf das Erlebnis der Angst zusammen? Und in welchem Maß wurde die Gefahrsituation während der kritischen Zeit internalisiert? Es ist natürlich unmöglich, diese Fragen ohne eine weitere eingehende analytische Tiefenerforschung zu beantworten.

4. In diesem Zusammenhang ist ebenfalls wichtig, daß C. zwei Jahre später mit dem Symptom hartnäckiger Depression eingeliefert wurde. Die meisten Analytiker würden übereinstimmend glauben, daß die typische Selbstherabsetzung der Melancholie mit einer gegen das Ich gerichteten Aggression zu tun hat. Dieser Mann war aber nicht melancholisch. Er aß und schlief gut. Auf der Station war er freundlich und gesellig, und er war immer bereit, auf Krankenhauskonzerten zu singen. Er hatte keine Konzentrationsschwierigkeiten, und während seines Klinikaufenthalts besuchte er einen Ingenieurlehrgang, wo er gut und mit verständigem Interesse arbeitete. Trotzdem war er definitiv und ständig deprimiert; er war zwar freundlich, zeigte aber wenig spontanes Vergnügen. An freien Tagen fand man ihn oft auf seinem Bett liegend. Manchmal weinte er. Er beklagte sich weiterhin über etwas, das in ihm stecke und ihn elend und unglücklich mache.

Die Psychopathologie dieses Falles ist also nicht einfach mit der Art von Fällen zu vergleichen, von denen Freud (1917) und Karl Abraham (1911) in ihren Abhandlungen über Melancholie sprechen. Es gab hier keinen vollständigen Rückzug der Libido, und es war auch nicht die typische Selbstherabsetzung der psychotischen Depression zu beobachten.

Die Depression war dennoch verbunden mit einem definitiven Objektverlust, wie sich an den veränderten Gefühlen des Patienten gegenüber seinen Kameraden zeigte. Der psychische Zustand lag aber anscheinend dem des Trauernden näher als dem der echten Melancholie. Melanie Klein benützt einen anderen Ausdruck, der, wie ich glaube, den Gemütszustand dieses Mannes gut beschreibt:

»Die zweite Gruppe von Gefühlen, die die depressive Position darstellen, habe ich früher beschrieben, ohne einen bestimmten Ausdruck für sie zu prägen. Ich schlage für diese Gefühle von Gram und Sorge um die ›geliebten‹ Objekte, für die Ängste, sie zu verlieren, und den Wunsch, sie wiederzugewinnen, ein einfaches Wort vor, das der täglichen Sprache entnommen ist – nämlich die ›Sehnsucht‹ nach dem geliebten Objekt.« (1940, S. 316)

Es ist schwierig, die Erkrankung dieses Mannes zu erklären, außer im Zusammenhang mit sehr frühen Gefahrsituationen. Man erinnert sich, daß ich keine Anzeichen für frühere Erlebnisse psychischen Konflikts finden konnte. Außerdem ist seine völlige – sowohl psychische als auch physische – Hilflosigkeit während des Feldzugs sehr vielsagend. Ich möchte nicht dogmatisch sein, und es ist mir klar, daß das in diesem Fall zur Verfügung stehende klinische Material sehr begrenzt ist. Meine eigene Ansicht über die Psychogenese dieser Erkrankung beruht jedoch auf der Annahme, daß die traumatischen Erlebnisse die frühesten Angstsituationen mit darauffolgender Hilflosigkeit wieder aktiviert hatten. Diese Hilflosigkeit hing auch mit der Internalisierung der Gefahrsituation zusammen. Die spätere Depression könnte also Melanie Kleins Beschreibung der infantilen depressiven Position entsprechen: »Kurz gesagt – Verfolgung (durch böse Objekte) und die charakteristischen Abwehrmaßnahmen dagegen auf der einen Seite und Sehnsucht nach dem geliebten (›guten‹) Objekt auf der anderen stellen die depressive Position dar.« (1940, S. 316) Der Wunsch des Patienten nach konstruktiver Arbeit ließe sich auch als eine Form von Wiederherstellungsdenken und als Versuch erklären, eine zerschmetterte innere Welt neu zu schaffen.

Obwohl dieser Mann klinisch insofern am wenigsten krank war, als er keine behindernden Symptome hatte, war er von den drei Fällen, die ich vorgelegt habe, der am tiefsten gestörte. Seine Krankheit interessierte mich besonders als ein Beispiel dafür, wie verletzlich ein dem Anschein nach vollständig normaler Mann sein kann, wenn durch äußere Umstände erzeugte Erlebnisse zusammenkommen und seine zutiefst begrabenen primitiven Ängste wecken.

Für dieses Kapitel habe ich drei Fälle von relativ leichter Neurose ausgewählt, die nach Kampferlebnissen bei Männern auftrat, die vorher psychisch gesund gewesen waren. Ähnliche Fälle kommen zwar nicht häufig vor, sind aber keineswegs selten: von den zweihundert Soldaten, die während der ersten acht Monate des vergangenen Jahres auf meine Station kamen, gehörten fast 10 % diesem Typus an.

Trotz ihrer oberflächlichen Ähnlichkeit, die es zulässig machte, sie der gleichen klinischen Gruppe zuzuordnen, weisen die drei Patienten in ihrer Psychopathologie sehr verschiedene Probleme auf. Der erste zeigte Angstsymptome, verbunden mit Phobien vorwiegend genitaler Natur, ausgelöst durch eine Reaktivierung seines ödipalen Konflikts; der zweite hatte auf die Freisetzung vorher verdrängter aggressiver und sadistischer Impulse mit Schuldgefühlen und Angst reagiert; der dritte zeigte nach Erlebnissen, die anscheinend der Wiederholung einer traumatischen Ursituation nahekamen, depressive Symptome.

Es ist auch beachtenswert, daß diese Fälle den Umstand veranschaulichen, daß das Auftreten von Angstsymptomen, sowohl in der Kindheit als auch im Erwachsenenleben, oft eine gute prognostische Bedeutung hat. Der erste Mann hatte Angst und eine gute Fähigkeit, sie zu ertragen, gezeigt; der zweite hatte vor dem Kampf eine leicht ängstliche Erwartung verspürt; der dritte konnte sich überhaupt nicht an Angst erinnern. Der erste Mann erholte sich vollständig von seinen akuten Symptomen, wenn er auch seine Höhenfurcht behielt; der zweite besserte sich erheblich, wenn er auch seine frühere fraglose Anpassung an eine Männergemeinschaft nicht wiedergewann; beim dritten zeigte sich wenig wirkliche Veränderung. Obwohl er klinisch der am wenigsten kranke von den drei Männern war, hatte er die tiefste subjektive Veränderung erfahren.

Ich möchte jetzt meine eigenen, sehr vorsichtigen Antworten auf die Fragen geben, die ich in der Einführung gestellt habe:

Gibt es irgendeine Rechtfertigung für Publikationen der jüngsten Zeit, in denen man uns zu verstehen gibt, daß alle Kriegsneurosen auf »Trennungsangst« bei unangemessen abhängigen Männern zurückzuführen sind? – Ich brauche kaum zu wiederholen, daß meine Antwort auf diese Frage ein emphatisches »Nein!« ist. Man kann zwar mit guten Gründen darauf hinweisen, daß solche Faktoren bei Männern, die schon vor dem Militärdienst durchschnittlich ungünstige Bedingungen schlechter zu ertragen vermochten als andere, beim Auftreten von Symptomen eine Rolle spielen, aber es wäre lächerlich, wollte man annehmen, daß jeder Mann, der sich nach Kampferlebnissen mit Symptomen der Angst oder der Depression krank meldet, ein Schwächling ist, der seiner Pflicht zu entkommen versucht und nach Hause möchte. Wenn man solche Äußerungen logisch zu Ende führt, hieße das, jede neurotische Erkrankung, die auf Erlebnisse folgt, welche für das Individuum traumatisch waren, gehe hauptsächlich auf konstitutionelle Minderwertigkeit zurück und sei kaum der Behandlung wert, es sei denn durch moralische Ermahnungen und soziale Maßnahmen.

2. Weist die Diagnose »Angstzustand«, die bei all diesen Männern gestellt worden war, auf eine ähnliche Psychopathologie hin? – Dies ist

die bei Neurotikern des Zweiten Weltkriegs am häufigsten gestellte Diagnose. Viele nichtanalytische Psychiater scheinen zu glauben, das Auftreten von Angst sei einfach ein Zeichen, daß das Individuum ein seiner Anlage nach ängstlicher Mensch sei, und daß die Diagnose sich selbst erkläre. Kein Psychoanalytiker würde eine solche Anschauung vertreten, und diese Fälle, so scheint mir, zeigen deutlich, daß Angst bei Neurosen sehr verschiedener psychischer Struktur das Einlieferungssymptom sein kann.

3. Spielt der Aggressionstrieb in der Psychogenese bestimmter Kriegsneurosen eine spezifische ätiologische Rolle? – Der zweite Patient veranschaulicht das Problem, um das es mir geht. Ich habe noch mehr ähnliche Fälle gesehen. Es wäre erstaunlich, wenn die unvermeidliche Freisetzung aggressiver Impulse im aktiven Kriegsgeschehen nicht mehr oder weniger pathologische Angst- und Schuldreaktionen hervorrufen würde. Das Interessanteste an dem berichteten Fall war der Umstand, daß diese Reaktion bei einem Berufssoldaten erschien, dessen Beruf schließlich das Kämpfen war.

4. Welche Psychopathologie hat die bei Fällen von Kriegsneurose so häufig beobachtete Depression? – Wie hängt diese Frage mit der vorhergehenden zusammen? Der zweite Patient, Sergeant B., der wegen seiner Befriedigung durch die Aggression Schuldgefühle hatte, war nur sehr leicht depressiv. Der dritte Mann, Pionier C., der ein typisches Beispiel für den Typus von Depression war, an den ich hier denke, hatte auffallenderweise überhaupt keine Aggression gezeigt. Welche Rolle spielte dieser Mangel bei seiner späteren Depression? Man kann zumindest, angesichts seiner bewußten Erkenntnis, daß »in ihm drin« irgend etwas »schiefgegangen« war, zur Diskussion stellen, daß die Situation äußerer Gefahr internalisiert worden war, worauf der Rückzug auf eine depressive Position folgte. Warum dies möglicherweise geschah, kann man nicht sagen. Viele Fälle von Depression nach Kriegserlebnissen mögen auf eine ähnliche Internalisierung von aggressiven Impulsen zurückgehen, denen – entweder aus äußeren oder aus inneren Gründen – nicht gestattet werden konnte, sich in Handlungen zu äußern.

Zuletzt: welches Licht werfen diese Fälle auf die Frage, warum ein Mensch eine Neurose bekommt, ein anderer aber nicht? – Ich glaube, daß jeder dieser Männer aus je verschiedenen Gründen krank wurde und früher gesund geblieben war. Der erste war wegen seiner Fähigkeit gesund geblieben, eine beträchtliche, mit ungelösten Elementen seiner ödipalen Situation zusammenhängende Angst zu ertragen. Ein spezifisches traumatisches Erlebnis steigerte seine Angst, bis sie pathologisch wurde, wobei in seiner Persönlichkeitsstruktur oder in seiner Fähigkeit zur Bildung von Objektbeziehungen jedoch wenig qualitative Veränderung eintrat. Der zweite Mann war gesund geblieben, weil sein erwählter Beruf ihm eine beträchtliche Befriedigung seiner unbewußten homosexuellen Impulse ermöglichte. Er brach zusammen, als die Kampferlebnisse ihm den Sadismus und die Aggression offenbarten, die unter seiner früheren Anpassungsform verborgen lagen. Es ist aber beachtenswert, daß trotz erheblicher subjektiver Veränderung wenig objektive Anzeichen wirklicher neurotischer Krankheit vorhanden waren, und daß vieles darauf hinwies, daß seine Symptome hauptsächlich ein Zeichen für die größere Anstrengung waren, deren es bedurfte, um sein Gleichgewicht aufrechtzuerhalten. Es ist eine Frage der Definition, ob man einen solchen Zustand als wirkliche Krankheit bezeichnen soll oder nicht. Der dritte Fall ist der schwierigste, und ich bedaure sehr, daß es unmöglich war, eine Vollanalyse durchzuführen, denn diese hätte gewiß unschätzbares Material erbracht. Die Tatsache, daß dieser Mann, in dessen Vorgeschichte sich keine Hinweise oder »schwachen Stellen« fanden, der keine Erinnerung an frühere Angst oder Depression hatte, am Anfang des Feldzugs in eine so extreme Hilflosigkeit verfiel, deutet darauf hin, daß seine normale Anpassung von einer sehr weitgehenden Verdrängung seiner frühesten Angsterlebnisse abhängig gewesen war. Es ist natürlich unmöglich zu sagen, in welchem Maß dies bei »normalen« Menschen auch der Fall ist. Auf Grund meiner klinischen Erfahrung neige ich zu der Ansicht, daß die sogenannte vollständige Normalität oft einen pathologischen Hintergrund hat.

Ich kann zwar diese Frage nicht abschließend und allgemeingültig beantworten, aber diese Fälle machen den Umstand deutlich, daß normale Menschen verborgene Neurose-Gefährdungen haben können, daß aber andererseits äußere Ereignisse, so überwältigend sie auch sein mögen, nur dann eine Neurose auslösen, wenn sie spezifische unbewußte Konflikte berühren.

Man hat nur selten versucht, die Prämissen, auf denen ein Großteil der
heutigen Arbeiten über Angst beruht,
mit früheren theoretischen Formulierungen über ihre Psychopathologie in
Verbindung zu bringen. Ich habe mir
daher in diesem Kapitel vor allem vorgenommen, noch einmal einen kurzen
Überblick über Geschichte und Entwicklung des analytischen Denkens
über die Natur der Angst zu geben, um
so klar wie möglich die Aspekte der

3

Angst und die Fähigkeit, sie zu ertragen

Theorie herauszuheben, die, wenn sie auch noch unvollständig sind,
relativ umstritten zu sein scheinen, und zwar insofern, als sie mit erheblichen Meinungsverschiedenheiten in bezug auf andere Grundkonzepte vereinbar sind. Ich möchte ferner, besonders im Hinblick auf
Natur und Ursprung innerer Gefahrsituationen, andere wichtige theoretische Konzepte definieren, die weit umstrittener erscheinen, und bei
denen Meinungsverschiedenheiten unvermeidlich zu theoretischen
Kontroversen führen.

Da mein eigenes Interesse an diesem Thema ursprünglich dadurch geweckt wurde, daß ich während des Krieges Gelegenheit hatte, eine
große Zahl angsterfüllter Soldaten zu untersuchen, ist mein zweites
Ziel, einige im 2. Kapitel geschilderte Beobachtungen noch ein wenig
weiterzuführen. Dort habe ich etwas eingehender die dem neurotischen
Zusammenbruch von drei Militärpatienten zugrunde liegende Psychopathologie beschrieben, deren Vorgeschichte in bezug auf das frühere
Auftreten offenkundiger Angst sehr verschieden war. Ich habe dort
die vorläufige Schlußfolgerung gezogen, das Auftreten von Angstsymptomen in der Kindheit und im Erwachsenenleben habe insofern oft
eine gute prognostische Bedeutung, als Individuen, die im Verlauf ihrer
Entwicklung relativ große Angst hatten aushalten können, sich insgesamt als weniger geneigt erwiesen, angesichts traumatischer Kriegserlebnisse relativ irreversible neurotische Reaktionen zu entwickeln.

Von ihren frühesten Zeiten an hat sich die psychoanalytische Theorie
über die Natur der Angst ihrem Gegenstand von zwei Seiten her genähert. Erstens ist die Beziehung der Angst zur Triebversagung oft unterstrichen worden. Wenn auch Freud Ausgangspunkt und Orientierung seiner Hypothese erheblich modifiziert hat, hat er doch immer die
enge Beziehung zwischen Angst und Quantitäten frustrierter Triebspannung betont. Analytische Autoren haben die Bedeutung dieser

Vorstellung immer allgemein akzeptiert. Otto Fenichel (1945) z. B. spricht häufig von der pathogenen Wirkung dessen, was er als »Zustände der Gestautheit« *(dammed up states)* bezeichnet; auch Anna Freud benützt in »Das Ich und die Abwehrmechanismen« diesen Ausdruck, und auch Ernest Jones hat schon sehr früh die wesentliche Bedeutung der steigenden Triebspannung, für die keine Abfuhrmöglichkeit besteht, als Faktor in der Entstehung der Angst betont. Außerdem hat besonders Ernest Jones die Angst vom biologischen Standpunkt aus interpretiert und den engen Zusammenhang zwischen Angst und Furcht betont. Schon 1911 stellte er ausdrücklich fest:

»...Ein Begehren, das keinen unmittelbaren Ausdruck finden kann, wird nach innen gewendet, und die entstehende Angst ist in Wirklichkeit die Angst des Patienten vor dem Ausbruch seines eigenen begrabenen Verlangens. Mit anderen Worten, krankhafte Angst dient insofern der gleichen biologischen Funktion wie normale Funktion, als sie den Organismus vor seelischen Prozessen beschützt, vor denen er sich fürchtet.« (1911, S. 423)

In dem, was man in »Hemmung, Symptom und Angst« (1926) und in der »Neuen Folge der Vorlesungen zur Einführung in die Psychoanalyse« (1933) als Freuds definitive Aussagen über dieses Thema ansehen kann, unterscheidet dieser ähnlich zwischen zwei Arten von Angst. Er nennt zwar ausdrücklich den Wert der Angst als Reaktion auf eine innere Gefahrsituation und erkennt ihn an, aber er geht nicht von seiner früheren Interpretation der Angst als Ansammlung von nicht abführbarer Erregung ab. Er nennt also einen Zustand »primäre Angst« oder den »traumatischen Faktor«, der, wie er sagt, unmittelbar herbeigeführt wird durch Hilflosigkeit angesichts überwältigender Trieberregung. Im Gegensatz dazu definiert er sekundäre Angst als eine Abwehrreaktion, die sich als Signal manifestiert, daß eine Gefahrsituation entstehen könnte. In den »Neuen Vorlesungen...« schloß Freud: »...gegen eine zweifache Herkunft der Angst, einmal als direkte Folge des traumatischen Moments, das andere Mal als Signal, daß die Wiederholung eines solchen droht, sehe ich keinen Einwand« (1933, S. 101).
Dieses Kapitel basiert auf Freuds Unterscheidung zwischen zwei Arten von Angst und seiner Definition der primären Angst als direkter Folge von so starker Hilflosigkeit in einer Situation der überwältigenden Erregung, daß sie ein traumatisches Erlebnis darstellt. Die sekundäre Angst wird, so groß sie auch sein mag, als Abwehrreaktion definiert, die angesichts einer inneren Gefahrsituation durch Furcht hervorgerufen wird. Wenn man die Fähigkeit des Individuums, Angst zu er-

tragen, betrachtet, muß man diese Dichotomie im Sinn behalten. Trieb-erregung oder Triebspannung jeder Art erreicht irgendwann einen so hohen Grad, daß sie traumatische oder primäre Angst auslöst. Man könnte postulieren, daß es in dieser Entwicklung drei mögliche Stadien gibt. Im ersten Stadium, wo die Triebspannung noch im Bereich der Fähigkeit des Individuums bleibt, sie zu ertragen, stellt sie keine Ge-fahrsituation dar; sie wird vielmehr als eine spezifische Spannung er-lebt, z. B. als sexuelles Begehren, aber ohne Angst. Im zweiten Stadium erreicht die Triebspannung einen Grad, der der Belastungsgrenze des Individuums nahekommt, so daß eine innere Gefahrsituation entsteht. An diesem Punkt wird echte Angst des sekundären Typus erlebt. Schließlich, wenn die Spannung einen Grad erreicht, der nicht mehr ertragen wird, ereignet sich, entweder mit dazwischentretender sekun-därer Angst oder ohne sie, ein traumatisches Erlebnis, das durch das Erscheinen primärer Angst gekennzeichnet ist.

Wenn wir über Angst sprechen, haben wir also eine doppelte Aufgabe: Erstens müssen wir sowohl den Ursprung als auch die Psychogenese der Triebversagung betrachten, und zweitens müssen wir die Art, wie diese Frustration sich als innere Gefahrsituation darstellt, formulieren und beschreiben. Das heißt, wir müssen zunächst kurz die verschiedenen Ansichten über die Grundtriebe und die Bedingungen ihrer Frustrie-rung betrachten; zweitens müssen wir die spezifischen inneren Ge-fahrsituationen betrachten, die im Lauf der seelischen Entwicklung entstehen. Bei beiden Fragen haben wir es mit umstrittenen Gegen-ständen zu tun, da erhebliche Meinungsverschiedenheiten darüber be-stehen, welche Rolle aggressive Triebe in bezug auf Triebspannung und innere Gefahrsituation spielen. Um die Extreme der Kontroverse in die einfachste Form zu bringen, müssen wir die Frage stellen und beant-worten: Wird Angst, entweder ganz oder teilweise, von primären aggressiven Impulsen hervorgerufen oder ist sie eine Reaktion auf diese Impulse, oder sollte man, auf der anderen Seite, die Aggression als sekundär ansehen, als etwas, das entweder infolge äußerer Versa-gung oder als direkte Reaktion auf die Angst selber entsteht? Auf der einen Extremposition betonen Melanie Klein (1946) und andere die generative Funktion der primären aggressiven oder destruktiven Im-pulse bei der Entstehung der Angst. Am anderen Extrem bezweifelt John Bowlby (1946) die Existenz der primären Aggression als eines selbständigen pathogenen Faktors; er bringt ihr Auftauchen vielmehr mit einer von außen kommenden Frustration primitiver Triebimpulse in Zusammenhang. In der Mitte zwischen diesen extremen Ansichten befürwortet Rudolph Loewenstein (1940) in einer Abhandlung über

»die vitalen oder somatischen Triebe« (»The Vital or Somatic Instincts«) die Ansicht, man solle die Selbsterhaltungstriebe wieder als primär einsetzen; und Freud sagt in »Hemmung, Symptom und Angst«, »daß wir es kaum jemals mit reinen Triebregungen zu tun haben, sondern durchweg mit Legierungen beider Triebe in verschiedenen Mengenverhältnissen« (1926, S. 155). In seiner Abhandlung »Psychoanalysis and the Instincts« schließt auch Ernest Jones.

»...Die Erotisierung aggressiver Impulse ist ein bemerkenswerter allgemeiner Prozeß, der einen Großteil der Komplexität des Lebens erklärt. Aus diesen Gründen ist es außerordentlich schwierig, eine spontane Aktivität des Aggressionstriebes isoliert festzustellen, und ich selber weiß von keinem eindeutigen Beispiel.« (1936, S. 169)

Wir müssen zwar auf eine vollständige Erörterung der Natur der Grundtriebe verzichten, aber wir müssen erkennen, daß die Frage nach der Natur des Aggressionstriebes hier der Angelpunkt ist. Ich glaube, man ist sich allgemein darüber einig, daß man im Hinblick auf klinische Krankheitsbilder und im Verlauf jeder Analyse die Angst entweder als Reaktion auf aggressive Impulse oder als ihre Ursache sehen kann; diese Impulse sind entweder bewußt oder sie drohen bewußt zu werden. Kurzum, wir alle kennen das Kind, das aggressiv wird, weil es Angst hat. Anna Freud hat in »Das Ich und die Abwehrmechanismen« dieser Art von Aggression unter der Überschrift »Identifizierung mit dem Aggressor« ein Kapitel gewidmet. Theodor Reik hat eine Abhandlung unter dem Titel »Aggression aus Angst« (Aggression from Anxiety) veröffentlicht, in dem er ausführlich über dieses Thema spricht und feststellt: »Wir haben bisher die Bedeutung dieses Mechanismus, durch den Angst in Haß und so in aggressive Tendenzen verwandelt wird, unterschätzt« (1941, S. 9). Paula Heimann (1942) spricht auch von dem circulus vitiosus, der durch Aggressivität und Angst geschaffen wird, wobei sie sagt, jede reagiere mit der anderen und verschlimmere sie.

Allgemeine Einigkeit über klinische Manifestationen weist jedoch keineswegs auf irgendeine reale Einigkeit der Meinungen hin, weder im Hinblick auf die Existenz der Aggression als Primärtrieb, noch darauf, ob diese Aggression in erster Linie gegen das Selbst gerichtet ist (»Todestrieb«) oder gegen die Außenwelt. Man ist sich auch nicht einig darüber, wie und in welchem Maß die Triebe vom Ich als inhärent gefährlich angesehen werden. Ein Überblick über die Anschauungen der Analytiker, die über dieses Thema wichtige Aussagen gemacht haben, ergibt: Melanie Klein stellt in »Bemerkungen über einige schizoide Mechanismen« fest: »Meiner Meinung nach entsteht Angst aus der Aktivität des Todestriebes innerhalb des Organismus; sie wird als Furcht vor Vernichtung (Tod) in der Form von Verfolgungsangst empfunden.« (1946, S. 296) Wenn sie auch in einer früheren Abhandlung festgestellt hat: »... vom Beginn des Lebens an ist die Libido mit der Aggressivität verschmolzen« (1945, S. 378), ist doch klar, daß nach ihrer Meinung die letzte Ursache der Angst in primären destruktiven Impulsen zu suchen ist, die sich gegen das Ich kehren. Anna Freud spezifiziert zwar die Art der betreffenden Triebe nicht, hält aber definitiv die Angst vor der Stärke der Triebe für eine der wichtigsten Ursachen der tiefen Angst und sagt, wenn die Forderungen der Triebimpulse übertrieben stark würden, werde die stumme Feindseligkeit des Ichs gegen den Trieb bis zur Angst gesteigert (1936). In seiner Arbeit über »Die Genese des Über-Ichs« (»The Genesis of the Super-Ego«) weist Ernest Jones auch auf die entscheidende Bedeutung der Triebgefahr hin und stellt fest:

»... Ob es beim Menschen einen besonderen Aggressionstrieb gibt oder nicht, gewiß ist, daß der Sexualtrieb, besonders in seinem Anfangsstadium, seiner Natur nach im wesentlichen aggressiv ist – und das weit mehr, als Psychoanalytiker ursprünglich geglaubt haben. ... Man hat gute Gründe für die Annahme, daß der Säugling diese aggressiven Komponenten als in sich schädlich und gefährlich empfindet, und zwar unmittelbar und abgesehen von allen Wirkungen auf den Säugling selbst oder auf das Liebesobjekt. Die Reaktion auf sie ist Angst, und zwar zunächst das, was man als Angst vor der Vorstellungsbildung *(pre-ideational)* bezeichnen kann, d. h. ohne jede Ahnung von der Natur der Gefahr.« (1947, S. 151 f.)

Ich fasse zusammen: Wie man auch zu den Grundtrieben stehen mag, zweifellos ist der Gedanke, sexuelle und aggressive Impulse, die nicht zu ertragen seien, manifestierten sich als primäre Angst, immer noch ein fruchtbares Mittel, um unser klinisches Verständnis traumatischer Zustände zu vermehren. Es ist jedoch wichtig, sich klarzumachen, daß diese Auffassung zwar zuerst im Hinblick auf sexuelle Impulse geäußert wurde, daß aber die moderne Entwicklung zu einer relativ stärkeren Betonung der Rolle geführt hat, die aggressive und destruktive Tendenzen bei der Entstehung früher Angstzustände spielen. Da außerdem die Auffassung von der Frustration als einer Ursache von Triebspannung in dieser Theorie eine wichtige Rolle spielt, läßt sich die Hypothese, nach der Aggression, Spannung und Angst unter ungünstigen Bedingungen in einem immer schlimmeren Zirkel miteinander reagieren, leicht mit dieser Ansicht in Einklang bringen.
Wie bereits gesagt: Wenn diese Spannung, gleichgültig, wie sie entstanden ist, unerträglich wird, ist traumatische Angst die Folge. Wenn

diese Frustration weniger stark ist, empfindet das Individuum die resultierende Spannung nach Freuds Auffassung als innere Gefahrsituation. Die biologische Reaktion auf Gefahr, sei sie innen oder außen, besteht darin, Furcht zu bekommen. Sekundäre Angst, die also als die zweckgerichtete Reaktion auf eine innere Gefahrsituation definiert wird, ist ein äußerst wichtiger Begriff. Auch hier haben wir es wieder mit einem Gegenstand zu tun, über den viele Meinungsverschiedenheiten existieren. Wir wollen das Problem wieder in die einfachste Form bringen: Wenn wir annehmen, daß Triebversagung die Determinante einer inneren Gefahrsituation ist, wieweit sollen wir diese Gefahrsituation einer die Frustration fördernden äußeren Umgebung zuschreiben, und wieweit sollen wir die Frustration als etwas dem Wesen der menschlichen psychischen Struktur Eigenes ansehen? Dieses Problem hängt mit dem eben besprochenen eng zusammen – d. h. mit der Natur der primären Triebe selber. Die Betonung muß hier aber etwas anders gesetzt werden. Hier geht es uns darum, die Wirkung innerer Gefahrsituationen auf das Individuum zu betrachten. Damit wollen wir die Bedeutung der äußeren Realität oder der Beziehung zwischen Angst und von außen verursachter Frustration oder Gefahr nicht bagatellisieren.

Unsere These lautet nicht, äußere Ereignisse seien unwichtig, sondern vielmehr, ihr pathogenes Wirken liege in den inneren Situationen, die entstehen, wenn gehäufte Triebversagung, wodurch sie auch erfolgen mag, ein so hohes Maß erreicht, daß sie eine innere Bedrohung darstellt. Auch hier sehen wir uns wieder großen Meinungsverschiedenheiten darüber konfrontiert, wieweit man diese Triebversagung äußeren Situationen zuschreiben kann, und in welchem Maß Frustrationen unvermeidlich sind, weil die Triebe selbst ihrem Wesen nach gefährlich sind. Wie wir schon gezeigt haben, beruht die Arbeit der modernen »englischen Schule« auf der Prämisse, Gefahr erwachse aus den Trieben selber. Es scheint, als akzeptiere auch Anna Freud (siehe 1936) diese Ansicht. Freud selbst akzeptierte zwar die Auffassung, Triebversagung konstelliere eine innere Gefahrsituation, aber er gab zu verstehen, diese Situation werde nicht so sehr durch Furcht vor den Trieben selbst herbeigeführt, sondern vielmehr durch die möglicherweise resultierende äußere Bedrohung, besonders die Kastrationsdrohung. In diesem Zusammenhang führte er in »Hemmung, Symptom und Angst« ausdrücklich aus: »Der Triebanspruch ist ja nicht an sich eine Gefahr, sondern nur darum, weil er eine richtige äußere Gefahr, die der Kastration, mit sich bringt« (1926, S. 156–157).

Ich möchte die Punkte der Einigkeit wie auch die der Uneinigkeit noch einmal deutlich machen: Die Auffassung, Angst sei eine Reaktion auf eine innere Gefahrsituation, gleichgültig welcher Genese, kann man nicht als eine in psychoanalytischen Kreisen umstrittene Frage ansehen. Die Beziehung der inneren Gefahrsituation zu den Trieben und ihrer Frustrierung haben wir schon berührt. Der einmal akzeptierte Begriff der inneren Gefahrsituation ist ziemlich weit, er umfaßt nicht nur Angst, die in direktem Zusammenhang mit den Trieben selbst erzeugt wird, sondern auch Angst, die in bezug auf Objekte entsteht. Anna Freud stellt z. B. ganz spezifisch fest, die Wirkung der vom Ich wegen der Stärke der Triebe erlebte Angst sei die gleiche wie die, welche die Über-Ich-Angst hervorrufe (1936). Da hier ein inneres Objekt, das Über-Ich, als Quelle der Angst angenommen wird, sehe ich keine theoretische Schwierigkeit darin, diesen Gedanken so zu erweitern, daß auch noch die Angst einbezogen wird, die von primitiveren inneren Objekten, nämlich den Vorläufern des Über-Ichs, ausgeht. Es sollte in diesem Zusammenhang auch nicht schwierig sein, die Möglichkeit zuzugeben, daß Angstsituationen verschiedener Art entstehen können, je nachdem, ob das Ich sich durch ein angreifendes inneres Objekt direkt bedroht fühlt (das ist paranoide Angst), oder ob die Furcht und Gefahr eher mit dem möglichen Verlust eines guten Objekts zu tun hat (das ist depressive Angst). Man kann bei beiden Typen der Angstsituation leicht erkennen, daß sie von äußeren Gefahrsituationen herrühren. Freud z. B. unterscheidet spezifisch zwischen der äußeren Gefahr, die mit möglichem Angriff zu tun hat, wenn er die Bildung einer Phobie mit der objektiven Furcht vor einem kastrierenden Vater in Verbindung bringt, und den früheren Angstsituationen, in denen Gefahr in engerer Verbindung mit der Furcht vor dem Entzug eines guten, beschützenden Objekts, nämlich der Mutter, entsteht. Ich weise also, kurz gesagt, darauf hin, daß, wenn man die Möglichkeit akzeptiert hat, es könne sich hier um innere Vorläufer des Über-Ichs handeln, man das Vorkommen innerer Gefahrsituationen, die mit ihnen zu tun haben, als unvermeidlich annehmen muß.

Man kann also unterscheiden zwischen inneren Gefahrsituationen, die unmittelbar der Triebversagung als solcher zuzuschreiben sind, und inneren Gefahrsituationen, die bei näherem Hinsehen als Folge von Drohungen interpretiert werden können, die von inneren Objekten ausgehen. Es ist jedoch offensichtlich, daß diese Trennung zwar zulässig, aber künstlich ist, und nur zum Zweck der Beschreibung zu rechtfertigen ist. Obwohl, wie wir schon betont haben, sowohl im Hinblick auf die Natur der betreffenden Triebe als auch im Hinblick auf Struktur und Bedeutung der inneren Objekte, die dem endgültigen und allgemein anerkannten Über-Ich vorangehen, erhebliche Meinungsverschiedenheiten bestehen, ist man sich doch einig über die fundamentale Untrennbarkeit von Trieb und innerem Objekt. Wie Freud in »Neue Folge der Vorlesungen zur Einführung in die Psychoanalyse« sagt:

»... Bei der ersten Einsetzung des Über-Ichs ist gewiß zur Ausstattung dieser Instanz jenes Stück Aggression gegen die Eltern verwendet worden, dem das Kind... keine Abfuhr nach außen schaffen konnte, und darum braucht die Strenge des Über-Ichs nicht einfach der Härte der Erziehung zu entsprechen. Es ist sehr wohl möglich, daß bei späteren Anlässen zur Unterdrückung der Aggression der Trieb denselben Weg nimmt, der ihm in jenem entscheidenden Zeitpunkt eröffnet wurde...

Theoretisch sind wir eigentlich im Zweifel, ob wir annehmen sollen, daß alle aus der Außenwelt zurückgekehrte Aggression vom Über-Ich gebunden und somit gegen das Ich gewendet werde, ohne daß ein Teil von ihm seine stumme und unheimliche Tätigkeit als freier Destruktionstrieb im Ich und Es ausübe. Wahrscheinlicher ist eine solche Verteilung, doch wissen wir nichts weiter darüber.« (1933, S. 116–117)

Diese Aussagen machen nicht nur die offensichtliche Untrennbarkeit von Trieb und Objekt klar, sondern lassen auch noch die theoretische Möglichkeit offen, daß ungebundener Destruktionstrieb eine potentielle Ursache innerer Gefahrsituationen bleiben kann. Melanie Klein zeigt in »Schizoid Mechanisms«, daß auch nach ihrer Meinung Triebe und innere Objekte nur in der beschreibenden Theorie getrennt werden können, denn:

»Die Furcht vor dem Zerstörungstrieb scheint sich sofort an ein Objekt zu binden oder wird vielmehr als Furcht vor einem unkontrollierbaren, überwältigenden Objekt gefühlt... Selbst wenn diese Objekte als äußere gefühlt werden, so werden sie durch Introjektion innere Verfolger und verstärken somit die Angst vor dem Zerstörungstrieb im Innern.« (1946, S. 296)

Ich möchte hier einen Augenblick abschweifen und auf eine weitere Frage kommen. Ich habe bisher nicht versucht, bewußte und unbewußte Angst auseinanderzuhalten. Das Konzept der unbewußten Angst bietet eine Reihe theoretischer Schwierigkeiten, obwohl ein Großteil der analytischen Theorie auf der Existenz unbewußter Angst aufbaut. Beim Betrachten dieses Problems ist es wichtig, spezifisch anzugeben, über welche Art von Angst man spricht. Bei der primären Angst ist es schwer, genau zu sein. In den als traumatisch bezeichneten Situationen berühren die physischen und psychischen Manifestationen natürlich das ganze seelische und körperliche Leben. Ein solches Ereignis ist z. B.

für den Säugling die Geburt und andere Situationen totaler Hilflosigkeit angesichts überwältigender Erregung, und für den Erwachsenen kann sich eine solche Situation in einem traumatischen Erlebnis wiederholen. Wenn Triebspannung dieser Art in unerträglichen Mengen vorhanden ist, kann sich das Individuum dagegen durch eine Reihe verschiedener Abwehrmechanismen schützen. Die Ansammlung innerer Spannung ist als Determinante der inneren Situation definiert worden, die mit der zweckgerichteten biologischen Reaktion der sekundären Angst beantwortet wird. Da sie von den seelischen und körperlichen Veränderungen begleitet ist, die unvermeidlich in jeder inneren oder äußeren Gefahrsituation mit Angst einhergehen, wird die so definierte sekundäre Angst, wenn sie sich als solche entwickelt und ertragen wird, bewußte Manifestationen hervorbringen. Es können aber eine Reihe anderer Abwehrmaßnahmen gegen diese drohende innere Gefahrsituation eingesetzt werden, die das subjektive Erlebnis der echten sekundären Angst entweder verhindern oder es so verkleiden, daß es nicht zu einem vollen Gewahrwerden der seelischen und körperlichen Aspekte der sekundären Angst kommt.

Ich behaupte, Entwicklung und Ertragen sekundärer Angst mag nicht nur unvermeidlich, sondern vielleicht sogar als Anreiz für die frühkindliche Entwicklung wünschenswert sein. Vielleicht ist sie ein wesentliches Erfordernis für die Errichtung angemessener Abwehr in allen Gefahrsituationen, mögen sie auf innere oder äußere Auslöser zurückgehen. Die körperlichen und seelischen Manifestationen dieser Art von Angst sind eng verwandt mit den physischen und psychischen Begleiterscheinungen der normalen Furcht, d. h. der Furcht, die in einer objektiven oder äußeren Gefahrsituation das Individuum zum Handeln bereitmacht. Nach den meisten gebräuchlichen physiologischen und psychologischen Theorien sind die in dieser Situation eintretenden physischen und psychischen Veränderungen insofern eindeutig zweckgerichtet, als sie das Individuum darauf vorbereiten, mit einer drohenden Gefahr fertigzuwerden. Das heißt, psychisch ist das angsterfüllte Individuum sich eines gewissen Gefühls antizipatorischer Furcht, geistiger Wachheit und Spannung bewußt. Physisch zeigt es alle körperlichen Veränderungen (oder einige davon), die es in einer äußeren Gefahrsituation befähigen würden, zu kämpfen oder zu flüchten. Ein gutes Beispiel für die anregenden Wirkungen dieser Art von Angst in einer Situation des realen Lebens, die wir alle erlebt haben müssen, ist die nahe bevorstehender Prüfungen. Diese Situation kann man auch benützen, um den Unterschied zwischen Angst als anregendem und als hemmendem Faktor zu veranschaulichen. Wenn Angst die

Qualität normaler zweckgerichteter Furcht behält, ist sich der Prüfling, obwohl er einige unangenehme Körperempfindungen hat, gewöhnlich einer ungewöhnlichen geistigen Wachheit bewußt, einer Fähigkeit, seine Mittel nach besten Kräften zu nutzen, und darüber hinaus die Fallen zu erspüren und zu vermeiden, die ihm ein listiger Prüfer stellt. Wenn aber die Angst aus irgendeinem Grund diese Qualitäten verliert und eher den hilflosen Manifestationen des Säuglings ähnelt, der sich in einer Lage sieht, die er nicht meistern kann, verspürt der Prüfling eine Leere im Gehirn, er zittert und fühlt sich elend, und er ist unfähig, seine Mittel irgendwie zweckmäßig einzusetzen.

Bei dem Versuch, die psychopathologischen Unterschiede zwischen diesen beiden Reaktionsweisen auseinanderzulegen, stehen wir vor einigen Schwierigkeiten. Wenn auch die Examenssituation für das Individuum keine wirkliche, objektive Bedrohung darstellt, muß sie trotzdem insofern als reale Gefahr angesehen werden, als ein Versagen reale Nachteile zur Folge hat. Über die individuellen Unterschiede, die für diese verschiedenen Reaktionen auf die Prüfungssituation verantwortlich sind, gibt es eine Menge analytische Literatur, die in einer Abhandlung von Professor Flügel (1939) zusammengefaßt ist. Obwohl in seiner Abhandlung eine Reihe interessanter Deutungen der Prüfungssituation zu finden ist, wird das Entstehen des Typus von primärer Angst, die ich erwähnt habe, nicht betont. Ich meine jedoch, daß die Unterscheidung zwischen dem Auftreten von primärer und sekundärer Angst in der Examenssituation besonders klar ist. Bei der ersten Gruppe wird die Gefahrsituation erkannt und als Herausforderung angenommen, auf die man sich vorbereiten und mit der man fertigwerden kann, so daß die Angst als Verbündeter auftritt; bei der zweiten Gruppe hemmen die entstehende Spannung und Erregung das Individuum, weit davon entfernt, ihm zu helfen, und hindern es daran, mit der Situation fertigzuwerden. Beim Erfolgreichen könnte man einwenden, man solle nicht sagen, diese Manifestationen seien auf Angst zurückzuführen, sondern vielmehr auf normale Furcht. Ich benütze das Beispiel jedoch zur Veranschaulichung der anregenden Wirkungen von Furcht in einer Gefahrsituation – Wirkungen, von denen ich glaube, daß sie qualitativ der sekundären Angst entsprechen, die als Reaktion auf unbewußte innere Gefahrsituationen entsteht.

Zwischen der Art von Angst oder Furcht, die in ihren anregenden Wirkungen vollkommen erfolgreich ist, und der Art von Angst, die ganz und gar hemmt, gibt es eine große Vielfalt von Zuständen, zu denen die verschiedenen Arten von klinischer Angst und der Abwehr gegen sie gehören. Zum Beispiel: wenn wir annehmen, daß das Opti-

mum, das wir als normale Furcht bezeichnen, lediglich eine Angst-
menge hervorbringt, die genügt, um anregend zu wirken, ohne irgendeine subjektive Belastung von Bedeutung hervorzurufen, müssen wir
uns als nächstes das Individuum betrachten, das, obwohl es mehr Angst
bekommt, als es ohne Mühe bewältigen kann, dies trotzdem als Angst
ertragen kann, ohne überwältigt zu werden, ohne hinderliche körperliche Symptome zu entwickeln, und ohne daß es eine Prüfungsphobie
bekommt. Als nächstes müssen wir den Typus betrachten, der zusammen mit einem Grad von Angst, der das Optimum übersteigt, seine
Angst leicht in Form somatischer Symptome ausdrückt. Ein Kandidat
dieser Art wird am einen Ende der Skala nur Symptome wie Herz-
klopfen, häufigen Harndrang, einen trockenen Mund und dergleichen
bemerken, während einer am anderen Ende der Skala so viele physische
Symptome hervorbringen kann, daß sie seinen Erfolg beeinträchtigen.
Schließlich müssen wir noch an das Individuum denken, das eine
Examensphobie entwickelt, weil schon der Gedanke an eine Prüfung
ihm so große Angst macht.

Diese gleiche Reihe von Varianten kann man heranziehen, wenn man
die verschiedenen Reaktionen auf innere Gefahrsituationen beschreiben will, die eine auf unbewußte Ursachen zurückgehende Angst aktivieren. Am einen Extrem haben wir Individuen, die erhebliche Angst
als solche ertragen können, wenn die Gefahrsituation so ist, daß man
sie erkennen muß, und wenn in diesem Zeitpunkt keine positive Abwehr zur Verfügung steht. Als nächstes haben wir die wichtige Gruppe
von Menschen, die zwar subjektiv wissen, daß eine Gefahrsituation
besteht, aber nicht fähig sind, diese Gefahrsituation im eigenen Inneren zu behalten (d. h. die Gefahr als eine von innen kommende zu
erkennen), sondern sie in Form einer Phobie auf die Außenwelt proji-
zieren. Man muß den Umstand betonen, daß diese Gruppe von Menschen, obwohl es ihr gelingt, das Erleben sehr großer Mengen der von
Freud so genannten frei flottierenden oder unspezifischen Angst zu
vermeiden, trotzdem nicht leugnet, daß sie eine Gefahrsituation bemerkt, wenn sie auch die innere Gefahr auf die Außenwelt projiziert.

Als nächste in dieser Reihe abnehmenden Bewußtseins innerer Gefahrsituationen haben wir die Gruppe von Menschen, bei der die physische Reaktion auf Angst eine größere Rolle spielt als die psychische.
Diese Menschen bemerken weit weniger die Furcht als ihre körperlichen Begleiterscheinungen. Wollten wir uns dieses Problem in seinen
Einzelheiten ansehen, würden wir natürlich weit von unserem Thema
fortkommen, da die ganze Frage der körperlichen Nachgiebigkeit
hierhergehört, die Art, wie verschiedene Organe eine besondere psy-

chische Bedeutung annehmen können, und die Art, wie körperliche Veränderungen, zunächst durch Angst hervorgerufen, durch hysterische Mechanismen zu einem Dauerzustand werden oder verkleidet werden können. Der Grad und die Art, wie die totalen Manifestationen der Angst, sowohl die physischen als auch die psychischen, durch die Abwehrinstanzen des Ichs eingesetzt werden können, sind natürlich sehr interessant. Gregory Zilboorg (1933) hat z. B. in seiner Abhandlung »Angst ohne Affekt« (»Anxiety Without Affect«) einen interessanten Fall beschrieben, wo ein Patient die physischen Anzeichen eines akuten Angstanfalls ohne emotionale Entsprechung manifestierte. Gewöhnlich sind dissoziierte physische Angstmanifestationen mehr chronischer Art; es ist weithin anerkannt, daß ein Mensch, der über längere Zeit erhebliche Angstmengen in ihren physischen Manifestationen erträgt, oft entweder infolge der kumulativen Belastung oder infolge einer neuen Situation, die die Spannung quantitativ steigert, zur Entwicklung von organischen Leiden neigt, deren psychosomatischer Ursprung allgemein anerkannt wird. Von diesen Menschen hat Sir Heneage-Ogilvie in der »Beyer Memorial Lecture« gesagt:

»...Bei den weniger stabil Gebauten ist es die Seele, die nachgibt. Bei den Stabileren bleibt die Psyche kohärent und ruhig, und der darunter arbeitende Mechanismus bekommt unter der Belastung Risse und Sprünge. Die primitiven Stammes-Emotionen... brechen sich Bahn. Die automatischen und endokrinen Arsenale ergießen ihre Munition im Übermaß...« (1949)

Nicht selten leugnet das Individuum, das psychosomatische Störungen bekommt, daß es bewußt viel Angst bemerke. Im Gegensatz zu phobischen Patienten bleibt ihm kein Bewußtsein einer Gefahrsituation, selbst wenn es viele der körperlichen Begleiterscheinungen der Angst erlebt. Während des Krieges leugneten viele Patienten vom Typus des »Anstrengungs-Syndroms« *(effort syndrome)* jedes Erleben der Gefühle Furcht und Angst. Diese Gruppe setzt sich in unmerklichen Schattierungen bis in die letzte Gruppe derjenigen Individuen fort, denen es gelungen ist, jedes Gewahrsein von Furcht oder Angst zu vermeiden und das Vorhandensein von äußeren und inneren Gefahrsituationen zu leugnen. Angehörige dieser Gruppe leugnen oder verdrängen an dem Punkt, wo die Triebspannung einen Grad erreicht, der genügt, um eine innere Drohung darzustellen, mit Erfolg jedes Gewahrwerden der Gefahrsituation. Im Unterschied zu anderen Gruppen, die ich beschrieben habe, bekommen diese Individuen daher weder Angst, noch ertragen sie sie – wenn auch nur partiell oder in verkleideter Form – wie es Patienten tun, die an psychosomatischen Störungen leiden; und sie geben andererseits auch nicht durch eine phobische Symptombildung ihr Gewahrsein drohender Gefahrsituationen äußerer oder innerer Art zu.

Dies kann ich vielleicht veranschaulichen durch eine Untersuchung, die ich 1942 an einer Gruppe von Patienten durchgeführt habe, die dadurch charakterisiert waren, daß sie nach einem spezifischen schrekkenerregenden Kriegserlebnis eine sichtbare Persönlichkeitsveränderung durchgemacht hatten. Die früheren Persönlichkeiten dieser Patienten hatten insofern alle bestimmte Züge gemeinsam, als sie alle wenig bewußte Angst erlebt hatten, wenn überhaupt. Die Patienten dieser Gruppe konnten jedoch nicht als typisch für die kontraphobische Gruppe angesehen werden, die Otto Fenichel (1939) beschrieben hat, noch war die frühere Persönlichkeitsstruktur anscheinend grob abnorm gewesen. In einem Fall dieser Art gab es Gründe für die Annahme, daß der Patient in bezug auf sein Sexualleben und auf seine Sublimierungsfähigkeit vor seinem Zusammenbruch bemerkenswert gut angepaßt gewesen war. In diesen Fällen hatten die betreffenden Individuen nie vorher einen Zusammenbruch gehabt; oft hatten sie längere Zeit schwere feindliche Angriffe erlebt, ohne Symptome zu bekommen. Sie hatten bis zum Zeitpunkt des traumatischen Vorfalls nichts von einer Veränderung ihres Zustands bemerkt. In jedem Fall war das traumatische Ereignis ein schreckenerregendes Erlebnis, das die spezifische Eigenart hatte, eine unleugbare physische Bedrohung mit sich zu bringen. Ein Londoner Feuerwehrmann, der während sämtlicher schlimmer Brände im Einsatz gewesen war, bekam plötzlich akute und behindernde Angstsymptome, nachdem er eine leichte Handverletzung davongetragen hatte, als ein fallender Balken in einem brennenden Gebäude seine Hand streifte. Andere berichteten von ähnlichen Vorgeschichten. Das Auffallende an dieser Gruppe von Patienten war jedoch, daß der Verlauf der Genesung nach dem traumatischen Erlebnis von dem bei den typischeren Kriegsneurosen abwich. Diese Männer arbeiteten ihre traumatischen Erlebnisse nicht mit Hilfe von Angstträumen durch; sie blieben auch nicht auffallend ängstlich. Statt dessen wurden sie nach einer ziemlich raschen anfänglichen Besserung empfindlich, etwas paranoid und ausgeprägt hypochondrisch. Sie neigten dazu, auf ihre frühere Persönlichkeit und ihren früheren allgemeinen Gesundheitszustand mit einem Gefühl von Trauer und Verdruß zurückzublicken. Sie zeigten auch eine auffallende Verwirrung über ihre Symptome, die ganz und gar durch eine subjektive Veränderung getönt waren, sowohl in bezug auf die Männer selbst als auch in bezug auf die Außenwelt. Selbst nach längerer Behandlung gab es bei diesen Patienten keine vollständige Heilung. Es wurde deutlich, daß die durch die ungewohnte und völlig unvorbereitete Erfahrung schwerer Angst oder Panik hervorgerufene Veränderung mehr oder weniger irreversibel war.

Diese Männer machten mich als erste auf den prophylaktischen Wert früherer Angst gegen relativ irreversible Reaktionen dieser Art, die auf erschreckende Kriegserlebnisse folgten, aufmerksam. Andere Gruppen – nämlich jene, die Zeichen von frei flottierender Angst, psychosomatische Symptome oder phobische Angst gezeigt hatten – erlitten nach Kampferlebnissen häufig Zusammenbrüche mit schweren Symptomen. Es ist jedoch bedeutsam, daß dies nur nach Belastungen eintrat, die genügt hatten, um den ganzen Menschen zu erschöpfen und um seine Fähigkeit zum Ertragen von Triebspannung und/oder der Ansammlung überwältigender Erregungsmengen infolge des Auftretens nachweisbarer primärer Angst herabzusetzen. Selbst dann war die Tendenz zur Spontanheilung häufiger zu beobachten. Tatsächlich war das klinische Krankheitsbild, das Patienten mit einer Vorgeschichte früherer Angst aufwiesen, gewöhnlich eine quantitative Steigerung ihrer früheren Symptome, die nicht von einer ausgeprägten qualitativen Persönlichkeitsveränderung begleitet war. Im 2. Kapitel habe ich einen solchen Fall beschrieben und nicht nur betont, daß es Anzeichen einer früheren Phobiebildung in seinem Charakter gab, sondern auch, daß das spezifische traumatische Erlebnis, das zum Zusammenbruch führte, in jeder Hinsicht der Art von Erlebnis entsprach, die ich hier beschrieben habe. Das heißt, es war ein Erlebnis, das offensichtliche Kastrationsängste neu belebte.

Im Lauf des Krieges bekam ich eine Reihe weiterer Patienten zu sehen, die eine ähnliche Psychopathologie zeigten; diese rief keine bleibenden subjektiven Veränderungen hervor, und die Patienten erholten sich häufig so weit, daß sie in den uneingeschränkten Militärdienst zurückkehren konnten. Bei den Patienten, bei denen relativ irreversible innere Veränderungen regressiver Art eintraten, scheint es von entscheidender Bedeutung gewesen zu sein, daß sie nicht in der Lage waren, sekundäre Angst, die mit unbewußter Kastrationsangst verbunden war, zu entwickeln und zu bewältigen. Da man sich außerdem allgemein darüber einig ist, daß Kastrationsangst vollständig mit Triebdrängen verbunden ist, sowohl libidinösen, auf die Mutter gerichteten, als auch aggressiven gegen den Vater, ist klar, daß die omnipotente Verleugnung äußerer Gefahren durch diese Patienten von ihrer relativen Unfähigkeit bestimmt war, die Triebkonflikte auszuhalten, die in der genitalen ödipalen Situation enthalten sind. Dieses relative Unvermögen zeigte sich an der manifesten Depression, der Spannung und der

Unfähigkeit, mit der durch ein traumatisches Erlebnis veränderten inneren Situation fertigzuwerden, die den früheren Mechanismus der Projektion einer inneren Gefahrsituation auf die Außenwelt und ihrer dann erfolgenden Verleugnung unmöglich machte.

Der Umstand, daß Kriegserlebnisse mit einer genau gleichen identischen unbewußten Bedeutung bei diesen Patientengruppen so verschiedene klinische Folgen hervorbrachten, macht deutlich, mit was für einem komplexen Problem wir konfrontiert sind, wenn wir die Angst betrachten. Wie ich schon sagte: Wir stehen vor zwei Fragen: erstens, wieviel Triebversagung kann der Organismus ertragen, und zweitens, wieweit ist das Ich fähig, die drohende innere Gefahrsituation zu erkennen, zu ertragen und zu bewältigen, die durch die zunehmende Frustration entsteht. An dieser Stelle müssen wir uns wieder nach der Beziehung zwischen diesen beiden Problemen fragen. In der gesamten analytischen Literatur besteht ein unausgesprochener Gegensatz zwischen Angstmanifestationen, die positiven Zwecken dienen, und solchen, die hemmende, lähmende Formen annehmen. Zwischen den Extremen liegen die Arten von klinischen Krankheitszuständen, die gewöhnlich als »Angstzustände« eingeordnet werden, bei denen, obwohl die Angst die Qualität einer Abwehrreaktion behält, entweder die Quantität der Angst oder die vom Individuum eingesetzte Art der Abwehr relativ große Leiden verursachen. Es erscheint daher unmöglich, zwischen nützlicher und schädlicher Angst scharf zu trennen.

Es ist aber trotzdem möglich, drei Stufen zu unterscheiden; erstens gibt es die Angst, die während kritischer Entwicklungsperioden als solche ertragen wird, bis positive Arten der Abwehr zur Verfügung stehen. Unter optimalen Bedingungen ist diese zweckgerichtete Angst gekennzeichnet durch die anregenden Qualitäten der normalen Furcht; man sollte sie aber trotzdem als Angst definieren, da die Gefahrsituation vorwiegend eine innere und unbewußte ist. Zweitens gibt es Menschen, bei denen die Angst einen solchen Grad erreicht oder durch derartige Abwehrmechanismen beantwortet wird, daß man sie als pathologisch betrachten muß. Sie dient aber insofern einem nützlichen Zweck, als diese Angstmanifestationen phobischer oder psychosomatischer Natur dem Unglück vorzuziehen sind, gegen das sie als Abwehrschranken errichtet worden sind. Da sowohl die Triebspannung, die die Gefahr darstellt, als auch die dadurch erregte sekundäre Angst gegen die Grenze der individuellen Toleranz zunehmen, wird die zweckgerichtete Qualität der Angst mehr oder weniger von dem drohenden Unglück überschattet. Das heißt, die Angst wird immer weniger effektiv zweckgerichtet; sie ähnelt immer mehr der Hemmung einer Paniksituation. Schließlich kommt es zu der Situation, wo die Abwehr zusammengebrochen und das Individuum angesichts überwältigender Erregung hilflos geworden ist. Dieses traumatische Erlebnis ist eine psychische Katastrophe, die durch eine Art von Angstmanifestation herbeigeführt worden ist, die sich nicht nur quantitativ, sondern auch qualitativ von der der anderen Gruppen unterscheidet. Dieser qualitative Unterschied zeigt sich nicht nur an der hemmenden, lähmenden Natur der akuten Symptomatik bei dieser besonderen Gruppe, sondern auch an den regressiven Nachwirkungen, die sich in der Entwicklung und Beständigkeit von Depression, Hypochondrie und leicht paranoider Tendenzen niederschlagen – in Symptomen, kurz gesagt, die man besser als Folgen der Reaktion auf eine Katastrophe bezeichnen sollte und nicht als eine Abwehrmaßnahme gegen eine Bedrohung.

Die Bedeutung des Traumas in diesem Sinn, als ein Unglück, gegen das die Angst aufgebaut wird, wird in der gesamten analytischen Literatur angedeutet. Freud hielt das Geburtserlebnis für den Prototyp dieses traumatischen Erlebnisses und entwickelte so das Konzept von der primären Angst, das der vorliegenden Erörterung zugrunde liegt. Die Beziehung zwischen der Geburt und spezifischen Angstsymptomen wird auch bei Phyllis Greenacre erörtert (1941, 1945). Auch Otto Fenichel nimmt häufig auf die pathogene Wirkung von Stauungszuständen Bezug; er beschreibt sie sehr ähnlich und stellt diesem Typus der Hilflosigkeit die zweckgerichtete Furcht gegenüber. Theodor Reik (1941) schlug bei der Behandlung der gleichen qualitativen Unterschiede vor, man solle die Ausdrücke »Schrecken« und »Angst« verwenden. Ernest Jones hat zwar, als er über die tiefsten Ursachen der Angst nachdachte, immer behauptet, selbst die primäre Angst sei ein Abwehrmechanismus, aber trotzdem bringt er diese Angst in Zusammenhang mit überwältigender Erregung und beschreibt ihre Folgen, indem er schreibt:

»…Wenn die hier vorgetragene Auffassung zutrifft, kommen wir zu dem Schluß, das, was der Säugling in der ›traumatischen‹ Ursituation so unerträglich findet, die Gefahr, vor der er sich so hilflos fühlt, müsse der Verlust der Beherrschung in bezug auf libidinöse Erregung sein, in bezug auf seine Fähigkeit, dieser Erregung Abfuhr zu verschaffen und dieses zu genießen. Wenn die Situation noch nicht behoben ist, kann sie nur in der Erschöpfung eines zeitweiligen Scheintodes enden, der für das Kind zweifellos einen dauernden Tod bedeutet. All die komplizierten Abwehrmaßnahmen, die das Material unserer psychoanalytischen Studien sind, sind im Grunde Versuche, diesen Vollzug, dieses Ende zu vermeiden.« (1929, S. 315)

Es scheint, als schreibe Jones diesen Zustand vor allem dem Verlust der Beherrschung libidinöser Erregung zu, während Melanie Klein wahrscheinlich traumatische oder primäre Angst dieser Art auf eine Situation zurückführen würde, in der das Ich sich vorübergehend vom Destruktionstrieb überwältigt fühlt. Trotz gewisser Meinungsverschiedenheiten wären sich Analytiker aller theoretischen Richtungen wohl darin einig, daß das traumatische Erlebnis eng mit Hilflosigkeit in einer Situation überwältigender Erregung zusammenhängt, in der sich das Individuum nicht nur von allen guten Objekten verlassen fühlt, sondern sich von seiten aller bösen Objekte, seien sie äußere oder innere, dem Angriff und der Vernichtung ausgesetzt sieht.

Ich habe klinische Beweise angeführt, die dafür sprechen, daß der bei diesen Patienten beobachtete Ausfall der Angstentwicklung, wenn er auch auf genitaler Stufe mit der Verleugnung von Kastrationsangst zusammenhing, letzten Endes von der schon vorher verleugneten Erkenntnis dieser ursprünglichen Gefahrsituation bestimmt war, was zur Folge hatte, daß im Fall der unausweichlichen Gefahr die Regression auf die früheste Stufe unvermeidlich wurde. Diese Implikation, sekundäre Angst sei sowohl als Hilfe in der Entwicklung und als Schutz vor psychischen Katastrophen unentbehrlich, mag auf den ersten Blick paradox erscheinen; allerdings nicht für jene, die mit Melanie Kleins Aussage übereinstimmen: »... die gleiche Angst, die in der Entwicklung des Individuums vor allem eine hemmende Instanz ist, ist in bezug auf die Förderung des Ich-Wachstums auch ein Faktor von fundamentaler Bedeutung« (1932). Ich möchte unterstreichen, daß Gefahrsituationen im Säuglingsalter, gleichgültig, welche Einstellung zu den Grundtrieben man vertritt, und wie stark man äußere und innere Faktoren jeweils betont, zuerst im Zusammenhang mit Triebspannung und Versagung auftreten, d. h. im Zusammenhang mit einer inneren Situation. Derartig bestimmte Gefahrsituationen sind nach meiner Meinung auch unter optimalen äußeren Bedingungen unvermeidlich, und wie gut sie auch durch die verschiedenen Mechanismen bewältigt werden, die uns zur Verfügung stehen, sie können als potentielle Quellen weiterer Gefahr nicht ausgeschaltet werden. Die Konflikte, die diese Gefahrsituationen bestimmt haben, bleiben von der Wiege bis zur Bahre in den tiefsten Schichten des Unbewußten begraben, so daß sie in jedem Lebensabschnitt unter ungünstigen Bedingungen, mögen sie von außen oder von innen her bestimmt sein, wieder belebt werden können. Die sekundäre Angst, definiert als die angemessene biologische Reaktion auf diese inneren Gefahrsituationen, ist also auf jeder Entwicklungsstufe unentbehrlich.

Ich glaube außerdem nicht nur, daß die Fähigkeit, sekundäre Angst zu entwickeln und auszuhalten, für das Erreichen geistig-seelischer Stabilität und Gesundheit entscheidend ist, sondern ich meine auch, daß diese Fähigkeit für ein verwandtes Thema von wesentlicher klinischer Bedeutung ist: die Grenzen der Analyse als therapeutischer Prozeß. Auch in diesem Zusammenhang ist die Dichotomie, die ich immer betont habe, deutlich. In bezug auf die Fähigkeit, Triebversagung zu ertragen, möchte ich die Bemerkungen zitieren, die Ernest Jones in seiner Abschiedsrede gemacht hat:

»... Es kann gut sein, daß es einen angeborenen Faktor gibt, verwandt mit dem Faktor G—General Intelligence (Allgemeine Intelligenz), dessen Natur noch erforscht werden muß, der jedoch von entscheidender Bedeutung in der Anstrengung sein mag, die tiefsten infantilen Ängste endgültig zu besiegen, schmerzliche, ich-dystone Impulse oder Affekte zu ertragen und so die ausgewogene geistig-seelische Haltung zu erreichen, die unser Ideal ist. Mir ist ferner in den Sinn gekommen, daß ein solcher Faktor, wenn man ihn jemals wird isolieren können, möglicherweise eine physiologische Basis hat, was uns zu den oft vernachlässigten Problemen der Erblichkeit zurückbringen wird. Die Fähigkeit, die Nichterfüllung eines Wunsches zu ertragen, ohne entweder auf die Benachteiligung zu reagieren oder auf den Wunsch zu verzichten, indem man ihn gewissermaßen in der Schwebe hält, entspricht wahrscheinlich einer Nervenfähigkeit, vielleicht elektrischer Art, die Reizwirkungen eines afferenten Impulses zu bewahren, ohne sie sofort in efferenter Richtung zu entladen.« (1946, S. 10)

Ich glaube, daß eine weitere Erforschung dieser Frage möglicherweise auf Grenzen der Analyse in der Behandlung von Persönlichkeitsproblemen, Grenzfällen und Psychosen hinweisen wird. Es kann sein, daß Patienten, die bei jedem Anstieg der Spannung zur Entwicklung von Angst mit den hemmenden Eigenschaften des primären Typus neigen, nicht nur von Anbeginn ihres Lebens an so behindert gewesen sind, daß sie nicht das Niveau der Ich-Entwicklung erreicht haben, auf dem sekundäre Angst entstehen konnte, sondern daß sie auch in der analytischen Situation dazu neigen, dieses traumatische Erlebnis zu wiederholen, und zwar mit Manifestationen, die starken Zweifel wecken, ob sie überhaupt zu einer befriedigenden Entwicklung fähig sind. Obwohl dieser Punkt gewiß umstritten ist, würden die meisten Analytiker wahrscheinlich zustimmen, daß es diese Eigenschaft des potentiellen Psychotikers ist, die seine Analyse außerhalb einer Anstalt so schwierig macht. Die allgemeine Hypothese erscheint mir vereinbar mit anderen analytischen Theorien in bezug auf die Prädisposition zur Psychose, Theorien, die aus einem etwas anderen Blickwinkel die Intensität und Unerträglichkeit der tiefen Angst betonen, die psychotischen Konflikten zugrunde liegt. Ich möchte das unterstreichen, was ich für den qualitativen Unterschied zwischen zwei Arten von Angst halte, wenn ich betone, daß der Psychotiker anregende oder zweckgerichtete Angst des sekundären Typus nicht entwickelt und nicht aushält. Auch Gregory Zilboorg (1933) hat auf die mögliche enge Beziehung zwischen psychotischer und primärer Angst hingewiesen und die Vermutung geäußert, die physische Spannung, die Perplexität und das Leiden, die der psychotischen Regression vorangehen, könnten auch eine Wiederholung des Geburtstraumas sein.

Für Neurotiker ist die Fähigkeit, die Existenz einer inneren, unbewußt determinierten Gefahrsituation zu erkennen und zu ertragen, indem sie sekundäre Angst entwickeln, von entscheidender Bedeutung. Diese Fähigkeit ist sehr eng mit dem Problem der psychologischen Einsicht verbunden. Wenn Angst als die Reaktion auf eine innere Gefahrsituation definiert wird, hängt die Fähigkeit, Angst zu entwickeln und zu ertragen, da sie immer mit einem unbewußten Konflikt verknüpft sein muß, sehr eng mit der Fähigkeit zusammen, die Triebkonflikte und Triebspannungen zu erkennen und auszuhalten, die die bedrohliche innere Gefahrsituation ausmachen. Das bedeutet, daß das Individuum, je mehr es in einer inneren, aus dem Unbewußten entstandenen Gefahrsituation fähig war, Angst zu entwickeln und zu ertragen, auch in der Analyse um so besser fähig ist, den Konflikt zu sehen und zu lösen, der die Angst erzeugt hat. Umgekehrt, je mehr das Individuum dazu geneigt hat, sich durch die Entwicklung hysterischer Symptome, schwerer psychosomatischer Symptome oder durch die omnipotente Verleugnung jeder Gefahr gegen die Angst zu wehren, desto weniger wird es in der Lage sein, »Ein-Sicht« im Wortsinn des in sich Hineinschauens zu ertragen. In der Analyse neurotischer Patienten ist diese Fähigkeit, die mit der Einsicht verbundene Angst zustande kommen zu lassen und zu ertragen, von entscheidender Bedeutung.

In diesem Kapitel habe ich die historische Entwicklung der analytischen Theorien über die Natur der Angst kurz wiederholt und dabei betont, wie wichtig es ist, primäre und sekundäre Angst zu unterscheiden. In gewissem Maß hat dies zu einer übermäßigen Vereinfachung dieser Unterscheidung geführt, die natürlich keineswegs immer so scharf oder so klar ist, wie die Erörterung glauben machen könnte. Eine Besprechung der mit dem hier bearbeiteten Problem nah verwandten Probleme des Ertragens von Schuldgefühlen und Depression habe ich ausgeklammert. Dennoch scheint die Unterscheidung zwischen Angst als psychischer Katastrophe, die die Folge von etwas nicht Ertragenem ist, und Angst als zweckgerichterer Reaktion auf eine drohende Gefahr, die sich noch nicht manifestiert hat, gültig zu sein und in viele klinische Probleme erheblich mehr Klarheit zu bringen. Ich meine, daß für eine erfolgreiche Entwicklung zwei Faktoren wesentlich sind. Erstens muß die Fähigkeit, Triebspannung auszuhalten, groß genug sein, so daß sich die Drohung einer traumatischen Situation entwickeln kann, und zweitens muß eine Fähigkeit vorhanden sein, diese Drohung zu erkennen, indem man Angst des zweckgerichteten, biologischen Typus entwickelt, die als Mittel eingesetzt werden kann, eine befriedigende Entwicklung und geistig-seelische Gesundheit zu sichern und zu erhalten.

Depression, Niedergeschlagenheit, ist wie Angst ein universelles subjektives Erlebnis, das als unerläßlicher Bestandteil zur menschlichen Entwicklung und zur Bewältigung von Konflikten, Frustration, Enttäuschung und Verlust gehört. Zugleich ist die Depression, ebenfalls wie die Angst, nicht nur als ein affektives Erlebnis von allgemeiner psychologischer Bedeutung anzusehen; sie ist auch das Hauptsymptom eines regressiven klinischen Syndroms, das ebenso schwerwiegend, charakteristisch und wohldefiniert ist wie nur irgendein anderes im Gesamtbereich der klinischen Psychiatrie. Diese Krankheit bietet außerdem, weil sie häufig bei Patienten mit einer positiven Familiengeschichte vorkommt und weil sie mit spezifischen Perioden biologischer Bedeutsamkeit zusammen auftritt, wesentliche Probleme in bezug auf die Beziehung zwischen psychogenen, umweltgebundenen und konstitutionellen Faktoren in der Entwicklung und Struktur geistig-seelischer Erkrankungen.

Beginnen wir mit einem wohlbekannten Ausgangspunkt: Karl Abraham, ein Pionier auf diesem Gebiet, betonte die Rolle konstitutioneller Faktoren bei depressiven Erkrankungen. Er wies auch auf die allgemeine Bedeutung der Depression als Symptom hin, das man mit der Angst vergleichen und ihr gegenüberstellen könne. Er sagte 1911: »Der depressive Affekt [ist] über alle Formen der Neurosen und Psychosen ebenso verbreitet wie der Angstaffekt... Zwischen Angst und Depression besteht ein analoges Verhältnis wie zwischen Furcht und Trauer. Wir fürchten ein kommendes Unheil, wir trauern über ein eingetretenes« (S. 95). Man kann gewisse Aspekte der neueren psychoanalytischen Theorie kurz zusammenfassen, indem man Abrahams Aussage mit einem Abschnitt einer Abhandlung von Edward Bibring aus dem Jahre 1953 über »Die Mechanismen der Depression« vergleicht. Bibring sagt:

»...Angst und Depression stellen einander diametral entgegengesetzte Grundreaktionen des Ichs dar. Angst als Reaktion auf ...Gefahr zeigt den Wunsch des Ichs an, weiterzuleben. Das Ich, herausgefordert durch die Gefahr, mobilisiert das Signal der Angst und macht sich bereit für Kampf oder Flucht. In der Depression findet das Gegenteil statt; das Ich ist gelähmt, weil es sich unfähig findet, der ›Gefahr‹ zu begegnen.« (1953, S. 34 f.)

4
Depression

Das Schlüsselwort in dieser neueren Formulierung ist natürlich »das Ich«. Freuds anfängliches Konzept von der Angst behielt eine theoretische Unterscheidung zwischen Furcht und Angst bei, die bewirkte, daß die Rolle der Angst als Reiz für der Anpassung dienende Abwehr erst später erkannt wurde. Freuds spätere Formulierungen bereicherten zwar unser Verständnis der zentralen Rolle der Angst in der psychischen Entwicklung, aber die theoretische Definition pathologischer Angstzustände bot weiterhin schwierige Probleme. Gleichlaufende und verwandte Überlegungen gelten für die Unterscheidung zwischen Depression als allgemeinem affektivem Erlebnis und Depression als komplexem regressivem Syndrom. Abraham meinte z. B., Depression sei vielleicht wie Angst einer Verdrängung zuzuschreiben. Er sagte: »Ganz entsprechend trennen wir Niedergeschlagenheit von der unbewußt motivierten, d. h. auf Verdrängung beruhenden neurotischen Depression« (1911, S. 95). Bibrings Auffassung von der Depression als Grundreaktion des Ichs betonte, wenn sie auch in einigen Hinsichten umstritten ist, die wesentliche Bedeutung der Depression als eines Affekts, der zum psychischen Leben dazugehört. Zugleich gibt dieses allgemeine Konzept von der Depression keine Antwort auf viele Fragen in bezug auf die Struktur und die Bedeutungen der pathologischen Depression, besonders der endogenen Depression.

Während unsere Auffassung von Angst und Depression als Affekten mit allgemein psychologischer Bedeutung sich mit der Entwicklung der Ich-Psychologie verändert hat, scheinen Abrahams ursprüngliche Formulierungen über die Depression im Lauf der Zeit eher mehr als weniger vereinbar mit dem allgemeinen psychoanalytischen Wissen geworden zu sein. Besonders die Bedeutung, die er Objektbeziehungen, der Aggression und der Bewältigung der Ambivalenz beimaß, ist von Psychoanalytikern aller Schulen bestätigt worden. Sowohl in seiner Arbeit von 1911 als auch in seiner ausführlicheren Monographie von 1924 hat Abraham sich der auf die Entwicklung bezogenen, theoretischen Deutung der Depression auf dem Weg über ein detailliertes und feinfühliges Verständnis ihrer klinischen Phänomenologie genähert. Die Patienten, deren Psychopathologie er besprach, waren so depressiv, daß man daran überhaupt nicht zweifeln kann. Spätere psychoanalytische Erörterungen der Depression sind im Gegensatz dazu oft durch zwei Faktoren unklar geworden: Man unterließ es erstens, Depression als Symptom, das bei den verschiedensten klinischen Krankheitszuständen vom normalen Kummer bis zur offenkundigen schizophrenen Störung vorkommen kann, deutlich von der endogenen Depression als spezifischem Syndrom in der Psychiatrie zu unterscheiden; zweitens betote man infantile Vorläufer der Depression zu stark und vernachlässigte demgegenüber die definitive Psychopathologie der Erwachsenen.

Die Beziehung frühkindlicher Erlebnisse zur Pathologie der Erwachsenen ist natürlich ein entscheidendes Problem für das psychoanalytische Verständnis geistig-seelischer Erkrankungen. Die fortdauernde Wirkung ungelöster primitiver Konflikte bei seelisch-geistigen Störungen im Erwachsenenalter bleibt eine Grunderkenntnis der dynamischen Methode des Umgangs mit dem psychischen Leben. Eine Reihe psychoanalytischer Formulierungen hat sich in erster Linie auf mutmaßliche Ähnlichkeiten zwischen der Symptomatik Erwachsener und rekonstruierten Früherlebnissen konzentriert. Freuds Hypothesen über die Natur des großen hysterischen Anfalls und Otto Ranks Theorie vom Geburtstrauma (1924) sind klassische Beispiele für diese Art psychoanalytischer Rekonstruktion. Die archaischen Züge der offenkundigen endogenen Depression ermöglichen ein ähnliches Vorgehen. Abraham, Radó, Klein, Jacobson und andere haben versucht, die Depression Erwachsener zu verstehen, indem sie ihren infantilen Prototypus rekonstruierten. Abraham stellte die später von Jacobson ausgearbeitete und erweiterte Hypothese auf, Enttäuschung auf der ödipalen Stufe verstärke oder belebe regressiv aufs neue ungelöste prägenitale Konflikte, was sich wiederholende depressive Reaktionen auf spätere Enttäuschungen und Verluste zur Folge haben. Radó sah Analogien zwischen den Erlebnissen des Säuglings beim Gestilltwerden und der Haltung des depressiven Ichs gegenüber seinem eigenen Über-Ich.

Die weittragendsten Analogien zwischen endogener Depression beim Erwachsenen und frühen Entwicklungsphasen haben Melanie Klein und die »englische Schule« hypostasiert. Sie haben eine universelle infantile depressive Position postuliert, deren allgemeine Merkmale depressive Reaktionen im Erwachsenenleben bestimmen. Die primäre Bedeutung, die in diesem Zusammenhang frühen Objektbeziehungen zugeschrieben wird, nähert sich in mancher Hinsicht Hypothesen an, die von Psychoanalytikern ganz anderer Richtung aufgestellt wurden – es besteht weitgehende Übereinstimmung in bezug auf die Relevanz frühkindlicher Erlebnisse für die Prädisposition zur Depression. Eine entscheidende Frage ist jedoch, in welchem Grad eine regressive Symptomatik beim Erwachsenen eine direkte Wiederholung des ursprünglichen Entwicklungsprozesses darstellt. Melanie Klein hat zwar ausdrücklich gesagt, ihre Hypothese weise nicht auf offenkundige klinische Depression im Säuglingsalter hin, aber sie gibt deutlich zu verstehen, daß die unbewußten Kämpfe und Phantasien, die für das

Seelenleben des Kindes charakteristisch sind, in den Träumen, Phantasien und affektiven Erlebnissen des erwachsenen depressiven Patienten von neuem belebt würden. Ähnlichkeiten zwischen der klinischen Depression des Erwachsenen und frühkindlichen Reaktionen auf realen oder drohenden Objektverlust sind auch unentbehrliche Bestandteile im übrigen sehr verschiedener Rekonstruktionen, die Abraham, Jacobson, Radó und Spitz vorlegen. Die diesen Theorien zugrunde liegende gemeinsame Prämisse lautet, die klinische Depression des Erwachsenen habe große Ähnlichkeit mit einem infantilen Prototyp.

Obwohl solche Rekonstruktionsbemühungen anregend und wichtig sein mögen, haben sie die Tendenz, ähnliche Fragen zu wecken, wie es Otto Ranks Theorie vom Geburtstrauma als endgültiger Erklärung der pathologischen Angst tat. Zwar bestätigen in diesem Zusammenhang neuere Arbeiten, besonders die von Phyllis Greenacre, die potentiellen pathogenen Folgen der Geburt und der frühen postnatalen Periode, aber man hat eine wichtige Unterscheidung vorgeschlagen zwischen Kindheitserlebnissen, die zu einer Prädisposition führen, und dem Verstehen des spezifischen Inhalts oder der spezifischen Bedeutung eines definitiven klinischen Syndroms im Erwachsenenleben. Ein ähnliches Vorgehen im Denken der Psychoanalytiker betrifft in jüngster Zeit die Beziehung zwischen Schwierigkeiten bei der Herstellung und Aufrechterhaltung von befriedigenden Objektbeziehungen und der offenkundigen klinischen Depression im Erwachsenenalter. Im Gegensatz zu denen, die infantile Prototypen für die Depression des Erwachsenen hervorheben, betonen andere (Bowlby, Rank, Mahler, Rochlin) die Bedeutung früher Störungen als potentieller Faktoren im Mißlingen der Entwicklung; sie führen oft zu schlechten Objektbeziehungen und einem Mangel an Fähigkeit, Trauer und Gram zu empfinden. Gregory Rochlin bezweifelt, daß Säuglinge und Kleinkinder echte Depressionen bekommen können, und meint, eine klinische Depression könne sich nur im relativ reifen Individuum entwickeln. Andere teilen zwar diese extreme Ansicht nicht, betonen aber trotzdem die höchste Wichtigkeit früher Erlebnisse für die Steuerung der Ich-Entwicklung und für die Fähigkeit, echte Objektbeziehungen herzustellen. Zwar können traumatische Erlebnisse in diesem Bereich mit der Prädisposition zur Depression eng verflochten sein, aber das bedeutet nicht notwendigerweise, daß die Depression des Erwachsenen als eine direkte Wiederholung von Früherlebnissen anzusehen ist.

Freud selbst hat natürlich ausdrücklich darauf hingewiesen, daß zwar frühe prägenitale Konflikte und ihre regressive Neuauflage in der

Krankheit des Erwachsenen sich in ihrer Dynamik sehr ähnlich sein können, daß aber der spezifische Inhalt unweigerlich durch die Stufe bestimmt ist, von der die Regression ausgegangen ist. Außerdem hat man schon seit jeher erkannt, daß bestimmte Lebenssituationen für die Auslösung psychischer Krankheiten wichtig sind. Im allgemeinen hat man jedoch bis vor kurzem die psychoanalytische Entwicklungstheorie dahingehend interpretiert, sie besage erstens, die Symptomatik des Erwachsenen sei eine direkte Wiederholung frühkindlichen Erlebens, und zweitens, die psychische Entwicklung sei in vieler Hinsicht mit dem Anfang der Latenzzeit abgeschlossen. Gregory Rochlins These, eine echte klinische Depression könne sich nur bei relativer Reife entwickeln, ist zwar umstritten; sie zeigt aber eine Erweiterung der Entwicklungshypothese an, die in vielen neueren analytischen Veröffentlichungen und Forschungsarbeiten implizit enthalten ist. Die weitverbreitete Anerkennung der Adoleszenz als Entwicklungsphase kann man als klassisches Beispiel für diese Erweiterungshypothese anführen. Grete Bibring und ihre Kollegen haben die Geburt des Kindes als normale Entwicklungskrise untersucht. Therese Benedek hat eine ähnliche Hypothese nicht nur im Hinblick auf die Geburt, sondern auch in bezug auf die Menopause aufgestellt. Kurt Eissler hat Patienten untersucht, denen der Tod unmittelbar bevorstand, und schon allein das Wort »Geriatrie« weist auf ein gesteigertes Interesse an den Problemen des Alters hin. Die ehrgeizigsten und weitreichendsten Thesen auf diesem Gebiet hat Erik Erikson in einigen anregenden Beiträgen formuliert, in denen er eine Reihe von Entwicklungsstadien skizziert. Seine Konzepte haben David Rapaport und Merton Gill in ihre kürzlich formulierten metapsychologischen Thesen eingebaut; hier wird die Anpassungshypothese zum erstenmal als metapsychologische Annahme definiert (1959).

Freuds definitive Formulierungen über die Angst haben diese Erweiterung der Entwicklungshypothese schon deutlich vorausahnen lassen. Er sagte: »Jede Gefahrsituation entspricht einer gewissen Lebenszeit oder Entwicklungsphase des seelischen Apparats und erscheint für diese berechtigt« (1926, S. 178). Mit der Entwicklung der Ich-Psychologie und der damit verbundenen Erkenntnis der Anpassungsfunktion des Ichs, die Hartmann mit seiner Arbeit in Gang gebracht hat, hat sich die Entwicklungshypothese auf zweierlei Weisen erweitert. Erstens durch die Einführung des Aspekts der Entwicklung beim Ich selbst; zweitens durch die Erkenntnis des Umstands, daß man, wenn man die Theorie der Depression unter dem Aspekt der Entwicklung betrachtet, nicht nur die Kindheit verstehen muß, sondern den gesamten Lebenszyklus. Die Psychoanalytiker haben von Anfang an die Bedeutung angeborener konstitutioneller und biologischer Faktoren für die Entwicklung der Depression erkannt. Diese ist eine Krankheit, deren relativ häufiges Auftreten in der Adoleszenz, nach der Geburt eines Kindes und in der Involutionsperiode erklärt werden muß. Außerdem weist die Rolle auslösender äußerer Ereignisse von offensichtlich an bestimmte Zeitpunkte gebundener Bedeutung wie z. B. von Examen, Pensionierung, Trennung und Objektverlust auf die Wichtigkeit von Umweltfaktoren hin. Diese Erweiterung der Entwicklungshypothese erleichtert möglicherweise das Verstehen der Frustrationen und Herausforderungen, die für verschiedene Lebensabschnitte kennzeichnend sind. Man muß jedoch betonen, daß ein solches Vorgehen nicht bedeutet, daß man nun die entscheidende Bedeutung der ersten Lebensjahre weniger betont. Eriksons Konzept vom Urvertrauen z. B. sollte in diesem Zusammenhang als nur ein Beispiel dafür zitiert werden, welche gesteigerte Bedeutung in unseren heutigen analytischen Beiträgen der frühen Mutter-Kind-Beziehung zugeschrieben wird. Zumindest implizit ist vielmehr eine neue Dimension hinzugefügt worden – die Zeit. Neben der Frage, warum ein Mensch eine Depression bekommt, die sehr wohl in den Jahren der frühen Kindheit bestimmt worden sein mag, sollten wir jetzt im Zusammenhang mit der Entwicklung zusätzlich fragen: wann? In welchem Lebensabschnitt und unter welchen Umständen hat sich eine klinische Depression entwickelt? So können wir vielleicht verstehen, wie sowohl dynamische als auch ökonomische Veränderungen im Zusammenhang mit biologischen Faktoren und Ereignissen in der Außenwelt die Objektbeziehungen beeinflussen, die Genese, Entwicklung und Lösung einer depressiven Erkrankung bestimmen.

Wenn wir von diesen Entwicklungsphasen sprechen, ist die Struktur und Funktion des Ichs ein zentrales Problem. Freud stellte eine dualistische Theorie auf, um zu unterscheiden zwischen primärer Angst oder einer traumatischen Situation, in der das Ich hilflos ist, und sekundärer oder »Signalangst« als Reaktion eines relativ reifen Ichs auf eine innere Gefahr. Einerseits erfordert die Erweiterung des Entwicklungsansatzes eine Klärung der spezifischen inneren Gefahren, die für verschiedene Lebensphasen kennzeichnend sind. Andererseits wird hier eine qualitative Unterscheidung impliziert zwischen der Angst, die in erster Linie als Reiz für abwehrende Anpassungsbemühungen wirkt, und der Angst, bei der das Ich entweder wegen seiner Unreife oder wegen regressiver Veränderung von Reizen überflutet wird, die es nicht bewältigen kann. Die Beziehung zwischen dieser letzten Art von Angst und Edward Bibrings ich-psychologischer Betrachtung der Depression ist höchst wichtig. Wir müssen jedoch unterscheiden zwischen der totalen Hilflosigkeit, die durch Freuds Definition einer traumatischen Situation impliziert wird, und der relativen Hilflosigkeit, die in Bibrings Konzept vom Verlust der Selbstachtung implizit enthalten ist, das man in Wirklichkeit mit Freuds Theorie vom Signalcharakter der Angst vergleichen kann.

Diskussionen der klinischen Angst haben versucht, die komplizierte Wechselbeziehung zwischen den beiden von Freud postulierten Arten der Angst zu klären. Der Umstand, daß das Ich, wie Max Schur vermutet hat, unter bestimmten Bedingungen angesichts einer inneren Gefahr selber regrediert, ist von entscheidender Bedeutung bei der Feststellung sowohl der Quantität als auch der Qualität der Angst. Man kann also eine Unterscheidung vorschlagen zwischen der Angst, die im wesentlichen ihre Signalfunktion behält, ohne größere regressive Veränderungen des Ichs, und starker pathologischer Angst, bei der solche Veränderungen stattfinden. Eine ich-psychologische Betrachtung der Depression ermöglicht eine ähnliche Differenzierung innerhalb eines einheitlichen begrifflichen Rahmens: zwischen normaler oder neurotischer Depression und offenkundiger depressiver Erkrankung. Man kann sagen, soweit klinische Depression sich auf ein Gefühl der Unzulänglichkeit und des vorübergehenden Verlusts der Selbstachtung beschränkt, haben wir es mit einem Symptom im Bereich des normalen oder neurotischen Erlebens zu tun. Im Gegensatz dazu bringt die depressive Erkrankung (wie die stark behindernden Angstzustände) komplexere regressive Veränderungen mit sich. Hier erleidet das Ich nicht nur einen Verlust der Selbstachtung, sondern dieses Erlebnis setzt auch weitreichende Veränderungen im gesamten psychischen Apparat in Gang. Das Ich des schwer depressiven Patienten hat qualitative regressive Veränderungen durchgemacht, mit denen intrapsychische Verschiebungen vielfältiger Art einhergehen. Die Beziehung zwischen der Regression als Verlust reifer Ich-Funktionen mit gleichzeitigem Auftauchen primitiver, archaischer Mechanismen – sowohl bei der Angst als auch bei der Depression – und dem ursprünglichen Prozeß der Entwicklung und Reifung bleibt ein Bereich, in dem erhebliche Unklarheit und Uneinigkeit herrschen.

Die Veränderungen selbst sind weniger umstritten als ihre Beziehung zu infantilen Vorläufern. Ja, es gibt große Bereiche der Einigkeit im Hinblick auf die dynamischen, ökonomischen und strukturellen Merkmale sowohl des prädisponierten Individuums als auch der depressiven Erkrankung selbst. Zum Beispiel wird die spezifische Verletzlichkeit des zur Depression neigenden Menschen für Enttäuschung, Versagung

und Verlust allgemein erkannt. Sándor Radó beschreibt in seiner klassischen Abhandlung (1928) Merkmale, die in allen wesentlichen Zügen denen gleichen, die Sacha Nacht betont (1960). Diese allgemeinen prädisponierenden Eigenschaften sind je nach dem theoretischen Standort des Autors mit verschiedenen Ausdrücken beschrieben worden. Das Bedürfnis nach unbedingter Liebe (d. h. Bestätigung des Narzißmus) und die Beziehung dieses Bedürfnisses zu unbewältigter Aggression wird jedoch allgemein als Zeichen für die Bedeutung unsicherer, ambivalenter Objektbeziehungen als einer prädisponierenden Ursache schwer depressiver Reaktionen auf Verlust und Versagung angesehen. Es gibt natürlich immer noch eine große Vielfalt von theoretischen Ansichten über Natur und Bedeutung des Aggressionstriebes. Die entscheidende Bedeutung der unbewältigten Aggression in der Theorie der depressiven Erkrankung läßt sich jedoch zusammenfassen, indem man eine Äußerung aus Karl Abrahams Beschreibung von 1911 mit Edward Bibrings Formulierung aus neuerer Zeit vergleicht (1953): Abraham sagte: »In sämtlichen Fällen hatte die Krankheit erweislich ihren Ausgang genommen von einer das Liebesvermögen paralysierenden Haßeinstellung. ... Von dieser unlustvollen ›inneren Wahrnehmung‹ nehmen die schweren Insuffizienzgefühle dieser Kranken ihren Ausgang« (S. 101, 103). Bibring sagt: »Der Schlag gegen das Selbstgefühl kommt von der unerwarteten Entdeckung der Existenz latenter aggressiver Tendenzen im Selbst mit allen dazugehörigen Folgen« (S. 25).
Sowohl Freud als auch Abraham erkannten, daß der Rückzug von der Außenwelt und von realen Objekten, der für die depressive Erkrankung so charakteristisch ist, mit komplexen Internalisierungen einhergeht und daß infolge dieser Internalisierungen die unbewältigte Aggression des depressiven Patienten von einem feindseligen, anklagenden Über-Ich gegen sein eigenes Ich gelenkt wird. Es erfolgt auch eine Identifizierung des Ichs mit den negativen, abgewerteten Aspekten des verlorenen Objekts. Diese ursprünglichen Konstruktionen sind zwar immer noch weitgehend gültig, aber spätere Autoren haben sowohl die beteiligten Mechanismen anders benannt als auch den Entwicklungsprozeß anders rekonstruiert, besonders in bezug auf Ursprung und Struktur des Über-Ichs. Einige haben in diesem Zusammenhang die Bedeutung der Identifizierung als Über-Ich-Mechanismus betont. Andere, wie Abraham und Melanie Klein, betonen die Art und Weise der Triebaktivität, insbesondere die orale Einverleibung und den verwandten Mechanismus der Introjektion. David Rapaport hat darauf hingewiesen, daß die Beziehung zwischen diesen Internalisierungsprozessen immer noch

schwer verständlich und unklar ist. Daß sie für die Depression entscheidend wichtig sind und regressive Veränderungen sowohl des Ichs als auch des Über-Ichs zur Folge haben, wird im allgemeinen anerkannt.

Mit diesem schwierigen und ungeklärten Bereich hängt das ganze Problem der regressiven Folgen der depressiven Erkrankung zusammen. Zuallererst muß man unterscheiden zwischen den Merkmalen des prädisponierten Individuums, die auf einen Entwicklungsausfall hinweisen, und denen, die eine erhebliche Regression im Verlauf der Krankheit vermuten lassen. Hier scheint sich die heutige Psychoanalyse am meisten von frühen Formulierungen entfernt zu haben. Abraham betonte die orale und die anale Bedeutung der Depression und versuchte damit vor allem, ihre Symptomatik in bezug auf ihre unbewußten Bedeutungsinhalte zu verstehen. Niemand, der einen schwer depressiven Patienten behandelt hat, kann umhin, die Gültigkeit seiner Beobachtungen zu bestätigen. Während Abraham die Depression in erster Linie als Folge einer Triebregression auf die Stufe prägenitaler Phantasien ansah, würden wir heute dazu neigen, unser Hauptaugenmerk auf die regressiven Veränderungen des Ichs und des Über-Ichs zu richten, die das Auftauchen von primitiven und archaischen Phantasien erleichtern. Die Verletzlichkeit des individuellen Ichs mag zwar weitgehend vom Erleben früher Entwicklungsmängel bestimmt sein, aber das bedeutet keineswegs, daß Triebregression der primäre bestimmende Faktor der Depression ist.

Der Umstand, daß Abrahams Vergleich zwischen Depression und Angst heute noch relevant ist, läßt vermuten, daß in mancher Hinsicht die psychoanalytische Theorie einen geschlossenen Kreis durchlaufen hat – bis zurück zu ihrem ursprünglichen Ausgangspunkt. Dem Kreis selbst müssen wir uns jetzt jedoch unter einem neuen Winkel nähern. Depression ist wie Angst ein unerläßlicher Bestandteil der menschlichen Entwicklung und Erfahrung. Während man Angst als Reaktion des Ichs auf ein drohendes Unglück definieren kann, stellt Depression seine Reaktion auf ein Unglück dar, das sich materialisiert hat. Beide Reaktionen haben eine Spannweite, die vom leichten Signal bis zum verheerenden pathologischen Syndrom reicht. Wenn es dem Signal nicht gelingt, der Anpassung dienende Reaktionen auszulösen, wird das Ich selbst im Sinn der Regression verändert. Die Prädisposition zur manifesten depressiven Erkrankung wird wahrscheinlich in einem frühen Stadium der Ich-Entwicklung bestimmt. Wenn keine positiven Ich-Identifikationen, die auf guten Objektbeziehungen beruhen, hergestellt und aufrechterhalten werden (wie auch immer dieses Versagen determiniert und begrifflich gefaßt sein mag), wird sowohl die Ich-Entwicklung als auch die Über-Ich-Entwicklung substantiell geschädigt. Ambivalenz und unbewältigte Aggression, die damit zusammenhängen, machen das Individuum im Erwachsenenleben verletzlich für Enttäuschung und Frustrierung. Die analytischen Theorien über die Beziehung spezifischer Phantasien, Erlebnisse und Affekte, die für frühe Entwicklungsphasen kennzeichnend sind, zur Symptomatik Erwachsener klaffen weit auseinander. Unterschiede der Meinungen und der Terminologie sollten uns jedoch nicht blind machen für die wichtigen Bereiche der weitgehenden Übereinstimmung in bezug auf die dynamische, strukturelle und ökonomische Bedeutung der Depression selbst. Die Erweiterung der Entwicklungsphypothese kann zu einem wachsenden Verständnis der depressiven Potenzen der aufeinanderfolgenden Stadien des Lebenskreises führen. Die grundlegenden Pläne für das psychoanalytische Verständnis der depressiven Erkrankung wurden jedoch schon von Freud und Abraham in ihren klassischen Abhandlungen über diesen Gegenstand mit verblüffender Genauigkeit entworfen.

Es ist bekannt, daß der bedeutendste Zug in Melanie Kleins Werk ihr Versuch ist, das Seelenleben des Kleinstkindes zu erforschen und zu analysieren. Der theoretische Rahmen, in dem sich ihr Konzept von der »depressiven Position« entwickelt hat, und mit dem ich es in diesem Kapitel hauptsächlich zu tun habe, beruht auf bestimmten Prämissen über diese frühe präverbale Zeit. Diese Prämissen sind in vieler Hinsicht umstritten. Erstens

glauben Melanie Klein (1932, 1948) und die meisten ihrer Anhänger, daß der Säugling fast von Geburt an und unabhängig von äußeren Erlebnissen eine unbewußte angeborene Kenntnis von den Geschlechtsunterschieden und der Beziehung zwischen den Eltern hat. Melanie Klein gibt zu verstehen, dieses unbewußte Wissen lasse ein komplexes Phantasieleben entstehen, das in der frühkindlichen Entwicklung eine entscheidende Rolle spiele. Sie postuliert auch die Existenz eines primären Todestriebes, der von Anfang an gegen das Selbst gerichtet ist, und baut viele ihrer wichtigsten Theorien darauf auf. Sie behauptet ferner, Prozesse der Introjektion und Projektion seien die seelischen Grundmechanismen der ersten Lebensmonate. Drei fundamentale Ecksteine bestimmen die individuellen Züge des theoretischen Bezugssystems von Melanie Klein – erstens: die Existenz angeborenen sexuellen Wissens, zweitens: die beherrschende Rolle, die einem primären Todestrieb zugeschrieben wird, und drittens: die Bedeutung, die den Prozessen der Introjektion und Projektion beigemessen wird. Melanie Klein sagt, das Seelenleben des Säuglings werde von Anfang an vom Konflikt zwischen libidinösen und aggressiven Tendenzen beherrscht. In den ersten Monaten sind diese Tendenzen auf Teilobjekte bezogen, deren Bedeutung von der Art der Impulse bestimmt wird, die mit ihnen zu tun haben. Es gibt, kurz gesagt, gute und böse Teilobjekte, jeweils mit liebevollen und aggressiven Impulsen verbunden. Gemäß dem komplizierten Wechselspiel zwischen Prozessen der Introjektion und der Projektion werden diese Teilobjekte sowohl als äußere wie auch als innere erlebt. Auf Grund des unbewußten Wissens um die sexuelle Beziehung zwischen den Eltern führt dieses komplizierte Wechselspiel zwischen Prozessen der Introjektion und der Projektion zu fest umrissenen Phantasien ödipalen Inhalts. Diese frühen Introjektionen, die in erster Linie von der Brust der Mutter stammen, bald aber auch den Penis des Vaters einbeziehen, sieht Melanie Klein als etwas dynamisch dem definitiven Über-Ich Ähnliches an, wenn nicht gar als etwas, das ihm gleicht. Kurzum, Melanie Klein legt die entscheidenden Konflikte in bezug auf die ödipale Situation und die Über-Ich-Bildung in eine viel frühere Periode, als man das allgemein tut.

Ein wesentlicher Zweck all dieser Konflikt- und Phantasiebildung ist nach ihrer Ansicht die entscheidende und stabile Introjektion eines überwiegend guten Objekts. Die frühesten Abwehrvorgänge, bei denen durch alternierende und variable Prozesse der Introjektion und Projektion gute und böse Teilobjekte getrennt werden, verändern sich allmählich in wichtigen Hinsichten. Erstens wird das Teilobjekt, je mehr das Kleinkind die Realität begreift, immer mehr zum ganzen Objekt. Zugleich, und ebenfalls weitgehend abhängig vom Realitätssinn, wird erkannt, daß diese guten und bösen Objekte nicht wirklich getrennt, sondern ein und dasselbe sind. Das bringt dann die Erkenntnis mit sich, daß die Liebe und der Haß, die bisher jeweils auf gute und böse Objekte gerichtet waren, sich in Wirklichkeit auf das gleiche Objekt richten. Das heißt, das Kleinkind wird dessen gewahr, daß es aggressive, destruktive Phantasien in bezug auf seine eigenen Liebesobjekte hat. Diese Erkenntnis führt dann zu der Angst, sein Haß und seine Aggression könnten sich als stärker erweisen als seine Liebe; dies nennt Melanie Klein »depressive Angst«. Etwa in der entscheidenden Zeit der Entwöhnung führt die oben genannte Erkenntnis zu Selbstvorwürfen und zur Depression über den Verlust eines guten Objekts, der Brust, den der Säugling in erster Linie seinen eigenen destruktiven Impulsen zuschreibt.

Dies war eine sehr knappe Zusammenfassung der Theorie Melanie Kleins vom Hintergrund und von der Entwicklung der »depressiven Position« – von der später ausführlicher die Rede sein wird. Jetzt möchte ich erstens überlegen, wieweit das Konzept von der »depressiven Position« von den anderen kurz erörterten Prämissen und Hypothesen abhängig ist, und zweitens, ob die verschiedenen kritischen Einwände, die man gegen Melanie Kleins Werk erhoben hat oder erheben kann, notwendigerweise auch dieses Konzept entwerten.

Im Hinblick auf den ersten Punkt würde Melanie Klein selber, wie ich glaube, behaupten, die »depressive Position« sei ein Bestandteil ihres theoretischen Begriffssystems und könne nicht aus dem Zusammenhang dieses Systems gelöst betrachtet werden. Nach ihrer Ansicht sind die Bedeutsamkeit des Erreichens und die Ungewißheit der guten Beziehung zu einem ganzen Objekt, sei es ein inneres oder ein äußeres, von dem früheren Kampf (den sie für die Basis paranoider und schizophrener Reaktionen hält) mit schreckenerregenden und aggressiven, sadistischen und masochistischen Phantasien über die Beziehung zwischen den Eltern, in bezug auf das Körperinnere der Mutter und vor allem die eigene innere Situation des Säuglings abhängig, die die Folge pauschaler Introjektionsprozesse sind. Schließlich ist Melanie Kleins Konzept von der »depressiven Position« ein Glied in der Kette ihres Entwicklungsschemas, das auf der frühesten Ebene paranoide und schizoide Mechanismen postuliert, die sich, während Beziehungen zu ganzen Objekten entstehen, weiterentwickeln zu depressiven Ängsten und zur »depressiven Position«, worauf die Entwicklung wichtiger Abwehrmechanismen gegen die depressive Position folgt; die wichtigsten darunter sind die manische Abwehr und die verschiedenen Prozesse der Wiedergutmachung.

Nachdem ich ihre Theorien einer sorgfältigen Prüfung und Kritik unterzogen habe, habe ich nicht das Gefühl, als sei ihr Werk so fest gefügt und interdependent, daß wir es entweder ganz annehmen oder ganz ablehnen müßten. Besonders in bezug auf die »depressive Position« habe ich nie geglaubt, das Konzept von sicheren Objektbeziehungen, die allmählich aus einem Kampf mit widerstreitenden Gefühlen der Liebe und des Hasses hervorgehen und allmählich das Erkennen der Identität des geliebten und gehaßten Objekts mit sich bringen, müsse unbedingt auf Melanie Kleins Rekonstruktion gewalttätiger, sadistischer Phantasien beruhen, die spezifisch mit der ödipalen Situation zu tun haben, und ich glaube auch nicht, daß das dynamische Konzept von der Angst vor dem und Reaktion auf den drohenden Verlust eines guten Objekts die Annahme ihrer spezifischen Ansichten über die Beziehung dieser frühen Introjektionen zur endgültigen Über-Ich-Bildung notwendig macht.

Da im Brennpunkt dieses Kapitels die »depressive Position« steht, brauchen wir mit Melanie Kleins allgemeinen Theorien nicht viel Zeit zu verbringen, wenn dies auch bei einer allgemeinen Diskussion ihres Werkes wichtig wäre. Ich will jedoch meinen eigenen Standpunkt klarstellen und will auch einige der wichtigeren Kritiken an ihrer Arbeit kurz berühren. Erstens wird der Todestrieb von Melanie Klein als eine aktive, destruktive Kraft definiert und ausführlich beschrieben, die sich ursprünglich gegen das Selbst richtet. Diese Auffassung scheint nicht mit der Freuds übereinzustimmen, die selbst umstritten ist. Auf dieser Auffassung vom Todestrieb, die bestenfalls zu bezweifeln ist, hat Melanie Klein einige ihrer wichtigsten Formulierungen aufgebaut – besonders ihr Konzept von der Angst. Andere wichtige Formulierungen gründet sie zwar auf den Todestrieb, aber sie würden ebenso gültig erscheinen, wollte man von der Prämisse aggressiver Impulse ausgehen. Das heißt, sie beruhen nicht notwendigerweise darauf, daß man die Kleinsche Hypothese akzeptiert, die Aggression wende sich ursprünglich gegen das Selbst und nicht gegen die Außenwelt.

In bezug auf Melanie Kleins andere fundamentale Theorien – ihre Ansichten über frühe ödipale Phantasien, ihre Auffassung von der Bedeutung von Introjektions- und Projektionsprozessen bei der Bewältigung der Grundkonflikte zwischen Liebe und Haß und ihre Hypothese über die frühe Entwicklung des Über-Ichs – habe ich das Gefühl, als seien Melanie Kleins theoretische Rekonstruktionen, trotz der Kühnheit, mit der sie an das Seelenleben des Kleinstkindes herangeht, durch ein zu getreues Beibehalten bestimmter Hypothesen der klassischen Psychoanalyse beeinträchtigt worden. Um nur einige zu nennen: Die Über-Ich-Bildung tritt nach klassischer Anschauung in Verbindung mit dem Ödipuskomplex ein. In ihrer analytischen Arbeit findet Melanie Klein Anzeichen, die auf das Vorhandensein über-ich-ähnlicher Introjekte schließen lassen, die dem genitalen Ödipuskomplex vorangehen. Zwei Möglichkeiten bestehen: erstens, daß die Vorläufer des Über-Ichs zeitlich vor dem Ödipuskomplex liegen; zweitens: daß der Ödipuskomplex schon vor der genitalen Stufe auftritt. Melanie Klein wählt diese letztere Möglichkeit. Ihre klinischen Beweise für diese These veranschaulichen zwar deutlich die Wichtigkeit ödipaler Phantasien mit vorwiegend oraler oder analer Tönung, aber sie weisen nicht notwendig darauf hin, daß diese prägenitalen ödipalen Phantasien tatsächlich zur Zeit des Primats der Oralität aufgetreten sein müssen. Hier wird Melanie Kleins Zeitplan von einer anderen Hypothese beeinflußt, nämlich von Abrahams Klassifikation der Psychosen nach bestimmten Stufen der Libidoentwicklung (1924). Obwohl bestimmte Postulate in ihrer Arbeit davon abhängig sind, daß sie Abrahams Konzept von einer prä-ambivalenten oralen Phase fallen läßt, akzeptiert sie die Hypothese, daß Schizophrenie und Paranoia vor der Depression, der Manie und der Zwangsneurose zu datieren sind. Sie bringt viel Material, um die archaischen Eigenschaften dieser psychotischen Mechanismen zu bekräftigen. Das führt sie zu dem Schluß, die mit diesen Prozessen in Beziehung stehenden Phantasien müßten in den ersten Lebensmonaten auftreten. Mit anderen Worten, Melanie Klein ist in das Gebiet mit bestimmten fest umrissenen analytischen vorgefaßten Meinungen über die Psychosen, den Ödipuskomplex und die Über-Ich-Bildung eingetreten; diese Prämissen hat sie dann mit einiger Starrheit auf ihre klinischen Feststellungen angewandt. Diese Haltung hat insbesondere bei Melanie Kleins Auffassung vom unbewußten Wissen und von frühen ödipalen Phantasien eine wichtige Rolle gespielt. Die meisten meiner Anmerkungen hier stimmen im wesentlichen mit Äußerungen Robert Waelders aus dem Jahr 1937 überein.

Edward Bibring erörtert in einer neueren kritischen Abhandlung (1947) die Prämissen, auf denen Melanie Kleins Rekonstruktion beruht, und zeigt recht überzeugend die Schwäche ihres theoretischen Bezugssystems. Die wichtigsten Prämissen sind nach seiner Meinung ihr Konzept vom angeborenen unbewußten Wissen und ihr Konzept von der Aktivierung, das ich hier nicht besprochen habe, da es mir die vorliegende Erörterung nur am Rand zu betreffen scheint. Bibring schließt:

»...wenn unsere Kritik gültig ist, müssen all jene Teile der Entwicklungsrekonstruktion, die auf beiden Konzepten beruhen, mit ihrer Ausschaltung zusammenbrechen, d. h. der ganze Aufbau von den frühen ödipalen Phantasien und Konflikten, der in die ersten sechs bis zwölf Lebensmonate zusammengedrängt wird.« (1947, S. 90 f.)

Obwohl ich in dieser Hinsicht im wesentlichen Edward Bibrings Kritik zustimme, erscheint mir gerade der spezifische ödipale Inhalt der Rekonstruktion Melanie Kleins zweifelhaft und unwissenschaftlich, wenn auch nur, weil die detaillierte Komplexität, die sie postuliert, nicht praktikabel und unbiologisch erscheint. Ich meine jedoch nicht, daß diese Kritik notwendigerweise die Dynamik der seelischen Prozesse, die Melanie Klein postuliert, widerlegt; sie untergräbt auch nicht ihre Prämissen über die Bedeutung der Aggressionstriebe vom Anfang des Lebens an.

In seiner detaillierten Kritik der Anschauungen Melanie Kleins nimmt Edward Glover (1945) zu vielen der von mir gestellten Fragen Stellung. Er amplifiziert und veranschaulicht die Schwächen, die in Melanie Kleins Einstellung zu den Aggressionstrieben liegen; seine Kritik an ihrer Definition der Phantasie ähnelt in vieler Hinsicht der Kritik Bibrings am Konzept des angeborenen Wissens und scheint eng mit ihr zusammenzuhängen. Er kritisiert auch Melanie Kleins Verwendung der Begriffe Fixierung und Regression. Wenn er auch das Konzept von der »depressiven Position« als »geschlossenes System« angreift – eine zweifelhafte Kritik – betreffen seine wichtigeren Einwände, wie diejenigen Bibrings und Waelders, Melanie Kleins Rekonstruktion der ersten Lebensmonate in bezug auf das frühe spontane Auftauchen ödipaler Phantasien und die beherrschende Rolle, die nach ihrer Hypothese der Aggressions- oder Todestrieb im Gefüge dieser Phantasien spielt.

Ich akzeptiere zwar diese Einwände in bezug auf die theoretische Schwäche der Rekonstruktion der ersten Lebensmonate, wie Melanie Klein sie vornimmt, aber diese Kritik untergräbt nicht notwendigerweise ihr Konzept von der »depressiven Position«. Wenden wir uns dem Hauptthema zu, um die Ansichten Melanie Kleins von der Dynamik des Trauerns und der depressiven Zustände eingehender zu diskutieren. Bisher habe ich das Konzept von der »depressiven Position« auf der Grundlage ihrer Rekonstruktionen der Entwicklung von Objektbeziehungen betrachtet. Jetzt möchte ich das Thema unter einem orthodoxeren Blickwinkel ansehen und ihre Ansichten mit denen anderer Autoren vergleichen. In diesem Zusammenhang möchte ich zunächst zwei Unterthemen behandeln, über die es beständig theoretische Differenzen gibt, die sich auf die dynamische Struktur der Depression beziehen. Beim ersten Thema geht es um den Begriff des Narzißmus, beim zweiten um den Prozeß und den zeitlichen Ablauf der Über-Ich-Bildung.

In bezug auf den Narzißmus ist es merkwürdig schwierig, Melanie Kleins Ansichten adäquat zu erörtern. Der Grund dafür ist einfach: Melanie Klein hat das Wort »Narzißmus« praktisch aus ihrem Wortschatz gestrichen. In den wenigen Fällen, wo das Wort »Narzißmus« im Index eines ihrer Werke auftaucht, geht es fast immer um die Besprechung oder um Zitate aus den Arbeiten anderer Autoren. Sie vergleicht nirgends ihre Anschauungen von der Beziehung zwischen der Libidoentwicklung und der Ich- und Objektbesetzung mit klassischen Theorien über die narzißtische Libido. Sie erwähnt zwar Sándor Radós Abhandlung über »Das Problem der Melancholie« (»The Problem of Melancholia«, 1928), aber sie geht nicht näher auf die Punkte der Ähnlichkeit und der Verschiedenheit in bezug auf diesen Begriff ein. Dies ist von ihr aus eine schwerwiegende Unterlassung – um so wichtiger, als nach meiner Meinung ihre Arbeit über diese Frage zu wichtig und bedeutungsvoll ist, als daß man sie nicht in ihrer Beziehung zu orthodoxeren Ansichten zeigen müßte. Melanie Klein hat natürlich an die Stelle des Konzepts vom Narzißmus ihre Betonung der Bedeutung innerer Objektbeziehungen gesetzt. An Stelle des Bildes vom Säugling als einem von seinem Bedürfnis nach Liebe und Geborgenheit als primärem positivem Bedürfnis beherrschten Organismus setzt sie das Konzept von einem Säugling, der von Anfang an mit dem Konflikt zwischen seinen liebenden, positiven Gefühlen, gebunden an Situationen der Befriedigung und Wunscherfüllung, und seinen aggressiven, destruktiven Gefühlen kämpft, die durch Versagung hervorgerufen werden, wobei sie meint, auch in der besten Stillsituation müsse ein signifikantes Maß dieser Versagung vorhanden sein. Wo die meisten Analytiker ein exzessives Bedürfnis nach Liebe und Beruhigung (d. h. narzißtische Bedürfnisse) auf Gefühle der Hilflosigkeit und Unzulänglichkeit zurückführen würden, würde Melanie Klein annehmen, die pathogene Qualität solcher Gefühle habe mit den Gefühlen der Wut zu tun. Diese Gefühle, die zu einer Zeit auftreten, wie man allgemein glaubt, in der der Säugling noch nicht klar zwischen dem Selbst und der Außenwelt unterscheiden kann, werden als destruktiv nicht nur gegenüber dem Objekt, sondern auch gegenüber dem Selbst oder seinen Inhalten empfunden.

Da Melanie Klein die Arbeiten anderer Analytiker über den Narzißmus und die Prädisposition für die Depression unberücksichtigt gelassen hat, ist es tatsächlich schwierig zu beurteilen, wieweit ihre Arbeiten über diesen besonderen Gegenstand eine wirkliche Abweichung von anerkannten Ansichten darstellen. Wenn wir die Erörterung der klassischen Schriften von Freud (1914, 1917) und Abraham (1924) beiseite lassen, finden wir immer noch Sándor Radó (1928), der besonders die starke Ambivalenz betont, die für den narzißtischen Kampf beim späteren Melancholiker kennzeichnend ist. Georg Gerö macht seine Erkenntnis dieses Faktors sehr deutlich, wenn er sagt:

»...Die libidinösen Wünsche [des Kindes] sind mit aggressiven Tendenzen gemischt: den Reaktionen auf Enttäuschungen. Sein Verlangen, geliebt zu werden, ist zu unmäßig, zu narzißtisch; darum kann es nicht befriedigt werden. Aber Enttäuschungen aktivieren seine ebenso unmäßige Aggression, die vom Ich abgewehrt werden muß. Die Aggression wird gegen das Selbst gekehrt, gegen das introjizierte Objekt im Ich.« (1936, S. 458)

Obwohl Melanie Klein darauf besteht, ihre Ansichten in bezug auf den umstrittensten Teil ihrer Arbeit seien im wesentlichen orthodox, erkennt sie offenbar nicht viel fundamentale Ähnlichkeit zwischen wichtigen Arbeiten anderer zeitgenössischer Autoren und anderen Teilen ihres eigenen Werkes, besonders im Hinblick auf die Prädisposition für die Depression. Der Grund dafür scheint mir in der Tatsache zu liegen, daß sie offenbar das Narzißmus-Konzept aufgegeben hat und an seine Stelle die Betonung der Introjektions- und Projektionsprozesse und des Aggressionstriebes gesetzt hat. Dies läßt wirkliche Kommunikationsschwierigkeiten entstehen, verhindert eine wechselseitige Korrelation der theoretischen Ausrichtung und führt zur unvermeidlichen Übertreibung dessen, was vielleicht wenigstens zum Teil *verbale* Unterschiede sind. Meine Kritik richtet sich hier im Moment nicht gegen das, was ich als den Sinn der Anschauung Melanie Kleins verstehe, sondern dagegen, daß sie es unterläßt, ihren Beitrag in seiner Beziehung zu orthodoxeren Auffassungen darzustellen. Das heißt, ich wende mich nicht gegen die Tatsache, daß sie versucht hat, die Bedeutung des Narzißmus zu sezieren und zu analysieren, sondern gegen die Tatsache, daß sie nicht klargestellt hat, dies sei es, was sie tue, und ob sie weiß, daß sie es tut.

Wenn auch manche Analytiker die Bedeutung der Ambivalenz bei narzißtischen Bedürfnissen anerkennen, scheint mir doch, daß dies oft nur eine verbale Anerkennung ist, und daß immer noch eine Tendenz besteht, den Narzißmus mit einem einfachen, scheinbar unambivalenten passiven Bedürfnis in Verbindung zu bringen, ohne die mögliche Beziehung zwischen diesem exzessiven Bedürfnis und unbewußten Aggressionstendenzen gebührend zu berücksichtigen. Bertram D. Lewin (1950) hat zwar an anderer Stelle diese Beziehung anerkannt, aber in seinem Buch betont er sehr die scheinbar überwiegend positiven Befriedigungserlebnisse in den ersten Lebensmonaten, wobei er relativ wenig von der Rolle spricht, die Konflikt und Ambivalenz von Anfang an spielen. Melanie Klein andererseits hat, indem sie das Konzept des Narzißmus aufgab, das andere Extrem gewählt. Für sie sind die idyllischen Erlebnisse des Säuglings selten, und man bekommt den Eindruck, das Seelenleben des Säuglings sei beherrscht von aggressiven Phantasien und den ängstlichen oder depressiven Reaktionen auf sie. Trotzdem hat sie, indem sie die Hypothese aufstellte, das Seelenleben sei von Anfang an überwiegend von Konflikten beherrscht, einen sehr wichtigen Beitrag geleistet.

Als zweites möchte ich den Ursprung des Über-Ichs besprechen. Lassen wir auch hier wieder die klassischen Arbeiten über dieses Thema beiseite, da die ursprüngliche Auffassung vom Über-Ich (d. h. als dem Erben des genitalen Ödipuskomplexes) noch von den meisten Psychoanalytikern akzeptiert wird. Verwandte Probleme sind jedoch, besonders in England, nicht nur von Melanie Klein und ihren Anhängern erörtert worden, sondern auch von Ernest Jones, der in seiner Abhandlung über »Ursprung und Struktur des Über-Ichs« (»The Origin and Structure of the Super-Ego«) folgendes sagt:

»... Wenn wir jedoch diese wertvollen breiten Verallgemeinerungen verlassen und einige der beteiligten Probleme näher untersuchen, tauchen ziemlich viele heikle Fragen auf...; wir haben allen Grund zu glauben, das Konzept vom Über-Ich sei ein Knotenpunkt, wo wir erwarten können, daß alle dunklen Probleme des Ödipuskomplexes und des Narzißmus einerseits und des Hasses und Sadismus andererseits zusammentreffen werden.« (1926, S. 188)

Kurz gesagt, das Problem ist hauptsächlich: Wie vereinbaren wir die Hypothese, das Über-Ich stamme vom genitalen Ödipuskomplex, mit den prägenitalen Merkmalen des »depressiven Über-Ichs«? Können wir diese Merkmale als regressive Phänomene erklären, die wir den prägenitalen Fixierungen zuschreiben, von denen wir wissen, daß sie bei diesen Individuen zu finden sind? Oder können wir annehmen, daß das Mißlingen der Bewältigung prägenitaler Situationen die Über-Ich-Bildung von Anfang an so beeinflußt hat, daß selbst bei relativ gesunden Menschen das »depressive Über-Ich« durch harte prägenitale Züge gekennzeichnet ist, die das Individuum für jedes Ereignis besonders verletzlich machen, das, indem es die Selbstachtung herabsetzt, das pathologische Über-Ich in melancholische Selbstvorwürfe hineintreibt? Schließlich, ist es nicht möglich, daß bei der depressiven Erkrankung eine Regression auf die heute allgemein akzeptierten Vorläufer des endgültigen Über-Ichs stattfindet, die die Introjektion und die Identifizierungen der prägenitalen Periode repräsentieren?

Wir stehen hier auch vor dem Problem, nicht nur die orale, prägenitale Natur des »depressiven Über-Ichs« erklären zu sollen, sondern auch die Natur der allgemein anerkannten oralen Züge der ödipalen Situation selbst, die in der Analyse dieser Patienten zu finden sind. Man ist sich allgemein einig – der Stellenwert, den dieser Punkt in allen Erörterungen dieses Themas einnimmt, deutet auf eine übereinstimmende Meinung hin – daß bei diesem Problem die Frage der Über-Ich-Bildung entscheidend ist.

Ich möchte an dieser Stelle noch einmal Melanie Kleins Ansichten über die Sache wiederholen. Sie gibt, kurz gesagt, folgende Antworten: die archaische, prägenitale Natur des Über-Ichs dieser Patienten weist auf die Möglichkeit hin, daß das endgültige Über-Ich ihm strukturell vergleichbare Vorläufer hat, die auf prägenitalen Stufen entstehen. Bei melancholischen Individuen behält die Über-Ich-Struktur, weil die Konflikte dieser Periode nicht bewältigt worden sind, diese archaischen Merkmale, die in der Regression der krankhaften Melancholie wieder auftauchen. Das Vorkommen ödipaler Phantasien überwiegend oraler Natur würde Melanie Klein nicht als ein Regressionsphänomen erklären, das dem Krankheitsprozeß zuzuschreiben ist, sondern als einen anschaulichen Beweis für das Vorhandensein ödipaler Phantasien überwiegend oraler und sadistischer Art schon in den ersten Lebensmonaten.

Bei ihrer Erörterung des gleichen Grundproblems kommt Edith Jacobson zu einem anderen Schluß: Nach ihrer Meinung

»...kann man das Über-Ich sowohl als eine Mischung von ödipalen Strebungen und ödipalen Verboten betrachten, wie auch als einen Kompromiß im Hinblick auf die infantilen narzißtischen Wünsche. Es versagt dem Kind die gewünschte elterliche Omnipotenz, stellt jedoch das Gottesbild im Ich auf. ... Dies wird durch eine regressive Wiederbelebung der ursprünglich omnipotenten Elternbilder bewerkstelligt...« (1946, S. 134)

Mit anderen Worten, die archaische Natur des »depressiven Über-Ichs« weist nicht notwendigerweise auf prägenitale Über-Ich-Funktionen hin. Sie ist vielmehr Regressionsprozessen zuzuschreiben, ausgelöst durch Enttäuschung auf der ödipalen Stufe, welche die Introjektionen einer früheren Periode neu beleben. Es ist relevant, hier auf Edith Jacobsons Annahme hinzuweisen, daß frühe prägenitale elterliche Introjekte, gleichgültig, wodurch sie aktiviert werden, bei der Über-Ich-Bildung eine entscheidende Rolle spielen. Es ist bemerkenswert, daß auch sie die Vermutung äußert, beim zukünftigen Depressiven gebe es vielleicht eine vorzeitige Über-Ich-Bildung.
Edith Jacobson hält es für möglich, daß eine durch schwere Enttäuschung durch beide Eltern komplizierte ödipale Situation bei einem zur Depression prädisponierten Individuum sowohl für die Über-Ich-Bildung als auch für die Wahrscheinlichkeit einer zukünftigen depressiven Erkrankung von entscheidender Bedeutung sein kann. Ich glaube, Melanie Klein würde die Wichtigkeit der Enttäuschung durch die Eltern in dieser kritischen Periode auch anerkennen; sie würde sich jedoch bemühen zu erklären, welche *Bedeutung* diese Enttäuschung für das Kind im Licht seiner eigenen Phantasien und Ängste hätte. Edith Jacobson legt z. B. großen Wert auf die pathogene Bedeutung der entwerteten, nutzlosen Eltern – im Gegensatz zu der mächtiger Eltern –, sei sie zum Guten oder zum Bösen. Sie postuliert eine Identifizierung mit diesen abgewerteten, nutzlosen Eltern, die zu einer Herabsetzung des Ichs und zum Gefühl der Wertlosigkeit führt, die für den Depressiven so charakteristisch ist. Sie nimmt jedoch an, daß das auslösende Ereignis in dieser Reihe pathogener Vorkommnisse auf irgendein reales Versagen auf seiten der Eltern zurückgeht. Melanie Klein andererseits akzeptiert zwar die reale Enttäuschung, bringt aber ihre pathogene Wirkung mit dem psychischen Zustand des Kindes zur Zeit der Enttäuschung in dem spezifischen Sinn in Verbindung, daß sie die depressive Reaktion des Kindes darauf zurückführt, daß es sich für das Versagen der Eltern schuldig und verantwortlich fühlt. Die abgewerteten Eltern, die sowohl nach Edith Jacobson als auch nach Melanie Klein ins Ich introjiziert werden, repräsentieren nach Melanie Kleins Anschauung die beschädigten oder zerstörten Eltern oder die kombinierte Eltern-

figur; kurz gesagt, das Kind würde die Enttäuschung durch die Eltern seiner eigenen Aggression und Feindseligkeit zuschreiben.

Bei der Betrachtung dieser Probleme in bezug auf die Struktur der Melancholie und ihre Beziehung zum Wesen des Narzißmus und zur frühen Über-Ich-Bildung haben wir einige der wichtigeren Arbeiten über dieses Thema berührt und bestimmte Aspekte der Anschauungen Melanie Kleins mit den Ansichten anderer Autoren verglichen. Bisher haben wir jedoch hauptsächlich auf die Struktur und die Bedeutung der pathologischen Depression und auf die Natur des Problems geachtet, das Melanie Klein zu lösen versucht. Ich bin aber noch nicht im einzelnen auf den umstrittensten Aspekt der Ansichten Melanie Kleins über die Depression eingegangen, nämlich auf ihr Konzept von der »depressiven Position« als normalem Phänomen im Leben des Säuglings. Um dies zu tun, kehren wir noch einmal zu der Frage der Trauer und Melancholie zurück. In ihrer Arbeit über dieses Thema hat Melanie Klein zwei bedeutsame Hypothesen aufgestellt. Erstens hat sie darauf hingewiesen, daß die Unterschiede zwischen Trauer und Melancholie zwar entscheidend für die seelisch-geistige Gesundheit des Individuums, aber doch nicht so groß sind, wie manchmal behauptet worden ist. In ihrer äußerst interessanten Beschreibung des Erlebens eines normalen Trauernden macht sie besonders durch Traumanalyse anschaulich, daß der seelische Zustand des Trauernden in seiner kurzen, abgewandelten Form (die schließlich durch gesunde Abwehr und Wiederherstellungsprozesse überwunden wird) in jeder Hinsicht mit dem des Melancholikers zu vergleichen ist. Im Unbewußten sind eindeutige Beweise für Selbstvorwürfe, Schuldgefühle im Hinblick auf den Tod des verlorenen Liebesobjekts und Selbstentwertung vorhanden. Ebenfalls besteht ein Gefühl des Triumphs mit nachfolgenden Schuldgefühlen, das deutlich mit aggressiven Phantasien verbunden ist. Der normale Trauernde ist jedoch fähig, in sich allmählich eine überwiegend positive Introjektion des verlorenen Liebesobjekts herzustellen, und wenn dies vollzogen ist, ist die Trauerarbeit mehr oder weniger abgeschlossen. Melanie Klein bringt auch ziemlich viel Material, das verdeutlicht, wie der reale äußere Verlust im Individuum die früheren Kämpfe ähnlicher Art wieder aktiviert oder neu belebt; diese Kämpfe schienen meistens auf die früheste Beziehung zur Mutter zurückführbar. Das heißt, beim normalen Trauernden belebt der reale Objektverlust diesen entscheidenden früheren Kampf aufs neue. Bei Menschen, die in der Kindheit eine befriedigende Lösung gefunden haben, auf die später gute Objektbeziehungen folgten, wird die Trauer erfolgreich bestanden. Bei anderen, wo dieser frühe Kampf relativ mißlungen ist, und wo es bei der

Herstellung guter Objektbeziehungen Schwierigkeiten gegeben hat, pflegt die Reaktion auf Verluste mehr oder weniger einer klinischen Depression nahezukommen.

Wenn man von Melanie Kleins Äußerungen über pathologische Zustände spricht (besonders über die schweren Depressionszustände, bei denen unklar und unbekannt ist, welche Rolle ein realer Objektverlust spielt), muß man sehr zurückhaltend sein. Ihre erwachsenen Patienten scheinen zum größten Teil schwer neurotische Menschen zu sein, die schwerwiegende Persönlichkeitsprobleme haben oder Beispiele für typische neurotische Depressionen sind. Nach meiner Ansicht sind die Unterschiede zwischen diesen Fällen und den schwerer Kranken, die man in Kliniken zu sehen bekommt, weder leicht zu fassen noch überwiegend quantitativ. Melanie Klein unterschätzt sowohl die Bedeutung konstitutioneller Faktoren als auch die Komplexität des Reifungsprozesses. Meine Einstellung scheint der Edward Bibrings zu entsprechen, der betont, welche Rolle komplizierende Faktoren bei der Determination klinischer Manifestationen der Depression spielen. Aber Bibring hat auch die fundamentale Einheit der Grundgefühle der Depression betont (siehe 1947, S. 13–48). Er zeigte, daß trotz der weiten Spanne zwischen leichter Traurigkeit, Trauer und Teilnahmslosigkeit – von denen einige im Rahmen des normalen Erlebens vorkommen – und den verschiedenen Krankheitszuständen, bei denen die Depression das Symptom bei der Klinikaufnahme ist, eine grundlegende Einheitlichkeit des depressiven Prozesses besteht. Mit dieser Ansicht würde sich Melanie Klein einverstanden erklären, wenn auch ihre Auffassung von der Dynamik dieser Grundgefühle in wichtigen Aspekten von der Bibrings abweicht.

Diese einheitliche Auffassung von der Depression erfordert jedoch, daß wir uns ganz klar darüber werden, was Melanie Klein meint, wenn sie sagt, depressive Tendenzen seien ein normales Phänomen der frühesten Kindheit. Kurz gesagt, es ist besonders wichtig herauszubekommen, ob sie, wenn sie von der »infantilen depressiven Position« spricht, den Säugling mit dem erwachsenen Melancholiker oder mit dem normalen Trauernden vergleicht. Einige der Einwände gegen ihre Auffassung sind die Folge eines Mißverständnisses in diesem entscheidenden Punkt. Wenn auch akzeptierte Ähnlichkeiten zwischen Trauer und Melancholie bestehen, muß man doch die wesentlichen Unterschiede zwischen ihnen immer berücksichtigen. Trauer ist, so schmerzlich sie sein mag – ohne Rücksicht darauf, wie sehr ihre unbewußte dynamische Struktur der der pathogenen Depression gleichen mag – ein normales menschliches Erlebnis, dem wenige von uns entgehen. Niemand, der entweder selbst dieses Erlebnis mit psychologischer Einsicht in seinen eigenen Seelenzustand durchgemacht hat, oder Gelegenheit gehabt hat, jemand unmittelbar nach dem Verlust eines nahestehenden Menschen zu analysieren, kann umhin, einen Großteil dessen zu bestätigen, was Melanie Klein über die ambivalenten Reaktionen sagt, die mit der Introjektion des verlorenen Liebesobjekts zusammenhängen, und – unter unserem Blickwinkel am wichtigsten –: über das Wiederaufleben primitiver Gefühle des Konflikts mit und der Abhängigkeit von der Mutter. Indem Melanie Klein postuliert, das Konzept von einer frühen »depressiven Position« sei entscheidend, nicht nur in bezug auf die Reaktion auf einen realen Objektverlust, sondern auch für die Entwicklung guter Objektbeziehungen während des ganzen Lebens, spielt sie auf die Art an, wie der Entwöhnungsprozeß einen realen Objektverlust darstellt. Sie stellt die Hypothese auf, das Erreichen einer überwiegend positiven Objektbeziehung vor diesem ersten Objektverlust sei entscheidend für die zukünftige Entwicklung. Das heißt, der Säugling muß während des Entwöhnungsprozesses mit einem realen Objektverlust fertig werden (d. h. mit dem Verlust der Brust oder des Ersatzes, der Flasche). Dies ist die Grundlage für das Konzept von einer »depressiven Position«. Nun ist dieser Verlust, wie die realen Verluste des späteren Lebens, ein unvermeidliches Ereignis in der menschlichen Entwicklung, und zudem eins, worüber man sich allgemein einig ist, das für das Kind eine große emotionale Bedeutung hat. Was bestimmt seine erfolgreiche oder mißlungene Bewältigung? Und welche Bedeutung hat dieser Konflikt für die zukünftige geistig-seelische Gesundheit, besonders in bezug auf die Depression? In den Antworten auf diese Fragen wird die Bedeutung des Ansatzes von Melanie Klein klar. Melanie Klein sagt, genau wie beim erwachsenen Trauernden sei die erfolgreiche Introjektion eines vorwiegend guten Objekts das Ziel. Wo dies jedoch durch die relativ größere Stärke der Aggressionsimpulse verhindert wird, wird das introjizierte gute Objekt als verloren empfunden, und im typischen Fall treten an seine Stelle die feindseligen beschädigten oder zerstörten Objekte, die den entwerteten Eltern, die Edith Jacobson beschreibt, so sehr ähnlich sind. Zwischen diesen beiden Extremen spielen sich die unendlich vielen Varianten der Objektbeziehungen ab, die wir so gut kennen.

Nicht nur Psychoanalytiker, sondern auch Anthropologen, Psychologen und Pädiater haben in den letzten Jahren mit zunehmendem Nachdruck auf die Bedeutung der frühen Mutter-Kind-Beziehungen für die erfolgreiche Entwicklung des menschlichen Säuglings hingewiesen. Es gibt natürlich Meinungsverschiedenheiten darüber, wieweit Erfolg einerseits und Mißerfolg andererseits in den späteren, entscheidenden emotionalen Kämpfen der Kindheit eine bestimmende Rolle spielen. Trotz der realen Schwierigkeiten, in unserer analytischen Arbeit zu beweisen, wieweit unsere Rekonstruktionen des präverbalen Seelenlebens gültig sind, glaube ich doch, wir sind uns alle über die Wichtigkeit der Erfahrungen dieser ersten Monate einig, insofern sie eine Grundlage der Geborgenheit und des positiven Gefühls als Basis für zukünftige Objektbeziehungen liefern oder nicht liefern. Die meisten Arbeiten über dieses Thema betonen das Grundbedürfnis des Kindes – ja, sein Grundrecht – auf die Geborgenheit, die ein so grundlegendes Erfordernis zu sein scheint. Ebenfalls wird allgemein anerkannt, daß ungebührliche Frustration für eine Vielfalt pathologischer Entwicklungen prädisponiert.

René Spitz (1946) hat in seinen interessanten und wichtigen Beiträgen zur Psychopathologie des Säuglingsalters die offenkundigen Depressionszustände deutlich geschildert, die bei Säuglingen auftraten, die während des zweiten Lebenshalbjahres zwangsweise von ihren Müttern getrennt wurden. In diesen Fällen trat zu dem unvermeidlichen Konflikt in bezug auf den Verlust der Brust noch der Verlust der ganzen Mutter hinzu – eine Situation, die sich entscheidend von der des normalen Säuglings unterscheidet, wie Melanie Klein sagt: »natürlich unterscheiden sich diese Gesamtsituationen und die Abwehrmechanismen des Säuglings, der immer wieder durch die Liebe der Mutter Beruhigungen erfährt, weitgehend von denen des erwachsenen Melancholikers.« (1935, S. 307) Der Umstand, daß der Verlust der Mutter in dieser entscheidenden Periode wirkliche klinische Depression hervorruft, scheint mir für die Depressionsanfälligkeit des Säuglings in diesem Zeitpunkt zu sprechen. Auch andere Beobachter haben die entscheidende Veränderung in der Beziehung des Babys zu seiner Mutter etwa um das Alter von sechs Monaten bemerkt, und sie sind sich in bezug auf die besondere Empfindlichkeit des Babys für eine Trennung von der Mutter in dem Zeitpunkt einig, in dem es sie als ganze Person zu erkennen beginnt.

Edward Bibring weist in seiner Abhandlung (1947) darauf hin, daß man die Ursache oder Anlage für depressive Symptome in den Hilflosigkeitsgefühlen des Säuglings angesichts einer Versagung suchen könne. Möglicherweise würde er auch dazu neigen, zuzustimmen, daß die kritische Periode für dieses Erlebnis mit dem Entstehen der Beziehung zu einem ganzen Objekt zusammenhängt, wo Bedürfnis und Begehren zum erstenmal an ein spezifisches Individuum, an die Mutter, gebunden sind. Für uns liegt das entscheidende Problem jedoch darin, herauszubekommen, wieweit diese anerkannte Abhängigkeit des Säug-

lings von Geborgenheit und Befriedigung bedeutet, daß Wut- und Hilflosigkeitsreaktionen eine Reaktion auf ein spezifisches traumatisches Erlebnis der Versagung und Ablehnung von seiten der Mutter sind. In den meisten orthodoxen Stellungnahmen wird dies impliziert. Die von Melanie Klein vorgetragene Alternative besagt, der Grad der depressiven Angst, die von größerer oder geringerer äußerer Frustrierung ausgelöst wird, sei nicht nur von der Umweltsituation abhängig, sondern auch von den Ängsten des Säuglings in bezug auf seine eigenen Aggressionstendenzen. Nehmen wir um der Vereinfachung willen einmal an, der Säugling habe etwa zur Zeit der Entwöhnung eine genügend reale Objektbeziehung zu seiner Mutter hergestellt, so daß er sich hilflos, geängstigt oder deprimiert fühlt, wenn ihm ihr Verlust droht oder wenn er sie wirklich verliert. Sollen wir diese Reaktion als eine einfache Reifungserscheinung erklären, als eine Reaktion, die unweigerlich eintreten muß, wenn das Kleinstkind seine Mutter erkennt und merkt, daß es in bezug auf seine Befriedigung von ihr abhängig ist? Oder sollen wir andererseits glauben, außer diesen Reifungsprozessen habe schon eine allmähliche psychische Entwicklung von der Teilobjekt-Beziehung zur Beziehung zum ganzen Objekt stattgefunden, und während dieser durch die Verwechslung zwischen Außen- und Innenwelt und durch Konflikte zwischen Liebe und Haß gekennzeichneten Periode hätten Introjektions- und Projektionsprozesse eine wichtige Rolle gespielt? Mit anderen Worten, wieweit sollten wir mit Melanie Klein annehmen, der Säugling glaube oder fürchte während der frühen Stillperiode, die abwesende Brust sei fort, weil sie in ihm sei?
Wir befinden uns hier im Bereich der Rekonstruktion, da bis heute kein wissenschaftlicher Beweis möglich war. Aus der Beobachtung von Kleinstkindern haben wir vielsagendes Anschauungsmaterial erhalten. Die meisten unserer Informationen verdanken wir jedoch unserer analytischen Arbeit – und ich glaube, das muß auch so sein. Für mich und für viele in England ausgebildete Analytiker, die sich von Melanie Kleins Werk haben anregen lassen, aber nicht ihre Anhänger geworden sind, ist ihre Auffassung von der Entwicklung von Objektbeziehungen in einem ambivalenten Milieu ihr wertvollster Beitrag. Ein großer Teil des klinischen Materials ist vereinbar mit der Auffassung, der Kampf zwischen Liebe und Haß führe zu depressiven Ängsten, die Haßimpulse könnten sich als die stärkeren erweisen. Bei einem häufigen analytischen Beispiel für diese Art von Material geht es um den Kampf, eine gute Objektbeziehung in der Übertragungssituation trotz negativer Gefühle aufrechtzuerhalten, die oft durch die Abwesenheit oder das Zuspätkommen des Analytikers geweckt werden. Am typischsten von

allen sind vielleicht Gefühle, die im Zusammenhang mit den zeitweiligen Behandlungspausen in den Urlaubszeiten auftreten. Die Wichtigkeit dieses Materials liegt nicht in seiner Seltenheit, sondern in seiner Ubiquität. Die Intensität dieser Reaktionen schwankt, von einer echten, wenn auch vorübergehenden Depression bis zu Gefühlen leichter Angst, wobei der depressive Inhalt sich nur in Träumen offenbart. Der entscheidende Faktor, der die Qualität und die Pathogenität dieser Reaktionen bestimmt, steht deutlich in Verbindung mit dem Grad der Fähigkeit des Individuums, sein eigenes Erkennen von Ambivalenz zu ertragen, ohne sich überängstlich zu fühlen, weil sein Haß sich als stärker erweisen könnte als die Liebe. Gestörtere Patienten, besonders solche mit zugrunde liegenden, oft unbewußten depressiven Zügen, zeigen die Unfähigkeit, diesen Konflikt auszuhalten, wiederholt, z. B. im Ausdruck übermäßig positiver Gefühle während der Analysesitzung; dabei besteht die Tendenz, auf die Abwesenheit des Analytikers auch nur übers Wochenende mit der Befürchtung zu reagieren, er könne verletzt oder vernichtet werden oder sei es bereits. Daß dieses Material mit frühkindlichen Fütterungserlebnissen zu tun haben könnte, wird in manchen Fällen nahegelegt durch den oralen Inhalt des Materials und durch das Vorhandensein von Problemen der Nahrungsaufnahme in der frühen Kindheit, begleitet von einer lebenslangen Ambivalenz der Objektbeziehungen.

Wieweit können wir annehmen, daß diese ambivalenten Reaktionen auf Versagung und Verlust bei Kindern oder erwachsenen Patienten als partielle oder vollständige Wiederholungen früherer Reaktionen anzusehen sind? Eine ähnliche und entscheidende wissenschaftliche Frage bleibt auch, wieweit wir mit Recht annehmen können, besonders »tief« wirkendes Material, das schwer zugänglich ist und eine archaische Struktur aufweist, müsse auch unter dem Gesichtspunkt der Entwicklung das früheste sein. Gewiß hat Melanie Klein diese beiden Prämissen bis an ihre äußersten Grenzen ausgedehnt, und bis in Bereiche, wo man noch keine befriedigende Validierungsmethode entdeckt hat. Ich möchte noch einmal betonen: Ich glaube nicht, daß Melanie Kleins theoretisches Bezugssystem und ihre spezifischen Rekonstruktionen des Inhalts infantiler Phantasien ihren bedeutsamsten Beitrag zum analytischen Denken darstellen. Ihre Formulierungen sind Versuche, Material in Worte zu fassen, das seinem Wesen nach im Grunde präverbal ist – ein Versuch, der durch ihre Bemühung getönt ist, ihre Formulierungen im Rahmen mehr oder weniger orthodoxer analytischer Hypothesen zu fassen.

Eine mögliche Erklärung ist die, daß unbestimmte und oft diffuse

körperliche und emotionale Erlebnisse, die mit den Eltern zusammenhängen, und die in den ersten Lebensmonaten vielleicht in wesentlichen Aspekten in die spätere ödipale Situation eingehen und sie fär-
ben, so behandelt werden, als seien diese späteren Konflikte in der
Frühzeit schon vorhanden gewesen. Das geschieht, weil in der Analyse,
und wahrscheinlich besonders in der Analyse von Kindern in oder um
die entscheidende ödipale Zeit, das Material so zutage tritt, als hätte
der Säugling in der Stillzeit die Phantasien erlebt, die das vier- oder
fünfjährige Kind so deutlich äußert. Das heißt, das Material ist zwar
echt, aber es wird nicht notwendigerweise auf den richtigen Zeitpunkt
festgelegt, nämlich auf Grund einer retrospektiven ödipalen Deutung
früherer Erlebnisse.

Nach meiner Ansicht betrifft die entscheidende Frage das Wesen und
den Ursprung psychischer Konflikte im menschlichen Säugling. Auf
den ersten Blick fordert Melanie Kleins Auffassung von den Aggressionstrieben Einwände unter einem biologischen und dem gesunden
Menschenverstand entsprechenden Blickwinkel heraus. Die ganze psychoanalytische Wissenschaft beruft sich jedoch auf das, was man als
das unbiologische und unvernünftige Wesen des Menschen bezeichnen
könnte. Die Hypothese, daß die Kombination von äußerster Hilflosigkeit und der Fähigkeit des Säuglings, sich lange vor der Entwicklung
irgendeiner effektiven Reaktions- oder Abwehrmöglichkeit mehr oder
weniger über diese Situation klar zu werden, zum frühen Auftauchen
nicht nur aggressiver Impulse – die gut zu erkennen sind –, sondern
auch zu psychischen Versuchen führen kann, Erlebnisse im Licht dieser
widerstreitenden Gefühle zu erklären, d. h. in Phantasien oder vielleicht, besser gesagt, in den präverbalen Vorläufern von Phantasien,
erscheint mir der vollständigen Nachprüfung wert zu sein. Außerdem
weisen viele unserer analytischen Erfahrungen darauf hin, daß neben
diesen Gefühlen der Hilflosigkeit wichtige und bedeutsame Gefühle
der Omnipotenz bestehen, die sich nicht nur auf die positive Möglichkeit beziehen, sich z. B. die ersehnte Brust herbeizuphantasieren, sondern auch auf negative Überzeugungen, daß das Fortsein selbst durch
einen omnipotenten destruktiven Impuls herbeigeführt worden ist.

Bei der Betrachtung der Anschauungen Melanie Kleins habe ich versucht, ihr theoretisches Bezugssystem, das oft unklar und in vieler Hinsicht umstritten ist, von dem zu trennen, was mir als bedeutsamer
Aspekt ihrer Betrachtung des Problems der Depression in seiner Beziehung zur Entwicklung von Objektbeziehungen und zu frühen psychischen Konflikten erscheint. Wenn auch ihr Standpunkt zu einer
Reihe von wesentlichen Fragen aufruft – besonders in bezug auf das

Wesen des Narzißmus, die Rolle der Aggressionstriebe und die Entwicklung des Über-Ichs –, bedeutet ihr Werk zu einem Großteil nicht unbedingt eine wesentliche Abweichung von orthodoxen analytischen Anschauungen. Schließlich habe ich, in bezug auf das Konzept von der »depressiven Position«, das Gefühl, daß vor allem der Terminus unglücklich gewählt ist, da er wesentlich weitreichendere Hinweise auf eine infantile Psychose zu implizieren scheint, als es in Wirklichkeit der Fall ist. Wie gesagt, es scheint noch ziemlich viel Arbeit nötig, um ihre Auffassung zu belegen, das Erreichen einer Beziehung zum ganzen Objekt sei von Angst begleitet, sowie ihre Ansicht, es gebe eine eindeutige und spezifische Anfälligkeit für Depressionen im Fall eines Objektverlustes. In diesem Sinn, meine ich, könnte das Konzept von der »depressiven Position« – unter einer passenderen Bezeichnung (ich würde den Ausdruck »Depressionsanfälligkeit« vorschlagen) – sich als ein Konzept von erheblicher Wichtigkeit in unserer wachsenden Kenntnis von der Entwicklung von Objektbeziehungen erweisen.

Zusammenfassend sei gesagt: In diesem Kapitel haben wir uns Melanie Kleins Konzept von der »depressiven Position« unter zwei Blickwinkeln genähert. An erster Stelle wird ihre allgemeine theoretische Ausrichtung betrachtet; dabei wird speziell auf die Entwicklung der »depressiven Position« Bezug genommen; später wird erörtert, wieweit sich dieses Konzept aus dem Gesamtzusammenhang ihrer Theorien lösen läßt, und ob eine gegen diese Theorien gerichtete Kritik notwendigerweise die »depressive Position« ungültig macht. An zweiter Stelle werden wichtige Ansichten über die Depression besprochen und mit denen Melanie Kleins verglichen. Dabei habe ich versucht, das Konzept von der »depressiven Position« zur normalen Trauer in Beziehung zu setzen. Um der Kürze willen habe ich viele wichtige Aspekte ihres Werkes – besonders ihre Auffassung von der Manie und von den Prozessen der Wiedergutmachung – fortgelassen.

Es mag so scheinen, als hätte ich mit meiner Durchforstung des Werkes von Melanie Klein relativ wenig übriggelassen, das zu beanstanden wäre. Aber da schließlich auch andere Autoren – Radó, Gerö und Jacobson, um nur einige zu nennen – die Bedeutsamkeit ambivalenter Kämpfe in der frühen Kindheit in bezug auf die Depression betont haben, scheint wenig Wichtiges oder Individuelles übrig zu sein. Ich hatte mir vorgenommen, die wissenschaftliche Gültigkeit der Anschauungen Melanie Kleins im Licht unseres heutigen Wissensstandes zu beurteilen. Es ist in jeder Wissenschaft, aber vielleicht besonders in der unseren, immer wichtig, nicht zu vergessen, zwischen dem zu unterscheiden, was wir für wahr halten, und von dem wir glauben, es sei, soweit unsere Fähigkeiten der Validierung gehen, als wahr erwiesen, und dem, was anregende und fruchtbare Hypothesen anbietet, die wahr sein mögen, aber noch als unbewiesen gelten müssen. Melanie Kleins Ansichten bieten zwar dynamische und anregende Hypothesen, gehören aber zur letzteren Kategorie. Man kann sagen, daß kaum jemand, der mit ihr gearbeitet hat, umhin konnte, von ihrer unmittelbaren Einsicht in die tieferen Schichten des Unbewußten beeindruckt zu sein. Ihre Deutungen der Träume, Phantasien und Assoziationen zahlreicher Patienten haben eine beträchtliche Menge an Beweisen für das Vorhandensein und die Bedeutung vieler der Konflikte erbracht, die sie hypostasiert. Trotzdem ist es ein erheblicher Schritt vom Erkennen und Deuten spezifischer unbewußter Materialien bis zur Hypostasierung einer theoretischen Rekonstruktion mit weitreichenden Folgerungen. Melanie Kleins theoretisches Bezugssystem gründet sich nicht nur auf ihre klinischen Feststellungen, sondern auch auf ihre spezifischen Prämissen über die Grundtriebe und die archaischen seelischen Prozesse. Daher kann ihr theoretisches Bezugssystem, insofern man diese Prämissen nicht als bewiesen ansieht, nicht als etwas betrachtet werden, das auf einer soliden Grundlage beruht. Es wäre jedoch bedauerlich für die Entwicklung der Psychoanalyse, wenn Melanie Kleins umstrittener theoretischer Ansatz und ihre gelegentliche verbale Unklarheit uns veranlassen würden, die Wichtigkeit und Bedeutung ihres dynamischen Vorgehens im Bereich der Probleme der frühkindlichen Entwicklung zu vergessen.

6

**Über die Unfähigkeit,
Depression zu ertragen**

Ich habe schon im 3. Kapitel darauf hingewiesen, daß man manifeste Angst, so schmerzlich oder zeitweise schwächend sie sein mag, nicht ausschließlich im Licht ihrer pathologischen Folgen beurteilen sollte. In der Entwicklung sollte man vielmehr Toleranz und Bewältigung als wesentlich für den Entwicklungsprozeß und die Bewahrung dauernder psychischer Gesundheit verstehen. In dem genannten Kapitel bin ich zu dem Schluß gekommen, die Unterscheidung zwischen Angst als Manifestation von etwas, das nicht ertragen worden ist und zur psychischen Katastrophe geführt hat, und Angst als zielgerichteter Reaktion auf eine drohende Gefahr, die noch nicht Wirklichkeit geworden ist, werfe auf manche Probleme sehr viel Licht. Ich habe damals aber die nahe verwandten Probleme des Ertragens von Schuldgefühlen und Depression nicht erörtert.

Dies hat indirekt mit dem Doppelziel des vorliegenden Kapitels zu tun. Einerseits hoffe ich, den Anpassungswert bestimmter Formen des psychischen Leidens, das in einem angemessenen Entwicklungszusammenhang erlebt und gemeistert wird, untermauern und auf eine breitere Basis stellen zu können. Andererseits betont mein von der Entwicklung her kommender Ansatz hier die Rolle bestimmter Grundaffekte [1].

Zur Einführung bietet es sich hier an, die sich allmählich herausschälende These, welche meinen neueren Beiträgen über diese Probleme zugrunde liegt, zusammenzufassen. Erweiterungen der Entwicklungshypothese berühren die psychoanalytische Ich-Psychologie immer stärker. Erstens spiegelt sich die Qualität der dyadischen Objektbeziehungen, die die prä-ödipale Zeit beherrschen, während des ganzen Lebens in gewissen Grundattributen der definitiven Charakterstruktur und -funktion. Zweitens ist der Entwicklungsprozeß als eine Erscheinung zu verstehen, die das ganze Leben lang zu beobachten ist. Wenn auch die Erfolge und Mißerfolge der frühen Kindheit bestimmte bleibende Nachwirkungen haben, stellen die Reifungsforderungen und Regressionsgefahren späterer kritischer Perioden das Individuum immer wieder vor Probleme. Die gesunden oder kranken Lösungen, die in einem

---

[1] In den Jahren seit 1949 habe ich in einer Reihe von Abhandlungen solche Probleme unter etwas anderen Aspekten behandelt (siehe 4., 5., 10. und 11. Kapitel).

früheren Stadium gefunden worden sind, beeinflussen die psychischen Kräfte, die dem Individuum in jeder darauffolgenden Entwicklungsphase zur Verfügung stehen. Die Forderung, das Individuum solle entscheidende psychische Konflikte durchstehen, ist nicht auf die Jahre der frühen Kindheit beschränkt.

Die Adoleszenz ist z. B. eine Zeit, in der Teillösungen, die während der Latenz ausreichten, durch das Einsetzen der Geschlechtsreife untergraben werden. Das erklärt die weithin anerkannte Pathologie dieses Lebensabschnitts. Aber das Wiederaufschlagen eines vorher zugeschlagenen Buches bietet dem Individuum eine neue Möglichkeit, eine höhere Stufe emotionaler Reife zu erreichen. Ähnliche Überlegungen gelten auch für spätere Entwicklungsperioden. In der frühen Reifezeit, in der sich die Forderung stellt, einen Beruf und einen Lebenspartner zu wählen, führen ungelöste frühe Konflikte oft zu manifester Symptombildung. Die Elternschaft reaktiviert in Männern und Frauen infantile Abhängigkeitswünsche, die mit der vermehrten Verantwortung und der größeren Kompliziertheit des Familienlebens zusammenfallen. Die Involutionszeit und ihre Pathologie sind so bekannt, daß man sie nicht zu betonen braucht. Der Ruhestand, das hohe Alter und der nah bevorstehende Tod sind ebenfalls Lebensabschnitte, für die die Psychoanalyse eine umfassende Entwicklungspsychologie spezifiziert hat.

Unsere Entwicklungshypothese geht von einem psychischen Apparat aus, der fähig ist, progressiv und regressiv auf äußere und innere Herausforderungen und Veränderungen zu reagieren. Die beiden Reaktionsweisen schließen einander gegenseitig nicht aus; ja, sie können sogar unentwirrbar miteinander verquickt sein. Außerdem ist, genau wie die Angst gesunde und kranke Züge hat, auch die Regression – wie Ernst Kris (1950) und andere gezeigt haben – nicht ausschließlich pathologisch. Wir können vielmehr die Regression als eine wesentliche Begleiterscheinung des Lernens, des kreativen Prozesses sowie auch der echten Einsicht im Verlauf der klinischen Psychoanalyse ansehen. Durch Symptombildung gekennzeichnete Regression kann bei potentiell Gesunden eine vorübergehende Umkehr darstellen, die der Konfliktlösung und der größeren emotionalen Reife vorangeht. Wenn man begreift, daß Symptome und pathologische Ich-Abwehr Versuche sein können, Probleme zu lösen, kann man sowohl in bezug auf klassische Symptombildung bei den Neurosen, als auch in bezug auf die schweren Störungen bei Charakterneurosen und offenkundigen Psychosen leichter Zugang gewinnen. Die Anpassungshypothese gilt in diesem Zusammenhang nicht nur für äußere, interpersonale Reaktionen, sondern auch für die intrapsychischen Mechanismen, die dem Menschen auf jeder Entwicklungsstufe zur Verfügung stehen. Äußere Anpassung bedeutet nicht immer innere Stabilität oder eine reife Leistung. Psychische Krankheit läßt sich auch nicht an der unmittelbaren Symptomatik oder am Leiden messen. Beide – Anpassung und Krankheit – sollte man vielmehr im Rahmen ihres Zusammenhangs mit der Entwicklung messen.

Eine solche Beurteilung war implizit im 3. Kapitel enthalten. Ich hatte bei der klinischen Beobachtung vieler hundert neurotischer Soldaten den der Anpassung und Vorbeugung dienenden Wert früher ertragener offenkundiger Angst festgestellt. Empirische Beobachtungen auf breiter Grundlage führten also zu theoretischen Deduktionen, von denen viele inzwischen durch andere Autoren bestätigt oder erweitert worden sind. Erik Erikson (1950) hält Angst und ihre Bewältigung für unerläßlich, damit ein Mensch emotionale Reife erlangt und behält.

Phyllis Greenacre (1941) unterscheidet zwischen jenen frühen Faktoren, die zu einer fundamentalen, relativ unveränderbaren Prädisposition zur Angst führen, und der späteren infantilen Neurose, die sich als Reaktion auf Signalangst deuten läßt. Bei den ersteren geht es um Faktoren, die die Fähigkeit des Ertragens von Angst einschränken. Bei der zweiten geht es um Bereiche, in denen intrapsychische Abwehr aufgebaut worden ist. Einschränkungen, die durch den frühen Entwicklungsausfall bestimmt sind, beeinflussen aber das Maß, in dem zu großer Angst prädisponierte Menschen erfolgreich auf eine traditionelle psychoanalytische Technik ansprechen können. In anderen Diskussionen der neueren Zeit über klinische Kriterien hat man betont, daß für die Entwicklung und Lösung einer analysierbaren Übertragungsneurose die Fähigkeit, Angst zu ertragen, unerläßlich sei. Wie ich schon im 3. Kapitel gesagt habe, hängt die Fähigkeit, eine innere, unbewußt determinierte Gefahrsituation zu erkennen und zu ertragen, sehr eng mit dem Problem der psychologischen Einsicht zusammen. In der Analyse neurotischer Patienten ist diese Fähigkeit, die mit der Einsicht verknüpfte Angst aufkommen zu lassen und zu ertragen, von entscheidender Bedeutung.

Max Schur (1953, 1955) hat in einer Reihe von Abhandlungen theoretische Beiträge vorgelegt, die sowohl mit den früheren als auch mit der vorliegenden Erörterung eng zusammenhängen. Diese Beiträge haben – unter dem Gesichtspunkt der Ich-Psychologie – Fragen, die vorher in einem etwas anderen Zusammenhang gestellt wurden, besonders bereichert und erweitert. Begrenzte Angst *(contained anxiety)*, wie Schur sie nennt, scheint im wesentlichen das gleiche zu sein wie ein Maß an sekundärer Angst, das die Fähigkeit des Individuums, Angst zu ertragen, nicht übersteigt. Wenn die Angst zunimmt, stellt man möglicherweise fest, daß primitivere Angstmanifestationen aufsteigen, die Freuds Konzept von der primären Angst entsprechen (1926). Max Schur (1953) betont zwei Hauptmerkmale der Ich-Regression in bezug auf die Angst: erstens das Wiederauftreten von Abfuhr nach Art des Primärvorgangs; zweitens eine damit zusammenhängende, zunehmend primitive Einschätzung der Gefahr, während das Ich regrediert. Die Somatisierung benützt, obwohl sie von innerpsychischen Ereignissen ausgelöst wird, körperliche Kanäle als Abfuhrweg. Die regressive Einschätzung kann, wenn sie ohne Einhalt weitergeht, zu einer Beeinträchtigung der Realitätsprüfung führen und schließlich psychotische Ausmaße annehmen. Während die Fähigkeit, Selbst und Objekt zu unterscheiden, geschädigt wird, verschwindet die Fähigkeit, Signalangst zu erkennen und auf sie zu reagieren. Mit Ich-Abwehr gegen innere Gefahr lassen sich in solchen regressiven Zuständen weder die Qualität des affektiven Leidens noch die erlebten Symptome adäquat erklären. Freud schloß: »Aber gegen eine zweifache Herkunft der Angst, einmal als direkte Folge des traumatischen Moments, das andere Mal als Signal, daß die Wiederholung eines solchen droht, sehe ich keinen Einwand« (1933, S. 101). Hier besteht eine unausgesprochene Analogie zur vergleichbaren Unterscheidung zwischen der Primärform (Verdrängung) und der Sekundärform (Identifizierung) des Narzißmus. Im allgemeinen geht die erste der Unterscheidung zwischen Selbst und Objekt und zwischen äußerer und innerer Realität voraus. Ebenso hat die traumatische Situation (primäre Angst) ihre Wurzeln in der frühesten Lebensperiode des Neugeborenen. Signalangst ist im Gegensatz dazu von einer erheblichen Ich-Entwicklung abhängig. In diesem Sinn spricht vieles für den Ausdruck »sekundäre Angst«.

Die Fähigkeit, die sekundäre Angst zu ertragen und zu bewältigen, ist von endgültigen Attributen des reifen psychischen Apparats abhängig. Menschen, deren Fähigkeiten durch relative Entwicklungsausfälle eingeschränkt sind, und Menschen, die übermäßig zur Angst disponiert sind, reagieren mit den regressiven Veränderungen, die Schur beschreibt. Die große Vielfalt somatischer und psychischer Symptome, die Verschiebung der Betonung von der einen zur anderen und die verschiedenen Reaktionen auf therapeutische Interventionen weisen alle auf die Komplexität der psychischen Erscheinungen hin, die zwischen Freuds scharf unterschiedenen Formen der primären und der sekundären Angst liegen können (1926). Dies untermauert eine weitere, im 3. Kapitel gemachte Aussage: »Zwischen der Art von Angst oder Furcht, die in ihren anregenden Wirkungen vollkommen erfolgreich ist, und der Art von Angst, die ganz und gar hemmt, gibt es eine große Vielfalt von Zuständen, zu denen die verschiedenen Arten von klinischer Angst und der Abwehr gegen sie gehören.«

Maxwell Gitelson (1958 a) spricht von diesem angenommenen Zwischenbereich und gibt zu verstehen, außer psychosomatischen Reaktionen könnten vielleicht auch bestimmte Borderline-Charakterzüge auf einen ähnlichen relativen Entwicklungsausfall zurückführbar sein. Es gehört in den Bereich unserer Erörterung, daß Gitelson nicht nur vom Anpassungswert vieler pathologischer Ich-Verzerrungen spricht, sondern auch den positiven Wert eines ertragenen »Objekthungers« als Vorbeugung gegen eine psychische Katastrophe betont.

Bevor wir ausführlicher auf die Relevanz der Bemerkungen Gitelsons für das Ertragen der Depression eingehen, wollen wir das Wesen und die Bedeutung des traumatischen Erlebnisses als psychische Katastrophe betrachten. Der qualitative Unterschied zwischen der begrenzten sekundären Angst, Angst im Zwischenbereich und dem in einer traumatischen Situation erlebten Affekt ist im 3. Kapitel betont worden. Außerdem wurden die regressiven Nachwirkungen eines traumatischen Erlebnisses – Depression, Hypochondrie und leicht paranoide Tendenzen – als Reaktionen auf die psychische Katastrophe beschrieben. Das traumatische Erlebnis, so schloß ich, ist eng verwandt mit der Hilflosigkeit in einer Situation, in der der Mensch sich nicht nur von allen guten Objekten verlassen fühlt, sondern auch dem Angriff von seiten aller bösen ausgesetzt. In solchen Zuständen, seien sie von innen oder von außen bestimmt, ist der ertragene »Objekthunger«, von dem Gitelson spricht, nicht mehr vorhanden. Die Art von Hilflosigkeit, die das traumatische Erlebnis kennzeichnet, führt uns zu der ich-psychologischen Betrachtung, die Edward Bibring (1953) skizziert hat, der sagte, Angst wie auch Depression seien fundamentale Ich-Zustände, allerdings in vieler Hinsicht einander diametral entgegengesetzt. Nach seiner Ansicht reagiert das Ich auf Angst wie auf eine Drohung, die alle verfügbaren Kräfte mobilisiert. Im Gegensatz dazu scheint es im depressiven Zustand hilflos zu sein: die drohende Gefahr hat sich schon materialisiert oder wird passiv als unvermeidlich hingenommen. Die, wenn auch nur leichte, Ich-Modifikation bringt einen Verlust an Selbstachtung mit sich, verbunden mit dem Gefühl der Hilflosigkeit, das als narzißtische Kränkung erlebt wird.

Das Verständnis der unbewußten Bedeutung länger andauernder Depression während der posttraumatischen Zustände wird durch diese Überlegungen sehr bereichert. Die subjektive Hilflosigkeit, die zum traumatischen Erlebnis gehört, hat offensichtlich depressive Folgen. Depressive Reaktionen nach dem aktuten Erlebnis sind daher zu erwarten. Bei Menschen, deren vorherige Selbstachtung nicht vom Fehlen subjektiver Angst abhängt, sind depressive Reaktionen in der Regel vorübergehend und reversibel. Die Erinnerung an das traumatische Erlebnis bringt in solchen Fällen keine dauernde narzißtische Kränkung mit sich, da das Gewahrwerden und Annehmen potentieller Hilflosigkeit angesichts überwältigender Belastung oder eines Unglücks vorher schon in die Wahrnehmung der inneren und äußeren Realität integriert worden waren.

Im Gegensatz dazu befinden sich Menschen, deren prätraumatische Selbstachtung von einem Mangel an Angst und einer darunterliegenden Überzeugung von relativer Omnipotenz abhängig war, in einer ganz anderen Situation. Sie können zwar Gefühle der Unzulänglichkeit und Furcht nicht mehr verleugnen, aber sie können die Erinnerung an traumatische Erlebnisse nicht annehmen und integrieren. Da sie aber weder so stark noch so tapfer sind, wie sie früher geglaubt hatten, können sie ihre narzißtischen Ideale nicht mehr aufrechterhalten (Bibring, 1953). Bezeichnenderweise sind sie auch unfähig, die Behauptung zu akzeptieren, Stärke und Tapferkeit von der Größenordnung, wie sie sie bei sich vermutet hatten, seien realistischerweise nicht erreichbar. Die zugrunde liegende Depression wird in solchen Fällen manchmal überschattet von der streitsüchtigen Suche nach Kompensation, die uns aus der manifesten Symptomatik der posttraumatischen Neurose so wohlbekannt ist. Äußere Ereignisse und reale Verletzungen werden für die fortbestehende Behinderung verantwortlich gemacht. Da das prätraumatische Selbstbild nicht nur beibehalten, sondern im Rückblick noch überhöht wird, schließt der relative Entwicklungsausfall die Annahme realistischer Einschränkungen von vornherein aus. Dieses Unvermögen, eine derartige Annahme zuwege zu bringen, ist ein Prototypus der Depression und der Unfähigkeit, sie zu ertragen.

Ich habe hier vor allem im Sinn, eine von der Entwicklung herkommende Einschätzung der Depression einzuführen, die eine Parallele zu Schurs (1953) scharfsinniger Erörterung der Angst und meiner entsprechenden früheren Erörterung darstellt. Wie geringfügig ihre offene Äußerung auch sein mag, das Erlebnis der Depression ist eine Voraussetzung für optimale Reifung. Ein depressiver Affekt, der sich mit der begrenzten Angst vergleichen läßt, kommt vor als Reaktion auf Verluste, Enttäuschung, Frustration, Krankheit, Beendigung des Berufslebens und andere schmerzliche, wenn auch unvermeidliche Erlebnisse. Wenn die Depression zunimmt, wird der Verlust an Selbstachtung bei prädisponierten Individuen durch die vermehrte Strenge eines regressiven, sadistischen Über-Ichs ergänzt. Schließlich kann die Wahrnehmung der äußeren und inneren Realität so regressiv geschädigt werden, daß eine manifeste Psychose zutage tritt. Der Mensch nimmt sich selbst als hilflos und hoffnungslos wahr, die Außenwelt als ablehnend und bösartig. Die Unfähigkeit, Depression in Grenzen zu halten oder zu ertragen, führt zu einem Ergebnis, das dem Endstadium uneingeschränkter Angst sehr ähnlich ist – so sind Beziehungswahn, Projektion und Wahnbildung oft Anzeichen für die Unfähigkeit, Depression zu ertragen. Auch Verleugnung ist eine primitive Abwehr, mit deren Hilfe die Wahrnehmung der äußeren wie der inneren Realität regressiv verändert wird.

Wir können Depression jeden Grades als einen fundamentalen Ich-Zustand ansehen, der durch Verlust an Selbstachtung gekennzeichnet ist. Trotz dieses gemeinsamen Merkmals müssen wir eine klinische Unterscheidung treffen zwischen der Depression als reaktivem Symptom, krankhafter Depression als Syndrom, und der depressiven Charakterstruktur. Die erste entspricht im allgemeinen der begrenzten sekundären Angst. Die zweite ist der Ich-Regression in der Angst vergleichbar. Die dritte ist der Prädisposition zur Angst eng verwandt (siehe Greenacre, 1941). Depression stellt wie Angst eine Ich-Reaktion auf innere oder äußere Ereignisse dar. Sie kann zu einem progressiven Anpassungsschritt in Richtung auf größere psychische Reife führen. Sie manifestiert sich aber auch häufig als eine der Anpassung entgegenwirkende regressive Krankheit, bestimmt durch einen früheren Entwicklungsausfall. Bei der Beurteilung einer symptomatischen Depression ist eine Hauptüberlegung, in welchem Grad das unmittelbare Leiden eine Gelegenheit zur anpassenden Bemeisterung und Reifung bieten kann. In der klinischen Praxis ist die Fähigkeit des depressiven Patienten, Hilfe zu suchen und später ein positives therapeutisches Bündnis einzugehen, prognostisch wichtig. Viele psychotische Depressive sind trotz verbaler Bitten um Hilfe unfähig, irgendwelche bedeutsamen Objektbeziehungen herzustellen oder aufrechtzuerhalten.

Was auch immer die Depression ausgelöst haben mag, die Qualität und Stabilität früherer Objektbeziehungen, die Fähigkeit, auf ein omnipotentes Selbstbild zu verzichten und die Begrenzung der Realität zu akzeptieren, scheinen entscheidende Bereiche zu sein. Bei einem Menschen, der in diesen Bereichen eine befriedigende Entwicklung durchgemacht hat, erreicht die Depression selten psychotische Proportionen. Menschen andererseits, deren Objektbeziehungen sehr ambivalent gewesen sind, deren Selbstachtung entweder von Leistungserfolgen oder von übermäßiger Befriedigung abhängig war, scheinen höchst anfällig zu sein. Die psychotische Depression ist also das Ergebnis dessen, daß die in Entwicklungskrisen unvermeidliche Depression nicht erlebt und bewältigt worden ist. Ob und wieweit eine therapeutische Intervention sich als wirksam erweist, scheint eine Funktion sowohl des Maßes des früheren Versagens als auch des Grades der Regression im Zeitpunkt der Beurteilung zu sein.

Ein Bericht über einen therapeutischen Kontakt mit einer Patientin, die an einer psychotischen Depression litt (den ich vor kurzem hatte), mag diese Aussage veranschaulichen. Als ich diese Frau zum erstenmal sah, zeigte sie alle Symptome einer klassischen Involutionsdepression. Sie war schwer depressiv, verlangsamt und voller Selbstvorwürfe, und am Tag zeigte sich bei ihr eine ausgeprägte Fluktuation. Sie hatte den Glauben an ihre Religion verloren, und sie behauptete von sich selber, sie sei unfähig zu lieben. Zugleich äußerte sie jedoch erhebliche Wut auf ihre Eltern und ihren Mann, die sie für viele ihrer Schwierigkeiten verantwortlich machte. Nur sehr widerstrebend suchte sie Hilfe beim Psychiater, denn sie war ihr Leben lang überzeugt gewesen, nach Hilfe zu suchen sei ein Zeichen von Schwäche. Bei unserer ersten Zusammenkunft machte es ihre Unfähigkeit, eine echte (Objekt-)Beziehung herzustellen, unmöglich, eine wirksame therapeutische Situation zuwege zu bringen. Außerdem waren ihre Symptome so schwer und behindernd, daß es nicht möglich war, sie ambulant zu behandeln oder die Behandlung auf psychotherapeutisches Eingreifen zu beschränken. Trotz ihres Mißtrauens konnte sie aber genug Vertrauen zu ihrer Therapeutin fassen, um den Aufenthalt im Krankenhaus und die physischen Maßnahmen der angezeigten Behandlung zu akzeptieren. Nach relativ kurzem Aufenthalt in der Klinik erfolgte eine symptomatische Genesung. Trotz eines anfänglichen Versuchs, sich in die Gesundheit zu flüchten und sich vor dem therapeutischen Kontakt zurückzuziehen, hatte sie genug Einsicht gewonnen, um den Rat anzunehmen, sie sollte weiterhin regelmäßig Therapiestunden haben. Nach einer Besserung von einigen Monaten kam die Depression wieder. Sie wurde verlangsamt und etwas depressiv, daneben traten die anderen Begleiterscheinungen der pathologischen Depression auf. Während dieses Rückfalls war jedoch nichts von der psychotischen Ideenwelt zu bemerken, die bei ihrer früheren Dekompensation zutage getreten war. Sie erhielt den regelmäßigen Kontakt mit ihrer Therapeutin aufrecht, nahm Ratschläge an und machte sich bestimmte Klarstellungen effektiv zunutze. Eine Aufnahme in die Klinik war nicht notwendig, und die Krankheit nahm, wenn sie auch eine mäßige Behinderung darstellte, einen relativ milden Verlauf. Der Umstand, daß sie während einer Periode der Depression eine positive Beziehung hatte aufrechterhalten können, führte außerdem zu weiterer persönlicher Einsicht und größerer emotionaler Reife. Im Gegensatz zu ihrer ersten Depression war die zweite Erkrankung im wesentlichen in Grenzen gehalten. Es gibt noch weitere Anhaltspunkte dafür, daß diese Patientin in bezug auf ihre Fähigkeit zur Herstellung positiver Objektbeziehungen, zum Annehmen von Einschränkungen und zum Ertragen von Depressionen ohne erhebliche Ich-Regression wesentliche Fortschritte gemacht hatte.

Diese kurze Krankengeschichte weist auf die Möglichkeit eines berechtigten, wenn auch begrenzten Optimismus in bezug auf vorausgeplante Therapieziele für Patienten hin, die man erst relativ spät im Leben zum erstenmal zu sehen bekommt. Trotz früherer Fehlschläge, die eine relativ schwere Ich-Regression zur Folge gehabt hatten, war diese Patientin fähig, ein stabiles therapeutisches Bündnis einzugehen. Sie war darüber hinaus fähig, eine zweite Depression in Grenzen zu halten und sich die Therapie wirksam zunutze zu machen, um sich gegen die Wiederholung des Rückzugs in sich selbst, der Selbstbestrafung und der Wut zu schützen, die ihre frühere Erkrankung charakterisiert hatten. Ihre positive Reaktion weist erstens auf die kritische Bedeutung einer durchgehaltenen, positiven Objektbeziehung für die Fähigkeit zum Ertragen einer Depression hin, und zweitens auf die fortbestehende Möglichkeit zusätzlicher psychischer Reifung in der Folge regressiver Reaktionen, die sich erst ziemlich spät im Leben manifestiert haben.

Wahrscheinlich braucht diese Patientin, wie viele andere, eine Zeitlang eine durchgehaltene therapeutische Beziehung. Eine Psychotherapie, die eine regressiv-abhängige Übertragung mit sich bringt, ist jedoch weder angezeigt noch wünschenswert. Obwohl ungelöste ödipale Schwierigkeiten vielleicht zu ihrer unmittelbaren Familiensituation beigetragen hatten, war sie vor dem Einsetzen ihrer Krankheit fähig gewesen, mit erheblicher Befriedigung effektiv zu funktionieren. Die Verfügbarkeit eines Objekts, dem sie vertraute, und ihre wachsende Fähigkeit, eine begrenzte Abhängigkeit zu akzeptieren, scheinen ihre fundamentale Selbstachtung eher vermehrt als vermindert zu haben. Als sie mit ihren eigenen inneren Begrenztheiten besser zurechtkommen konnte, nahmen ihr Interesse an anderen und ihr Mitgefühl mit ihnen signifikant zu. Ihre Krankheit und ihre Behandlung scheinen ihre Ich-Struktur und Ich-Funktion eher gestärkt als geschwächt zu haben. In diesem Sinn stellt ihre Depression trotz ihrer schmerzlichen, lähmenden Symptomatik einen potentiellen Schritt in Richtung auf größere Anpassung und Selbstbeherrschung dar.

Wenn ich darauf hinweise, daß die Ich-Reifung dieser Patientin in der

Involutionsperiode davon abhing, daß sie eine neue und qualitativ andere Art von Objektbeziehung herstellte, nähere ich mich einem Bereich, der für das Verständnis der Depression wichtig ist. Im 7. Kapitel komme ich zu dem Schluß, daß es sich vielleicht als äußerst schwierig erweisen wird, die Bedeutung früher Objektbeziehungen im Rahmen unseres gegenwärtigen Begriffssystems zu fassen. Es kann sich tatsächlich erweisen, daß eine psychoanalytische Wahrheit sich in abstrakten begrifflichen Ausdrücken, die vom psychischen Apparat des Individuums ausgehen, nicht adäquat fassen läßt.

Viele fundamentale Fragen, die diese früheste Periode der psychischen Entwicklung betreffen, sind noch unbeantwortet. Wie Max Schurs Erörterung (1953) der Angst auf komplexe Entwicklungsvariationen hinweist, die zwischen die primäre und die sekundäre Angst treten können, so befaßt sich eine parallel laufende Betrachtung der Depression mit psychischen Ereignissen im gleichen Zwischenbereich. Diese von der Entwicklung ausgehende Betrachtung sowohl der Angst als auch der Depression wirft ein Schlaglicht auf die Wirkung früher Objektbeziehungen auf fundamentale Ich-Funktionen und das Ertragen von Affekten. Während man bisher Depression und Angst hauptsächlich in bezug auf regressive Veränderungen im psychischen Apparat des Individuums erörtert hat, da Signalangst der auslösende Reiz bleibt (obwohl regressive Veränderungen eintreten, die die Wahrnehmung der Gefahr modifizieren), können diese Veränderungen schließlich zu einer Situation führen, in der äußere und innere Drohungen nicht mehr scharf auseinandergehalten werden können. In vergleichbarer Weise kann die narzißtische Kränkung, die das Einsetzen der Depression herbeiführt, auch zu primitiven Reaktionen führen, die die Realitätswahrnehmung beeinträchtigen.

In Grenzen gehaltene Angst oder Depression beeinträchtigt möglicherweise die Objektbeziehungen nicht schwerwiegend. Die bereits genannten regressiven Züge sind jedoch nicht alle durch signifikante Modifikationen gekennzeichnet. Wenn das Ich regrediert, dient die Angst immer weniger wirksam als Motiv für intrapsychische Abwehr – wie pathologisch diese auch sein mag. Helene Deutsch (1929) hat festgestellt, daß für schwer phobische Patienten gesteigerte Forderungen nach äußerer Unterstützung und Beruhigung charakteristisch sind, und sie betonte das Bedürfnis solcher Patienten nach einem schützenden Begleiter, oft der Mutter oder deren Ersatz. Sie ging an das Thema vor allem unter dem Gesichtspunkt der Triebentwicklung heran und skizzierte eine ambivalente Beziehung zur Mutter, zurückführbar auf ungelöste prägenitale Konflikte. Wir wissen, daß die übermäßigen Forderungen schwer angstkranker Patienten für Behandlung und Lenkung große Schwierigkeiten bedeuten. Wenn die Regression weitergeht, neigen die Forderungen dazu, höchst unrealistisch zu werden; dieser Prozeß führt zu unvermeidlicher Frustration. Diese Frustration, die der Patient als Ablehnung erlebt, stellt eine narzißtische Kränkung dar, die ein höchst verletzliches Gefühl der Selbstachtung untergraben kann. Sie steigert auch die Aggression, die Schuldgefühle und das Gefühl der Hilflosigkeit, die für depressive Zustände kennzeichnend sind. Klinische Praktiker wissen, daß die rasenden Forderungen von Patienten in Zuständen uneingeschränkter Angst dem agitierten Druck sehr ähnlich sind, den viele Patienten mit psychotischer Depression zeigen. In beiden Fällen weisen übertriebene Forderungen nach Unterstützung, Beruhigung und Aufmerksamkeit darauf hin, daß zu den regressiven Veränderungen im Ich auch eine wachsende Beeinträchtigung der Fähigkeit gehört, stabile Objektbeziehungen zu haben.

Es ist bekannt, daß viele regressive Zustände sowohl Angst- als auch Depressionskomponenten haben. Trotz der ausgeprägten offenkundigen Unterschiede zwischen beiden müssen wir die Existenz eines Überschneidungsbereichs erkennen. Es gibt einen Bereich des psychischen Leidens, der sowohl durch das Gefühl der Hilflosigkeit gekennzeichnet ist, das für die Depression charakteristisch ist, als auch durch die verzweifelten Versuche, Erleichterung zu finden, zu denen alle psychischen und somatischen Züge der schweren Angst gehören. Ob man diese Form des Leidens durch eine geeignete therapeutische Intervention lindern kann, ist abhängig von dem Grad, in dem weiterhin Objekthunger besteht. Wenn der Patient trotz seiner Gefühle der Hilflosigkeit, dem Verlust an Selbstachtung und der darunterliegenden Depression weiter eine echte Fähigkeit behält, eine Objektbeziehung durchzutragen, wird er möglicherweise eine Regression psychotischen Ausmaßes vermeiden. In diesem Zusammenhang erscheint Ralph Greensons (1959) Hinweis relevant, der Prototyp der Depression trete in einem späteren Stadium der psychischen Entwicklung auf als der Prototyp der primären Angst. Das bedeutet jedoch nicht, daß diese beiden Grundaffekte miteinander unvereinbar wären, wenn auch Greenson anscheinend diese Meinung vertritt.

Seine These ist mit den klassischen analytischen Abhandlungen vereinbar, in denen die Depression unter dem Aspekt der Triebreifung erörtert wird. Die kritische Periode für die Depression scheint dem »Zwischenbereich« der Angst parallel zu laufen. Sie ist gekennzeichnet durch außengeleitete objektive Angst und nicht durch intrapsychische Reaktionen auf ein Signal. In »Jenseits des Lustprinzips« (1920) berichtet Freud von der Beobachtung des Kindes Material, das mit dem Thema dieses Kapitels eng zusammenhängt. Er beschreibt dort das sich wiederholende Spiel in seinem Bezug zum Konzept vom Wiederholungszwang. Das gleiche Material veranschaulicht retrospektiv die Funktion von Übergangsobjekten bei der Bewältigung der Trennung von bekannten und wichtigen Personen. Übermäßige Investitionen in solche Übergangsobjekte sind oft ein Hinweis auf frühere Mängel in der Entwicklung. Die Ausnutzung realer Menschen als Übergangsobjekte ist kürzlich von Arnold Modell (1963) erörtert worden. Der Objekthunger bezieht sich auf ein verwandtes Phänomen. Eine echte Bewältigung von Trennung und Enttäuschung erfordert, daß man die unbelebte Natur des konkreten Objekts erkennt und fortlaufend echt in einen realen Menschen investiert. Nehmen wir als Diskussionshypothese einmal an, das gesunde, reife Individuum habe bestimmte entscheidende Erlebnisse durchgearbeitet, und dies habe dazu geführt, daß es sowohl seine eigenen Begrenztheiten als auch die Grenzen der Realität anerkennt. Das erhöht seine Fähigkeit, ohne wesentliche Ich-Regression depressive Affekte zu ertragen, die auf reale Verlust-, Enttäuschungs- und Frustrationserlebnisse zurückgehen. Es weist vieles darauf hin, daß diese Aufgabe der Entwicklung zwischen dem Ende des ersten Lebensjahres und dem Beginn der genitalen ödipalen Situation in Angriff genommen wird. Die Zeitspanne von vielen Monaten, die für die Lösung dieser Aufgabe nötig ist, zeigt, daß wiederholte Erlebnisse integriert werden müssen. Die qualitativen Unterschiede zwischen Reaktionen, die einem traumatischen Erlebnis nahekommen, und denen, die eine anfängliche aktive Bewältigung anzeigen, welche auf dem Ertragen schmerzlicher Affekte beruht, wollen wir durch kurze Beschreibungen ähnlicher Beobachtungen veranschaulichen, die von den Müttern von zwei kleinen Jungen im Alter von ein und zwei Jahren stammen.

Die erste macht akutes, primitives Leiden deutlich, vergleichbar den gemischten Angst- und Depressionszuständen im Erwachsenenleben. Der Vater dieses kleinen Jungen ging für eine Woche auf Urlaub und ließ Frau und Kind zu Hause. Das Kind, das noch nicht viel sprach, wiederholte ständig das Wort »Daddy« und besah sich eifrig Bilder seines Vaters. Während des größten Teils des Tages wirkte es glücklich und zufrieden. Gegen Ende der Woche waren jedoch, immer um die Zeit, zu der sein Vater von der Arbeit heimzukommen pflegte, Perioden akuten Leidens bei ihm zu beobachten. Einmal kam gerade zu dieser Zeit ein dem Kind wohlbekannter Freund der Mutter, um diese zu besuchen. Der kleine Junge zeigte plötzlich einen Kummer, in dem Angst, Wut und Schmerz zusammenzufallen schienen. Er schrie laut, warf sich in die Arme seiner Mutter und schluchzte wild. Es war fast unmöglich, ihn zu beruhigen oder zu trösten. Es schien klar, daß das wiederholte Nichterscheinen des Vaters schwere Angst mit vielen depressiven Komponenten ausgelöst hatte. Durch das unzeitige Eindringen des Fremden in der entscheidenden Abendstunde kam der Kummer zu einem Höhepunkt. Das Leiden des Kindes verschwand nach der Rückkehr des Vaters rasch, und es hatte bald seine vertrauensvolle positive Beziehung wiederhergestellt.

Das zweite Beispiel weist auf eine relativ größere Fähigkeit zum Ertragen von Trennung und möglichem Verlust hin, die ein Bestandteil der Fähigkeit zum Ertragen depressiver Affekte ist. Es ereignete sich fast unter den gleichen Umständen. Auch dieses Kind zeigte während des Tages wenig offenkundiges Leiden. Jedoch war sein Schlaf gestört, und während der Perioden des Wachseins zeigte es deutliche Anzeichen von Kummer und Angst. Wie im ersten Beispiel kam ein Bekannter zu Besuch. Als dieser Freund, der dem Vater des Kindes in vieler Hinsicht ähnlich war, ins Zimmer trat, leuchtete das Gesicht des Kindes begeistert auf. Auf den ersten Blick hatte der Junge anscheinend angenommen, der Vater sei zurückgekommen. Als der Freund näher kam, erkannte er, daß dies nicht der Fall war. Schwere Enttäuschung und offensichtlicher Kummer waren auf seinem Gesicht zu sehen. Er brach fast in Tränen aus – sein Kampf war sowohl seiner Mutter als auch dem Freund deutlich. Nach ein paar Minuten wandte er sich jedoch dem Freund mit einem Ausdruck von Resignation und Freundlichkeit zu, als wollte er sagen: »Du bist zwar nicht der, den ich will, aber ich kenne dich. Du bist nicht schuld; du bist immer noch ein Freund, und ich will aus einer unglücklichen Situation das beste machen.« Dieses Kind war, obwohl seine fortwährenden nächtlichen Schlafstörungen Beweise für andauernden ängstlichen Kummer lieferten, trotzdem weiter fortgeschritten in Richtung auf eine Bewältigung der Realitätsgrenzen als der erste kleine Junge, der nur in unbeherrschbare Wut und Verzweiflung ausbrechen konnte, als er sich einer ähnlichen Situation konfrontiert sah.

Man beachte, daß diese beiden Beispiele wie das Freuds (1920) Reaktionen auf eine Trennung im zweiten Lebensjahr veranschaulichen, die abhängig sind von der vorherigen Herstellung individualisierter persönlicher Beziehungen. Keins dieser Kinder mußte in der Abwesenheit des Vaters fortwährende liebevolle Versorgung entbehren. Sowohl die Angst als auch die Trauer waren abhängig von einer etablierten, im wesentlichen positiven, spezifischen Objektbeziehung. Die Reaktion des ersten Kindes, das sein Leid vor allem als explosive Wut mit akuter Angst ausdrückte, ließe sich als eine zeitlich begrenzte Alles-oder-nichts-Reaktion bezeichnen. Es sah den Besucher, der nicht sein Vater war, als ganz negativ und lehnte ihn daher total ab. Das zweite Kind scheint im Gegensatz dazu einen entscheidenden weiteren Schritt gemacht zu haben. Es konnte einen Vergleich anstellen, seine Enttäuschung zeigen, aber sich trotzdem dem Ersatzmann in freundlicher, realistischer Weise zuwenden. Seine Reaktion war nicht total; es verzichtete weder auf seinen Wunsch, noch verleugnete es seine Sehnsucht. Es wies den Ersatzmann nicht ab, aber es nahm ihn auch nicht als völlig ausreichenden Stellvertreter an.

Kurzum, beide Kinder hatten eine Entwicklungsstufe erreicht, auf der eine Unterscheidung zwischen Selbst und Objekt und eine Fähigkeit zur Herstellung von echten Objektbeziehungen vorhanden waren. Beide zeigten Kummer in einer Situation der Trennung und des drohenden Verlustes. In beiden Fällen schloß der schmerzliche Affekt Komponenten der Angst und der Depression ein. Der qualitative Unterschied zwischen den beschriebenen Vorfällen ist jedoch für unsere Erörterung grundlegend. Der erste kleine Junge zeigte keine wahrnehmbare Fähigkeit, schmerzliche Emotionen in Grenzen zu halten oder zu bewältigen. Der zweite zeigte zwar in einer Schlafstörung ein vergleichbares Leiden, machte aber im Wachzustand eine erkennbare Anstrengung, die schmerzliche Realität, die sich nicht ändern ließ, zu akzeptieren. Er hatte außerdem den wesentlichen Entwicklungsschritt schon begonnen, der dem passiven Annehmen des Unvermeidlichen folgt. Er machte aktive Anstrengungen, sich mit einem neuen verfügbaren Objekt in Beziehung zu setzen, obwohl er weiterhin nach dem alten Objekt Sehnsucht hatte.

Keines dieser Beispiele ist ungewöhnlich. Sie sind charakteristisch für das Verhalten prä-ödipaler Kinder, deren früheste Entwicklung im ganzen befriedigend war. Solche Kinder sind zu unterscheiden von Kleinstkindern, die noch keine individualisierten Objektbeziehungen hergestellt haben. Sie sind auch zu unterscheiden von Menschen beliebigen Alters, deren Lebensgeschichte und Symptomatik auf eine dauernde Unfähigkeit schließen lassen, echtes Unglücklichsein oder echte Depression zu erkennen. Schwere psychische Störungen der Kindheit und des späteren Lebens sind zurückzuführen auf Mängel in der Entwicklung, die die Fähigkeit der Herstellung positiver Objektbeziehungen einschränken. Außerdem sind positive Gewinne im Bereich der Objektbeziehungen in der Behandlung von schweren Persönlichkeitsstörungen und Psychosen begleitet vom Auftreten von Traurigkeit und Depression. Pessimismus im Hinblick auf potentielle Fähigkeiten in diesem Bereich können bei der Formulierung einer schlechten Prognose für intensive Psychotherapie ein Hauptfaktor sein.

Das Zitat aus dem 3. Kapitel bezog sich auf Probleme, die für die früheste Zeit der Ich-Entwicklung relevant sind. Diese betreffen im allgemeinen Faktoren, die die Fähigkeit beeinflussen, depressiv zu werden. Sie hängen weniger direkt mit der vorliegenden Erörterung zusammen als spätere Faktoren, die das Ertragen und die Bewältigung von Depressionen betreffen, sobald die Fähigkeit, schmerzliche Affekte zu erleben, erworben worden ist. Der qualitative Unterschied in den Reaktionen der beiden kleinen Jungen veranschaulicht die Art des Entwicklungsschrittes, um den es hier geht. Ein Zustandebringen der Art von Reaktion, die vom zweiten Kind veranschaulicht wird, scheint sowohl für das passive Ertragen unvermeidlicher Depression wesentlich zu sein als auch für die darauffolgende optimale aktive Anpassung. Eine derartige Toleranz haben wir schon mit Max Schurs Konzept (1953) von der beherrschten Angst verglichen.

Nehmen wir um der Diskussion willen an, die Kombination von Angst, Wut und Verzweiflung, die der erste kleine Junge an den Tag legte, sei eine für ein frühes Entwicklungsstadium charakteristische Reaktion. Die Unterscheidung von Selbst und Objekt, eine Objektbeziehung und die Fähigkeit zur frühen Ich-Identifizierung sind bereits entwickelt. Weder das Gefühl der persönlichen Identität noch die Fähigkeit, es zu bewahren, sind sicher und gefestigt. Die fortgesetzte Abwesenheit eines wichtigen Objekts stellt daher eine bedeutsame Drohung dar, auf die das Kind mit Angst und Wut reagiert. Ein solches Verhalten ist zwar beunruhigend, es muß aber nicht zu katastrophalen oder irreversiblen Folgen führen. Bei einem Erwachsenen, der die Fähigkeit, depressive Affekte in Grenzen zu halten, nicht integriert hat, kann die gleiche Kombination jedoch ganz andere Folgen haben. Kurz gesagt, Menschen, die die Entwicklungsaufgaben, die mein erstes und zweites Beispiel unterscheiden, nicht wirklich gelöst haben, zeigen möglicherweise eine Intoleranz gegen Trennung, Frustration und Depression, die zum Verlust der Selbstbeherrschung, Beeinträchtigung der Realitätsprüfung, zu Psychose oder Mord führen können.

Um ein klinisches Beispiel zu zitieren: Eine ehemalige Patientin kam viele Jahre lang weiterhin, um in der größten Not Hilfe zu suchen. Obwohl sie sich in begrenztem Umfang die Hilfe anderer Psychiater hatte zunutze machen können, hatte sie die Trennung von mir nie als eine etablierte Realität akzeptiert. Solange sie den Kontakt wieder aufnehmen konnte, sei es auch nur per Telefon, konnte sie wiederholt

Episoden akuter Depression und Angst ohne schwerwiegend regressives Verhalten überstehen. Diese Patientin zog aber in eine Gegend, wo direkter persönlicher Kontakt nicht mehr möglich war. Nach kurzer Zeit wurde sie ängstlich und depressiv. Sie suchte Hilfe bei einem Psychiater, ohne Erfolg. Ihre zunehmenden Symptome umfaßten eine Kombination von Angst, Wut, impulsivem Verhalten und Depression, die immer unerträglicher wurde. Der regressive Verlauf ihrer Krankheit zeigt sich in Zitaten aus ihren Briefen:

»...Ich bin überängstlich geworden – ich habe immer mehr Angst, nach etwas auszugreifen, also ziehe ich mich zurück – es geht mir immer schlechter. Ich wache jeden Morgen um halb sechs auf und fühle mich von Panik überflutet, zittrig, voller Schrecken und weinerlich – ich tue immer weniger, ich ziehe mich immer mehr in mich zurück, fühle mich immer hilfloser. Ich mach' mir schreckliche Sorgen – glauben Sie, ich sollte in die USA zurückkommen und in eine Klinik gehen? Ich bin eine Last für alle um mich her und schrecklich unglücklich...«

Man hatte tatsächlich Vorbereitungen für die Rückkehr der Patientin getroffen, als sie es sich plötzlich anders überlegte. Das Vertrauen, das im ersten Brief zu spüren war, hatte nicht gehalten. Sie bekam Wahnideen, in denen die Therapeutin zum Verfolger wurde. Ihre Wut, Angst und Unfähigkeit, Depression zu ertragen, führten zu einer akuten, offenkundigen Psychose und zur Einweisung in eine Klinik. In einem aufschlußreichen Brief sah sie ihren eigenen Sturz: »Mein Kummer sind jetzt meine Ängste und Phantasien, aber ich habe das Gefühl, ich stürze kopfüber in einen Zustand, in dem ich sie zu schrecklichen Realitäten mache.«

Trotz erheblicher Anzeichen für frühe Entwicklungsausfälle und spätere Belastung durch die Umwelt hatte diese Patientin viele Jahre hindurch wesentliche Fortschritte gemacht. Da ihre Anpassung immer wieder von Perioden akuter Panik durchbrochen wurde, blieb sie gefährdet. Diese Panikzustände gingen im typischen Fall nach kurzem verbalem Kontakt ohne Schwierigkeiten zurück. Erst als die direkte persönliche Kommunikation unmöglich wurde, führte ihre Unfähigkeit, Trennung und Hilflosigkeit in Grenzen zu halten oder zu ertragen, zu schwerer Ich-Regression und psychotischem Verhalten. Die dann auftretenden Reaktionen waren denen des ersten kleinen Jungen vergleichbar. Was bei dem Kind von kurzer Dauer, reversibel und im Normalbereich kindlichen Verhaltens war, war jedoch für die erwachsene Frau von langer Dauer, psychotisch und katastrophal. Es war tatsächlich eine Ich-Regression, gesteigert durch einen frühen Entwicklungsausfall, der spezifisch mit einem Nichtertragen von relativer

Hilflosigkeit, Trennung und einem Nicht-Akzeptieren der Begrenzungen der Realität zu tun hatte. Als sie weiter regredierte, konnte sie die subjektive Grundlage ihrer Ängste nicht mehr erkennen. Nun verlor sie die Fähigkeit, Selbst und Objekt wirklich zu unterscheiden und eine echte Realitätsprüfung vorzunehmen.

Ich sah diese Patientin zum erstenmal, als sie noch ein von ihren Impulsen getriebenes, andere manipulierendes Mädchen in der späten Adoleszenz war. Obwohl ihre Lebenssituation schwierig und frustrierend war, zeigte sie weder depressive Affekte noch eine nennenswerte Fähigkeit, Angst zu beherrschen. Im Lauf der Behandlung nahm ihr Agieren ab, und sie konnte ihre Angst so weit in Grenzen halten, daß sie fähig war, eine Reihe wichtiger Konflikte partiell zu lösen. Sie löste jedoch nie die Entwicklungsaufgabe, die über die Fähigkeit entscheidet, die depressive Komponente durchzuarbeiten, was für die Beendigung einer Behandlung entscheidend ist. Implizit, wenn nicht sogar explizit blieben ein fundamentales Ressentiment, Feindseligkeit und ein Gefühl der Wut erhalten. Dieses entscheidende Versagen hielt einen höchst ambivalenten Übertragungsrest am Leben, der meistens in den glühendsten Ausdrücken geäußert wurde. In Zeiten großer Belastung machte es ihr die direkte Kommunikation möglich, sich akzeptiert zu fühlen und so ihr Gleichgewicht wiederzufinden. Als dies unmöglich wurde, konnte sie die darunterliegenden negativen Gefühle nicht mehr im Zaum halten.

Diese Fallgeschichte weist auf mögliche Parallelen zwischen Entwicklungsphasen und der Ich-Regression im Erwachsenenleben hin. Man sollte jedoch auch die Unterschiede betonen. Während man bei kleinen Kindern vorübergehende akute Explosionen im Lauf der normalen Entwicklung zu erwarten hat, erheben sich in bezug auf das regressive Auftreten verwandter Affekte im Erwachsenenleben vielfältige und strittige Fragen. Diese Patientin z. B. veranschaulicht mehr als die Rolle primitiver Aggression in der Depressions- und Wahnbildung; ihr Familienhintergrund und ihre ganze Lebensgeschichte machen es unmöglich, genetische, konstitutionelle und biologische Faktoren auszuschließen, die alle zur Zeit der entscheidenden Dekompensation wirksam gewesen sein können.

Offensichtlich konnte diese Patientin, im Gegensatz zu dem zweiten kleinen Jungen, das passive Annehmen des Unvermeidlichen nicht in Gang bringen, das der Mobilisierung aktiver Anpassungskräfte vorausgehen muß. Ihre Reaktion ist also ein Beispiel für jene Manifestationen der Depression, die mit der Angst zu vergleichen sind, die auf relative Entwicklungsmängel zurückgeht. Sowohl ihre Depression als auch ihre darauffolgende weitere Regression zeigen eine fortdauernde Unfähigkeit an, die wesentliche Entwicklungsaufgabe zu lösen. Die Reaktion des zweiten kleinen Jungen läßt sich im Gegensatz dazu als infantiler Prototyp einer Depression bezeichnen, die ein potentiell der Anpassung dienendes Erlebnis darstellt. Man könnte sagen, der offenkundige Kampf des Kindes veranschauliche die mögliche Signalfunktion der Depression, von der Bibring in seinem Vergleich von Depression und Angst spricht. Die Enttäuschung des Kindes führte weder zu Hemmung noch zu länger andauerndem Kummer. Sie diente vielmehr als Reiz, der potentiell zu gesteigerter Anpassung führte, und zwar infolge der Fähigkeit des Kindes, positiv auf verfügbare Befriedigungsquellen zu reagieren.

Daß diese Patientin viele Jahre lang durch kurze Kontakte mit einer Therapeutin, der sie vertraute, Erleichterung finden und so eine schwerwiegende Regression vermeiden konnte, ist nicht ohne theoretische und klinische Bedeutung. Wahrscheinlich war die fortwährende Verfügbarkeit der Therapeutin eine unentbehrliche Voraussetzung für die Aufrechterhaltung ihrer reiferen Ich-Funktionen. Wenn sie auch die Fähigkeit zum Herstellen von Objektbeziehungen entwickelt hatte, die der des ersten kleinen Jungen vergleichbar ist, blieb sie doch unfähig, den unerläßlichen weiteren Schritt zu tun, der sie befähigt hätte, Verlust und Frustration ohne schwerwiegende Regression zu ertragen. Wahrscheinlich fallen viele Patienten, bei denen die Beendigung der Behandlung unüberwindliche Schwierigkeiten bietet, in eine vergleichbare klinische Kategorie. Ihre Hingabe an den Therapeuten bedeutet eine Beziehung, die man kaum als Übertragungsneurose definieren kann. Gerade die Fähigkeit, sich eine Therapie zunutze zu machen, hängt davon ab, daß man eine bessere Objektbeziehung zustande bringt, als es während der entscheidenden Entwicklungsperiode möglich war. Wenn man entscheiden will, ob solche Patienten entweder eine Analyse oder eine Therapie abschließen können oder nicht, dreht es sich bei einer kritischen Frage darum, ihre Fähigkeit zu beurteilen, auf der Basis dieser neuen Beziehung etwas zu internalisieren und sich zu identifizieren. Eine solche Beurteilung bezieht auch das Potential ein, nicht nur depressive Affekte, sondern auch die regressiven Formen der Angst zu ertragen, die angesichts eines drohenden Verlusts auftreten können. In diesem Zusammenhang weist die zugrunde liegende Feindseligkeit, die die Wahnideen der Patientin bestimmte, auf die enge Beziehung zwischen der Depression und der Bewältigung von Aggression hin. Menschen, die eine endgültige Trennung nicht zustande bringen, können auf der Grundlage gelegentlicher therapeutischer Gespräche weiterhin effektiv funktionieren. Sie mißbrauchen die Beziehung selten, da sie die fortdauernde Bedeutung des Therapeuten als realer Person erkennen. Ein solcher Patient mit ungewöhnlich viel Einsicht bemerkte schlagend: »Immer, wenn ich wütend auf Sie werde, weiß ich, daß ich mir einen Termin geben lassen muß. Sonst werde ich bald sehr depressiv.«

Dieser Patient konnte ein Leiden verbalisieren, das dem des ersten kleinen Jungen ähnlich war. Trennung von einem lebenswichtigen Objekt verstärkt einerseits die Aggression, andererseits beeinträchtigt sie die positive Ich-Identifizierung. Je weniger sicher die letztere integriert ist, desto mehr wird ein realer Verlust oder eine Trennung als Ablehnung erlebt. Da außerdem ein solcher Mangel an Sicherheit im allgemeinen auf ungelöste Ambivalenz zurückzuführen ist, tritt bei dazu prädisponierten Menschen Ich-Regression unweigerlich zusammen mit gesteigerter Feindseligkeit auf. Die Unfähigkeit, Depression zu ertragen, kann also mit Umständen – ob von außen oder von innen gesteuert – zusammenhängen, die Grundmerkmale des psychischen Apparats beeinflussen. Dynamische und ökonomische Faktoren hängen zusammen mit der Aufrechterhaltung oder Verstärkung der Aggression nach einer Frustrierung, Ablehnung oder Trennung. Strukturfaktoren bringen eine Verschiebung von positiver Ich-Identifizierung zu der mehr negativen Identifizierung mit dem Aggressor mit sich, schließlich zum Auftauchen eines strengen, sadistischen Über-Ichs. Wenn erhebliche ungünstige Erlebnisse in der frühen Kindheit durch darauffolgende Trennung und Verlust verschlimmert worden sind, kann die Fähigkeit, Depression zu ertragen, schwer und auf die Dauer beeinträchtigt werden. Die Übertragung muß für solche Patienten unvermeidlich über längere Zeiträume ambivalent und mißtrauisch bleiben. Der Umstand, daß sie die passiven Komponenten einer im wesentlichen positiven Beziehung erkennen und akzeptieren, bringt häufig eine narzißtische Kränkung mit sich – den Verzicht auf die Illusionen der Selbstgenügsamkeit.

Diese Symptomatik weist hin auf eine enge Verbindung zwischen Bibrings ich-psychologischem Ansatz, der die narzißtische Kränkung betont, und der Empfindlichkeit für solche Kränkungen, die durch unsichere, ambivalente Objektbeziehungen bestimmt wird. Die Reaktionen des ersten kleinen Jungen lassen vermuten, daß seine subjektiven Gefühle höchst ambivalent waren. Er erlebte die Abwesenheit des Vaters nicht ausschließlich als einen Objektverlust. Er erlebte sie auch als Im-Stich-gelassen-Werden oder Ablehnung, womit ihm eine narzißtische Kränkung drohte. In der klinischen Praxis der Psychotherapie und Psychoanalyse stellt die Beendigung einer Behandlung, die nicht auf der Grundlage beiderseitiger Übereinstimmung und gegenseitiger Achtung zustande gekommen ist, allzuoft nicht nur oder nicht hauptsächlich einen Objektverlust dar, sondern eine erhebliche, häufig schwere narzißtische Kränkung. Viele Patienten, die, nachdem sie in Therapie oder Analyse gewesen sind, eine Depression bekommen, kombiniert mit dem Wiederauftreten früherer neurotischer Symptome, sind unfähig, zu ihren früheren Therapeuten zurückzukehren. In manchen Fällen schämen sie sich zu sehr, um weitere Hilfe zu bitten, da sie doch scheinbar geheilt waren. In anderen Fällen äußern sie explizit ein Gefühl des Abgelehntwerdens in bezug auf die frühere therapeutische Beziehung. Zu der für solche Patienten indizierten Therapie gehört eine Konsolidierung und Reintegration der Errungenschaften der früheren Behandlung im Rahmen einer stabilen Beziehung, die die Selbstachtung aufrechterhält. Manche dieser Patienten, wie die oben beschriebenen, scheinen wirklich unfähig zu sein, eine entscheidende Endphase der Behandlung durchzuarbeiten.

Während gewisse stark prädisponierte Patienten also in ihrer potentiellen Fähigkeit, eine reife Depressionstoleranz zu erreichen, eingeschränkt sein können, gibt es viele Menschen, deren grob manifeste Symptomatik in umgekehrter Richtung täuschen kann. Ein wesentlicher Erfolg in bezug auf die Entwicklungsaufgabe, die den zweiten kleinen Jungen vom ersten unterscheidet, kann im Erwachsenenleben von einer manifesten Symptomatik verdeckt sein, die in erster Linie auf Triebregression und nicht auf Ich-Regression zurückgeht. Eine derartige Regression führt, wenn sie die Bildung von hemmenden und Leiden hervorrufenden Symptomen in Gang setzt, oft zu manifesten Schuldgefühlen, Scham und Verlust an Selbstachtung. Depression ist oft bei der Eintrittsuntersuchung jener Patienten ein Hauptsymptom, die an hysterischen und Zwangsneurosen leiden und potentiell für eine psychoanalytische Behandlung geeignet sind. Solche Patienten brauchen oft eine vorbereitende Psychotherapie und sprechen gut auf sie an; so wird genügend Selbstachtung wiederhergestellt und ein positives therapeutisches Bündnis erleichtert. Man muß jedoch während der Behandlung ihre relative Anfälligkeit für Depressionen anerkennen, da die Aufrechterhaltung des therapeutischen Bündnisses eine Voraussetzung für signifikante Fortschritte ist.

Diesen letzten Punkt möchte ich durch ein klinisches Beispiel veranschaulichen. Eine kinderlose, verheiratete Frau von achtundzwanzig Jahren kam zur Beratung. Sie klagte über Depressionen im Zusammenhang mit ihrer Unfähigkeit, schwanger zu werden, obwohl sie gründlich gynäkologisch untersucht worden war und aktive Anstrengungen unternommen hatte. In jüngster Zeit hatte ihre Familie sie unter Druck gesetzt, sie solle sich überlegen, ob sie nicht ein Kind adoptieren wolle. Zur Zeit der Erstuntersuchung schien die Patientin ziemlich schwer depressiv zu sein. Sie äußerte, sie sei wertlos; sie hatte das Gefühl, ihre Sterilität mache offenbar, daß sie eine erfolglose Frau sei; sie gab zu, daß sie mit ihrer weiblichen Rolle erhebliche Schwierigkeiten hatte, ebenso mit verdrängten Schuldgefühlen und Selbstvorwürfen in bezug auf ihre Ambivalenz. Es wurde deutlich, daß sie schon seit Jahren durch schwere Zwangssymptome behindert war. Wenn sie irgendeine Aufgabe, an die sie sich machte, nicht vollkommen ausführen konnte, empfand sie sich als schlimmsten Versager. Immer, wenn sie verantwortliche Stellungen annahm, geriet sie so in die Fänge ihres Perfektionismus, daß sie abwechselnd Wellen der Überaktivität und fast vollständiger Gelähmtheit durchmachte. Sie hatte aus einer früheren Psychotherapie, die vor ihrer Heirat abgeschlossen worden war, einen gewissen Nutzen ziehen können. Aber ihre Unfähigkeit, Kinder zu bekommen, hatte eine erhebliche Dekompensation zur Folge gehabt, die wiederum zu Depression, Schuldgefühlen und Selbstvorwürfen führte.

Die depressive Symptomatik beherrschte das klinische Bild so sehr, daß die Möglichkeit einer Einsicht-Therapie in weiter Ferne zu liegen schien. Die Patientin bewies jedoch eine gute Fähigkeit, eine Beziehung herzustellen. Außerdem zeigte sie beim dritten Gespräch eine Fähigkeit der Selbsterforschung und einen Humor, die am Anfang nicht zu entdecken waren. Während einer kurzen Periode stützender Therapie, in deren Verlauf sie Schritte unternahm, um einen physischen Zustand zu beseitigen, der möglicherweise einer Empfängnis im Wege gestanden hatte, besserte die Patientin sich stetig. Trotz der Bereitschaft, mit der sie Gefühle der Unzulänglichkeit und der Selbstabwertung äußerte, konnte sie auch die Grandiosität ihres Ich-Ideals erkennen und versuchen, die Forderungen abzuwandeln, die sie an sich selber stellte. Etwa innerhalb von drei Monaten hatte sich diese Patientin von einer depressiven Symptomatik erholt, die die Dekompensation einer Zwangsneurose darstellte. Ich überwies sie dann an einen Kollegen, der später von einem befriedigenden Fortschritt in Richtung auf eine traditionelle Psychoanalyse berichtete.

Das bisher angeführte klinische Material stammt, ebenso wie das, welches mich zu der Abhandlung »Angst und die Fähigkeit, sie zu ertragen« (3. Kapitel) angeregt hat, in erster Linie aus Beobachtungen, die außerhalb der Praxis traditioneller Analyse gemacht wurden. Menschen, die diesen sehr anspruchsvollen therapeutischen Prozeß ertragen können, gehören zu einer Kategorie, die nur einen kleinen Prozentsatz der depressiven Patienten darstellt, die psychologische Hilfe suchen. Ein psychoanalytisches Verständnis der Depression muß jedoch eine große Vielfalt von Erkrankungen aus dem Bereich der Psychiatrie umfassen. Eine solche Zielsetzung erfordert die Einbeziehung von Grundkonzepten, die aus psychoanalytischen Beobachtungen gewonnen sind. Wie David Rapaport (1960) in einer klärenden und anregenden Diskussion der psychoanalytischen Theorie vorgeschlagen hat, sollte man zwischen dem Teil der spezifischen Theorie unterscheiden, der nur in der analytischen Praxis validiert werden kann, und einem allgemeineren Begriffssystem, das sich am Ende als experimentell verifizierbar erweisen soll.

Die Erörterung befaßt sich bisher mit einem Untersuchungsbereich zwischen diesen beiden Extremen. Beobachtungen des psychoanalytisch erfahrenen Klinikers eignen sich zur Formulierung und theoretischen Erörterung im Rahmen der psychoanalytischen Metapsychologie. Wenn man die Relevanz von Grundkonzepten für das weite Gebiet der Psychiatrie berücksichtigt, impliziert man ein Ziel, das zu Freuds fundamentaler Orientierung gehörte. Solch' breitfundierte Beobachtungen laden nicht nur zur Erforschung von Grundaffekten wie Angst und Depression ein, sondern sie erleichtern auch die Integrierung dieser Konzepte in spezifischere analytische Formulierungen, die sowohl die sexuelle Entwicklung als auch die Ich-Entwicklung betreffen. Zum Beispiel beschränkte sich die Erörterung von Entwicklungsausfällen, die Soldaten für traumatische Neurosen prädisponieren, notwendigerweise auf männliche Patienten. Eine vergleichbare Wertschätzung der Furchtlosigkeit und der Verleugnung potentieller Hilflosigkeit ist mir auch später öfter bei der Behandlung und Psychoanalyse von Männern begegnet als bei der von Frauen. Im Gegensatz dazu habe ich Entwicklungsausfälle, die zu einer relativen Unfähigkeit führten, Depression und Trennungsangst zu ertragen, weitaus häufiger bei weiblichen als bei männlichen Patienten angetroffen. Diese Frauen anerkennen zu bereitwillig ihre Gefühle der Hilflosigkeit und der Passivität. Infolgedessen sind sie behindert in der Entwicklung von Selbstbeherrschung, Entschlußkraft und optimaler Anpassung.

Ein kurzer Überblick über zweiundsiebzig Patienten (zweiundvierzig Frauen, dreißig Männer), die drei Jahre lang behandelt oder betreut wurden, bestätigte einen früheren Eindruck, nach dem die Entwicklungsausfälle, die zu Bereichen der Anfälligkeit führen, jeweils charakteristisch für Männer und für Frauen, verschieden sind. Dreiundzwanzig von zweiundvierzig Frauen kamen mit dem Hauptsymptom Depression in die Klinik. Von den dreißig Männern erwähnten nur sechs bei der Erstuntersuchung eine Depression. Bis auf acht entwickelten und äußerten alle Frauen im Verlauf der Behandlung depressive Affekte und Trennungsangst. Nur vierzehn Männer gaben Depression oder manifeste Trennungsangst zu, ohne vorher eine lange vorbereitende Behandlung durchgemacht zu haben.

Acht der Frauen und sechzehn von den Männern zeigten eine erhebliche Intoleranz gegen Depression und Angst. Nur zwei von diesen acht Frauen waren als potentiell analysierbar anzusehen; beide waren aktive Akademikerinnen mit ausgeprägtem, offenkundigem Penisneid. Die anderen sechs hatten bestenfalls infantile, narzißtische Charakterstörungen, mit einer minimalen Fähigkeit, Angst oder Depression zu ertragen. Die anderen waren »Als-ob«-Persönlichkeiten – hypomanisch, paranoid oder offen schizophren. Von den sechzehn Männern war jedoch nur die Hälfte so gestört wie die Frauen, die keine offenkundigen schmerzlichen Affekte entwickelten. Die anderen waren aktive, zwanghafte, oft kontraphobische Charaktere, die fast alle potentiell analysierbar waren, da der Entwicklungsausfall relativ und begrenzt war. Ja, die Charakterstruktur von einigen war der vieler Kriegsneurotiker vor dem traumatischen Erlebnis vergleichbar. Sie waren zwar potentiell anfällig für Traumata oder eine signifikante narzißtische Kränkung, aber sie waren nicht schwer gestört oder in irgendeinem Sinn Borderline-Fälle.

Die psychoanalytische Bedeutung dieser empirischen Feststellungen liegt eher im Hinweis als im Beweis. Trotzdem ist der Umstand, daß nur sechs von diesen dreißig männlichen Patienten manifeste oder leicht provozierbare Depressionen zeigten, der Besprechung wert. Die relativ große Zahl von Personen, die zu beruflichen und nicht aus therapeutischen Zwecken nach Therapie oder Analyse strebten, gewichtet natürlich diese Stichprobe in signifikantem Maß. Ein Vergleich zwischen den Akademikern männlichen und weiblichen Geschlechts, die ich interviewt oder behandelt habe, zeigt dennoch eine erhebliche Ungleichheit in bezug auf die Erkenntnis subjektiver depressiver Affekte. Diese Auswahl von Patienten wurde außerdem einer sehr allgemeinen psychiatrischen Praxis entnommen, die auf der einen Seite die Gruppe von Akademikern umfaßte, von der schon die Rede war, auf der anderen Patienten, die so gestört waren, daß eine Klinikeinweisung notwendig war. Ich kann daher mit einiger Gewißheit sagen, daß nach meiner eigenen jüngsten klinischen Erfahrung die Intoleranz erkannter Depression bei der Begutachtung und anfänglichen Behandlung potentiell analysierbarer männlicher Patienten nicht selten vorkommt. Depressive Männer sind, im Gegensatz dazu, im allgemeinen in der Gruppe stärker gestörter Patienten zu finden gewesen. Wenn sie analysierbar waren, waren sie passive, abhängige Charaktere mit erheblichen Schwierigkeiten im Bereich der männlichen Identifizierung. Wenn sie stärker gestört waren, kamen sie meistens in einem Zustand der Dekompensation in die Behandlung, der Zeugnis ablegte für eine schwerwiegende Unfähigkeit, narzißtische Kränkung zu ertragen.

Im Rückblick, wie schon erwähnt, zeigte auch die große Stichprobe von männlichen traumatischen Neurosen eine relative Unfähigkeit auf dem gleichen Gebiet. Ihre prämorbide Geschichte brachte im typischen Fall ein Nichtbemerken von Passivität, Depression, Angst und Realitätsgrenzen ans Licht. In der Analyse gut angepaßter männlicher Patienten von vergleichbarer Charakterstruktur führt dieser relative Mangel zu Schwierigkeiten, in der analytischen Situation den Grad von passiver Abhängigkeit zu erreichen, der für den analytischen Prozeß unerläßlich ist. Entwicklung und Analyse der Übertragungsneurose schließen die Mobilisierung und das Erkennen eines gewissen depressiven Affekts in sich. Während dieses Prozesses hat die Analyse solcher Patienten oft eine defensive Charakterstruktur ans Licht gebracht, die auf eine neurotische Lösung der infantilen Neurose zurückging. Dies verstärkte im wesentlichen die aktive Leistung, und die passiven Komponenten der psychischen Reife blieben relativ ausgeklammert. Die Entwicklungsaufgaben, die die beiden kleinen Jungen unterscheiden, waren in der frühen Kindheit erfolgreich in Gang gebracht worden. Das passive Annehmen der Realität mit seinen depressiven Folgen war jedoch von der nachfolgenden Hinwendung zur aktiven Anpassung überschattet worden, die so oft als gleichbedeutend mit Männlichkeit angesehen wird. Realitätsgrenzen waren so unterschätzt worden und hatten Bereiche der Anfälligkeit für narzißtische Kränkung hinterlassen, die während der Analyse der Übertragungsneurose wieder hervortraten.

Die Entwicklungsaufgabe, die das Ertragen und Bewältigen der Depression betrifft, muß also als eine doppelte angesehen werden. Sie bedeutet erstens das ertragene passive Erleben der Unfähigkeit, eine bestehende schmerzliche Realität zu ändern. Ebenso wichtig ist jedoch die darauffolgende Anpassung, die in einer Mobilisierung angemessener Reaktionen auf verfügbare Bereiche der Befriedigung und Leistung besteht. Wir haben bisher darauf hingewiesen, daß ein relatives Versagen in der ersten Aufgabe zu einer Überentwicklung der Reaktion im zweiten Teil führen kann. Diese Art der Charakterentwicklung ist zwar mit langen Perioden der erfolgreichen Anpassung vereinbar, aber sie behält eine entscheidende Achillesferse.

Die Hochschätzung der Aktivität, die mit dem männlichen Ich-Ideal verbunden ist, verstärkt während der infantilen Neurose die zweite Phase der Entwicklungsaufgabe. Demnach ist es kaum überraschend, daß eine relative Intoleranz gegen Passivität und Depression mit einer analysierbaren Übertragungsneurose vereinbar sein kann. Bei Frauen ist die Lage ganz anders. Nicht Aktivität, sondern Passivität beherrscht das Bild der Weiblichkeit. Deshalb werden möglicherweise Schwierigkeiten, die beim Beginn oder bei der Vollendung des zweiten Teils der Entwicklungsaufgabe auftreten, während der späteren Stadien der infantilen Neurose verstärkt. Dies kann zu dem übertriebenen Gefühl der Passivität und Hilflosigkeit führen, das am Grund der weiblichen despressiven Charakterstruktur liegt. Eine Sexualisierung der mit dem Früherleben verbundenen Passivität führt oft zu einer Kombination dieser Charakterstruktur mit hysterischer Symptomatik. Die meisten der an dieser Studie beteiligten Frauen konnten ein erhebliches Maß an Depression entwickeln und ertragen. Aber ihre Fähigkeit, dem Ich akzeptable aktive Kräfte zu mobilisieren, die zu Bewältigung und Weiterentwicklung führten, setzte sie der Gefahr der Ich-Regression aus. Dies führte oft zu einer manifesten Depressions-Intoleranz als Reaktion auf Ablehnung oder eine fühlbare narzißtische Kränkung.

Die Übersexualisierung sowohl der Aktivität als auch der Passivität ist relevant für unser Verständnis der Kastrationsangst beim Mann und des Penisneids bei der Frau. Ein wesentliches Versagen in der früheren Entwicklungsaufgabe führt bei beiden Geschlechtern zu einer Depressions-Intoleranz, die eine erfolgreiche therapeutische Analyse von vornherein ausschließt. Bei Männern betonen möglicherweise verschobene Omnipotenzphantasien die Bedeutung fortwährender Erfolge, was dann oft zu einer Involutionsdepression führt. Bei Frauen haben Identifizierungen von Körper und Phallus und Phantasien von einem verborgenen magischen Penis ähnliche, wenn auch schlimmere, Folgen. Bei milderen Formen kann jedoch die erfolgreiche Inangriffnahme beider Entwicklungsaufgaben in der prägenitalen Periode später durch Konflikte verdeckt werden, die in der phallischen und der genitalen Phase der infantilen Neurose in Gang gekommen sind. Da diese Patientengruppe potentiell für eine therapeutische Analyse geeignet ist, muß man ihre Unterscheidung von der Gruppe der stärker Gestörten als höchst wichtig ansehen.

Ich impliziere in meiner These, daß die Dichotomie: Passivität-Weiblichkeit kontra Aktivität-Männlichkeit höchst irreführend sein kann. Bei gesunden kleinen Mädchen wirkt die positive Identifizierung mit der Mutter während der prägenitalen Periode als Reiz in Richtung auf Unabhängigkeit und Autonomie. Es ist ein weitverbreitetes Phänomen, daß kleine Jungen, deren Objektbesetzung größer sein mag, sich oft über eine signifikant längere Zeit zufrieden von ihren Müttern bedienen lassen. Bei kleinen Mädchen sollte die Identifizierung mit der Mutter das Auftauchen und die Entwicklung passiver genitaler Wünsche in bezug auf den Vater und den Verzicht auf sie eher fördern als behindern. Wenn jedoch aus irgendeinem Grund die aktive Leistung als Mittel, um Billigung zu erlangen, betont worden ist, bleibt unterschwellig ein passives Ziel weiter bestehen. Eine solche Kombination kann die Entwicklung und Lösung der ödipalen Situation ernsthaft stören. Sie kann z. B. zu einer defensiven Verstärkung des Penisneids führen, die eine darunterliegende depressive Charakterstruktur und fortbestehende passive Bedürfnisse vor der Außenwelt verbirgt. Viele Patientinnen, bei denen sich schwierige, fordernde Übertragungsneurosen entwickeln, gehören zu dieser Gruppe.

Die Beurteilung von Penisneid und phallischem Verhalten bietet viele komplexe Probleme, die mit meinem Thema zu tun haben. In »Die endliche und die unendliche Analyse« sagt Freud:

»Zu keiner Zeit der analytischen Arbeit leidet man mehr unter dem bedrückenden Gefühl erfolglos wiederholter Anstrengung, unter dem Verdacht, daß man ›Fischpredigten‹ abhält, als wenn man die Frauen bewegen will, ihren Peniswunsch als undurchsetzbar aufzugeben. ... Man hat oft den Eindruck, mit dem Peniswunsch ... sei man ... zum ›gewachsenen Fels‹ durchgedrungen und so am Ende seiner Tätigkeit. Das muß wohl sein, denn für das Psychische spielt das Biologische wirklich die Rolle des unterliegenden gewachsenen Felsens.« 1937, S. 98–99)

Biologische Faktoren stellen zwar »gewachsenen Fels« dar, insofern sie unveränderlich sind, aber sie sind keine unveränderlichen Züge psychischen Lebens. Ein starker Penisneid auf phallischer Ebene kann vielmehr durch den Umstand bedingt sein, daß es relativ schlecht gelungen ist, während der prägenitalen Entwicklung die Annahme der Realität und echte Objektbeziehungen zustande zu bringen. Eine aktive, hauptsächlich phallische Ausrichtung kennzeichnet den präödipalen Abschnitt der genitalen Aktivität. Bei beiden Geschlechtern können frühere Entwicklungsausfälle in bezug auf die Annahme der Realität zu einer Verstärkung dieser späteren aktiven Stufe führen. Bei Mädchen kann starker Penisneid während dieser Periode mit hartnäckigen Phantasien von einem verborgenen Zauberphallus verbunden sein. Dies kann daran liegen, daß die Begrenzungen der Realität fortwährend nicht wahrgenommen, geschweige denn akzeptiert werden. Frauen, deren frühes Versagen in dieser Hinsicht zu dieser pathologischen Charakterbildung geführt hat, brauchen niemals einem Psychiater aufzufallen. In manchen Fällen kommen sie erst zur Behandlung, wenn eine Psychose manifest geworden ist. Möglicherweise begehen sie Selbstmord. Manche von ihnen sind zwar partiell analysierbar, können aber nicht mit Erfolg einen Abschlußprozeß durcharbeiten. Wo der Penisneid und die phallische Ausrichtung hauptsächlich defensiv und von darunterliegenden passiven Wünschen nach Billigung motiviert sind, stammt die Unfähigkeit, Depression zu ertragen, jedoch aus einer regressiven Lösung der ödipalen Situation, die unter die Kategorie der analysierbaren Charakterneurosen fällt. Ein früher Entwicklungsausfall, der zu einer relativ unveränderlichen Beschränkung führt, muß also von einer Symptomatik und Charakterabwehr unterschieden werden, die auf eine regressive Lösung der infantilen Neurose zurückgehen. Diese Unterscheidung ist ebenso wichtig für das Verständnis von Männern wie für das von Frauen, denn sie stellt einen kritischen Faktor in der potentiellen Fähigkeit dar, die abschließenden Stadien der Psychoanalyse durchzuarbeiten.

Obwohl ich bisher meine Hauptpunkte durch kurze nichtanalytische Beispiele veranschaulicht habe, möchte ich jetzt den progressiven und der Anpassung dienenden Wert der Depression durch Material anschaulich machen, das aus den Endphasen einer erfolgreichen therapeutischen Analyse stammt. Die Patientin war eine hochintelligente verheiratete Frau, die mit Anfangssymptomen vorwiegend phobischer und hysterischer Art in die Analyse gekommen war. Außer ihren Symptomen fanden sich jedoch in ihrer Charakterstruktur Abwehrhaltungen, die auf einen starken Penisneid und eine phallische Ausrichtung zurückgingen. Einerseits waren Anzeichen für eine fest eingefahrene Körper-Phallus-Phantasie vorhanden; andererseits zeigte sie eine unbewußte Überzeugung, sie besitze einen verborgenen Zauberpenis, den sie unter bestimmten Umständen einem sonst entwerteten Mann geben könne, womit sie ihm genitale Potenz verleihe. Diese Phantasie war nach oben verschoben und wurde in einer Reihe recht intensiver intellektueller Beziehungen agiert. Früh in der Analyse sah sie die Analytikerin vorwiegend als eine verbietende, bedrohliche Mutter. Obwohl die Patientin beträchtliche Feindseligkeit äußerte, war sie fähig, ein genügend starkes therapeutisches Bündnis aufrechtzuerhalten, so daß sie die Krankhaftigkeit ihrer Phantasien erkennen und akzeptieren konnte, daß die Analytikerin in bezug auf ihre reale Lebenssituation im wesentlichen neutral war.

Außer ihrer Rolle als Mutter-Ersatz erschien die Analytikerin, die verheiratet war, von einem frühen Stadium der Analyse an als omnipotente phallische Frau, mit der sich die Patientin auf einer sehr primitiven Ebene zu identifizieren versuchte. Die Patientin konnte weder das Verhalten der Analytikerin akzeptieren, noch gelegentliche Informationen von außerhalb, die auf bestimmte Bereiche hinwiesen, wo man die Analytikerin vielleicht hätte abwerten oder kritisieren können. Statt dessen verzerrte und verleugnete sie sowohl ihre eigenen Wahrnehmungen als auch ihre Fremdinformationen, um ihre Phantasie von der Vollkommenheit und Allmacht der Analytikerin aufrechtzuerhalten. Schließlich trat, im Gegensatz zu diesen beiden Aspekten der Übertragungsneurose, allmählich ein dritter zutage. Dieser Aspekt war lange nur auf gelegentliche Übertragungsträume beschränkt, in denen die Analytikerin als eine zärtliche mütterliche Figur erschien. Lange bagatellisierte die Patientin diese Gefühle und wertete sie ab. Sie wünschte ihre Analytikerin weder als Frau noch als Mutter zu sehen. Dies bedrohte ihre starke Abwertung der Weiblichkeit und der Mutterschaft. Es offenbarte auch ihre tiefe Angst vor einer übermäßig beschützenden, beherrschenden Mutter, von der sie sich nicht trennen könnte. Veränderungen in dieser Hinsicht tauchten zuerst in bezug auf ihre eigenen Kinder auf. Sie erlebte zum erstenmal positive mütterliche Gefühle und erkannte, daß sie weniger das Bedürfnis hatte, zu herrschen und zu lenken; sie legte auch eine größere Fähigkeit an den Tag, die unabhängige Entwicklung ihrer Kinder zu fördern. Unterdessen besserte sich auch ihre Beziehung zu ihrem Mann, vor allem innerhalb der gesamten Familiensituation. Sie hatte jedoch weder ihren Penisneid aufgegeben, noch die darunterliegende Phantasie, sie habe einen Penis. Ihr Agieren hatte abgenommen, hauptsächlich, weil sie dadurch ihrer Analytikerin gefallen und sie beschwichtigen wollte. Trotz ihrer wachsenden Erkenntnis, daß die Analytikerin in Wirklichkeit keine omnipotente phallische Figur war, sah die Patientin sie in der Übertragungsneurose weiterhin vorwiegend in dieser Rolle. Sie reagierte auf Deutungen, sie habe in Wirklichkeit niemals einen verborgenen Penis besessen, indem sie auf die Analytikerin Omnipotenz projizierte; diese betrachtete sie eine Zeitlang als Ur-Kastriererin. Dieser Aspekt der Übertragungsneurose entsprach ziemlich genau ihrer Kindheitssituation. Ihre Mutter war tatsächlich eine mächtige kastrierende Figur gewesen, ihr Vater dagegen ein abhängiger, passiver, körperlich geschwächter Mann.

Eine Reihe von Ereignissen, die zu diesem Zeitpunkt eintraten, bedeutete einen Meilenstein auf dem Weg ihrer Analyse. Sie hatte ihrer Tochter bei den Hausaufgaben geholfen und gegen ihre Tendenz gekämpft, entweder zuviel zu verlangen oder die Arbeit des Kindes an seiner Stelle zu tun. Es war ihr gelungen, dem kleinen Mädchen gewisse Grundsätze klarzumachen, dann hatte sie es allein gelassen, damit es seine Arbeit tun konnte. Sie hatte jedoch das Gefühl, sie sei während dieses Vorgangs ziemlich streng und ungeduldig gewesen. Später am Abend sah sie sich mit ihrer Tochter zusammen zwei Fernsehsendungen an. Die erste war eine Dramatisierung des Lebens von Helen Keller, die seither unter dem Titel »The Miracle Worker« (Die Wundertäterin) als Stück sehr bekannt geworden ist. Während dieser Sendung war der Mutter aufgefallen, wie sich Miss Sullivan ihrem Zögling gegenüber verhalten hatte. Helen Kellers besorgte und übermäßig beschützende Eltern hatten sie verwöhnt und ihr unbegrenzte Befriedigungen erlaubt. Miss Sullivan führte von Anfang an Disziplin und Einschränkungen ein. Zugleich versuchte sie, mit Hilfe des manuellen Alphabets mit dem Kind zu kommunizieren. Zuerst identifizierte sich die Patientin mit Helen Keller, und die ihr auferlegten Beschränkungen und Forderungen paßten ihr nicht. Dann kam die Szene, in der Helen Keller zum erstenmal die Bedeutung des Wortes »Wasser« verstand – worauf sie nicht nur mit Erregung und Eifer, mehr zu lernen, reagierte, sondern auch dadurch, daß sie zum erstenmal spontane Zuneigung zu ihrer Lehrerin zeigte. Für die Patientin bestand ein enger Zusammenhang zwischen dem Auferlegen von Beschränkungen einerseits und dem Erwerb von Fertigkeiten, Verständnis und der Befähigung zu Objektbeziehungen andererseits. Ihr traten Tränen in die Augen, während sie sich sagte: »Das ist es, was die Analytikerin meint. Um erwachsen zu werden, muß ich gewisse negative Dinge als Teil der Realität akzeptieren.« Diese Einsicht wurde durch die zweite Sendung verstärkt, während der ihre Tochter, mit der sie nach ihrem Gefühl etwas streng und fordernd umgegangen war, zu ihr kam und sich auf ihren Schoß setzte, wobei sie eine Zuneigung und Dankbarkeit zeigte, die die Patientin an Helen Kellers Reaktion gegenüber Annie Sullivan erinnerte.

Die zweite Sendung basierte auf Oscar Wildes Märchen »The Happy Prince« (Der glückliche Prinz); es ging um einen Prinzen, der sein Leben lang vor jeder Berührung mit Erlebnissen des Bösen und des Leidens bewahrt worden war. Nach seinem Tod wurde er in eine Statue verwandelt, die auf einem so hohen Podest stand, daß die Statue einen freien Blick über die Mauern des Palastes auf die leidende Welt draußen hatte. Die Augen der Statue flossen über vor Tränen, und sie bat einen Vogel, den Notleidenden die Kleider des Prinzen, seine Juwelen, seine Augen und schließlich sein Herz zu geben. Am Ende war die Statue ganz entblößt und der Vogel tot. Wieder war die Patientin zu Tränen gerührt, da sie, wie sie am nächsten Tag berichtete, klar erkannte, daß die Realität nicht nur von der einen oder der anderen Art ist. Man sollte das Negative akzeptieren und sich nicht von Phantasien beherrschen lassen. Der Prinz, der nur Befriedigung kannte, mußte sich zerstören, als er dem Bösen begegnete. Auch sie hatte das Negative als zu überwältigend angesehen, um es überwinden zu können. Früher hatte sie bestimmte Wünsche, die sie mit ihren eigenen Begrenzungen, besonders mit dem Fehlen eines realen Penis, konfrontiert hätten, vermieden und verdrängt. Die Annahme der Realität bedeutete eine positive Anerkennung der Unterschiede zwischen Männern und Frauen. Ja, sie hatte keinen Penis. Sie hatte aber reale Kinder und einen realen Ehemann. Obwohl sie ihr gewisse Einschränkungen und unangenehme Pflichten auferlegten, gaben sie ihr auch reale Befriedigungen. Dann assoziierte sie zu einem Vorfall der jüngsten Zeit im Hinblick auf eine politische Organisation einer Art, die früher ihre Rivalitätsgefühle gegenüber Männern geweckt hätte. Sie hatte sich nicht zum Wettbewerb aufgerufen gefühlt, sondern hatte statt dessen den Wert gewisser Qualifikationen bemerkt, die sie als Frau und Mutter hatte.

Obwohl sie dieses Material hauptsächlich in bezug auf eine allgemeine Einstellung zur Realität ausdrückte, waren in den darauffolgenden Wochen erhebliche Anzeichen für eine qualitative Veränderung des therapeutischen Bündnisses zu bemerken. Assoziationen zu einem Traum zeigten z. B., daß sie sich nun der Möglichkeit stellen konnte, sie könnte vielleicht ohne übertriebene Angst anderer Meinung sein als die Analytikerin oder sie kritisieren. Zum erstenmal konnte sie fühlen, die Analytikerin sei vielleicht nicht vollkommen, habe vielleicht eigene Schwierigkeiten und Begrenzungen, könnte es aber zugleich vielleicht vermeiden, diese Probleme störend auf die analytische Situation oder ihre Beziehung zur Patientin einwirken zu lassen. Sie verleugnete oder verzerrte ihre Informationen nicht mehr, und sie fühlte sich auch nicht mehr ungebührlich bedrückt, wenn sie in der Analyse darüber berichtete. Die qualitative Veränderung wurde weiter bestätigt, nachdem die Patientin die Analytikerin in der Öffentlichkeit hatte sprechen hören. Sie konnte zum erstenmal die Analytikerin als realen Menschen sehen, der tatsächlich ihrem vorher in der Phantasie hergestellten Übertragungsbild nicht sehr ähnlich war. Sie identifizierte sich zwar mit bestimmten Interessen und Ideen der Analytikerin, bemerkte aber auch wichtige individuelle Unterschiede und konnte daher auch ein Gefühl für ihre eigene Identität bewahren. Ihre Haltung in diesem Endstadium der Analyse machte bestimmte Aspekte des therapeutischen Bündnisses deutlich. Sie konnte sich nun auf einer reifen Ebene mit der Einstellung der Analytikerin zur analytischen Aufgabe identifizieren. Aber es war völlig klar, daß diese Fähigkeit auf der tiefsten Ebene von einer Objektbeziehung abhängig war, die die gezogenen Ich-Grenzen erkannte.

Als ihre Analyse sich dem endgültigen Abschluß näherte, erlebte die Patientin einen immer stärkeren Konflikt zwischen der Freude an ihrer gesteigerten Selbständigkeit und der Angst in bezug auf wiederauflebende Wünsche nach Abhängigkeit. Diese depressive Angst hing eng zusammen mit einer gewissen realistischen Besorgnis in bezug auf ihre körperliche Gesundheit. Sie erkannte, daß schwere Erkrankungen in der Vergangenheit oft zu einer Regression auf frühere ambivalente Verhaltensmuster geführt hatten, wo Allmachtphantasien mit wütender, hilfloser Abhängigkeit abwechselten. Sie erinnerte sich an ihre hilflose Angst und Wut, als nach der Geburt ihres ersten Kindes ihre Mutter abgereist war, um eine ihrer Schwestern zu pflegen. Daß sie sich dem Ende der Analyse näherte, war klar geworden, als sie eine regelmäßige Analysestunde fast wegen einer vielversprechenden Einladung vergaß. Dadurch war sie sich eines wachsenden Wunsches nach größerer Freiheit bewußt geworden, die sie zunächst mit großem Vergnügen ins Auge faßte. Am nächsten Tag berichtete sie jedoch von zwei Albträumen, die so schwer gewesen waren, daß sie im Schlaf laut gerufen hatte. Die beiden Träume waren sehr ähnlich. Im ersten wurde eins ihrer Kinder blind. Sie fühlte sich ängstlich und frustriert; hauptsächlich machte sie sich Sorgen, weil sie die Verantwortlichkeit für eine hilflose Last fürchtete. Im zweiten Traum hatte ihr Hund Verletzungen erlitten, die nicht so schwer waren, daß er daran starb, aber so, daß sie ihn stark behinderten, so daß er, wie das Kind, vollständig von ihr abhängig werden würde. In ihren Assoziationen beschrieb sie eine gewisse Wut über das halsstarrige, infantile Benehmen des Kindes am Abend vorher. Sie war wütend gewesen, daß ihre Tochter nicht so selbständig war, wie sie selber es in der frühen Kindheit gewesen war. Sie erinnerte sich an einen Vorfall, als sie nicht zum Abendessen nach Hause gekommen war, obwohl sie es ihren Eltern nicht vorher gesagt hatte, und daß sie über ihren Zorn überrascht gewesen war. Jetzt wurde ihr plötzlich klar, daß sie weggeblieben war, um Aufmerksamkeit auf sich zu lenken, und sei sie auch negativ. Obwohl sie oberflächlich selbständig gewesen war, hatte sie zu Unfällen geneigt; sie hatte auch viele schwere Krankheiten gehabt; ihre Mutter war nur aufmerksam gewesen, wenn sie krank war. Sie hatte viele Bewerber gehabt, aber sie hatte den einzigen geheiratet, der sie weit von ihrem Elternhaus fortbrachte. Sie nahm ihrer Schwester übel, daß sie immer noch von der Mutter abhängig war. Während sie weitersprach, wurde sie sich immer mehr ihrer eigenen Ambivalenz gegenüber der wachsenden Selbständigkeit ihrer Kinder bewußt. Sie fürchtete, sie könnte ihnen schaden, indem sie entweder ablehnend oder übermäßig beschützend wäre. Aber sie erkannte, daß ihre aktuellen Gefühle den Kindern gegenüber in Wirklichkeit aus der Übertragungssituation und aus der Ambivalenz ihres eigenen wachsenden Wunsches nach Selbständigkeit und Unabhängigkeit stammten.

Das bisher berichtete Material zeigt den Konflikt, der für den Typus von Angst charakteristisch ist, den ich als depressiv bezeichnet habe. Je mehr die Patientin dieser Angst Herr wurde, desto mehr erlebte sie eine gemäßigtere Art von depressivem Affekt. Sie träumte, sie habe sich einer Operation unterzogen – es hatte nicht wehgetan – und es war etwas entfernt worden. Es schien eine zylindrische Form zu haben. Das Verblüffende war, daß sie nicht das Gefühl hatte, als hätte sich etwas verändert oder als sei etwas herausgenommen worden. Ihre Assoziationen führten zu einer nahen Freundin, die trotz einer verkrüppelnden Krankheit im wesentlichen der gleiche Mensch geblieben war. Sie war nicht länger entsetzt von dem Gedanken an Krankheit oder eine Operation, da sie erkannt hatte, daß sie der gleiche Mensch bleiben konnte, selbst wenn etwas weggenommen wurde. Dann sagte sie, mit plötzlicher Erkenntnis, selbst wenn ihr klar würde, daß etwas nie dagewesen sei, könnte sie doch immer noch ein ganzer Mensch sein. Sie fühlte sich also nicht mehr so bedroht von vielen Dingen, die ihr vorher so viel zu schaffen gemacht hatten. Sie betonte insbesondere Einstellungen zu Krankheit, Beschädigung und schließlich zu Trennung.

Dieser Traum und ihre Assoziationen zeigen eine Annahme der Realität im Hinblick auf den Penisneid, die an Freuds Bemerkungen (1937) gemahnt. Man muß jedoch auch bedenken, daß das Annehmen realistischer Beschränkungen eng zusammenhing mit dem Auftauchen des gemäßigten depressiven Affekts, der die unmittelbar bevorstehende Trennung und den Objektverlust betraf. Nach meiner Erfahrung habe ich keine Analyse als erfolgreich beendet angesehen, in der nicht vergleichbare depressive Gefühle erlebt und bewältigt wurden. Die Beendigung der Analyse läßt sich also mit der Art der Reaktion vergleichen, die der zweite kleine Junge an den Tag legte. Es gehört ein gewisses Maß an Kummer und Verzicht dazu, ebenso das Annehmen des Unvermeidlichen. Schließlich ist sie eine unerläßliche Voraussetzung der Fähigkeit zu aktiver Anpassung, bei der man verfügbare Möglichkeiten nützt, die wesentlich sind für die zukünftige Bewältigung unvermeidlicher Frustrationen und Verluste.

Die in diesem Kapitel angestellten Überlegungen sind völlig vereinbar mit den brillanten Entwürfen, die vor einem halben Jahrhundert von Freud (1917), Abraham (1924) und anderen gemacht wurden. Die Disposition, depressiv zu werden, wird während der oralen Entwicklungsphase angelegt. Erlebnisse, die für das Aufsteigen einer subjektiven Depression relevant sind, die damit zusammenhängende Angst und frühe Bewältigungsversuche finden vor Beginn des genitalen ödipalen Konflikts statt. Wir haben in diesem Kapitel wenig über die triebbestimmten Fixierungspunkte und den Inhalt der unbewußten Phantasien gesagt. Die Depression haben wir jedoch als einen Grundzustand des Ichs bezeichnet. Eine Hauptfunktion des Ichs ist das Erkennen und Annehmen der Realität. Diese Ich-Funktion hat Freud lange vor der expliziten Formulierung der Strukturhypothese beschrieben. Er sagte:

»... Während das Ich die Umwandlung vom *Lust-Ich* zum *Real-Ich* durchmacht, erfahren die Sexualtriebe jene Veränderungen, die sie vom anfänglichen Autoerotismus durch verschiedene Zwischenphasen zur Objektliebe im Dienste der Fortpflanzungsfunktion führen. Wenn es richtig ist, daß jede Stufe dieser beiden Entwicklungsgänge zum Sitz einer Disposition für spätere neurotische Erkrankung werden kann, liegt es nahe, die Entscheidung über die Form der späteren Erkrankung... davon abhängig zu machen, in welcher Phase der Ich- und Libidoentwicklung die disponierende Entwicklungshemmung eingetroffen ist. Die noch nicht studierten zeitlichen Charaktere der beiden Entwicklungen, deren mögliche Verschiebung gegeneinander, kommen so zu unerwarteter Bedeutung.« (1911, S. 273)

Strukturelle und dynamische Attribute des psychischen Apparats brauchen sich nicht, wie Freud schon andeutet, unbedingt gleichzeitig oder harmonisch zu entwickeln. Z. B. zeigte der jüngere der beiden kleinen Jungen die reifere Ich-Fähigkeit der Realitätsannahme. Die frühere Entwicklung und die spätere Lebensgeschichte dieses Kindes weisen auf ökonomische Unterschiede im Hinblick auf die primitive aggressive Triebenergie hin und auf ein früheres Einsetzen der Fähigkeit, Aufschub und Frustration zu ertragen. Wir schlagen daher vor, zu unterscheiden zwischen einer Triebfixierung, die den Inhalt einer Symptomatik im Erwachsenenleben bestimmen kann, und einem partiellen oder erheblichen Mißlingen der Einführung und Integrierung grundlegender Ich-Funktionen. Ein solches Mißlingen kann eine Neigung zur Ich-Regression als Reaktion auf Depression und die damit verknüpfte primitive Angst, die nicht ertragen oder in Grenzen gehalten werden kann, zur Folge haben.

Akute Trennungsangst und explosive Wut gehen oft dem Auftreten echter Traurigkeit oder Depression voran. Dieser Affekt bezeichnet den ersten entscheidenden Schritt auf dem Weg zur Erlangung der passiven Komponente der psychischen Reife. Ein partielles Versagen in diesem Bereich kann später von Aktivität und äußerlicher Anpassung verdeckt werden. Ein wesentlicher Erfolg führt zu der Fähigkeit, Depression in Grenzen zu halten oder zu ertragen, ohne daß eine schwerwiegende Ich-Regression eintritt. Auch die Fähigkeit, im Dienst des Ichs zu regredieren, ist eine Bedingung für die Vollendung der Entwicklungsaufgabe. Sobald das passive Annehmen gelernt worden ist, muß ihm jedoch die aktive Bewältigung folgen, die die Entwicklung von Objektbeziehungen, das Lernen und schließlich die Fähigkeit zum Glücklichsein fördert.

Gleichgültig, wie reichlich die Gelegenheiten für passive Befriedigung und aktive Leistung sind: Verzicht und Verlust gehören wesentlich zum menschlichen Erleben dazu. Das reife, passive Annehmen des Unvermeidlichen bleibt also zu allen Zeiten eine dauernde Voraussetzung für die Remobilisierung verfügbarer Anpassungskräfte. Zwar läßt sich ein Versagen in diesem wesentlichen Bereich möglicherweise mit langen Perioden erfolgreicher Anpassung vereinbaren, aber es stellt doch eine schwerwiegende potentielle Anfälligkeit dar, die im späteren Leben zunehmend relevant wird, wenn sich Erlebnisse des Verlusts, des Kummers und der Frustration nicht mehr vermeiden lassen. In seinem Schlußkapitel von »Kindheit und Gesellschaft« (1950, dt. 1965) sagt Erik Erikson: »Gesunde Kinder fürchten das Leben nicht, wenn ihre Eltern genug Integrität haben, den Tod nicht zu fürchten.« Ich nehme an, daß gesunde Kinder, die das Leben nicht fürchten – obwohl sie subjektiv seiner Begrenzungen gewahr sind –, Erwachsene werden, die genug Integrität haben, den Tod nicht zu fürchten.

7

Konzept und Inhalt in der psychoanalytischen Theorie

Die Beziehung zwischen Theorie und Praxis ist in jedem Zweig der Wissenschaft ein Zentralproblem. In den physikalischen Wissenschaften ist es relativ einfach, zwischen den objektiven Daten, die zu theoretischen Hypothesen führen, und den objektiven Versuchen, die jene Hypothesen bestätigen, eine klare Unterscheidung zu treffen. Aus der Entwicklung des psychoanalytischen Denkens und seiner Ausdehnung nicht nur auf die Probleme der klinischen Psychiatrie, sondern auch auf die angrenzenden Gebiete der Anthropologie, der sozialen Beziehungen und der allgemeinen Psychologie ergibt sich unweigerlich ein wachsendes Interesse an ähnlichen Methoden der Validierung. In der Psychoanalyse führen jedoch, sogar noch mehr als in den anderen Sozialwissenschaften, sowohl das Fehlen konkreter objektiver Daten als auch die relative Schwierigkeit, Beobachtungssituationen zu wiederholen, zu besonderen Problemen der objektiven Validierung. Außer diesem Problem, das in allen Sozialwissenschaften sehr wohl erkannt wird, ist jedoch die Entwicklung der Psychoanalyse ein Sonderfall, weil sie eigene Schwierigkeiten bei der klaren Unterscheidung nicht nur zwischen Theorie und Praxis bietet, sondern auch zwischen theoretischen Hypothesen, die auf der Deutung spezifischer Inhalte beruhen, und theoretischen Hypothesen allgemeinerer abstrakter Art über die Struktur und Funktion des psychischen Apparates selbst. Kurz gesagt, die Entwicklung und Validierung unserer Wissenschaft scheint mindestens eine dreifache Aufgabe zu enthalten: erstens, das Sammeln klinischer Daten, zweitens, die Auswertung klinischer Daten, die zu Theorien führt, welche auf dem Inhalt oder der Bedeutung der Daten beruhen, und drittens, die Ableitung allgemeiner, abstrakter Konzepte von diesen Formulierungen.

Die Entwicklung der psychoanalytischen Erkenntnisse hat von Anfang an eine immer tiefere und eindringlichere Erforschung der spezifischen Inhalte des Unbewußten, der Natur unbewußter Phantasien, der verschiedenen Mechanismen, mit deren Hilfe unbewußte Impulse modifiziert und gesteuert werden, und der spezifischen äußeren und inneren Situationen, die mit der Ich-Entwicklung und der Entwicklung des Wirklichkeitssinnes zusammenhängen, enthalten. Ein Hauptbestreben der psychoanalytischen Forschung war es, die Ergebnisse der einzelnen

Forscher in bezug auf diese Probleme miteinander zu korrelieren. Man könnte wahrscheinlich zu Recht sagen, das aus diesen Untersuchungen der Inhalte des Unbewußten gewonnene Wissensgebäude habe in mancher Hinsicht ein Stadium erreicht, in dem Formulierungen allgemeiner Natur in unser theoretisches Bezugssystem eingebaut worden sind. Die verschiedenen Stadien der Libidoentwicklung, die spezifischen Inhalte ödipaler Phantasien und das Wesen des endgültigen Über-Ichs z. B. beruhen in ihrer theoretischen Formulierung weitgehend auf der Deutung von Inhalten. Außer diesem Typus von theoretischen Formulierungen muß man auch noch eine andere Gruppe von Ableitungen betrachten, die als Grundlage für ein allgemeines theoretisches Bezugssystem vorgeschlagen worden sind. Bei diesem Aspekt der Theorie geht es nicht in erster Linie um die spezifischen Inhalte des Unbewußten, sondern vielmehr um abstrakte begriffliche Formulierungen, unter denen sich die unendlichen Komplexitäten anderer Feststellungen spezifischer bedeutungsvoller Art subsumieren lassen.

Das Problem, um das es in diesem Kapitel geht, ist, wie man sehen wird, das allgemeine Problem der Validierung und sein Zusammenhang mit der Korrelierung klinischer Beobachtungen und theoretischer Postulate. Wir müssen jedoch einige Einschränkungen machen. Erstens geht es hier nicht um die Frage der objektiven Validierung an sich. Zweitens werde ich mich in diesem Kapitel hauptsächlich auf die Beziehung zwischen Formulierungen über Inhaltsdeutungen und abstrakten Ableitungen allgemeiner Art innerhalb des theoretischen Rahmens konzentrieren. Bestimmte allgemein akzeptierte analytische Hypothesen, bei denen es hauptsächlich um die Entdeckung von Inhalten oder Bedeutungen geht, bilden einen unerläßlichen Bestandteil der psychoanalytischen Theorie. Andere Grundprämissen beziehen sich, im Gegensatz dazu, auf allgemeinere abstrakte Konzepte, die z. B. Struktur und Funktion des psychischen Apparats, die allgemeine Triebtheorie und Grundanschauungen über das Wesen der Angst betreffen.

Freuds »Traumdeutung« (1900) kann man als Beispiel für die Unterscheidung dieser beiden Aspekte der psychoanalytischen Theorie ansehen. In den ersten sechs Kapiteln dieses Buches geht es hauptsächlich um Inhalte; das siebte Kapitel handelt vom Konzept. Man kann sagen, in den ersten Kapiteln gehe es Freud um einen klinischen Zugang zum Traummaterial. Aus Assoziationen und den gegen sie gerichteten Widerständen erhellt er nicht nur die latente Bedeutung, d. h. den latenten Inhalt des Traums, sondern auch die verschiedenen spezifischen Mechanismen, mit deren Hilfe der latente Trauminhalt in der manifesten Traumstruktur verkleidet und verzerrt wird. Er kann mit Hilfe spezifischer bedeutsamer Beispiele die darunterliegende Bedeutung des Traums demonstrieren und die Traumarbeit zum Wesen und zu den Inhalten des Unbewußten in Beziehung setzen. Im siebten Kapitel versucht er, im Gegensatz dazu, aus diesem im wesentlichen konkreten Material allgemeine Formulierungen über das Wesen des psychischen Apparats abzuleiten, die seine spezifischen bedeutungsvollen Feststellungen erklären könnten. Hier ist sein Ansatz eher begrifflich und abstrakt als sinndeutend in bezug auf die spezifischen Inhalte unbewußter Wünsche oder Konflikte. Im ersten Teil des Buches nimmt er z. B. Bezug auf die spezifisch sexuelle Natur verdrängten Materials und macht in einer Reihe von Fällen den zugrunde liegenden ödipalen Konflikt deutlich. Im Schlußkapitel des Buches andererseits geht es nicht in erster Linie um die Bedeutung der beteiligten psychischen oder triebhaften Energie, sondern hier wird eine Hypothese über die *Struktur* des psychischen Apparats aufgestellt, der die Triebenergie, woher sie auch kommen mag, modifiziert und steuert.

Diese kurzen Bemerkungen sollten sowohl die Art des hier betrachteten Gegensatzes als auch die Schwierigkeit beim Ziehen starrer Demarkationslinien deutlich machen. Zum Beispiel hat Freud aus klinischen Beobachtungen des Widerstands und aus seiner Aufklärung der Ursache des Widerstands die Existenz des Verdrängungsmechanismus abgeleitet. Dies war ein theoretisches Konzept mit vielfältigen Folgen, die uns allen vertraut sind. Zugleich gab Freud auch deutliche Hinweise auf die Natur des Verdrängten, die er damals hauptsächlich auf verdrängte sexuelle Wünsche auf genitaler Stufe beschränkte. Der Begriff der Verdrängung ist ein allgemeiner Begriff, der sich seit Freuds erster Definition in seiner Grundbedeutung sehr wenig verändert hat, und er ist immer noch einer der Grundbegriffe der heutigen psychoanalytischen Theorie. Im Hinblick auf die Inhalte können wir auch immer noch Freuds richtiger Erklärung der Bedeutung des Ödipuskonflikts zustimmen, den er als einen wesentlichen Zug der Inhalte des Verdrängten bezeichnet. Weitere Arbeiten und tiefer eindringende Forschung haben gezeigt, daß diese frühe Formulierung zwar korrekt, aber keineswegs erschöpfend war, so daß wir heute auch prägenitale Konflikte, die vor der genitalen ödipalen Situation liegen, als potentiell der Verdrängung unterliegend ansehen. Diese Erweiterung der Inhalte berührt jedoch keineswegs die Gültigkeit des ursprünglichen Konzepts und zeigt meiner Ansicht nach nur, wie wichtig es ist, zwischen diesen beiden Ansätzen zu unterscheiden.

Bei der Verdrängung haben die Veränderung und die Erweiterung unserer Kenntnisse keine radikale Wandlung von Grundkonzepten erforderlich gemacht, denn die erweiterte Kenntnis der Inhalte des Verdrängten hat das Konzept der Verdrängung nicht entkräftet; auch unser vermehrtes Wissen um die anderen Abwehrmechanismen, wie es Anna Freud (1936) so deutlich gezeigt hat, hat zwar das Verdrängungskonzept bereichert, aber nicht ungültig gemacht. In seinen frühesten Formulierungen hat Freud jedoch noch andere vorläufige begriffliche Hinweise gegeben, die durch spätere Feststellungen über Inhalte im Kern betroffen werden.

Um ein Beispiel aus Freuds eigener Arbeit zu geben: In seinen frühen Formulierungen der Triebtheorie nahm Freud eine Dichotomie zwischen Sexualtrieben und Ich-Trieben an. Diese Dichotomie beruhte ursprünglich auf der Hypothese, Verdrängung und die damit verbundenen Abwehrmechanismen würden von den Ich-Trieben oder Selbsterhaltungstrieben gegen Gefahren errichtet, die von den Geschlechtstrieben drohten. Nach dieser Formulierung wurde der seelische Konflikt einem Gegensatz zwischen diesen beiden Trieben zugeschrieben. Die Angst erschien als Folge der von den Ich-Trieben erzwungenen Verdrängung. Später zeigte jedoch Freuds Untersuchung der Inhalte der Phantasien und Wahnvorstellungen psychotischer Patienten, kombiniert mit einer Reihe von Beobachtungen traumatischer Kriegsneurosen, daß die ursprünglich von ihm postulierte Dichotomie zwischen der Libido und den Ich-Trieben die Besetzung des Ichs selbst mit Libido nicht erklären konnte, die bei diesen und ähnlichen Krankheitszuständen so klar zutage trat. Infolge dieser Beobachtungen erkannte er die Notwendigkeit, seine Auffassung vom Wesen der Triebe zu ändern. Die weitere Untersuchung des Wesens der Angst zeigte außerdem, daß Angst als Ursache der Verdrängung oder als Motiv der Abwehr dienen konnte; diese Entwicklung komplizierte seine frühere Auffassung von der Angst als dem Produkt von Triebspannung und Triebversagung. Freuds spätere Modifikation seines früheren Begriffssystems sowohl in bezug auf das Wesen der Grundtriebe als auch in bezug auf Angst als Motiv der Abwehr setzte die Entwicklung eines strukturellen Vorgehens mit seinen vielfältigen Folgen für die moderne Ich-Psychologie in Gang.

Wenn man die Entwicklung der theoretischen Arbeit Freuds verfolgt und sie mit neueren klinischen Resultaten anderer Vorkämpfer auf unserem Gebiet korreliert, ist klar, daß Modifikationen von Grundkonzepten mit ein oder zwei Ausnahmen eng mit der Erweiterung des analytischen Wissens in bezug auf Inhalte zusammenhängen. Eine der besonderen Qualitäten des Freudschen Genies bestand in der einzigartigen Kombination von intuitivem Verstehen der Bedeutung unbewußter Inhalte mit der Gabe zur Ableitung von Konzepten allgemeiner abstrakter Art. Er konnte spontan die Bedeutung von Symbolen erkennen, ebenso die vielfältigen und überraschenden Manifestationen des unbewußten Seelenlebens, und er konnte die spezifischen Konflikte deuten, die in der analytischen Situation entstanden. Andererseits verlor er nie die allgemeinen, abstrakten oder begrifflichen Folgerungen aus seinen Feststellungen aus den Augen. Es ist wünschenswert, daß jeder theoretische Beitrag zum psychoanalytischen Denken sowohl auf die Folgerungen bezüglich der Inhalte als auch seiner begrifflichen Bedeutung ausgerichtet ist. Die Berücksichtigung dieser Wechselbeziehung ist aber wahrscheinlich eine der schwierigsten Aufgaben, nicht nur in der Psychoanalyse, sondern im psychologischen Denken insgesamt. Marjorie Brierley sagt in diesem Zusammenhang:

»...Es mag sich nur um ein Ereignis, das psychische Ereignis, handeln, aber es gibt ganz entschieden zwei verschiedene Methoden..., es anzugehen. Wie T. H. Pear (1948) sagt: ›Psychologen... zeichnen sich oft durch die theoretische und praktische Betonung eines von zwei Zielen aus: der Entdeckung allgemeiner Gesetze des seelisch-geistigen Lebens oder der Beschreibung und des Verstehens der einzigartigen und ungeteilten Persönlichkeit.‹ Die Ergebnisse beider Arten des Vorgehens müssen korreliert werden und können benützt werden, um einander zu korrigieren. Im augenblicklichen Stadium der Denkentwicklung geht die Unterscheidung zwischen ihnen leicht verloren, und wir würden durch die Wahl von Worten gewinnen, die dazu beitragen, den Unterschied klar zu halten.« (1951, S. 94)

Die Fähigkeit, diese Unterscheidung aufrechtzuerhalten, ist abhängig davon, daß man das Konkrete vom Abstrakten trennen kann, was in einer Wissenschaft, deren Wesen im Grunde so subjektiv ist, außerordentlich schwierig ist. Selbst Freud ist zeitweilig dem Fehler verfallen, seine theoretischen Hypothesen konkret zu formulieren. Wenn man eine klare Unterscheidung zwischen Konzept und Inhalt aufrechterhalten will, liegt die erste Schwierigkeit also im Wesen des Materials, mit dem wir es zu tun haben. Wie Hartmann, Kris und Loewenstein (1946) gesagt haben: »Unsere Neuformulierung zeigt, daß nicht die von Freud eingeführten Konzepte anthropomorph sind, sondern daß uns die von ihm untersuchten und beschriebenen klinischen Fakten dazu bringen, zu verstehen, welche Rolle der Anthropomorphismus im introspektiven Denken spielt.« Trotz dieser Schwierigkeit, die unserem Material eigen ist, kann man wahrscheinlich sagen, daß im frühen Entwicklungsstadium des psychoanalytischen Wissens und der psychoanalytischen Theorie Praxis und Wissenschaft der Psychoanalyse unvermeidlich so eng miteinander verwoben waren, daß fast ohne Ausnahme jede neue klinische Entdeckung ohne weiteres in bezug auf ihre theoretischen Folgerungen betrachtet werden konnte. Mit der großen Erweiterung des Wissens, der klinischen Erfahrung und der Literatur kam jedoch eine Tendenz auf, in immer stärkerem Maß zu trennen zwischen jenen, die in erster Linie daran interessiert sind, klinisches Material zu benützen, um unser Verstehen von Inhalten des Unbewußten zu bereichern, und jenen, denen es vorwiegend um die Klärung der psychoanalytischen Theorie geht. In den letzten Jahren hat es andere analytische Denker gegeben, die mindestens eine so große Fähigkeit zum abstrakten begrifflichen Denken hatten wie Freud, was zu wertvollen Beiträgen geführt hat, wobei bestimmte Grundkonzepte unter Verwendung des Freudschen Modells neu formuliert worden sind, das er in der »Traumdeutung« (1900) aufgestellt hatte; dieses wurde im Licht eines stärker strukturellen Ansatzes modifiziert. Viele dieser Abhandlungen waren jedoch äußerst abstrakt und überließen dem Leser die Bürde, die Bedeutung allgemeiner Hypothesen in bezug auf spezifische Inhalte zu interpolieren. Trotz des sehr großen Wertes solcher in allgemeine, abstrakte Termini gefaßter Formulierungen besteht hier eine potentielle Gefahr, sie könnten mit divergenten Auslegungen klinischen Materials vereinbar sein. Dies werden wir weiter unten in bezug auf Melanie Kleins Werk betrachten.

Einerseits hat es also in neuerer Zeit wertvolle Beiträge zu unserem begrifflichen Denken gegeben, die mehr oder weniger von spezifischen Inhalten abgetrennt waren. Andererseits hat es viele begabte Analytiker gegeben, die ein tiefes Verständnis für das unbewußte Seelenleben ihrer Patienten hatten und Arbeitsergebnisse vorgelegt haben, die dem allgemeinen Gebäude des psychoanalytischen Wissens mehr oder weniger einverleibt worden sind. Insbesondere hat es viele wertvolle Beiträge gegeben, die Modifikationen und Neuformulierungen über das Wesen und die Bedeutung von Konfliktsituationen in den ersten Lebensmonaten zur Diskussion stellten. Zu diesen Beiträgen zählen z. B. die Arbeiten von René Spitz (1946), Edith Jacobson (1946), Margaret Mahler (1952), Bertram Lewin (1950), Beata Rank (1949), Phyllis Greenacre (1952) und Melanie Klein (1935, 1948). Die Formulierungen mancher von diesen Autoren sind in allgemeine Termini gekleidet, sollten aber trotzdem insgesamt als Deutungen von Inhalten angesehen werden und nicht als Aussagen über Konzepte. Edith Jacobson (1953) hat z. B. in ihrer wichtigen Untersuchung über die Metapsychologie der Depression und der Schizophrenie Aussagen über Selbst-Repräsentanz und Objekt-Repräsentanz und die regressive Wiederbelebung von Eltern-Imagines in pathologischen Situationen gemacht. Phyllis

Greenacre (1952) hat ihre analytischen Rekonstruktionen mit bestimmten objektiven Beobachtungen und Untersuchungen kindlichen Verhaltens in Zusammenhang gebracht. Sie zeigt deutlich die möglichen pathologischen Folgen von übermäßiger Stimulierung und schwerer Frustration für die zukünftige Ich-Entwicklung und für die Entwicklung der Fähigkeit, mit Angst fertigzuwerden. Spitz (1945, 1946) hat eingehende Beobachtungen von Säuglingen im Anstaltsmilieu angestellt und hat daraus einige allgemeine Schlüsse in bezug auf die Bedeutung der Objektbeziehungen im frühen Kindesalter abgeleitet. Auch Beata Rank hat aus der detaillierten analytischen Untersuchung bestimmter Gruppen von anormalen Kindern allgemeine Schlußfolgerungen über die Rolle der Aggression und die verhängnisvollen Folgen der »Mutter-Entbehrung« *(maternal deprivation)* gezogen. Wenn wir die Folgerungen aus all diesen wertvollen Arbeiten für die Konzepte erörtern wollten, würde uns das zu weit führen. An dieser Stelle mag es angebracht sein, die Beiträge der umstrittensten Autorin aus dieser Reihe, Melanie Klein, zu betrachten, um mit einiger Ausführlichkeit die Beziehung von Konzept zu Inhalt in ihrem Werk aufzuzeigen, und um in mancher Hinsicht einige ihrer Anschauungen zu neueren Umformulierungen von Grundkonzepten in Beziehung zu setzen. Ich habe hier nicht vor, Melanie Kleins Gesamtwerk erschöpfend zu diskutieren (das haben Robert Waelder [1937], Edward Bibring [1947], Edward Glover [1945] und Marjorie Brierley [1951] mit Kritikfähigkeit getan), sondern ich möchte bestimmte Aspekte auswählen, die besonders eng mit dem besprochenen Thema zu tun haben.

In vieler Hinsicht ist Melanie Kleins Werk für diesen Zweck hervorragend geeignet. Erstens kann man viele der aus ihren theoretischen Formulierungen entstehenden Schwierigkeiten und Probleme mindestens teilweise einer unzureichenden Unterscheidung zwischen Beobachtungen, die unser Wissen über Inhalte bereichern, und begrifflichen Schlußfolgerungen über die theoretische Bedeutung dieser Feststellungen zuschreiben. Ihr Werk veranschaulicht also die entscheidende Bedeutung, die die Aufrechterhaltung dieser Unterscheidung in der Entwicklung der psychoanalytischen Theorie hat. Zweitens wird in Melanie Kleins Werk die unbewußte Phantasie als seelischer Triebausdruck, werden konkrete und spezifische Phantasien als vom ersten Dämmern des Lebens an aktiv, wird das Ich als vollständig aus dem Es stammend in so überwältigendem Maß betont, daß ein extremer Gegensatz besteht zu dem abstrakten begrifflichen Vorgehen, wie es sich beispielhaft bei Heinz Hartmann (1950) und David Rapaport (1967) findet. Diese folgen im ganzen Freuds Art des Vorgehens im letzten Kapitel der »Traumdeutung« (1900) und versuchen, relativ abgelöst vom bedeutungsvollen Inhalt, allgemeine Formulierungen zu entwerfen. Es sollte möglich sein, durch Diskussion und Vergleich des Wertes und der möglichen Nachteile dieser beiden Extreme allgemeine Probleme aufzuzeigen, die nicht nur diese spezifischen Autoren betreffen, sondern auch die postulierte Beziehung zwischen Konzept und Inhalt in der Entwicklung der psychoanalytischen Theorie.

Aus klinischen Beobachtungen bei Analysen kleiner Kinder und später aus Analysen von Borderline-Patienten und Psychotikern erschloß Melanie Klein (1932) früher als die meisten Analytiker die Bedeutung der Aggression in der frühkindlichen seelischen Entwicklung. Außerdem erkannte sie mit Hilfe der gleichen Quellen, daß depressive Tendenzen in den Frühstadien der Entwicklung weit wichtiger waren, als man früher angenommen hatte. Wahrscheinlich hat der Umstand, daß Melanie Klein eine Schülerin Abrahams war, bei ihrer Suche und Entdeckung der Wichtigkeit introjektiver Mechanismen bei diesen depressiven Aspekten der frühesten Kindheit eine Rolle gespielt. Die enge Beziehung zwischen Introjektion und Projektion hat man schon lange erkannt. Außerdem hatte Abraham in seiner Erörterung der Metapsychologie der psychotischen Depression (1924) die wichtige Rolle von Objekten, die in ambivalenter oder feindseliger Weise introjiziert werden, bei der Genese depressiver Zustände deutlich gezeigt. Melanie Klein (1932) wandte diese Konzepte in ihrer Analyse kleiner Kinder an; sie brachte ihre klinische Beobachtung animistischer Phantasien projektiver und introjektiver Art mit ihrer wachsenden Überzeugung von der wichtigen Rolle der Aggression in der Entwicklung der Angst zusammen. Sie kam zu dem Schluß, das Leben des Kleinkindes werde beherrscht von abwechselnden Prozessen der Introjektion und Projektion, begründet durch das Bedürfnis des Säuglings, hauptsächlich durch die Entwicklung von Libido und ihre Verschmelzung mit Aggression, die mit seinen aggressiven Phantasien verbundene Angst zu überwinden. Zugleich wurde jedoch diese allgemeine Aussage zunehmend durch Material über die spezifische Art der Phantasien erweitert, durch die diese Prozesse sich ausdrückten. Durch ihre klinische Beobachtung kleiner Kinder festigte sich ihre Überzeugung immer mehr, daß vieles für die Annahme sprach, diese primitiven Phantasien enthielten schon lange vor der klassischen ödipalen Situation Elemente eines ödipalen Konflikts. Sie war der Ansicht, dies weise darauf hin, daß die Art von Depression, die sie den ersten Lebensmonaten zuschrieb, in allen wesentlichen Aspekten mit der Struktur der Depression in der post-ödipalen Periode, wie sie Abraham (1924) beschreibt, vergleichbar sei.

Mit anderen Worten: sie glaubte nicht, daß ihre Feststellungen irgendeine Veränderung der analytischen Hypothese notwendig machten,
nach der die Depression mit einer pathologischen Beziehung zwischen
Über-Ich und Ich zusammenhing, obwohl die Depression vor der Zeit
auftrat, die gewöhnlich für die Entwicklung des Über-Ichs angenommen wird. Melanie Klein trieb ihre Untersuchungen bis in immer frühere Perioden voran und schloß, die depressive Position des Kleinst-
kindalters stelle ein relativ fortgeschrittenes Entwicklungsstadium dar,
das mit dem Erwerb einer echten oder auf das Ganze bezogenen Objektbeziehung zusammenhänge. Sie nahm an, vor dieser Periode sei das
Seelenleben des Säuglings von seiner Angst in bezug auf seine eigenen
Aggressionsimpulse beherrscht, wobei sie die Hypothese aufstellte, die
Projektion dieser Impulse auf die Außenwelt sei im Grunde als paranoid zu bezeichnen. Sie behauptete außerdem, während dieser Frühperiode existierten ödipale Phantasien einschließlich genitaler Impulse,
von denen sie annahm, es gebe sie von einer sehr frühen Lebenszeit an.
Ihre Annahme in diesem Zusammenhang schien die Existenz ange-
borener ödipaler Phantasien zu implizieren, mit denen von den ersten
Lebenstagen an ein Wissen von den Geschlechtsunterschieden, von der
Beziehung zwischen den Eltern und der Art, wie Kinder geboren werden, verbunden sein sollte.

Wenn wir einige der umstrittenen Aspekte ihrer Ansicht vorläufig
kurz betrachten, ohne zunächst auf ihre volle Bedeutung näher einzugehen, ist ihre Annahme, die Angst sei letzten Endes dem Aggressions-
impuls zuzuschreiben, schon allein vom klinischen Standpunkt aus in
Frage zu stellen. Zweitens ist es schwierig, herauszufinden, auf welchen
Beweisen Melanie Klein (1923, 1948) ihre Überzeugung vom Auftreten
ödipaler Konflikte in einem so frühen Lebensstadium aufbaut. Wie
Marjorie Brierley schreibt:

»...Das für den echten Behandlungsbeginn angegebene Alter [in jedem Fall
über zwei Jahre] scheint die Ansicht zu rechtfertigen, daß die »klinischen Beweise« für Melanie Kleins Rekonstruktionen des ersten Lebensjahres hauptsächlich aus Rückschlüssen bestehen, die von Zuständen ausgehen, die in späteren Lebensjahren beobachtet worden sind... [Sie sind auch]... die Grundlage zahlreicher Behauptungen, Melanie Klein verlege etwas in frühere Ent-
wicklungszustände zurück, was erst in späteren Stufen erreicht wird.« (1951,
S. 59)

In dieser Hinsicht haben wir es mit einem komplexen Problem zu tun.
Einerseits gibt es immer mehr Hinweise, z. B. in den Arbeiten Phyllis
Greenacres (1952), daß schon in den ersten Lebensmonaten häufig
genitale Aktivität vorkommt, besonders bei übermäßiger Stimulierung

oder Frustration. Es besteht kein Zweifel, daß eine derartige Aktivität mit der Entwicklung des ödipalen Konflikts in Zusammenhang gebracht werden sollte. Die meisten Analytiker sind jedoch der Ansicht, daß eine solche vorzeitige Aktivität zu Verzerrungen führt, und zwar sowohl in der Entwicklung früher Objektbeziehungen als auch zu pathologischen Varianten des späteren echten ödipalen Konflikts. Im allgemeinen hält man es für unwahrscheinlich, daß ödipale Phantasien von der Art, wie Melanie Klein sie postuliert, mit dem allgemeinen Reifeniveau zu der Zeit, der sie sie zuordnet, vereinbar sind. Die Phantasien selbst jedoch, die Melanie Klein beschreibt (1932), sind von Edith Jacobson (1946), Beata Rank (1949) und anderen bestätigt worden; sie schreiben sie aber einer Wiederbelebung früherer, weniger spezifischer Phantasien zu und deuten sie nicht als Beweise für das Vorkommen solcher Phantasien in der Frühperiode selbst.

An dieser Stelle ist es vielleicht nützlich, auf die sehr reale Bedeutung gewisser Beobachtungen von Melanie Klein hinzuweisen.

1. Ihre Erkenntnis der wichtigen Rolle der Aggression im frühkindlichen Seelenleben ist von vielen anderen analytischen Beobachtern bestätigt worden.

2. Auch ihre Erkenntnis der Bedeutung von Objektbeziehungen, insbesondere der Bedeutung der frühen Mutter-Kind-Beziehung, zur Unterstützung des Kindes bei der Bewältigung seiner aggressiven Ängste und Phantasien, ist von einer Reihe von Kinderanalytikern weithin bestätigt worden.

3. Die Beziehung von Schwierigkeiten im Zusammenhang mit der Mutter mit frühen despressiven Tendenzen ist auch von anderen Autoren aufgezeigt worden. Hier ist vielleicht besonders die Arbeit von René Spitz (1946) in New York und von Beata Rank und ihren Mitarbeitern in Boston (Rank, 1949; Rank und MacNaughton, 1950) zu erwähnen.

4. Melanie Kleins frühe Erkenntnis, daß die Angst eine Rolle als Ansporn der Entwicklung spielt, ihre Erkenntnis der Rolle der Symbolbildung im Spiel der frühen Kindheit, in frühen Phantasien und in der Entwicklung der Sublimierung ist von höchster Wichtigkeit.

Unter dem Gesichtspunkt der Tiefe klinischer Beobachtungen besteht daher kein Zweifel daran, daß Melanie Klein zu unserem Wissen sehr wertvolle Beiträge geleistet hat. Es ist jedoch bemerkenswert, daß die Beiträge, die am annehmbarsten erscheinen und am leichtesten in das allgemeine Begriffssystem der analytischen Theorie zu integrieren wären, eher Inhalte betreffen als Konzepte. Durch ihr Erkennen der Rolle von Aggression und introjektiven und projektiven Mechanismen hat Melanie Klein unser Wissen über das frühkindliche Phantasieleben bereichert. Sie hat auch gezeigt, daß viele der animistischen, angsterregenden Phantasien und Wahnvorstellungen, die uns aus der Geistesverfassung psychotischer Patienten so vertraut sind, aus einer frühen Lebenszeit stammen, wenn auch möglicherweise nicht aus einer so frühen, wie sie annimmt.

Diese Bemerkungen können wir nun erweitern durch eine eingehendere Betrachtung der Beziehung zwischen Melanie Kleins (1948) Ansichten über Aggression und, erstens, den neueren Abhandlungen von Hartmann, Kris und Loewenstein (1949) und Anna Freud (1949), und zweitens Freuds Theorie vom Todestrieb (1920). Es wird so vielleicht möglich sein, die Notwendigkeit anschaulich zu machen, zwischen Aussagen über Inhalte und Aussagen über die fundamentale begriffliche Orientierung zu unterscheiden, ebenso, anzugeben, in welchem Maß abstrakte Formulierungen fundamentaler Konzepte mit im wesentlichen divergenten Deutungen von Inhalten vereinbar sein können. Dies läßt sich zuerst veranschaulichen durch spezifische Bezugnahme auf die Abhandlung »Anmerkungen zur Theorie der Aggression« (Notes on the Theory of Aggression) von Hartmann, Kris und Loewenstein (1949); hier kann man zeigen, wie eng die in dieser Abhandlung vorgelegten abstrakten Konzepte sich mit vielen Aussagen Melanie Kleins korrelieren lassen.

Wir haben schon gesagt, daß Melanie Klein sich in ihren Analysen psychisch gestörter Kinder und Psychotiker immer mehr der Bedeutung aggressiver Phantasien und der tiefen Ängste bewußt wurde, die aus ihnen entstanden. Sie erkannte, daß der Konflikt zwischen Liebe und Haß und die daraus hervorgehenden Schwierigkeiten beim Herstellen einer guten Objektbeziehung in der Frühentwicklung eine entscheidende Rolle spielten. Wir haben diese Fragen schon im 5. Kapitel besprochen. Wir wollen hier die früher erörterten Fragen in bezug auf ihre Ansicht über den Zeitpunkt dieser Konflikte nicht behandeln, und es gehört auch nicht hierher, eingehend zu besprechen, ob die Aggressionstriebe in erster Linie gegen das Selbst oder die Außenwelt gerichtet sind. In diesem Zusammenhang bemerken wir, daß Hartmann, Kris und Loewenstein (1949), wie Anna Freud (1949) in ihrer Abhandlung über dieses Thema, ebenfalls eine Erörterung dieses Aspekts vermeiden und die Arten der von Aggression hervorgerufenen Konflikte und die verschiedenen Mittel betrachten, durch die die Ziele der Aggression modifiziert werden. Sie weisen hier auf vier Haupt-Konfliktarten hin: 1. Aggression und Libido können in Konflikt geraten, wenn beide Triebe ihre Besetzung auf das gleiche Objekt richten

(Triebkonflikt). 2. Die Reaktion des Objekts auf Versuche, aggressive Akte zu vollführen, kann das Individuum gefährden (Konflikt mit der Realität). 3. Diese Gefahr kann von dem Ich, das teilweise schon mit dem Objekt identifiziert ist, vorausgeahnt werden, und das Ich kann sich dem Vollzug aggressiver Akte widersetzen (struktureller Konflikt unter Beteiligung des Ichs). 4. An dem Konflikt können moralische Werte beteiligt sein (struktureller Konflikt mit Beteiligung des Über-Ichs).

Ich möchte diese allgemeinen begrifflichen Aussagen in bezug auf Melanie Kleins Formulierungen aufnehmen.

1. Hartmann, Kris und Loewenstein (1949) nehmen Bezug auf den Triebkonflikt, der entsteht, wenn Aggression und Libido auf das gleiche Objekt gerichtet sind. Sie schreiben die Relation der Objektentwicklung der Verschmelzung von Aggression und Libido zu und weisen auf die Bedeutung der Libidoentwicklung für die Schaffung guter Objektbeziehungen hin. Melanie Klein macht viele Aussagen, die theoretisch mit dieser Formulierung vereinbar sind. Sie sieht vorübergehend davon ab, in welch' hohem Maß sie die frühe Angst auf den Todestrieb zurückführt, und weist ebenfalls auf die Beziehung der Ambivalenz zum Triebkonflikt hin, und in ihrem Konzept von der depressiven Position wird ausdrücklich auf eine Libidoentwicklung Bezug genommen, die bei befriedigendem Verlauf zur Schaffung guter Objektbeziehungen führen sollte, wenn sie auch durch die fortgesetzte Aktivität der Aggression und der sie begleitenden Angst bedroht sein mögen.

2. Hartmann, Kris und Loewenstein (1949) erörtern, unter der Kategorie »Konflikt mit der Realität«, Gefahren, die infolge aggressiver Akte auftreten können, welche auf seiten des Objekts eine Vergeltung hervorrufen. Sie sagen nicht deutlich, wie weit dieser Konflikt mit der Realität als reale Gefahr angesehen werden sollte, und wie weit die Angst vor Vergeltung auf das Reich der Phantasie beschränkt sein kann. Sie berücksichtigen jedoch die Möglichkeit, daß der Säugling auf Impulse der Vergeltung oder der Feindseligkeit reagiert, die dem Objekt vielleicht gar nicht bewußt sind, so daß ihre Arbeit sich hier nicht nur mit der Melanie Kleins vergleichen läßt, sondern auch mit Beata Ranks Aussagen über die Ursachen vieler traumatischer Situationen in der frühen Kindheit. Zwar wird Melanie Kleins Darstellung der frühen Angstsituation in bezug auf ihre inneren Ursachen von ihrer eingehenderen Beschäftigung mit der Rolle des Triebkonflikts und innerer Objekte getönt, aber es scheint keinen ernsthaften begrifflichen Konflikt zwischen ihren Ansichten und denen von Hartmann, Kris

und Loewenstein zu geben. Beide nehmen Bezug auf die mit Furcht vor Vergeltung verbundene Gefahrsituation, die infolge des Ausdrucks aggressiver Impulse eintritt; beide erkennen, daß diese Befürchtungen durch projektive Mechanismen gefärbt sein können. Die Unterscheidung zwischen den beiden Ansichten ist also nicht so sehr von verschiedenen Auffassungen der Mechanismen abhängig, mit deren Hilfe die Realität bewältigt wird, sondern von verschiedenen Prämissen über die Rolle der äußeren und inneren Realität in der seelischen Entwicklung. Ich werde später zu dieser Frage zurückkehren.

3. Hartmann, Kris und Loewenstein (1949) sprechen von einem strukturellen Konflikt unter Beteiligung des Ichs in einer Situation, wo das Ich sich wegen seiner Identifizierung mit dem Objekt dem Vollzug aggressiver Akte widersetzt. Auch hier sehen wir wieder eine Aussage über ein allgemeines Konzept, das mit einigen der spezifischeren Formulierungen Melanie Kleins vereinbar ist. Man ist sich allgemein darüber einig, daß die Ich-Grenzen in den ersten Lebensmonaten fließend sind. Die enge Beziehung zwischen Introjektion und Identifizierung ist nicht nur von Melanie Klein hervorgehoben worden, sondern auch von Hartmann, Kris und Loewenstein. Es ist daher klar, daß die Angst, ein Objekt zu zerstören, mit dem das Ich zumindest teilweise identifiziert ist, sehr große Ähnlichkeit mit Melanie Kleins (1935) Auffassung von der depressiven Angst hat, wo sie so deutlich die Angst des Säuglings beschrieben hat, seine aggressiven Impulse könnten die Zerstörung des guten inneren Objekts zur Folge haben. Die Identifizierung mit diesem Objekt ist unweigerlich eng mit der frühen Ich-Entwicklung verbunden.

Schließlich sprechen Hartmann, Kris und Loewenstein von dem strukturellen Konflikt, an dem das Über-Ich beteiligt ist. Hier betrifft die Unvereinbarkeit ihrer Ansichten mit denen Melanie Kleins nicht die begriffliche Beschreibung des Konflikts, sondern vielmehr die Art und die Zeit der frühen Über-Ich-Entwicklung (siehe 5. Kapitel). Der Hauptpunkt, der hier zu unterstreichen ist, ist die Vereinbarkeit der begrifflichen Aussage mit Melanie Kleins Anschauungen, besonders soweit sie die Beziehung eines strengen Über-Ichs zum fortdauernden Wirken unbewältigter aggressiver Phantasien und Impulse betrifft.

Da wir diese Aussagen aus dem Gesamtzusammenhang der Abhandlung herausgelöst haben, sollte man die hier vorgeschlagene Korrelation nicht allzu buchstäblich nehmen. Eine echte Entsprechung wäre nicht nur abhängig von den möglichen Schicksalen eines Triebes, in diesem Fall der Aggression, sondern auch noch von anderen Grundannahmen über das Wesen und die Entwicklung des Individuums insgesamt. Hier besteht z. B. ein grundlegender Unterschied zwischen den beiden Ansichten in bezug auf die relative Bedeutung der inneren und der äußeren Realität. Für Melanie Klein ist die innere Realität primär, und die Anpassung an die Außenwelt ist abhängig von der Bewältigung der inneren Welt. Hartmann, Kris und Loewenstein andererseits haben der selbständigen Entwicklung der Realitätsanpassung viel Aufmerksamkeit zugewandt; sie würden nicht der Ansicht zustimmen, daß Ich-Funktionen zu jedem Zeitpunkt von einer spezifischen Bewältigung eines inneren Konflikts abhängig sind. Anna Freuds Stellung scheint in der Mitte dazwischen zu liegen. Melanie Klein legt offenkundig wenig Gewicht auf die Rolle der Reifung; im Gegensatz dazu kümmern sich Hartmann, Kris und Loewenstein sehr stark um diesen Aspekt der seelischen Entwicklung. Trotz diesen wichtigen Überlegungen scheint es, als seien ihre allgemeinen Formulierungen über den Aggressionstrieb, wie die Anna Freuds, nicht grundsätzlich unvereinbar mit Melanie Kleins Ansicht.

Wenn man jedoch versucht, Melanie Kleins Ansichten von der Aggression zur Natur des Todestriebes in Beziehung zu setzen, tauchen schwierigere begriffliche Probleme auf. Freuds (1920) Auffassung vom Todestrieb war, wie bekannt, im Grunde eine biologische Spekulation, die wahrscheinlich nicht eigentlich in den Bereich der psychoanalytischen Theorie hineingehört. Nach dieser Anschauung war der Todestrieb eng verwandt mit der Tendenz der organischen Materie, zu einem anorganischen Ruhezustand zurückzukehren. Die Beziehung dieser Tendenz zu nach außen gerichteten aggressiven Impulsen und sogar zu auf das Selbst gerichteten zerstörerischen Impulsen aktiver Art ist höchst spekulativ und umstritten. Anna Freud (1949) z. B. spricht zwar von selbstzerstörerischem Verhalten bei bestimmten Krankheitszuständen in der Kindheit, aber sie hütet sich, auf dieser Grundlage theoretische Hypothesen aufzustellen. Hartmann, Kris und Loewenstein nehmen eine ähnliche Haltung ein. Melanie Klein hat jedoch Freuds biologische Auffassung vom Todestrieb modifiziert, um ein Konzept von zwei Grundtrieben vorzulegen, nämlich der Libido und des Todestriebes, mit dem Satz, der Todestrieb müsse als eine aktive selbstzerstörerische Tendenz betrachtet werden, die vom Anfang des Lebens an wirksam sei. Auf Grund dieser Annahme weist Melanie Klein auch darauf hin, Angst komme von der Furcht vor dem Todestrieb, und sie entwickelt aus dieser Aussage weitreichende Schlußfolgerungen sowohl in bezug auf das Wesen der Angst als auch in bezug auf die Bedeutung oder den Inhalt des frühkindlichen seelischen Konflikts. Hier müssen wir eine Deutung fundamentaler analytischer Konzepte einer ganz anderen Art betrachten, als es die Anschauungen von der Rolle der Aggression sind, von denen wir schon gesprochen haben. Hinsichtlich der letzteren geht es Melanie Klein hauptsächlich um eine Erweiterung unseres Wissens von seelischen Inhalten, das ein tieferes Verständnis der Rolle der Aggression im frühkindlichen Seelenleben einschließen soll.

Wir haben gezeigt, daß viele ihrer Aussagen über frühkindliche seelische Konflikte und das Wesen der Ambivalenz völlig vereinbar sind mit den allgemeinen Konzepten von der Theorie der Aggression, die Hartmann, Kris und Loewenstein (1949) und auch Anna Freud (1949) formuliert haben. Es ist jedoch klar, daß ihre Arbeit viel umstrittener ist, wo sie ihr eigenes theoretisches Bezugssystem erweitert, um ihre Feststellungen auf der Grundlage eines aktiven Todestriebes zu erklären. Hier hat sie das Gebiet der Bearbeitung von Inhalten verlassen und ist in das des begrifflichen Bezugssystems eingetreten. Während also ihre Bearbeitung von Inhalten nicht notwendig umstritten ist, muß man ihr begriffliches Vorgehen als etwas betrachten, das in Frage zu stellen ist, da sie eine Auffassung vom Todestrieb als fundamental hinstellt, die selbst als höchst spekulativ anzusehen ist und die im allgemeinen Rahmen des psychoanalytischen Denkens nicht leicht zu akzeptieren ist.

Wie bereits gesagt: Ein wesentlicher Zug der Arbeit Melanie Kleins ist das Gewicht, das sie der inneren im Vergleich zur äußeren Realität in den Frühphasen der Entwicklung zuschreibt. Ihre Anschauungen über diese Frage sind eng verbunden mit ihren Prämissen in bezug auf die Grundtriebe. Die überwältigende Bedeutung, die nach ihrer Meinung angeborenen destruktiven Impulsen zukommt, die, wie sie glaubt, als innere Drohung vom Anbeginn des Lebens an vorhanden sind, zusammen mit ihrer Annahme, die destruktiven Impulse folgten in ihrer Entwicklung der Libido-Fixierung an erogene Zonen, erklärt ihre intensive Beschäftigung mit den Gefahren der Introjektionsprozesse in der frühen oralen Phase. Dies ist einer der Gründe, warum Melanie Klein und ihre Anhänger (1952) die relativ beherrschende Bedeutung der inneren Realität in der Frühentwicklung und die damit zusammenhängende Annahme so betonen, Introjektion und Projektion seien in den ersten Lebensmonaten die hauptsächlichen, wenn nicht die einzigen seelischen Mechanismen. Hartmann, Kris und Loewenstein (1949) weisen jedoch darauf hin, daß unser gegenwärtiger Wissensstand es uns nicht erlaubt, das Postulat anzunehmen, abwechselnde Prozesse der Introjektion und Projektion seien die einzig mögliche Erklärung von Konflikten in der frühesten Kindheit, und sie sind auch nicht der Ansicht, die Rolle dieser Prozesse sei einzig inneren Kräften zuzuschreiben. Hier stellen sie die wichtige und vielerörterte Frage nach der Rolle der äußeren Realität und nach dem Maß, in dem aggressive Reaktionen eher auf Frustration als auf angeborene destruktive Tendenzen zurückzuführen sind.

»... Ohne das Problem zu erörtern, ob auf destruktive Ziele gerichtete Triebe zur Grundausrüstung des Menschen gehören oder nicht, kann man sich mit der Annahme begnügen, daß in den frühesten Lebensphasen des Säuglings jeder Übergang von Verwöhnung zu Vernachlässigung die Tendenz hat, aggressive Reaktionen hervorzurufen... Nach dieser Aussage können alle menschlichen Beziehungen auf die Dauer durch den Umstand getönt sein, daß die frühesten Liebesbeziehungen im Leben des Kindes zu einer Zeit entstehen, in der diejenigen, die das Kind liebt, auch diejenigen sind, denen es Verwöhnung und Vernachlässigung zu danken hat.« (Hartmann et al., 1949)

Nach dieser Ansicht muß also die Beziehung der Aggression zu äußerer Frustrierung berücksichtigt werden. Anna Freud (1949) geht das gleiche Problem von einem anderen Aspekt aus an. Sie meint, die Existenz angeborener aggressiver Tendenzen müsse man akzeptieren. Die Bemeisterung dieser aggressiven Impulse ist nach ihrer Ansicht, wie nach der Melanie Kleins (trotz ihrer etwas verschiedenen Orientierung in anderer Hinsicht), abhängig von der Verschmelzung von Libido und Aggression. Wenn die äußere Umgebung keine angemessenen Objekte für die libidinöse Befriedigung bietet, wird die Lösung dieser Aufgabe erschwert; das führt zum Erscheinen unneutralisierter aggressiver Tendenzen.

Es ist klar, daß wir uns hier in einem Bereich befinden, wo allgemeines begriffliches Denken notwendigerweise etwas spekulativ sein muß, denn die relative Bedeutung von Objektbeziehungen ist immer noch eine umstrittene Frage. Wie gesagt, Melanie Klein legt das Hauptgewicht auf innere Faktoren; äußere Faktoren werden dadurch aber nicht auf eine unmaßgebliche Rolle verwiesen. Susan Isaacs nimmt z. B. in ihrer wichtigen Arbeit über »Das Wesen und die Funktion der Phantasie« (»The Nature and Function of Phantasy«) ausdrücklich Bezug auf die Rolle der von außen kommenden Frustrierung als Reiz für die Entwicklung. Sie sagt:

»... Enttäuschung kann der erste Reiz zu einer angepaßten Annahme der Realität sein, aber der Aufschub von Befriedigung und die Ungewißheit, die zu den komplizierten Lern- und Denkprozessen hinsichtlich der äußeren Realität gehören, die das Kind durchmacht,... können nur ertragen und durchgehalten werden, wenn, in Phantasien, auch Triebbedürfnisse befriedigt werden. Das Lernen ist abhängig vom Interesse, und das Interesse wird gespeist durch Begehren, Neugier und Furcht – besonders durch Begehren und Neugier.« (1948, S. 108)

Dieses Zitat zeigt, welcher Unterschied der Betonung zwischen den beiden Arten des Vorgehens besteht. Hartmann, Kris und Loewenstein (1949) zeigen deutlich, daß Frustrierung durch ein geliebtes Objekt höchst bedeutungsvoll ist. Susan Isaacs, die sich mit dem gleichen Problem befaßt, betont die Bedeutung einer solchen Enttäuschung im Hinblick auf schon bestehende Phantasien. Mit anderen Worten, es besteht ein impliziter Unterschied zwischen Frustration als *Quelle* des Konflikts und Frustration, die im Licht bereits vorhandener Konflikte und unbewußter Phantasien gedeutet wird. Die relativ starke Betonung der letzteren unterscheidet Melanie Klein und ihre Anhänger von den orthodoxeren Freudianern.

Es ist wichtig, sich klarzumachen, welch' enge Beziehung zwischen Melanie Kleins Ansichten über Introjektion und Projektion, ihren Annahmen über das Wesen des Todestriebes und ihrer Auffasssung von der Rolle der äußeren Realität besteht. Da sie die Angst ausdrücklich als Reaktion auf den Todestrieb definiert, muß sie inneren Gefahrsituationen entscheidende Bedeutung beimessen. Da sie außerdem postuliert, Introjektion und Projektion seien die hauptsächlichen, wenn nicht die einzigen Abwehrmechanismen, die in den ersten Lebensmonaten wirksam seien, ist relativ leicht zu verstehen, wie stark nach ihrer Meinung das Realitätserleben des Kindes von seinen inneren Kämpfen beeinflußt sein muß. Außerdem erklärt der Nachdruck, mit dem hier betont wird, eine innere Gefahrsituation sei vom Anbeginn des Lebens an wirksam, warum der progressiven Internalisierung besserer Objekte als entscheidendem Faktor der frühkindlichen Entwicklung so große Bedeutung beigemessen wird. Wenn Melanie Klein von inneren Objekten spricht, geht es ihr im Grunde um die Inhalte der inneren Phantasien über das Wesen der inneren Welt. Die Beziehung dieser Phantasien zur aktuellen Umweltsituation ist eher implizit als explizit. Außerdem scheint ihre Betonung einer frühen Differenzierung zwischen Mechanismen der Projektion und der Introjektion eine gewisse Differenzierung zwischen äußeren und inneren Phänomenen vom Anfang des Lebens an zu implizieren. Es ist daher schwierig, einige ihrer Ansichten mit den Freudschen Grundkonzepten von der frühen Entwicklung des Ichs und des Realitätssinnes in Beziehung zu setzen. David Rapaport (1967) z. B. hat betont, wie entscheidend wichtig das Erreichen einer Differenzierung zwischen äußerer und innerer Realität für die Ich-Entwicklung ist. Er sieht die Internalisierung der Realität als eins der entscheidenden Merkmale der Ich-Funktion an. Auch Heinz Hartmann (1950) spricht davon, daß der psychische Apparat die Fähigkeit entwickeln müsse, innere Konflikte zu erkennen. Beide Autoren erörtern jedoch dieses Problem auf einer abstrakten Ebene und nehmen wenig oder gar nicht Bezug auf die expliziten Phantasien, die für die Frühphasen der psychischen Entwicklung kennzeichnend sind. Das Wesen psychischer Konflikte in den ersten Lebensmonaten ist natürlich immer noch ein umstrittenes Problem. Auf der einen Seite scheint Melanie Kleins Betonung der inneren Situation, wobei zugleich eine ausreichende Differenzierung zwischen innen und außen impliziert wird, um zwischen Mechanismen der Projektion und der Introjektion unterscheiden zu können, die Rolle der äußeren Realität und den entscheidenden Schritt, den die Unterscheidung zwischen äußerer und innerer Realität für die Ich-Entwicklung bedeutet, nicht genügend zu berücksichtigen. Auf der anderen Seite berücksichtigt der abstrakte, begriffliche Ansatz Hartmanns und Rapaports, der zwar als Bezugssystem äußerst nützlich ist, vielleicht die mögliche Rolle des frühen Phantasielebens in der Säuglingsentwicklung nicht in ausreichendem Maß.

In diesem Zusammenhang wird klar, daß theoretische Prämissen über Wesen und Funktion der Phantasie entscheidend sind. Im besonderen kommen wir hier auf das Grundproblem der Beziehungen zwischen Realitätsdenken, autonomen Ich-Funktionen und ihren unbewußten Quellen. Hartmann (1950) weist zwar sehr deutlich auf die Art hin, wie unbewußte Phantasien das Denken des Sekundärvorgangs und die Realitätsanpassung des Ichs stören können, trotzdem nimmt er das Konzept von einem konfliktfreien, autonomen Ich sehr wichtig. In seiner Aussage scheint impliziert zu sein, daß konfliktfreie oder autonome Ich-Funktionen relativ, wenn nicht absolut unabhängig von unbewußten Inhalten sind. Andererseits stellt Susan Isaacs fest:

»...Nach unserer Ansicht kann es ohne gleichzeitige und unterstützende Phantasien kein Realitätsdenken geben. ... Der Umstand, daß Phantasiedenken und Realitätsdenken, wenn sie voll entwickelt sind, deutlich unterschieden sind, bedeutet nicht notwendigerweise, daß das Realitätsdenken ganz unabhängig von unbewußten Phantasien abläuft.« (1948, S. 108 f.)

Das würde bedeuten, daß für Melanie Klein und ihre Anhänger keine psychische Tätigkeit, so funktionell frei sie auch sein mag, ganz von unbewußten Bedeutungen losgelöst sein kann. Phantasie ist, nach Susan Isaacs, »der psychische Ausdruck des Triebes«; Phantasien spielen daher von Anfang an im Seelenleben eine beherrschende Rolle. Nach dieser Ansicht erschiene Hartmanns Konzept von der neutralisierten Triebenergie relativ unannehmbar. Die Verfügbarkeit dieser Energie würde anscheinend nicht in erster Linie von Neutralisierung abhängen, sondern vielmehr von der Bedeutung der Betätigung als einer Befriedigung unbewußter Phantasien. Freiheit der Betätigung wäre, kurz gesagt, von unbewußten Phantasien abhängig, die der offenkundigen Betätigung einen unbewußten Wert verleihen. Es scheint, als betone Hartmann im Gegensatz dazu die Neutralisierung als ein Mittel, um die Triebenergie von ihren unbewußten Ursachen zu befreien, so daß sie für das Ich frei verfügbar wird.

Hier haben wir es anscheinend mit einer echten Meinungsverschiedenheit in bezug auf fundamentale Auffassungen vom Wesen des psychischen Apparats zu tun. Wenn auch hier am Gegensatz zwischen Hartmann und Melanie Klein Extreme dieses Unterschiedes veranschaulicht werden, könnte das Problem doch sehr wohl für die Entwicklung der psychoanalytischen Theorie im allgemeinen entscheidend werden. Hartmanns Auffassung, die mit Freuds Hinweisen in »Die endliche und die unendliche Analyse« (1937) auf die Möglichkeit angeborener Ich-Attribute in Verbindung steht, betont die relative Unveränderlichkeit und Autonomie bestimmter Ich-Funktionen. Melanie Klein nimmt im Gegensatz dazu an, die unbewußte Bedeutung jeder psychischen Aktivität lasse sich letzten Endes auf Trieb-Ursachen und damit verbundene unbewußte Phantasien zurückverfolgen. Wenn man Melanie Kleins Werk in das Hauptgebäude der analytischen Theorie einbeziehen soll, ist es offensichtlich unerläßlich, daß sie klarer zu erkennen gibt, wie nach ihren Grundprämissen echte Realitätsprüfung und Denken nach dem Sekundärvorgang zu verstehen sind, wie angeborene Faktoren verschiedene Phasen der psychischen Entwicklung beeinflussen und welche Rolle die Reifung in verschiedenen Entwicklungsstadien spielt. Andererseits mag zwar Hartmanns Konzept von konfliktfreien autonomen Ich-Funktionen unter begrifflichem und deskriptivem Blickwinkel wertvoll sein, es erscheint aber trotzdem wünschenswert, diese Formulierungen enger mit einer eingehenden Beschreibung des Zusammenhangs zwischen Neutralisierung und spezifischen Phantasien und Konflikten in Beziehung zu setzen.

Diese Korrelation von Konzept und Inhalt ist nicht nur unter theoretischem, sondern auch unter klinischem Aspekt wichtig. Das Konzept von autonomen Ich-Funktionen, die von unbewußten Bedeutungen relativ abgelöst sind und möglicherweise aus angeborenen Quellen aufsteigen, führt wahrscheinlich zu einer relativen Skepsis hinsichtlich der Möglichkeit, größere Veränderungen der Charakterstruktur herbeizuführen. Unter gewissen Umständen könnte diese Anschauung möglicherweise eine Haltung des Pessimismus und das Akzeptieren begrenzter Therapieziele fördern. Im Gegensatz dazu kann die extreme Betonung der

Triebgrundlage oder der unbewußten Bedeutung aller Ich-Attribute durch Melanie Klein und ihre Anhänger und die damit verbundene Tendenz, zu glauben, die meisten, wenn nicht alle diese Attribute müßten auf Psychoanalyse ansprechen, unter gewissen Umständen einen übermäßigen Optimismus fördern und es erschweren, nach vielen Jahren intensiver Behandlung einen Mißerfolg zu akzeptieren. Wenn auch, wie wir schon gesagt haben, die Folgen extremer Einstellungen in jeder Richtung zum Zweck der Verdeutlichung herangezogen werden, gibt es doch Anzeichen dafür, daß Unterschiede im therapeutischen Vorgehen, die einerseits auf der relativen Betonung angeborener oder autonomer Ich-Merkmale oder andererseits ungelöster unbewußter Konflikte beruhen, eine höchst wichtige und offene Frage in der Psychoanalyse sind.

Gemäß dem Thema dieses Kapitels haben wir es hier jedoch nicht nur mit dem Verhältnis zwischen Konzept und Inhalt zu tun, sondern auch mit dem Einfluß von Grundkonzepten auf Probleme der klinischen Anwendung und Validierung. Es ist natürlich unvermeidlich, daß in der klinischen Praxis der Psychoanalyse theoretische Hypothesen die klinische Interpretation beeinflussen. Es ist jedoch höchst wichtig, eine möglichst klare Unterscheidung zwischen Deutungen zu treffen, die auf dem Verstehen des Inhalts unbewußter Konflikte beruhen, und solchen, die auf Konzept-Hypothesen beruhen. Melanie Kleins Werk z. B. zeigt sehr deutlich, in welchem Maß Konzept-Hypothesen die Inhaltsdeutung beeinflussen können. Die Abhandlung von Susan Isaacs (1948) über die Phantasie macht diese komplizierte Wechselbeziehung sehr deutlich. In ihren allgemeineren Einführungsbemerkungen über Wesen und Funktion der Phantasie, in ihren Beispielen aus dem Bereich der allgemeinen Psychologie und in ihrer Besprechung der Ansichten Freuds macht sie Beiträge zu unserem begrifflichen Bezugssystem, die viele Analytiker als gültig und bedeutungsvoll ansehen. Sobald sie jedoch Inhalte erörtert, führt der Umstand, daß sie implizit Melanie Kleins Auffassung vom Todestrieb und ihr Konzept von einem komplexen angeborenen Wissen übernimmt, zu Aussagen über die spezifischen Inhalte sehr früher Phantasien, die viele Psychoanalytiker unannehmbar finden.

Ein genaues Studium der Werke jener Analytiker, die so wertvolle Beiträge zur Neuformulierung analytischer Grundkonzepte geleistet haben, zeigt, daß es für eine derartige Neuformulierung von Vorteil ist, den psychischen Apparat des Individuums isoliert zu betrachten. Das soll nicht heißen, das Bedürfnis nach einem Objekt als Mittel der Triebbefriedigung werde vernachlässigt, sondern nur, daß das Freudsche Konzept vom primären Narzißmus und Autoerotismus als Modell der psychischen Struktur in der Frühzeit des Lebens beibehalten wird. Die Übernahme dieser Prämisse macht es möglich, die seelische Entwicklung so zu betrachten, daß sie ein ganz langsames Wachsen des Ichs, des Realitätssinns und echter Objektbeziehungen bedeutet. Auch die Neuformulierung von Freuds ursprünglichen Ansichten über den psychischen Apparat als Mittel zur Modifizierung und Steuerung von Trieben wird erleichtert.

Aus vielen Quellen haben wir jedoch immer mehr Beweise über die fundamentale Wichtigkeit der ganz frühen Objektbeziehungen bekommen. Wesen und Bedeutung dieser frühen Objektbeziehungen sind immer noch umstritten. Möglicherweise wird es sich als äußerst schwierig erweisen, die Bedeutung früher Objektbeziehungen gemäß unserem heutigen theoretischen Bezugssystem begrifflich zu erfassen. Ein vielversprechender theoretischer Ansatz zur Lösung dieses Problems scheint implizit in dem Werk Bertram Lewins (1950) über Träume enthalten zu sein. Er setzt hier an die Stelle der Regression auf den primären Narzißmus die Regression auf die primitivste Objektbeziehung. Aus diesem Versuch scheinen sich weitreichende Folgerungen zu ergeben. Wenn eine derartige theoretische Hypothese nicht aufgestellt werden kann, besteht zumindest die Möglichkeit – genau wie Freud seinen Versuch aufgeben mußte, seine psychologischen Feststellungen mit denen anderer Disziplinen zu korrelieren, wodurch er zu seinem entscheidenden Schritt veranlaßt wurde, das Konzept vom seelischen Apparat aufzustellen –, daß es mit unserer zunehmenden Erkenntnis von der Wichtigkeit von Objektbeziehungen vom Beginn des Lebens an notwendig werden könnte, unser begriffliches Bezugssystem so zu modifizieren, daß es die Objektbedürfnisse des menschlichen Säuglings voll berücksichtigt. In diesem Zusammenhang werden wir uns auch unweigerlich mit einer Bewertung der psychologischen Bedeutung dieser frühen objektiven Erfahrungen konfrontiert sehen, wobei sich möglicherweise zeigen wird, daß die Ansichten von Susan Isaacs über Wesen und Funktion der Phantasie hervorragende Bedeutung bekommen. Kurz gesagt, es mag inadäquat sein, ein Konzept vom primären Narzißmus beizubehalten und damit das Fehlen einer Differenzierung zwischen Mutter und Kind in den ersten Lebenstagen zu verbinden. So wünschenswert dies im Hinblick auf eine kohärente Theorie auch sein mag, könnte sich dennoch erweisen, daß sich psychoanalytische Wahrheit in abstrakten Begriffen, die auf dem individuellen psychischen Apparat beruhen, nicht adäquat ausdrücken läßt. Hier haben wir es möglicherweise mit einer unübersteigbaren Grenze des begrifflichen

Vorgehens zu tun. Diese Aussage kann jedoch an diesem Punkt verfrüht sein, da wir erstens die Möglichkeiten der begrifflichen Neuformulierung noch keineswegs ausgeschöpft haben, und da zweitens die Rolle von Objektbeziehungen in der frühesten Kindheit immer noch umstritten ist.

Eine verwandte, aber etwas andersartige Schwierigkeit bei der Formulierung abstrakter Konzepte betrifft Wesen und Funktion des Über-Ichs. Obwohl der begrifflichen Neuformulierung der Freudschen Theorie viele Schwierigkeiten innewohnen, wenn man Freuds Modell vom psychischen Apparat als Grundlage für eine eingehende Betrachtung der Ich-Struktur benützt, erscheinen diese Schwierigkeiten nicht als unüberwindlich, wie David Rapaport (1967) so deutlich zeigt. In bezug auf das Über-Ich scheint jedoch die begriffliche Neuformulierung bis jetzt auf eine Reihe von Schwierigkeiten gestoßen zu sein, von denen einige eng mit dem gegenwärtigen Stand unseres theoretischen Wissens verbunden sind. Die Aufmerksamkeit, die die meisten Analytiker in der Frühzeit der strukturellen Methode der Struktur und der Funktion des Über-Ichs geschenkt haben, wird heute in hohem Maß von der Beachtung des Ichs und seiner Abwehrmechanismen in den Hintergrund gedrängt. Das letztere ist relativ leicht in abstrakten Begriffen neu zu formulieren, die mit Freuds ursprünglichem Konzept vom seelischen Apparat in Verbindung stehen, aber das Über-Ich läßt sich weniger leicht in abstrakte Begriffe fassen. Edward Glover spricht vom gleichen Problem, wenn er sagt: »Das Konzept vom Über-Ich ist von Anfang bis Ende ein klinisches Konzept. Es hat seine Grundlage in der klinischen Analyse und behält stets eine klinische Nebenbedeutung. Man muß sorgfältig unterscheiden zwischen Beschreibungen des Über-Ichs und Theorien über seinen Ursprung« (1947, S. 489). Dies wird auch in der Abhandlung »Bemerkungen zur Bildung psychischer Struktur« (»Comments on the Formation of Psychic Structure«) von Hartmann, Kris und Loewenstein (1946) deutlich gezeigt. Wenn auch ihre Formulierung der früheren Periode und der Entwicklung von Ich-Funktionen im Grunde abstrakt und begrifflich bleibt, ist ihre Beschreibung der Über-Ich-Bildung im Hinblick auf eine spezifische bedeutungsvolle Situation formuliert, d. h. im Hinblick auf den ödipalen Konflikt. Kurzum, hier ist es bis jetzt nicht möglich gewesen, Konzept klar von Inhalt zu trennen. Eine volle Erörterung des Grundes für dieses Problem oder seines Wesens müßte eine eingehende Besprechung widersprüchlicher Ansichten über den Ursprung des Über-Ichs einschließen, die den Rahmen dieses Kapitels überschreiten würde. Wir haben das Problem hauptsächlich erwähnt, um zu zeigen, wie extrem schwierig es in bezug auf bestimmte Aspekte der analytischen Theorie ist, Inhalt und Konzept zu trennen.

Die extreme Wichtigkeit einer möglichst objektiven Formulierung unserer fundamentalen Konzepte ist nicht zu bezweifeln, und ich habe versucht zu zeigen, welche möglichen Hindernisse diesem Ziel entgegenstehen. Die im Grunde konkrete, subjektive Natur des Materials, mit dem wir es zu tun haben, führt zu realen Schwierigkeiten bei der klaren Trennung der Theorie von der Praxis. In diesem Kapitel geht es jedoch nicht in erster Linie um dieses grundlegende Problem. Unsere Theorie muß sich nach dieser Anschauung nicht nur um abstrakte Formulierungen kümmern, sondern auch um die Interpretation bedeutungsvoller Inhalte, die genügend allgemein sind, um in die Kategorie der Theorie einbezogen zu werden und nicht nur als spezifische klinische Beobachtungen bezeichnet werden können. Der Analytiker z. B. gründet seine Ableitungen ganz entschieden auf eine theoretische Hypothese dieser Art, wenn er bestimmte Symbole, ödipale Phantasien und anerkannte Konflikte der prägenitalen Periode deutet. Sowohl eine größere Tiefe als auch erweiterte Anwendungen unseres Wissens führen zu neuen Feststellungen hinsichtlich der Inhalte, die, so wertvoll sie sich auch als Quelle der Anregung und der Eröffnung neuer Einblicke ins Unbewußte erweisen mögen, doch mit dem allgemeinen Gebäude des analytischen Wissens verbunden werden müssen. Abgesehen von diesem Aspekt der psychoanalytischen Theorie ist jedoch die von Freud (1900) in der »Traumdeutung« angeregte Suche nach einem abstrakten begrifflichen Bezugssystem bis in die Gegenwart fortgesetzt worden, wie es in diesem Kapitel durch Bezugnahme auf die neuen Arbeiten von Hartmann, Kris, Loewenstein und Rapaport veranschaulicht wurde. Für den Fortschritt unseres Wissens ist einerseits wesentlich, daß hauptsächlich an den Inhalten interessierte Erweiterungen unserer Theorie in dieses allgemeine begriffliche Bezugssystem eingebaut werden. Ebenso wichtig ist das Bedürfnis, abstrakte, begriffliche Formulierungen zu Inhaltsdeutungen in Beziehung zu setzen. Dieses Bedürfnis nach wechselseitiger Korrelation ist nicht nur im Hinblick auf unser allgemeines theoretisches Wissen wichtig, sondern auch im Hinblick auf wichtige klinische Folgerungen. Die Beiträge Melanie Kleins, die wir in diesem Kapitel als Grundlage der Veranschaulichung verwendet haben, zeigen deutlich den Nachteil einer unzulänglichen Unterscheidung zwischen Inhalt und Konzept. Es ist bedauerlich, daß diese Verwirrung zu einer relativen Vernachlässigung vieler ihrer wertvollen Beiträge im Bereich der Inhalte führen mußte (siehe 5. Kapitel).

In diesem Kapitel möchte ich versuchen, einige Betrachtungen über die Beziehung zwischen Psychiatrie und Psychoanalyse zusammenzustellen, die in vorhergehenden Kapiteln explizit oder implizit enthalten waren. Da außerdem eine Erörterung der Psychotherapie unweigerlich Überlegungen über die Unterschiede zwischen verschiedenen Formen der Psychotherapie und der traditionellen Psychoanalyse mit sich bringt, werden auch

8
Die Beziehung zwischen Arzt und Patient in der Psychiatrie

Fragen berührt, die im zweiten Abschnitt dieses Buches eingehender behandelt werden sollen.

Die vorangehenden Kapitel in diesem Abschnitt beruhen nicht in erster Linie auf der klinischen Praxis der Psychoanalyse. Vielmehr haben wir die häufigsten Symptome von Patienten, die beim Psychiater Hilfe suchen, nämlich Angst und Depression, in bezug auf ihre Bedeutung in der Entwicklung untersucht. Die Fähigkeit, diese beiden Grundaffekte zu ertragen und zu bewältigen, ist in Bezug gesetzt worden zur Beurteilung von Patienten in einer großen Vielfalt klinischer Situationen. Hinsichtlich der Angst haben wir unterschieden zwischen primitiven Formen der von außen gesteuerten Trennungsangst und der reiferen, potentiell herausfordernden Angst, die als Signal einer inneren Gefahr auftritt. Bei der Depression haben wir eine ähnliche Unterscheidung getroffen zwischen der Depression, die gewissen Situationen der entwicklungs- oder situationsbedingten Belastung angemessen ist, und der Depression, die ein Anzeichen von Ausfällen in der Entwicklung ist. Im vorigen Kapitel haben wir die Bedeutung von Objektbeziehungen in der frühen Entwicklung des einzelnen Kindes betont. Im vorliegenden Kapitel hoffe ich diesen letzten Punkt zu erweitern, der nach meiner Ansicht für die Beziehung zwischen Arzt und Patient in der psychiatrischen Begutachtung und Behandlung höchst relevant ist.

Sowohl die Begutachtung als auch die Behandlung, welcher Art sie auch sein mag, findet im Rahmen der Zweierbeziehung statt. Eine Hauptthese dieses Kapitels lautet: Sowohl die Qualität als auch die Stabilität dieser Beziehung liefert unschätzbare Beweise für das Entwicklungsniveau, das der Patient erreichen kann. Die Beziehung zwischen Arzt und Patient ist zwar kein getreues Abbild des ursprünglichen Entwicklungsprozesses, aber sie beansprucht die Kräfte und offenbart die Schwächen bestimmter fundamentaler Attribute, die früh im Leben erworben worden sind. Außerdem ist keiner so reif oder stabil, daß diese Attribute nicht unter Bedingungen spezifischer Belastung untergraben werden könnten. Einige dieser Belastungen können, wie wir gleich besprechen werden, die therapeutische Situation begleiten. Da man schon lange weiß, daß eine begrenzte Regression ein wesentlicher Bestandteil der Übertragungsneurose in der Psychoanalyse ist, soll es ein Hauptziel dieses Kapitels sein, zwischen der Art von Regression zu unterscheiden, die letzten Endes Selbststeuerung und Anpassung fördert, und jenen Formen der Verdrängung, die vorher verfügbare Grundattribute des Ichs untergraben.

In den letzten Jahren hat sich die Psychiatrie (und verwandte Disziplinen) immer mehr einer Fülle von Anforderungen gegenüber gesehen, die an ihre Dienste gestellt werden. Man hat neue Techniken eingeführt, in der Hoffnung, sie könnten effektiv mit psychischen Problemen fertigwerden, die man nicht dadurch lösen kann, daß man allen Patienten, die psychologische Hilfe suchen, eine lange Einzelbehandlung und/oder Beratung und Betreuung anbietet. Kurzbehandlungen (also auf bestimmte Zeit begrenzte Behandlungen mit Techniken, die auf spezifische, begrenzte Ziele ausgerichtet sind) sind in vielen psychiatrischen Kliniken zunehmend beliebter geworden. Gruppentherapie und Familientherapie haben unter unseren technischen Verfahren einen berechtigten Platz gefunden. Sorgfältige und angemessene Anwendung der rasch anwachsenden Zahl pharmakologischer Erzeugnisse hat ihren wichtigen Platz in der Rehabilitierung vieler Menschen, die sonst vielleicht längere Zeit in die Klinik aufgenommen werden müßten. Gemeinschaftspsychiatrie *(community psychiatry)*, zu der prophylaktische Maßnahmen und verschiedene Methoden des indirekten Eingreifens gehören, ist in vielen Psychiatrie-Departments, psychiatrischen Vereinigungen und Ausbildungsprogrammen in den Vordergrund getreten.

Einige dieser Maßnahmen, z. B. die Entwicklung der Gruppentherapie, prophylaktische Auswahlverfahren und Kurztherapie während des Zweiten Weltkriegs, wurden ursprünglich durch Forderungen der Zweckmäßigkeit angeregt. Ihre spätere Weiterentwicklung und ihr Wiederaufleben in neuerer Zeit weisen jedoch darauf hin, daß sie sich in manchen Fällen vielleicht nicht nur als praktikabler erweisen, sondern manchmal auch als effektiver als intensive Einzelbehandlung in einer nicht begrenzten Behandlungssituation. Insofern die Psychoanalyse also als eine umfassende Disziplin aufzufassen ist, sollten Erfolg und Mißerfolg verschiedener Therapieansätze bezogen auf die Marksteine der psychischen Entwicklung des Individuums formuliert werden. Ein solches Verständnis kann erstens den Wert eines psychoanalytischen Ansatzes bei der Erstbeurteilung des Psychiatrie-Patienten beweisen. Es sollte zweitens bei der Auswahl der geeignetsten Behandlung für den einzelnen Patienten hilfreich sein. Es sollte uns schließlich befähigen, zu unterscheiden zwischen Erfolgen und Mißerfolgen, die weitgehend durch die positiven und negativen Kapazitäten des Patienten bestimmt sind, und jenen, die weitgehend auf den Umstand zurückzuführen sind, daß der Therapeut entweder in seiner persönlichen Interaktion mit dem Patienten oder in der Wahl der Technik, die den Bedürfnissen seines Patienten am besten angemessen gewesen wäre, versagt hat.

Es wird nötig sein, in diesem Kapitel die Hauptzüge der Zweierbeziehung noch einmal anzusehen. Dabei möchte ich hauptsächlich jene Aspekte der Arzt-Patient-Beziehung herausstellen, die eine befriedigende therapeutische Situation bestimmen. Die realen Faktoren dieser Beziehung müssen daher soweit wie möglich von Verzerrungen, Befürchtungen und unrealistischen Erwartungen unterschieden werden. Zur Betrachtung der letzteren gehört eine Differenzierung zwischen Verzerrungen, die beim Patienten auf eine reversible Dekompensation zurückzuführen sind, Verzerrungen, die auf Fehler in der Technik des Psychiaters zurückgehen, und jenen Verzerrungen, die so schwerwiegende oder irreversible Schwierigkeiten beim Patienten spiegeln, daß man sich fragen sollte, welche Ziele der Psychotherapie man mit Recht zu erreichen hoffen kann.

Ich habe schon darauf hingewiesen, daß bestimmte entscheidende Aspekte der endgültigen psychischen Struktur und Funktion im Rahmen der ursprünglichen Mutter-Kind-Beziehung ihre erste Prägung erfahren. Diese Attribute sind normalerweise während späterer Entwicklungskrisen einer gewissen regressiven Beeinträchtigung ausgesetzt (siehe 16. Kapitel). Wenn sie aber in den ersten Lebensjahren nicht mit Erfolg angelegt worden sind, muß man sich ernsthaft fragen, wieweit Psychotherapie im Jugendalter oder beim Erwachsenen dem schwer behinderten Menschen helfen kann, psychische Fähigkeiten zu erwerben, die nicht zur altersangemessenen Zeit angelegt worden sind. Mit anderen Worten: Wenn der Mensch nicht eine gewisse Fähigkeit zum Internalisieren und Sich-Identifizieren hat, wenn er nicht einen gewissen affektiven Schmerz erkennen und ertragen kann und wenn er nicht außerdem echt motiviert ist, mit Anpassung auf Herausforderungen der Entwicklung zu reagieren, kann man von seinem Potential, wahrhaft selbständig zu werden, nicht allzuviel erwarten.

Menschen mit schweren Entwicklungsausfällen sind nicht nur in ihrer Fähigkeit zur emotionalen Weiterentwicklung behindert, sie neigen

auch besonders zu regressiven Reaktionen auf Belastungen durch Umwelt und bestimmte Situationen. Bei dazu prädisponierten Menschen können derartige regressive Reaktionen zu den relativ irreversiblen Schädigungen führen, die die typischen Psychoseformen kennzeichnen. Hier weiß der Psychiater innerhalb relativ kurzer Zeit, daß er es mit einem äußerst schwierigen, wenn nicht unüberwindlichen therapeutischen Problem zu tun hat. Versuche, mit sehr gestörten Psychotikern eine Beziehung herzustellen, sind als wichtige und herausfordernde Lernerfahrungen in der psychiatrischen Ausbildung anzusehen. Solche Patienten bieten unschätzbare Beweise aus erster Hand für die Verzerrungen, das magische Denken und die Omnipotenzphantasien, die ihre Zweierbeziehungen beeinträchtigen. Viele von diesen Patienten können keine ausreichend vertrauensvolle Beziehung herstellen oder aufrechterhalten, um allmählich auf magische Erwartungen zu verzichten oder einige Begrenzungen durch die Realität zu akzeptieren. Diese Ziele können manchmal partiell erreicht werden. Dazu muß man jedoch über lange Zeit in diese Beziehung investieren; oft dehnt sie sich unendlich aus. Eine solche Behandlung kann man natürlich der großen Mehrheit der psychotischen Patienten in Anstalten nicht verschaffen. Man sollte sich außerdem klarmachen, daß medikamentöse Behandlung, die Herstellung einer adäquaten Struktur, Familien- und Gruppentherapie alles Maßnahmen sind, die mit einem auf die Entwicklung bezogenen Verständnis der endgültigen Ausfälle des Patient vereinbar sind. Solche Maßnahmen können wesentlich dazu beitragen, eine klinische Besserung herbeizuführen, d. h. Besserung oder Rehabilitierung. Sie können auch das Entstehen der extrem intensiven möglicherweise nicht mehr handhabbaren therapeutischen Situationen vermeiden helfen, die sich entwickeln können, wenn die Behandlung solcher Patienten ausschließlich auf eine Zweierbeziehung beschränkt ist.
Sowohl Entwicklungsausfälle als auch ein relativ irreversibler Prozeß kennzeichnen die bekannten Untergruppen der klinischen Schizophrenie, die natürlich mindestens zum Teil von genetischen Faktoren bestimmt sein können. Derartige Faktoren muß man auch bei manisch-depressiven Erkrankungen anerkennen. Ein entscheidendes, nicht genug erkanntes diagnostisches Problem hat mit der Unterscheidung zwischen psychotischen Patienten und solchen Menschen zu tun, die während Perioden der reifungs- oder situationsbedingten Belastung reversible regressive Prozesse durchmachen. Diese Patienten, die zu den Gruppen gehören, welche man gewöhnlich als Borderline-, schizo-affektive Charaktere oder primitive Hysteriker bezeichnet, leiden im typischen Fall an irgendeinem Entwicklungsausfall im Bereich der frü-

hen Zweierbeziehung. Sie neigen außerdem bei länger andauernder oder übermäßiger Belastung zu erheblicher Regression. Dies kann vorher verfügbare Ich-Funktionen untergraben, einschließlich der Fähigkeit, zwischen Phantasie und Realität zu unterscheiden. Im Gegensatz zu den Psychotikern ist bei ihnen eine solche Regression oft vorübergehend und vollständig reversibel. Diese Menschen zeigen sich später fähig, eine Zweierbeziehung herzustellen, die ihnen hilft, ihre früheren Fähigkeiten wieder zu mobilisieren. Solche Beziehungen sollten, aus Gründen, die wir gleich erläutern werden, sowohl in bezug auf ihre Ziele als auch ihre Intensität begrenzt werden. Wie schon im 6. Kapitel erwähnt, erfordert die für Patienten dieser Art angezeigte Therapie eine Konsolidierung und Reintegrierung früher erworbener Fähigkeiten im Rahmen einer stabilen Beziehung.

In manchen Fällen ist diese therapeutische Beziehung die erste wirkliche Beziehung, die der Patient jemals hergestellt hat. In Kombination mit dem früheren Entwicklungsausfall kann dies eine endgültige Beendigung der Behandlung schwierig, wenn nicht unmöglich machen. Die Fähigkeit des Patienten, eine echte Objektbeziehung herzustellen und aufrechtzuerhalten, hat sich gebessert. Die Fähigkeit, zu internalisieren und später echte Selbständigkeit zu erwerben, kann jedoch erheblich eingeschränkt bleiben. Nach meiner eigenen Erfahrung war eine Reihe von Patienten, die zu dieser Gruppe zählten, zur Aufrechterhaltung eines hohen Maßes an persönlicher und beruflicher Anpassung fähig, vorausgesetzt, der Psychiater blieb für gelegentliche Gespräche oder Beratungen greifbar. Diese Art der erweiterten, wenn auch nicht-intensiven Therapie wird oft als »nur stützend« abgewertet. Man darf jedoch sagen, daß ein auf beiderseitiger Anerkennung der Einschränkungen des Patienten auf einem bestimmten Gebiet beruhendes Arrangement erstens mit der Psychoanalyse als einer umfassenden Entwicklungspsychologie übereinstimmt. Außerdem bedeutet es eine Form der Behandlung, die mit wenig Aufwand an Geld, Zeit oder Mühe oft einen hohen Grad von Anpassung bei Menschen aufrechterhalten kann, die sonst vielleicht schwerkranke Psychiatrie-Patienten würden.

Sowohl die Erstuntersuchung als auch die effektivste Behandlung von Patienten, die zu dieser Kategorie zählen, bieten eine Reihe von Problemen. Wir haben schon erwähnt, daß eine reversible Regression anfänglich manchmal als Schizophrenie diagnostiziert wird. Ein Beispiel für diese nicht seltene Fehldiagnose haben wir im 1. Kapitel zitiert. In solchen Fällen sollte es für den begutachtenden Psychiater relativ leicht sein, zu dem Schluß zu kommen, die Tendenz des Patienten zur Regression deute auf einen schwerwiegenden Entwicklungsausfall hin.

Kurz gesagt, solche Patienten, wie die als »gute Hysteriker« bezeichneten (siehe 14. Kapitel), haben die fundamentalen Ich-Attribute, die
eine stabile Arzt-Patient-Beziehung fördern, nicht erworben. Zwar
mag der manifeste Inhalt ihrer verbalisierten Phantasien, wie in jenem
Fall, sowohl genital als auch ödipal erscheinen, aber diese symptomatische Fassade ist höchst irreführend. Wenn, wie in dem beschriebenen
Fall, der Patient so weit regrediert ist, daß man sich fragen muß, ob er
psychotisch ist oder nicht, wird der Psychiater vor den möglichen
Risiken gewarnt sein, die jedem Versuch einer länger dauernden oder
intensiven Psychotherapie innewohnen.
Jedoch besteht leider bei der Beurteilung vieler Patienten, die an einem
schwerwiegenden Entwicklungsmangel leiden, eine besondere Gefahr
in dem Umstand, daß sie zunächst beim Psychiater wegen einer Symptomatik Hilfe suchen, die deutlich überwiegend neurotisch, d. h. zwanghaft oder hysterisch erscheint. In solchen Fällen kann der psychoanalytisch orientierte Psychiater versucht sein, basierend auf dem Niveau
der Triebfixierung oder der Regression, die in den manifesten Symptomen des Patienten aufscheinen, eine Diagnose zu stellen. In den letzten
dreißig Jahren habe ich weit über hundert Patienten untersucht oder
als Berater beurteilt, die in höherem oder geringerem Maß an dieser
Art von Entwicklungsausfall litten. Bestenfalls handelt es sich um
Patienten, die, wenn man sie zuerst während einer Periode der ent-
wicklungs- oder situationsbedingten Belastung zu sehen bekommt,
effektiv auf eine strukturierte, zeitlich begrenzte Therapie reagieren
können. Neue Erfahrungen mit dieser Art der Behandlung, die von
Psychiatrie-Assistenzärzten in ihrem letzten Ausbildungsjahr durchgeführt wurde, haben erstens gezeigt, daß eine zeitlich begrenzte Behandlung prophylaktisch gegen das Entstehen einer regressiven, starke
Abhängigkeit mit sich bringenden therapeutischen Situation wirken
kann. Zweitens haben sie gezeigt, daß die Regression während stark
belastender Perioden ebenso irreführend sein kann wie die manifeste
neurotische Symptomatik von Patienten, die an schwerwiegenden Entwicklungsausfällen leiden. Mit anderen Worten, dekompensierte, aber
trotzdem potentiell reife Menschen können innerhalb relativ kurzer
Zeit eine neue und stabile Ich-Identifikation integrieren. Eine solche
Behandlung macht außerdem, ob nun größere Konflikte gelöst worden
sind oder nicht, den positiven Wert einer sorgfältigen und sensiblen
Handhabung des Trennungsprozesses, d. h. der Beendigung der Behandlung, deutlich. Eine Behandlung dieser Art ist, kurz gesagt, nicht
auf das Entstehen und die Deutung regressiver Übertragungsphantasien ausgerichtet. Sie konzentriert sich erstens auf die Herstellung

einer guten Beziehung zwischen Arzt und Patient, zweitens darauf, daß der Patient diese Beziehung durch einen Prozeß der progressiven Internalisierung ausnützt, und drittens auf eine Erleichterung der endgültigen Integrierung dieser Internalisierung im Dienst der Selbständigkeit und Unabhängigkeit des Patienten.

Leider sind diese Ziele nicht immer leicht zu erreichen. Wie bereits erwähnt, scheinen gewisse Patienten nicht fähig zu sein, das therapeutische Endziel zu erreichen. Anders ausgedrückt: Sie können eine echte Trennung und Beendigung nicht durcharbeiten. Außerdem ist es zur Zeit der Erstuntersuchung nicht immer möglich vorherzusagen, welche Fähigkeit der Patient hat, sich emotional zu entwickeln. Einerseits haben sich nach meiner Erfahrung, sowohl als Therapeutin wie auch als Lehrende, gewisse Patienten sehr viel besser entwickelt, als man ursprünglich angenommen hatte. Im Rückblick ist klar geworden, daß diese Patienten zur Zeit der psychiatrischen Begutachtung dekompensiert waren. Wenn eine solche Dekompensation vor allem offenkundige Depression zur Folge hat, wird die anfängliche Beschreibung der eigenen prämorbiden Persönlichkeit des Patienten und seiner Leistungen infolge seiner herabgesetzten Selbstachtung verzerrt. Eine solche Patientin wird im 6. Kapitel kurz beschrieben.

Umgekehrt haben sich manche Patienten weniger gut entwickelt, als man angenommen hatte. Die Mehrzahl dieser Patienten war während der späten Adoleszenz oder im frühen Erwachsenenalter begutachtet worden. Einige von ihnen waren als analysierbare Neurotiker diagnostiziert worden. Ihre spätere Regression in der Analyse oder unter nahe verwandten psychotherapeutischen Techniken hat deutlich gezeigt, wie gefährlich eine solche Fehldiagnose ist. Ein Verstehen der Erfolge und der Mißerfolge erfordert eine sorgfältige Unterscheidung zwischen der realen Beziehung zwischen Arzt und Patient, Verzerrungen dieser Beziehung, die auf Entwicklungsausfälle zurückgehen, und schließlich der Rolle der Übertragung in der Psychotherapie. Ich bin überzeugt, daß viele Schwierigkeiten, denen man bei der Durchführung einer Psychotherapie begegnet, aus einer Verwechslung gewisser, sich wiederholender Elemente herrührt, die sich unweigerlich in allen Zweierbeziehungen spiegeln, d. h. der Übertragung im allgemeinsten Sinn und des Auftauchens von Übertragungsphantasien als spezifischer Konstellation im Verlauf der Behandlung. »... die hoffnungsvolle und gläubige Erwartung ist eine wirkende Kraft, mit der wir ... bei allen unseren Behandlungs- und Heilungsversuchen zu rechnen haben« (1905 a, S. 297). Was Sigmund Freud hier vor sechzig Jahren geschrieben hat, ist heute noch so relevant wie zu der Zeit, als es geschrieben wurde.

Ich habe bisher den Umstand betont, daß die Beziehung zwischen Arzt und Patient zuerst und vor allem eine Zweierbeziehung ist. Freuds Satz beschreibt in gewöhnlicher Sprache die non-verbale affektive Einstellung gegenüber einem Menschen, dem man vertraut, die eine gute Arzt-Patient-Beziehung kennzeichnet. Sie ist also ein Kardinalmerkmal jeder Einzelpsychotherapie, in der Arzt und Patient das zustande bringen, was man als ein gutes therapeutisches Bündnis bezeichnen kann. Man muß jedoch anerkennen, daß nur wenige Patienten, wie ihre Diagnose letzten Endes auch lauten mag, eine solche Beziehung ohne geeignete Bemühungen auf seiten des Psychiaters herstellen können.

Die meisten erfolgreichen Ärzte, gleichgültig welchen Faches, erkennen die anfänglichen Ängste und Verzerrungen ihrer Patienten an und versuchen sie zu lindern. Dies ist eine Voraussetzung für die Herstellung einer vertrauensvollen Beziehung zwischen Arzt und Patient und beeinflußt deutlich die spätere Reaktion des Patienten auf jede Form der Behandlung. Wenn solche Behandlung physisch und spezifisch ist, kann es relativ leicht sein, die therapeutischen Faktoren, die aus der menschlichen Beziehung zwischen Arzt und Patient resultieren, von jenen zu trennen, die spezifischen Maßnahmen zuzuschreiben sind, die zur Behebung der Schwierigkeiten empfohlen worden sind, mit denen der Patient zur Behandlung gekommen ist. In der Psychiatrie spiegeln sich jedoch gerade die Schwierigkeiten, die den Patienten veranlaßt haben, Hilfe zu suchen, unweigerlich in seinen anfänglichen Reaktionen. Das macht es sowohl schwieriger als auch wichtiger, eine begriffliche wie klinische Unterscheidung zu treffen zwischen der realen Arzt-Patient-Beziehung, Verzerrungen, die auf die relative Unfähigkeit des Patienten zurückgehen, eine solche Beziehung herzustellen, und schließlich dem Auftauchen von spezifischem Übertragungsmaterial. Ich stelle also die Frage, wieweit jede affektive Einstellung, die die Wahrnehmung des Patienten von seinem Therapeuten als realer Person stört, auf eine regressive Übertragungsreaktion zurückzuführen ist.

Jeder Patient, der an einen Psychiater überwiesen wird, bringt schon zu seiner ersten Unterredung affektive Reaktionen oder Abwehr gegen solche Reaktionen mit, die sowohl seine allgemeine als auch seine aktuelle Fähigkeit zur Herstellung von vertrauensvollen Objektbeziehungen widerspiegeln. Alle Patienten haben einen Rest von Verletzlichkeit aus früheren Zeiten, der ihre Reaktionen auf jede neue Beziehung beeinflußt. Viele Psychiater und Psychotherapeuten neigen dazu, die sich daraus ergebenden Affekte oder Verzerrungen als Beweise für eine echte Übertragungsreaktion anzusehen. Sind sie es aber wirklich? Wenn z. B. ein Patient, der immer vor Autoritätsfiguren

Angst gehabt hat, während seiner ersten Unterredung mit dem Psychiater Angst zeigt, kann man dann diese Reaktion als Beweis für Übertragung im traditionellen Sinn ansehen? Kommt sie nicht vielmehr von einem Persönlichkeitsattribut, das der Definition David Rapaports von der psychischen Struktur als »jenem Teil des psychischen Apparats, der nur zu langsamen und graduellen Veränderungen fähig ist«, entspricht? Im allgemeinsten Sinn überträgt der Patient seine charakteristische Weise der Reaktion auf Zweierbeziehungen auf den Therapeuten. Diese Reaktion ist jedoch nicht als eine Reaktion auf die wirkliche Persönlichkeit oder Technik des vorher unbekannten Psychiaters anzusehen. Der Psychiater, der diese Art von Initialreaktion anerkennt, macht daher noch keine Übertragungsdeutung. Er hilft vielmehr dem Patienten, einige der Barrieren zu erkennen, die sonst vielleicht die Herstellung eines guten therapeutischen Bündnisses stören könnten.

Ein weiteres Problem rührt von dem Umstand her, daß viele Patienten, die nach Psychotherapie verlangen, zum erstenmal in die Sprechstunde kommen, wenn ihre optimalen Fähigkeiten schon durch Angst, Depression oder eine Vielfalt von neurotischen Symptomen etwas beeinträchtigt sind. Da diese, wie eine Übertragungsneurose, einem Prozeß partieller Regression zuzuschreiben sind, ist es kaum verwunderlich, daß viele Patienten, während sie auf ihre erste Unterredung warten, antizipatorische Phantasien und Wünsche haben, die auf den ersten Blick einer Übertragungsneurose sehr ähnlich sehen. Derartige Phantasien sind zum Teil dem regressiven Aufsteigen unrealistischer Hoffnungen und Befürchtungen im Patienten zuzuschreiben. Manchmal fallen sie mit der vorgefaßten Meinung des Patienten zusammen, der Psychiater müsse ein mit fast magischer Macht ausgestatteter Mann sein. Sie sind in keiner Weise durch die Persönlichkeit des bis dahin unbekannten Psychiaters bestimmt, sondern stammen fast ausschließlich aus den Phantasien des Patienten über Psychiatrie und Psychotherapie. Solche Phantasien vor der Behandlung beeinflussen natürlich die Initialreaktion des Patienten auf den einzelnen Psychiater als realen Menschen. Wenn sie nicht oder in der Zeit, bis sie ein Gegengewicht durch eine echte Reaktion auf den Psychiater als Individuum bekommen, kann eine vorzeitige und oberflächliche Übertragung auf die Person des Therapeuten verschoben werden. Kurz gesagt, die bereits besprochenen Regressionsprozesse können der Herstellung dessen hinderlich sein, was Freud als die gläubige Erwartung während der Anfangsphasen der Behandlung bezeichnet hat.

Diese Probleme werden gesteigert durch eine Situation, die in der psychiatrischen Praxis weiter verbreitet ist als in anderen Formen der ärztlichen Behandlung. Viele Patienten, die zuerst von einem Facharzt untersucht werden, werden an einen jüngeren Kollegen überwiesen, wobei ausdrücklich festgelegt wird, daß eine Psychotherapie durchgeführt werden soll. Nur allzu oft neigt ein relativ junger Psychiater dazu, sich von vornherein verpflichtet zu fühlen, einen Patienten auf Grund eines relativ kurzen mündlichen oder schriftlichen Berichts zu behandeln. Sein manchmal ungerechtfertigtes Vertrauen zu den diagnostischen Fähigkeiten eines älteren Kollegen untergräbt vielleicht außerdem sein Zutrauen zu seiner eigenen Beurteilung der positiven und negativen Kräfte des Patienten und seiner Motivation für die Behandlung. So beginnt manchmal die Behandlung bei der ersten Zusammenkunft, ohne irgendeine vorläufige Periode der Beurteilung oder die Formulierung ausdrücklicher, für beide akzeptabler therapeutischer Pläne und Ziele. Umgekehrt ist es ebenso häufig, daß auf diese Weise weitergegebene Patienten die Psychotherapie als passive, ziemlich hilflose Subjekte einer einzigen, endgültigen Überweisung beginnen. Falls ihre emotionalen Reaktionen auf den betreffenden Therapeuten von Anfang an sehr negativ sind, haben sie vielleicht kein Gefühl der Selbständigkeit oder der freien Wahl. Wenn z. B. die Erscheinung, die Persönlichkeitszüge und Gewohnheiten eines Therapeuten den Patienten unweigerlich an eine in bezug auf seine ungelösten Konflikte wichtige Person erinnern, können solche Faktoren die Herstellung einer echten Arzt-Patient-Beziehung erheblich stören.

Wenn ein Psychiater in diesen komplexen Situationen die Ängste oder unrealistischen Erwartungen seines Patienten anerkennt und, wenn nötig, ausspricht, sind solche Interventionen nicht als Übertragungsdeutungen anzusehen. Man könnte sie eher als Klärung von vor der Behandlung aufgetretenen Pseudo-Übertragungsphantasien bezeichnen, die sonst die Herstellung einer echten Beziehung stören könnten. Ähnliche Überlegungen kann man auch hinsichtlich der Haltung des Therapeuten gegenüber infantilen, fordernden Patienten anstellen, die von Anfang an eine übertriebene Abhängigkeit zum Ausdruck bringen, sowie eine Einstellung, die ihre Tendenz ausdrückt, im Therapeuten jemanden zu suchen, der mit Allmacht ausgestattet ist. Wenn also der Therapeut seinen Wunsch ausdrückt, zu helfen und die aktive Mitarbeit des Patienten zu gewinnen; wenn er den Patienten vor den Schmerzen warnt, die er zu ertragen haben wird, falls er auf unrealistischen Hoffnungen besteht, sind solche Interventionen als ernsthafte Bemühungen anzusehen, mit dem Patienten auf seinem reifsten Niveau zu kommunizieren, wobei er seine unrealistischen Hoffnungen anerkennt, aber nicht fördert.

Ich bin also der Ansicht, daß nicht alle Verzerrungen, die am Anfang für den Patienten das Bild des Psychiaters entstellen, auf Übertragung im traditionellen Sinn zurückzuführen sind. Solche Verzerrungen können von relativ stabilen Aspekten der Fähigkeit des Patienten bestimmt sein, eine echte und beständige Objektbeziehung herzustellen und aufrechtzuerhalten. Obwohl eine Übertragung in der allgemeinsten Wortbedeutung zu erkennen sein mag, sind diese Reaktionen mehr auf die psychische Struktur (Ich und Über-Ich) des Patienten zurückzuführen als auf das regressive Auftauchen vorher unbewußter Phantasien und Wünsche. Wenn jedoch ein Patient sich infolge einer regressiven Beeinträchtigung in Behandlung begeben hat, besteht eine große Wahrscheinlichkeit, daß auch vor der Behandlung aufgetretene Phantasien das anfängliche Bild des Patienten vom Psychiater beeinflussen. Frühzeitige Klärung von Angst, Mißtrauen, unrealistischen Hoffnungen und Verlangen nach Abhängigkeit, woher sie auch kommen mögen, ist nach meiner Meinung nicht als Übertragungsdeutung anzusehen. Durch solche Interventionen versucht der Psychiater, die optimale Fähigkeit des Patienten, eine bedeutungsvolle Arzt-Patient-Beziehung herzustellen, hervorzulocken und zu verstärken.

Ich habe schon gesagt, daß viele Patienten, während sie auf ihr erstes Gespräch mit dem Psychiater warten, antizipatorische Wünsche und Phantasien entwickeln, die einer Übertragungsneurose sehr ähnlich sehen. Soweit diese Phantasien sich unmittelbar an die Person des Therapeuten knüpfen, können vor der Übertragung vorhandene Phantasien sich bald durch weitere Übertragungsverdrängung verstärken. Ob dies geschieht oder nicht, ist von zwei Hauptfaktoren abhängig. Erstens davon, wie weit der Therapeut geeignete Schritte unternehmen konnte, um den Realitätssinn des Patienten zu mobilisieren und so gewisse reversible Verzerrungen zu beseitigen, zweitens davon, wie weit der Patient wirklich fähig ist, eine stabile Zweierbeziehung herzustellen und aufrechtzuerhalten.

Man muß in diesem Zusammenhang unterscheiden zwischen einer Deutung der unbewußten Bedeutung vor der Übertragung auftretender Phantasien und angemessenen Reaktionen auf den Affekt des Patienten, mit dem er zur Behandlung kommt. Wenn auch der Therapeut vielleicht viele Hinweise auf den spezifischen Inhalt derartiger, vor der Behandlung vorhandener Phantasien bekommt, besonders bei der Behandlung primitiver oder sogenannter Hysteriker, ist es kaum jemals ratsam, ausdrückliche Übertragungsdeutungen zu geben. Da diese Patienten nicht fähig sind, zwischen Übertragung und Realität eine sinnvolle Unterscheidung zu treffen, wird die Deutung oft als verführerisch erlebt, womit sie eine starke und fordernde Reaktion von seiten des Patienten herausfordert.

Trotzdem ist es unerläßlich, daß der Therapeut auf den Affekt, mit dem der Patient zur Behandlung kommt, und auf seine anfänglichen Reaktionen auf die Arzt-Patient-Beziehung eingeht. Ein Versagen in diesem spezifischen Bereich kann, nicht nur während der Beurteilungsphase, sondern in jedem Stadium der Behandlung, beim Patienten zu schwerwiegender Regression führen. Wenn der Psychiater vom Patienten gesehen werden kann, aber nicht zu hören ist, und zugleich einen Ausdruck beibehält, der keine affektive Reaktion zeigt, können die therapeutische Situation und die entstehende Übertragung hinsichtlich der Ich-Funktionen des Patienten regressiver sein als die erwartete, aber begrenzte Regression, die ein geläufiger und begriffener Zug der analytischen Situation ist.

Die Beziehung zwischen Arzt und Patient hat Realitätszüge, die bei allen Formen der Behandlung gleich wichtig sind. Eine verfrühte Übertragungsdeutung steigert, wie gesagt, nicht nur die Wahrscheinlichkeit einer Übertragungsregression; sie behindert auch die Einleitung einer echten Arzt-Patient-Beziehung. Schweigen und distanziertes Verhalten können etwa die gleiche Wirkung haben. Anerkennung der aktuellen Gefühle des Patienten, besonders derjenigen, die eine affektive Verzerrung zur Folge haben, fördert im Gegensatz dazu die Herstellung einer lebensfähigen therapeutischen Situation.

In unserer Patientenpopulation gibt es große Verschiedenheiten in bezug auf den Grad der früheren oder aktuellen Fähigkeit zur Aufrechterhaltung stabiler Zweier-Objektbeziehungen. Ich habe schon über die diagnostischen Schwierigkeiten gesprochen, auf die man bei Patienten stößt, deren manifeste Symptomatik hysterisch erscheint. In solchen Fällen können die vorherige Verpflichtung des Therapeuten gegenüber dem Patienten oder die übermäßige Anhänglichkeit des Patienten gegenüber einem Therapeuten, den er mit Omnipotenz ausstattet, zu einem schweren zusätzlichen Hindernis werden. Je mehr der Patient in diesem Zusammenhang darauf besteht, daß es nur einen Therapeuten gibt, mit dem er arbeiten kann, desto schwieriger kann es werden, eine höchst regressive Übertragungssituation zu steuern. Wenn unter diesen Umständen ein Therapeut reagiert, indem er derartiges Material als Aufforderung zu gesteigerter Deutungsaktivität, zu häufigeren Sitzungen und Telefonanrufen ansieht, kann eine schwierige Situation praktisch zur unmöglichen werden. Im Lauf vieler Jahre als Kontrollanalytikerin und Beraterin habe ich unzählige Patienten gesehen, denen man erlaubt hatte, in derartigen regressiven Situationen zu bleiben. Es hat sich ein circulus vitiosus entwickelt, bestimmt einerseits von der intensiven Übertragung des Patienten und dem Fehlen eines therapeutischen Bündnisses, andererseits von der Verpflichtung, der Frustration und den Gegenübertragungsreaktionen des Therapeuten. Dies hat zu einer wachsenden Dekompensation der autonomen Ich-Funktionen des Patienten geführt. Viele dieser Patienten endeten schließlich in der Klinik. Bei einigen zeigten ihre Reaktionen auf Bemühungen, ihre früheren Fähigkeiten wieder zu mobilisieren, daß die Regression unnötig und schädlich gewesen war. Manchmal waren Patient und Therapeut in einer regressiven Situation gefangen, die ohne Eingreifen von außen nicht aufgelöst werden konnte. Diese bedauerliche Entwicklung läßt sich oft dadurch vermeiden, daß man die Tendenz des Patienten zu dieser Art von negativer Reaktion frühzeitig erkennt. Man kann sagen, daß es solchen Patienten häufig mißlungen ist, ein Entwicklungsniveau zu erreichen, auf dem sie eine vertrauensvolle Zweierbeziehung herstellen könnten. Glücklicherweise leiden jedoch nicht alle unsere Patienten an einer so schwerwiegenden Behinderung. Wenn sie auch verletzlich sind, können sie doch potentiell in der Lage sein, eine wirkliche Arzt-Patient-Beziehung herzustellen. Sie können auch fähig sein, eine positive Ich-Identifikation zu integrieren. In der Regel haben diese Patienten auch schon vorher einen Dreieckskonflikt erlebt. Phantasien, die vor der Behandlung auftreten, hindern den reiferen neurotischen Patienten jedoch nicht, eine reale Arzt-Patient-Beziehung herzustellen. Wenn die Behandlung weitergeht, können solche Patienten später Traum- oder Phantasiematerial berichten, das auf das Entstehen einer echten Übertragungsneurose hinweist.

Der spezifische Inhalt der Übertragungsneurose wird bei diesen reiferen Patienten erheblich durch die Geschlechtszugehörigkeit des Patienten und des Therapeuten beeinflußt. Eine erfolgreiche Auflösung der infantilen Neurose weist darauf hin, daß es dem Kind gelungen ist, zu beiden Eltern gute Objektbeziehungen aufrechtzuerhalten. Das Kind neigt im allgemeinen dazu, sich mit dem Elternteil seines Geschlechts zu identifizieren. Das Kind liebt den Elternteil des anderen Geschlechts und will von ihm mehr geliebt werden. Wenige unserer Patienten, ob in der Psychoanalyse oder in der Psychotherapie, haben eine ideale Lösung dieses Dreieckskonflikts zustandegebracht. In der klassischen Analyse gehören zur Übertragungsneurose eine Wiederbelebung und Deutung aller Aspekte des Dreiecks. Wie weit ist dieses Ziel der Durchführung anderer Formen der Therapie angemessen? Manche unserer Patienten sind, wie erwähnt, unfähig, einen Dreieckskonflikt zu erleben. Bei anderen (besonders bei Patienten in einer Entwicklungskrise) kann es unnötig und unerwünscht sein, die Entstehung einer sexuellen oder feindseligen regressiven Übertragungsneurose zu fördern.

Nehmen wir den nicht untypischen Fall einer relativ jungen Frau, die trotz mancher Stärken unfähig ist, eine befriedigende heterosexuelle Beziehung herzustellen. Ihre Schwierigkeiten sind vielleicht vorwiegend auf ihren Mangel an einem sicheren Gefühl ihrer weiblichen Identität zurückzuführen. In der traditionellen Psychoanalyse würde zur Lösung dieses Problems eine Neubelebung ihrer inzestuösen Phantasien gehören, zugleich würde ihre feindselige Rivalität ihrer Mutter gegenüber gesteigert. In der Analyse bei einer Frau würde dieses Mädchen vielleicht nicht nur ein positives therapeutisches Bündnis entwickeln, sondern auch eine positive Identifizierung mit seiner Therapeutin. Diese Identifizierung könnte infolge der positiven Übertragung stattfinden, die damals seine Fähigkeit verminderte, effektiv mit einer früher ungelösten Ambivalenz gegenüber der eigenen Mutter fertigzuwerden. Dies könnte seine Selbstachtung heben, die Strenge seines Über-Ichs vermindern und es befähigen, ein besseres und weiblicheres Ich-Ideal zu internalisieren.

In manchen Fällen kann gerade diese Art der positiven Übertragungs-Identifizierung bleibende Besserung zur Folge haben. Ich habe den Eindruck, daß solche Folgen durch explizite verbale Deutung eher verhindert als gefördert werden. Sowohl die Patientin als auch die Therapeutin anerkennen jedoch implizit die Ursache der symptomatischen Besserung. Es ist wichtig, daß ein Therapeut, der auf diese Weise Erfolg hat, mit dem Ergebnis seiner Behandlung nicht unzufrieden ist. Kurz gesagt, er sollte sich nicht selber das analytische Ideal der Selbststeuerung als Folge der Übertragungsdeutung vor Augen stellen, und den Wert von Selbststeuerung oder Einsicht durch progressive Ausnutzung der Übertragungs-Identifizierung herabsetzen. Solche Patienten profitieren oft von einer relativ kurzen Psychotherapie; danach brauchen sie gewöhnlich eine Unterbrechungszeit, in der sie möglicherweise das Gewonnene konsolidieren. In manchen Fällen wird keine weitere Hilfe gefordert und auch nicht gebraucht. Andere Patienten (z. B. Heranwachsende, die sich mit Erfolg diese Art der Therapie zunutze gemacht haben) kehren vielleicht nach einer Weile als Erwachsene zurück, die innere Konflikte erkennen, und nicht als Jugendliche, die noch Identifikationsobjekte brauchen. Diese Erwachsenen können sich dann als Patienten erweisen, für die die traditionelle Psychoanalyse die geeignete Behandlung ist.

Lassen Sie mich sagen, daß die gleiche junge Frau ein ebenso befriedigendes Ergebnis auch bei einem männlichen Therapeuten erreichen könnte, der ihr, indem er implizit ihre weiblichen Züge anerkennt, dazu verhelfen könnte, sich mit seiner Ansicht von ihr als Frau zu identifizieren. Die mit dieser Art der Übertragungsreaktion einhergehende Befriedigung muß nicht unbedingt als primitiv oder inzestuös, d. h. regressiv, angesehen werden. Sie ist eher vergleichbar mit der erfolgreichen, zielgehemmten Beziehung, die bei einer erfolgreichen postödipalen Vater-Tochter-Beziehung zustande kommt. Wie bereits gesagt, eine explizite Deutung der primitiven, inzestuösen Wünsche gegenüber dem Vater oder der feindseligen Rivalität, die einer sicheren Identifizierung mit der Mutter vorangeht, pflegt diese Art der Übertragungsreaktion selten zu fördern. Wenn und solange nicht endgültig entschieden ist, daß Psychoanalyse oder etwas, was ihr am nächsten kommt, angezeigt und für ein progressives Ergebnis notwendig ist, wird eine Übertragungsdeutung wahrscheinlich nicht helfen. In den meisten Fällen der Art, von der hier die Rede ist, steigert sie die Wahrscheinlichkeit der Regression. Zwar sind einige Übertragungsmanifestationen fast unvermeidlich, aber es ist zumindest in den Anfangsstadien der Psychotherapie selten wünschenswert, ihre Äußerung zu fördern. Insofern Übertragungsdeutung sowohl angezeigt als auch erfolgreich ist, sprechen wir, glaube ich, in Wirklichkeit von einer modifizierten Psychoanalyse und nicht von einer psychotherapeutischen Behandlung, die sich anderer Techniken bedient.

Dieser Schluß läßt sich folgendermaßen amplifizieren. In der traditionellen Psychoanalyse wird die Übertragung gedeutet, während die reale Objektbeziehung oft so gesichert ist, daß sie selten einer expliziten Verstärkung bedarf. Die Bemühungen des Therapeuten sind darauf gerichtet, dem Patienten zu helfen, die echte Überzeugtheit von seiner primitiven psychischen Realität zu gewinnen, die, wenn eine Analyse definitiv angezeigt ist, eine notwendige Vorstufe zu echter Selbststeuerung ist. Bei den meisten Therapien bleibt im Gegensatz dazu, während die Übertragung für den Therapeuten offensichtlich sein mag, die Realität der Beziehung im Vordergrund. Die Stärkung der realen Objektbeziehung hat das Potential, die Einsicht des Patienten erheblich zu steigern. Diese Einsicht wird jedoch vom Patienten häufig in seinen Beziehungen außerhalb der therapeutischen Situation benützt. Bei manchen jungen Menschen macht das adoleszente Wieder-Auftauchen spezifischer ungelöster Konflikte eine weitere Übertragungsregression überflüssig, da Selbststeuerung und Anpassung so nah vor der Integrierung stehen.

Eine problematische therapeutische Situation entsteht, wenn Patienten, die man ursprünglich in einer Periode der schwerwiegenden Dekompensation kennengelernt hat, sich im Verlauf einer erfolgreichen Psychotherapie bessern und infolgedessen fähig werden, eine echte Übertragungsneurose zu entwickeln. In einem solchen Fall werden neue Entscheidungen notwendig. Soll der Therapeut, wenn er dazu qualifiziert ist, in seiner Technik zur traditionellen Psychoanalyse übergehen? Wenn nicht, sollte man die Behandlung unterbrechen, möglicherweise mit dem Plan einer späteren Überweisung an einen Psychoanalytiker? Sollte man die Übertragung ausnützen, ohne ausdrückliche Deutungen zu versuchen? Schließlich – wann sollte der Therapeut beschließen, die Übertragungsneurose in ihrer Schwierigkeit und Komplexität zum zentralen Brennpunkt der Behandlung zu machen? Solche Entscheidungen können nur im Gesamtzusammenhang und vom einzelnen Therapeuten getroffen werden. Es ist jedoch immer die Voraussetzung zu beachten, daß der Patient fähig bleiben muß, während der Entwicklung der Übertragung die reale Arzt-Patient-Beziehung aufrechtzuerhalten. Wir haben schon gesagt, bei jenen Patienten, bei denen eine partielle und ersatzhafte Übertragungsidentifizierung mit dem Therapeuten die Fähigkeit des Patienten zu echter emotionaler Weiterentwicklung erhöht, ist eine Deutung ihrer unbewußten Bedeutung nicht nur unnötig – sie kann sich tatsächlich als ein Hindernis und nicht als eine Hilfe für das Weiterkommen erweisen.

Die Arzt-Patient-Beziehung ist entscheidend bei der Bildung des Rahmens, in dem die Therapie eingeleitet und fortgesetzt wird, oder wenn die Therapie fast nicht mehr von traditioneller Psychoanalyse zu unterscheiden ist. Nicht weniger wichtig ist sie in der Periode der Behandlungsbeendigung. Wenn die Therapie nicht eine regressive Situation gefördert hat, kann man erwarten, daß die meisten Patienten Fortschritte zeigen. Übertragungsregression in den späteren Behandlungsphasen ist ein Zeichen, daß die Möglichkeit des Behandlungsabschlusses auftaucht. In vielen Fällen wird die Beendigung auch durch zunehmende Wünsche des Patienten nach größerer Selbständigkeit und Unabhängigkeit angezeigt. Der Beendigungsbeschluß oder seine Durchführung sollte nie einseitig getroffen werden, weder vom Patienten noch vom Therapeuten. Genau wie der Beginn der Behandlung ein gemeinsamer Beschluß sein sollte, so sollte es auch ihre Beendigung sein.

In diesem Zusammenhang ist es auch wünschenswert, daß Therapeut und Patient sich darüber einigen, der Patient solle sich frei fühlen, wiederzukommen. Der Fehler, Verzerrungen, die in Wirklichkeit von Ich-Eigenschaften bestimmt sind, eine Übertragungsbedeutung zuzuschreiben, wird leider während der Abschlußphase aller Formen von Psychotherapie oft wiederholt. Für Patienten, die an Ich-Defekten leiden, kann der Therapeut der erste Mensch gewesen sein, mit dem er eine echte Beziehung zustande gebracht hat. Seine Angst vor der bevorstehenden Beendigung der Behandlung nur dem Ausdruck regressiver Übertragung zuzuschreiben, hieße, die Bedeutung der realen Beziehung zu sehr zu verkleinern. Wie gesagt, manche Patienten dieser Kategorie sind in ihrer Fähigkeit, eine positive Ich-Identifikation zu erreichen und zu behalten, so sehr behindert, daß ein gewisser Kontakt (oft ganz selten und unregelmäßig) auf unabsehbare Zeit weiter gepflegt werden muß. Diese Behandlungen sind im Grunde als »relativ unendlich« anzusehen.

Zum Abschluß: Ich habe zunächst versucht, die Relevanz der Arzt-Patient-Beziehung für die Beurteilung typischer Unterschiede im Erscheinungsbild von Psychotikern, nicht-psychotischen Patienten, die entweder an schweren Entwicklungsausfällen oder an reversiblen Regressionszuständen leiden, und potentiell gesunden neurotischen Erwachsenen zu betrachten. In den beiden letzten Gruppen finden sich die meisten der Patienten, die zur Psychotherapie an Psychiater überwiesen werden. Ich habe mich daher in erster Linie auf die Bedeutung der realen Arzt-Patient-Beziehung konzentriert, zuerst während der Periode der Erst-Beurteilung, zweitens im Verlauf der Behandlung und zuletzt (was aber keineswegs mit geringer Wichtigkeit zu tun hat) mit dieser Beziehung als dem zentralen Element des Prozesses des Behandlungsabschlusses. Ich habe kurz die Gefahren zusammengefaßt, die darin liegen, jede Verzerrung in dieser Beziehung auf Übertragung im traditionellen Sinn zurückzuführen. Ich habe darauf hingewiesen, daß man unterscheiden muß zwischen Verzerrungen, die auf relativ stabilen Aspekten der definitiven psychischen Struktur und Funktionsweise des Patienten beruhen, jenen, die auf eine durch spezifische Belastungen ausgelöste Regression zurückgehen, jenen, die auf das Vorhandensein von vor der Behandlung aufgetretenen Pseudo-Übertragungsphantasien hinweisen, und schließlich jenen, die im Verlauf der Behandlung das Auftauchen einer klassischen Übertragungsneurose anzeigen. Welche Technik auch im Prozeß der Psychotherapie als geeignet gewählt werden mag, die Tatsache, daß die Einzel-Psychoanalyse eine dyadische Beziehung zwischen zwei Menschen darstellt, kann gar nicht zu stark betont werden. Die Herstellung einer solchen Beziehung beansprucht die Kräfte und offenbart die Verletzlichkeiten, die während des ursprünglichen Entwicklungsprozesses erworben worden sind. Der Therapeut hat die Aufgabe, während der Behandlung die optimalen Fähigkeiten des Patienten hervorzulocken; sie sind eine Grundlage, ohne die keine therapeutische Technik wirksam sein kann.

II
Klinische Psychoanalyse

Während meiner letzten Jahre in London hatte ich meine erste offizielle Gelegenheit, meine Erfahrung in der allgemeinen Psychiatrie auf ein spezifisches psychoanalytisches Ziel anzuwenden, nämlich die Auswahl von Patienten für kontrollierte Analysen bei Ausbildungskandidaten. Als Assistant Director der London Clinic of Psychoanalysis habe ich mich mit dem Direktor in die Verantwortung für die Beurteilung von Patienten geteilt, die

9
Einführung

sich bei der Klinik um psychoanalytische Behandlung bewarben. Das erwies sich als eine anregende, aber etwas frustrierende Aufgabe. Viele der Patienten, die zur Begutachtung kamen, gemahnten an eine Äußerung Freuds:

»... ich habe meine therapeutische Methode nur an schweren und schwersten Fällen ausarbeiten und versuchen können... Die psychoanalytische Therapie ist an dauernd existenzunfähigen Kranken und für solche geschaffen worden, und ihr Triumph ist es, daß sie eine befriedigende Anzahl von solchen dauernd existenzfähig macht.« (1905a, S. 20)

Diese Situation spiegelte den relativen Mangel an Integration und Kommunikation zwischen der Psychoanalyse und der organisierten Psychiatrie in England. Wenn überhaupt, dann scheinen mir im Rückblick nur wenige Patienten, die zu Beurteilungsgesprächen zu mir kamen, dem entsprochen zu haben, was ich heute für die Hauptkriterien der Analysierbarkeit halte. Die meisten kamen aus eigenem Antrieb, oft aus etwas zweifelhaften Gründen. Die meisten der von Psychiatern oder von anderen Kliniken Überwiesenen kamen zu uns hauptsächlich zu einem letzten Versuch. Bevor ich 1949 aus London fortging, hatte ich reichlich Gelegenheit zur Bestätigung meines Eindrucks, daß eine offenkundige neurotische Symptomatik, sei sie hysterischer oder zwanghafter Natur, nicht als schlüssiger Beweis dafür anzusehen ist, daß der Patient an einer analysierbaren neurotischen Störung leidet. Eine derartige Symptomatik, so stellte sich bald heraus, ist nicht unvereinbar mit schwerer Psychopathologie und dem späteren Wegfall der Entwicklung einer analysierbaren Übertragungsneurose.
Einer der ersten Patienten z. B., den ich befragte, war ein entwaffnender, scheinbar höchst motivierter junger Mann, der an stark behindernden Zwangssymptomen litt. Dieser Patient, der vorher Kriegs-

dienstverweigerer aus Gewissensgründen war, hatte nach einer relativ schwere Kopfverletzung Symptome bekommen, die ihn arbeitsunfähig machten. Ich kam zu dem Schluß, er sei zu schwer gestört, um für eine Analyse bei einem Ausbildungskandidaten geeignet zu sein. Ich fand ihn jedoch interessant genug, um ihn als meinen eigenen Klinikpatienten anzunehmen. Der Grad seiner Schädigung war dem von Freud (1905 a) beschriebenen ähnlich. Der anfängliche günstige Eindruck, den er hervorrief, war jedoch der Beschreibung Freuds von dem zwanghaften Patienten vergleichbar, dessen Analyse sich als therapeutisch erfolgreich erwies (1909 a; siehe auch 13. Kapitel).

Die Anfangsphasen der Analyse dieses Patienten sind an anderer Stelle besprochen worden (Rosenberg, 1946). Das Ergebnis dieser Behandlung ist jedoch für diesen zweiten Abschnitt relevant, der sich vorwiegend mit klinischer Psychoanalyse befaßt. Nach einer relativ kurzen Zeit, in der der Patient eine intensive, über-idealisierte positive Übertragung entwickelte, führte seine darunterliegende Feindseligkeit gegen Frauen zu einer stark negativen Reaktion. Die zugrunde liegende hilflose Wut gegen seine Mutter kam in der analytischen Situation immer mehr heraus. Gewisse paranoide Tendenzen, die von Anfang an festzustellen waren, wurden im Lauf der Zeit immer deutlicher. Nach etwa einem Jahr wurde die Behandlung im gegenseitigen Einverständnis unterbrochen.

Damals interessierte ich mich hauptsächlich für die direkte Konfrontation mit der Wut und Feindseligkeit, die oft dem bewußten Ausdruck des fanatischen Pazifismus zugrunde liegen. Zugleich war es beunruhigend zu erkennen und anzuerkennen, in welchem Grad die scheinbare Motivation und die anfänglichen positiven Reaktionen dieses Patienten irreführend gewesen waren. Die Reaktionsbildungen, die seine anfängliche passive Fügsamkeit bestimmt hatten, unterschieden sich gewiß von denen, die Freud in der Geschichte vom Rattenmann (1909 a) beschrieben hat. Sie waren auf einer viel primitiveren Stufe angebahnt worden; im wesentlichen rührten sie von der nicht erfolgten Auflösung der Ambivalenz in der frühen Mutter-Kind-Beziehung her. Er war also unfähig, ein echtes therapeutisches Bündnis einzugehen, bevor unvermeidliche Realitätsfaktoren seine regressive Übertragung so weit steigerten, daß seine Realitätswahrnehmung beeinträchtigt war.

Ich konnte die Beurteilung von Patienten, die sich um kontrollierte Analysen bewarben, bald nach meiner Übersiedlung an das Bostoner Institut wieder aufnehmen. Über fünfzehn Jahre lang habe ich dem Komitee, das für die Auswahl solcher Patienten verantwortlich war, als Vorsitzende oder als Beraterin gedient. Die anfänglichen Feststellungen unserer Gruppe sind an anderem Ort veröffentlicht worden (siehe Knapp et al., 1960). Kurz zusammengefaßt lautete unser erster Bericht: Bei den ersten hundert untersuchten Patienten hatte keiner von denen, die angenommen wurden, eine so schwere Zwangsneurose, daß sie mit der des oben beschriebenen Patienten vergleichbar gewesen wäre. Die meisten Patienten, die mit der Diagnose »Zwangsneurose« oder »Zwangscharakter« angenommen wurden, waren mit relativ guter Abwehr ausgestattete Individuen, die bei der Herstellung einer analytischen Situation keine ungebührlichen Schwierigkeiten machten. Relativ wenige von ihnen hatten jedoch im ersten Jahr der analytischen Behandlung eine offenkundige, analysierbare Übertragungsneurose entwickelt. Diese Feststellung weist darauf hin, daß unsere Interviewer im allgemeinen wachsam auf die relativ primitive Psychopathologie achteten, die mit einer schweren Zwangssymptomatik vereinbar sein kann. Sie deutet außerdem die Notwendigkeit an, zwischen der Fähigkeit, eine analytische Situation herzustellen, und der Fähigkeit, eine echte Übertragungsneurose zu entwickeln, zu unterscheiden.

Die Feststellungen in bezug auf Hysterie waren auffallend anders. Zur Zeit unserer Nachuntersuchungen hatten die Berichte die Tendenz

»... zu zeigen, daß hysterische Patienten, besonders wenn sie als erster Kontrollfall in Analyse sind, einfach ausgedrückt, sehr gute oder sehr schlechte Patienten sind... Bei den hysterischen Charakteren war die Entwicklung einer offenkundigen Übertragungsneurose eher die Regel als die Ausnahme... Aber häufig gibt es Schwierigkeiten, bei der Herstellung des therapeutischen Bündnisses... Hysterische Patienten sind in der Regel leicht fähig zu dem regressiven Denken nach der Art des Primärvorgangs, das für den analytischen Prozeß kennzeichnend ist... Sobald eine gute analytische Situation hergestellt ist, bleiben Hysteriker potentiell die besten Objekte für das klassische analytische Verfahren.« (Knapp et al., 1960, S. 472)

Diese Feststellungen weisen darauf hin, daß es beim Erwägen der Kriterien für die Analysierbarkeit wünschenswert ist, zwischen der analytischen Situation und dem analytischen Prozeß zu unterscheiden. Es ist ebenfalls nützlich, die klinische Psychoanalyse in ihre drei getrennten Phasen zu unterteilen: erstens, die Einleitung und Konsolidierung der analytischen Situation, zweitens, das Auftreten und die Analyse der Übertragungsneurose, drittens, den Vollzug einer erfolgreichen Beendigung der Behandlung. Die analytische Situation läßt sich kurz definieren als der Rahmen und die fortgesetzte gemeinsame Identifizierung mit einem gemeinsamen Ziel, in deren Verlauf im Patienten intrapsychische Veränderungen spezifischer Natur mobilisiert und aufgelöst werden, Diese intrapsychischen Veränderungen umfassen im wesentlichen das Auftauchen und die Deutung der Übertragungsneurose. Daraus besteht das mittlere Stadium der Analyse. Eine erfolgreiche Analyse umfaßt schließlich auch all das, was zum Prozeß der Trennung und Behandlungsbeendigung gehört.

Wenn wir die Kriterien für die Analysierbarkeit betrachten, läßt sich die Befähigung des Patienten zum Vollzug jeder dieser drei Phasen unterscheiden. Wir können die drei klassischen Fallgeschichten Freuds zitieren, um diese Aussage anschaulicher zu machen (1905 b, 1909 a, 1918). Lassen Sie uns überlegen, wie wir eine zeitgenössische Dora, einen heutigen Rattenmann und einen heutigen Wolfmann, die an ein Institut zur kontrollierten Analyse überwiesen wären, verteilen würden. Abgesehen von ihrem Alter, das zu Bedenken in bezug auf die Analyse von Jugendlichen führen könnte, würde Dora höchstwahrscheinlich als klassische Hysterika prompt angenommen und als geeignet für die Analyse als erster oder zweiter Kontrollfall angesehen werden. Es ist zu bezweifeln, ob der Rattenmann so bereitwillig angenommen würde. Wie schon gesagt, waren in unserer Bostoner Auswahl nur wenige Patienten mit Zwangssymptomen von dieser Schwere angenommen worden. Mit gewissen Einschränkungen könnte er aber vielleicht als dritter oder vierter Kontrollfall für einen besonders begabten Ausbildungskandidaten in Erwägung gezogen werden. Es ist aber wahrscheinlicher, daß man ihn an einen erfahrenen Analytiker zur vorbereitenden Analyse oder zur Probeanalyse überwiesen hätte. Den Wolfmann schließlich hätte man höchstwahrscheinlich ohne eine vorbereitende Psychotherapie als ungeeignet für eine Psychoanalyse angesehen. Diese drei Patienten umfassen also einen weiten Spielraum: von der klassischen symptomatischen Hysterie über eine relativ schwere Zwangsneurose bis zu einem Patienten, dessen schwere Symptomatik und Charakterstörung vielleicht einen verborgenen psychotischen Kern verdecken.

Es ist jedoch allgemein bekannt, daß von diesen drei berühmten Patienten die hysterische Dora am wenigsten befriedigend auf die formalen Erfordernisse der Psychoanalyse reagierte. Sie hat nicht nur ihre Behandlung vorzeitig abgebrochen, sondern sie behielt auch bewußt ihre expliziten Pläne bis zur allerletzten Stunde für sich. Der Rattenmann scheint trotz extremer Ambivalenz während der ganzen Behandlung einen hohen Grad von Motivation behalten zu haben, ebenso eine beträchtliche Fähigkeit zum therapeutischen Bündnis. Der Wolfmann reagierte trotz seiner Tendenz zur passiven Übertragungsbefriedigung, die seinen Fortschritten im Wege stand, überwiegend positiv, wobei seine Symptome sich erheblich besserten.

Dora jedoch entwickelte weder eine offenkundige positive Übertragungsneurose; dadurch wurde die passive Befriedigung erleichtert; noch war sie genug für ein Therapieziel motiviert, um ihren Impulsen zum wiederholten feindseligen Agieren widerstehen zu können. Darum erwies sie sich trotz ihrer theoretischen Eignung in der Praxis als die am wenigsten Analysierbare von diesen drei Patienten. Man kann ihre Fallgeschichte als ein mögliches Beispiel für den potentiellen »guten Hysteriker« anführen, der im 14. Kapitel besprochen wird. Bei dieser Patientengruppe bietet die frühe Herstellung eines therapeutischen Bündnisses oft technische Probleme. Dieses ist jedoch für eine erfolgreiche Übertragungsanalyse eine entscheidende Vorbedingung.

Doras späteres Schicksal weist aber auch darauf hin, daß ihre Art der Erkrankung vielleicht die erfolgreiche psychoanalytische Intervention von vornherein ausgeschlossen hätte. Es ist ungewiß, wieweit man ihr Los, wie Freud meinte, nur auf sein Nichterkennen und Nichtunterbrechen ihrer entstehenden Übertragungsneurose zurückführen kann. Ihre Vorgeschichte zeigte wenig oder gar kein Anzeichen für eine positive Beziehung oder Identifizierung ihres Ichs mit der Mutter. In ihrer späteren Geschichte bestätigte sich ein Maß an Identifizierung mit dem Aggressor, das das Entstehen eines echten Dreieckskonflikts behindert haben mag. Ihre lebenslang andauernde Tendenz, somatische Symptome zu entwickeln und zu behalten, weist auf einen Mangel an der Fähigkeit hin, Angst zu ertragen. Diese kann eine große Rolle bei ihrer vorzeitigen Flucht aus der Analyse gespielt haben. Die ausgeprägte Oralität der Symptome, mit denen sie in die Analyse kam, entspricht auch neueren Veröffentlichungen, in denen die prägenitalen Ursachen vieler hysterischer Symptome betont werden. Kurzum, Dora gehörte vielleicht zu der Gruppe von Patienten, die im 14. Kapitel als »gute Hysteriker« bezeichnet werden. Die Reaktion solcher Patienten auf eine traditionelle Analyse muß immer mit einer gewissen Zurückhaltung betrachtet werden.

Von diesen drei Fällen scheint nur der Rattenmann dem dreiteiligen Ansatz gegenüber den Kriterien der Analysierbarkeit entsprochen zu haben. Seine Fähigkeit zur Herstellung eines therapeutischen Bündnisses war von Anfang an klar. Trotz seiner zwanghaften Merkmale war er in der Lage, eine regressive, höchst analysierbare Übertragungsneurose zu entwickeln. Seine Übertragung wird im 13. Kapitel etwas ausführlicher besprochen. Wenn auch seine hauptsächlichen neurotischen Abwehrmechanismen deutlich zwanghaft waren, stellte doch seine Symptombildung eine Regression von einer vorher schon erreichten genitalen Position aus dar. In diesem Sinne hatte seine Neurose, wie die der meisten Patienten, bei denen es so scheint, als entsprächen sie den Kriterien der Analysierbarkeit am besten, sowohl zwanghafte als auch hysterische Züge. Wenn auch Freud kein Material vorgelegt hat, das für den Abschluß der Analyse des Rattenmannes relevant ist, bleibt es doch eine Tatsache, daß er die Analyse zu Ende führen konnte. Ich habe in den letzten Jahren Gelegenheit gehabt, einige Patienten, deren Symptome fast so schwer waren wie die des Rattenmanns, für Analysen unter meiner eigenen Aufsicht auszuwählen. Eine wesentliche Aufgabe beim Auswählen solcher Patienten betrifft die diagnostische Beurteilung der Zwangs-Symptomatik, die, wie beim Rattenmann, eine Regression von einer vorher hergestellten ödipalen Dreieckssituation darstellt. Diese Patientengruppe muß von der der stärker gestörten Patienten unterschieden werden, deren zwanghafte Abwehr eine Verdeckung tieferer, möglicherweise psychotischer Störungen ist.

Mein eigener Kriegsdienstverweigerer ist ein Beispiel für eine so schwere Psychopathologie. Freuds Wolfmann stellt das klassische Beispiel in der analytischen Literatur dar. Seine Analyse verlief aber nicht stürmisch. Anders als mein Patient war er fähig, die analytische Situation zu benützen, um erhebliche Befriedigung zu erlangen. Außer diesem analytischen Patt weist auch seine spätere Geschichte, wie sie berichtet wird, darauf hin, daß er, wie der Kriegsdienstverweigerer, nicht als voll analysierbar anzusehen war. Man muß jedoch fragen, ob man Patienten dieses Typs immer die Probeanalyse verweigern sollte. Trotz späterer Rückfälle kann man sich darauf einigen, daß der Wolfmann von seiner Analyse unermeßlich profitiert hat. Der Umstand, daß unser therapeutisches Ziel bei bestimmten Patienten begrenzt sein muß, braucht nicht absolut gegen eine Probeanalyse zu sprechen, wenn sie bereit sind, eine zu beginnen. Dies ist nach meiner Ansicht oft die einzige Methode, um sich eine endgültige Meinung über Grad und Art der individuellen Erkrankung zu bilden.

Es sollte aus dem, was ich bisher gesagt habe, klar hervorgehen, daß man die Kriterien der Analysierbarkeit nicht ohne Bezug zu allem erwägen kann, was zur traditionellen Psychoanalyse gehört. Das folgende Kapitel, das ursprünglich bei einer Podiumsdiskussion vorgetragen wurde, die auf dem internationalen Kongreß in Genf im Juli 1955 abgehalten wurde, zeigt deutlich, in welchem Maß das Verstehen der Natur des analytischen Prozesses nicht nur die Technik beeinflußt, sondern auch die Kriterien für die Empfehlung einer Analyse. In diesem Kapitel wird explizit auf einen Ausdruck Bezug genommen, den ich hinsichtlich der Analyse betont habe. Es ist der Ausdruck »therapeutisches Bündnis«. Zur Zeit der ursprünglichen Niederschrift des

Kapitels wurde ein derartiges Bündnis hauptsächlich dem reifen Teil des Ichs des Patienten zugeschrieben. In späteren Jahren hat mir immer mehr Eindruck gemacht, in wie hohem Maß die Fähigkeit, eine befriedigende therapeutische Beziehung zu bilden, sich aus einer relativ frühen Lebenszeit herleitet. In bezug auf diese Ansicht hat es beträchtliche Kontroversen und Meinungsverschiedenheiten gegeben. Die Abhandlung »Das therapeutische Bündnis in der Psychoanalyse der Hysterie« (Therapeutic Alliance in the Psychoanalysis of Hysteria, 11. Kap.) wurde auf einer Zusammenkunft der amerikanischen Gesellschaft für Psychoanalyse im Jahr 1958 vorgetragen. Wegen der Vertraulichkeit des klinischen Materials wurde sie damals nicht veröffentlicht. Obwohl sich meine ursprüngliche Konzeption etwas erweitert hat, wie man in späteren Kapiteln dieses Abschnitts bemerken wird, ist die Grundthese dieser Abhandlung ein integraler Bestandteil meiner heutigen Position.

Wenn auch das im 15. Kapitel vorgelegte Modell nicht ohne gewisse Probleme ist, glaube ich doch, daß dieses Kapitel mehr als jedes andere in diesem Band meine heutige Position umfassend darstellt. Dieses Modell ist hervorgegangen aus einer durch Maxwell Gitelsons Abhandlung über die »Heilfaktoren in der Psychoanalyse« (»The Curative Factors in Psychoanalysis«, 1962) angeregten Zeichnung. Seine These war den Argumenten sehr ähnlich, die ich im 11. Kapitel vorbringe. Beide Male wird versucht, die Bedeutung der analytischen Situation als einer Situation, die von seiten des Analytikers affektive Reaktionen erfordert, zu unterscheiden von der Position des Analytikers gegenüber den Verzerrungen und regressiven Wünschen, die die Entstehung der Übertragungsneurose kennzeichnen. Als ich versuchte, meine eigene Auffassung zu formulieren, kam ich zu dem Schluß, eine von der Entwicklung ausgehende Methode, sich dem psychischen Leben anzunähern, könnte eine graphische Darstellung des Unterschieds zwischen ursprünglich in Zweierbeziehungen erworbenen grundlegenden Ich-Attributen und den intrapsychischen Abwehrfunktionen ermöglichen, die während und nach dem Entstehen der ödipalen Dreiecks-situation durch Signalangst mobilisiert werden.

Die ersteren stellen den Kern des autonomen Ichs dar; sie wirken in einem vorwiegend offenen System und bedienen sich sublimierter oder ich-syntoner Triebenergie. Die letzteren sind im Grund all das, was ursprünglich mit Freuds Konzept vom verdrängten Unbewußten gemeint war. Sie werden also in einem relativ geschlossenen System wirksam, solange nicht Abwehrmechanismen des Ichs, die als automatische, bewußte Reaktionen auf Signalangst definiert sind, in signifikantem

Maß bedroht werden. Die Unterschiede zwischen den klassischen Formen der Übertragungsneurose und schweren Krankheitserscheinungen, die auf frühen Entwicklungsausfällen beruhen, lassen sich also graphisch darstellen.

Dieses Modell macht es auch möglich, den Unterschied zwischen einer auf den Bereich der unbewußten Abwehrmechanismen begrenzten Regression, die sich in neurotischer Symptombildung und in der Übertragungsneurose äußert, und jener Regression zu veranschaulichen, die zu einer Beeinträchtigung der grundlegenden Selbstachtung führt oder die Unterscheidung zwischen Ich und Objekt und die Fähigkeit zur Aufrechterhaltung einer Zweierbeziehung bedroht. Dieses Modell ist also relevant für Probleme, die im ersten Abschnitt dieses Bandes besprochen worden sind, wie für unser Verständnis der klinischen Psychoanalyse. Es stellt unsere Auffassung von der Psychoanalyse als einer umfassenden Entwicklungspsychologie dar.

Die dem letzten Kapitel zugrunde liegende These schließt einige Überlegungen in sich, mit denen in neuester Zeit die Argumente erweitert worden sind, die in bezug auf das Modell vorgebracht wurden. Wenn sie auch nicht unvereinbar sind, zeigen sie doch einige der Grenzen an, die zu jeder Art der Modellbildung gehören. Das Modell erlaubt z. B. keine graphische Darstellung der Unterschiede zwischen Zweier-Objektbeziehungen und Dreiecks-Objektbeziehungen. Diese Unterscheidung ist also in der Diskussion alles dessen, was zur Errichtung eines relativ geschlossenen Systems gehört, eher implizit als explizit enthalten. Das Modell ist außerdem nicht in bezug auf das Verstreichen der Zeit erweitert worden. Es veranschaulicht also nicht direkt das Wiederaufflammen von Konflikten oder die Ich-Regression, die die Jugendjahre kennzeichnen. In diesem Zusammenhang ist zu beachten, wie stark manche Analytiker diese regressiven Züge betonen. Wenn, wie Peter Blos (1968) meint, frühe, prägenitale Zweierkonflikte während der Adoleszenz neu belebt und wiedererlebt werden, ist es kaum verwunderlich, daß eine derartige Regression häufig als Begleiterscheinung der klinischen Psychoanalyse auftritt. Die Anerkennung der dyadischen Objektbeziehung, die Voraussetzung für die in einem positiven therapeutischen Bündnis erlangte Ich-Identifizierung ist, braucht nicht notwendigerweise zu bedeuten, daß die analytische Situation eine ausdrückliche Wiederbelebung der infantilen Mutter-Kind-Beziehung ist. Ich würde aber trotzdem weiterhin behaupten, daß die Analyse, wie die Adoleszenz, sich auf die im ursprünglichen Entwicklungsprozeß gewonnenen Kräfte stützt und seine Schwächen offenbart.

All diese Überlegungen und weitere, die überall in diesem Buch angestellt werden, sind im letzten Kapitel einbezogen. Ich habe dort versucht, diejenigen Ergebnisse zusammenzufassen, die mir für ein psychoanalytisches Konzept von der psychischen Gesundheit am relevantesten erscheinen. Ohne im geringsten die Bedeutung äußerer Anpassung und Leistung verkleinern zu wollen, habe ich versucht, diesen Überlegungen mit einer ebenso starken Betonung innerer Faktoren ein Gegengewicht gegenüberzustellen. Ich habe daher Affekt-Toleranz und Affektbeherrschung als integrierenden Bestandteil der Fähigkeit zu emotionaler Entwicklung mit einbezogen. Zum Abschluß habe ich noch einmal betont, wie entscheidend wichtig ein echter Dreieckskonflikt ist, erstens als Voraussetzung für die Entstehung von Bereichen des konfliktfreien Interesses und Strebens, und zuletzt, aber keineswegs am unwichtigsten, für die Fähigkeit zur Herstellung sinnvoller, stabiler heterosexueller Beziehungen und für ein sicheres Gefühl der sexuellen Identität. Beide Eigenschaften erleichtern, das möchte ich unterstreichen, die emotionale Entwicklung in jedem weiteren Stadium des Lebenszyklus.

10

Das Konzept der Übertragung

In bezug auf das Konzept der Übertragung gibt es wenige heute aktuelle Probleme, die Freud bei der Entwicklung seines theoretischen und klinischen Bezugssystems nicht explizit oder implizit erkannt hat. Für alle wesentlichen Belange bleiben außerdem seine Formulierungen, trotz gewisser Betonungsverschiebungen, integrierende Bestandteile der zeitgenössischen psychoanalytischen Theorie und Praxis. Neuere Entwicklungen betreffen die Wirkung eines ich-psychologischen Ansatzes, die Bedeutung sowohl aktueller als auch infantiler äußerer und innerer Objektbeziehungen, die Rolle der Aggression im Seelenleben und die Rolle, die Regression und Wiederholungszwang in der Übertragung spielen. Trotzdem wird die Analyse der infantilen ödipalen Situation im Rahmen einer echten Übertragungsneurose immer noch als das primäre Ziel des traditionellen psychoanalytischen Verfahrens betrachtet.

Ursprünglich wurde die Übertragung auf eine Verschiebung aus der frühen Kindheit stammender verdrängter Wünsche und Phantasien auf den Analytiker zurückgeführt. Die Übertragungsneurose wurde als eine den Träumen und anderen neurotischen Symptomen ähnliche Kompromißbildung angesehen. Der als klinische Manifestation der Verdrängung definierte Widerstand ließ sich durch Deutung, die meist auf den Inhalt des Verdrängten ausgerichtet war, vermindern oder beseitigen. Sowohl der positive als auch der negative Übertragungswiderstand wurde auf das drohende Aufsteigen verdrängten unbewußten Materials in der analytischen Situation zurückgeführt. Bald wurde, mit der Entwicklung eines strukturellen Ansatzes, auch erkannt, daß das Über-Ich, das man als den Erben der genitalen ödipalen Situation bezeichnete, in der Übertragungssituation eine führende Rolle spielte. Darauf sah man den Analytiker nicht mehr nur als das Objekt der verschobenen kindlichen Inzestphantasien, sondern auch als das Ersatzobjekt für die Projektion der verbietenden Elternfiguren, die als endgültiges Über-Ich internalisiert worden waren. Die Wirkung der Übertragungsdeutung in der Milderung der unangemessenen Strenge des Über-Ichs ist in vielen Erörterungen der Übertragung betont worden.

Die stärkende Anerkennung der Rolle früher Objektbeziehungen in der Entwicklung des Ichs und des Über-Ichs hat die aktuellen Auffassungen von der Übertragung immer mehr beeinflußt. In diesem Zusammenhang ist die Bedeutung der analytischen Situation als Wiederholung der frühen Mutter-Kind-Beziehung unter verschiedenen Aspekten betont worden. Eine ebenso wichtige Entwicklung betrifft Freuds revidiertes Konzept von der Angst, das nicht nur zu theoretischen Entwicklungen auf dem Gebiet der Ich-Psychologie geführt hat, sondern auch in der Arbeit vieler Analytiker entsprechende klinische Veränderungen herbeigeführt hat. Infolgedessen konzentrierte sich die Aufmerksamkeit nicht mehr hauptsächlich auf die Inhalte des Unbewußten. Außerdem maß man den Abwehrprozessen, mit deren Hilfe in der analytischen Situation Angst (die entstehen würde, falls Verdrängung und andere verwandte Mechanismen abgebaut würden) vermieden wird, wachsende Bedeutung bei. Verschiedene Ansichten von der Rolle des Analytikers und der Natur der Übertragung traten immer stärker zutage. Diese Unterschiede kamen zuerst in der Diskussion der Technik der Kinderanalyse zum Vorschein, in der Melanie Klein (siehe 1927) und Anna Freud (siehe 1927), die Vorkämpferinnen auf diesem Gebiet, eine führende Rolle spielten.

Die Diskussion, die aktuelle Probleme im voraus ankündigte, wurde von Richard Sterba (1934) und James Strachey (1934) in wohlbekannten Aufsätzen dargestellt. Bestimmte Punkte wurden auf dem Marienbader Symposium weiter ausgearbeitet, wozu Edward Bibring (1937) einen wichtigen Beitrag leistete. Es wurde klar gezeigt, wie wichtig die Identifizierung mit dem Analytiker oder die Introjektion des Analytikers in der Übertragungssituation ist. Therapeutische Ergebnisse wurden dem Umstand zugeschrieben, daß dieser Prozeß das Bedürfnis nach pathologischer Abwehr hinderte. Strachey, der von der Arbeit Melanie Kleins erheblich beeinflußt war, sah in der Übertragung hauptsächlich eine Projektion des Über-Ichs des Patienten auf den Analytiker. Der therapeutische Prozeß wurde auf die spätere Introjektion eines infolge »mutativer« Übertragungsdeutungen modifizierten Über-Ichs zurückgeführt. Auf der anderen Seite betonten Sterba und Bibring – die mit der Entwicklung des ich-psychologischen Ansatzes eng verbunden waren – die zentrale Rolle des Ichs und postulierten eine therapeutische Spaltung und eine Identifizierung mit dem Analytiker als einen wesentlichen Zug der Übertragung.

In gewissem Maß kann man diese Meinungsverschiedenheit als eine semantische ansehen. Wenn man das Über-Ich ausdrücklich als den Erben des genitalen ödipalen Konflikts definiert, müssen auch frühere Konflikte innerhalb des Systems des Ichs, wenn man sie im Rückblick vielleicht auch mit dem endgültigen Über-Ich in Zusammenhang bringt, trotzdem als im Ich enthalten definiert werden. Spätere Teilungen innerhalb des Ichs von der Art, wie Sterba sie andeutet und wie Bibring sie in seiner Beschreibung des Bündnisses zwischen dem Analytiker und dem gesunden Ich-Teil des Patienten stark erweitert, sind nicht dem endgültigen Über-Ich zuzuschreiben. Im Gegensatz dazu sind jene, die die Entwicklung der psychischen Struktur hauptsächlich auf die Introjektion von Teilobjekten und ganzen Objekten zurückführen, zu dem Schluß gekommen, daß der sich ergebende Zustand des inneren Konflikts in jeder dynamischen Hinsicht der Situation ähnelt, die später bei Konflikten zwischen Ich und Über-Ich zu beobachten ist. Sie glauben, diese Strukturen entwickelten sich gleichzeitig, und schlagen deshalb vor, man solle zwischen einem prä-ödipalen, einem ödipalen und einem post-ödipalen Über-Ich nicht scharf unterscheiden.

Die Unterschiede sind jedoch nicht nur verbal. Diejenigen, die die Über-Ich-Bildung in die ersten Lebensmonate verlegen, messen den frühen Objektbeziehungen eine andere Bedeutung bei als jene, die Steuerung und Neutralisierung von Triebenergie als primäre Funktionen des Ichs ansehen. Dieser theoretische Unterschied bedeutet notwendigerweise auch eine gewisse Uneinigkeit über die dynamische Situation sowohl in der Kindheit als auch im Erwachsenenleben. Diese Divergenz spiegelt sich unweigerlich in der Auffassung von der Übertragung und in Hypothesen über das Wesen des therapeutischen Prozesses. Von dem einen Standpunkt aus spielt das Ich in jeder Phase der Analyse die zentrale und entscheidende Rolle. Es wird unterschieden zwischen der Übertragung als therapeutischem Bündnis und der Übertragungsneurose, die im ganzen als eine Manifestation von Widerstand angesehen wird. Eine wirksame Analyse hängt ab von einem gesunden therapeutischen Bündnis; dafür ist es erforderlich, daß schon vor der Analyse bestimmte reife Ich-Funktionen integriert worden sind. Diese können bei bestimmten schwer gestörten Patienten und bei kleinen Kindern fehlen, für die dann das traditionelle psychoanalytische Verfahren ausgeschlossen wird. Wenn eine Deutung angezeigt ist, muß sie sich mit Manifestationen der Übertragung beschäftigen, was deutlich zeigt, daß die Übertragung analysiert werden muß. Der Prozeß der Analyse ist jedoch nicht ausschließlich der Übertragungsdeutung zuzuschreiben. Andere Deutungen von unbewußtem Material, ob es nun mit Abwehr oder mit frühen Phantasien zu tun hat, sind ebenso wirksam, vorausgesetzt, daß sie genau zum richtigen Zeitpunkt erfolgen, und daß ein befriedigendes therapeutisches Bündnis besteht.

Im Gegensatz dazu betonen diejenigen, die auf der Wichtigkeit der frühen Objektbeziehungen beharren, die entscheidende Rolle der Übertragung als Objektbeziehung, wenn sie auch durch eine Vielfalt von

Formen der Abwehr gegen primitive ungelöste Konflikte verzerrt sein mag. Die zentrale Rolle des Ichs, sowohl in den frühen Entwicklungsstadien als auch im analytischen Prozeß, wird akzeptiert. Man nimmt aber an, das Wesen des Ichs sei zu allen Zeiten von seinen äußeren und inneren Objekten bestimmt. Durch Veränderungen in den Ich-Funktionen angezeigte therapeutische Fortschritte sind daher in erster Linie Folgen einer Veränderung in den Objektbeziehungen durch die Deutung der Übertragungssituation. Wenn überhaupt, wird nur wenig unterschieden zwischen der Übertragung als therapeutischem Bündnis und der Übertragungsneurose als Manifestation von Widerstand. Therapeutischer Fortschritt ist nach dieser Ansicht fast ausschließlich von Übertragungsdeutungen abhängig. Andere Deutungen werden, obwohl sie manchmal angezeigt sein mögen, im allgemeinen nicht als ein wesentlicher Zug des analytischen Prozesses angesehen. Von diesem Standpunkt aus wird die schon vor der Analyse vorhandene Ich-Reife des Patienten nicht als Voraussetzung für die Analyse verlangt; Kinder und relativ schwer gestörte Patienten werden als potentiell geeignet für das traditionelle psychoanalytische Verfahren betrachtet.

Diese Unterschiede in der theoretischen Ausrichtung spiegeln sich nicht nur in der Einstellung zu Kindern und schwer gestörten Patienten. Sie sind auch in wichtigen Varianten bei allen klinischen Gruppen zu erkennen. Diese Varianten berühren unweigerlich die Eröffnungsphasen, das Verständnis der unvermeidlichen regressiven Züge der Übertragungsneurose und die Handhabung der Abschlußphasen der Analyse. Ich versuche hier, die Hauptprobleme nicht durch eine Betonung der Ähnlichkeiten, sondern der Gegensätze zu unterstreichen. Ich versuche auch, eine zu eingehende Diskussion der umstrittenen Theorie vom Wesen der frühen Ich-Entwicklung zu vermeiden, indem ich etwas willkürlich unterscheide zwischen denen, die die Ich-Analyse mit der Analyse von Abwehrmechanismen in Zusammenhang bringen, und jenen, die die primäre Bedeutung von Objektbeziehungen betonen, und zwar sowohl in der Übertragung als auch in der Entwicklung und in der endgültigen Struktur des Ichs. Das bedeutet zwar manchmal eine übermäßige Vereinfachung, aber ich hoffe, daß es zugleich bestimmte wichtige Fragen klären hilft.

Sprechen wir zunächst von den Patienten, über deren Eignung für das klassische analytische Verfahren man sich einig ist: die Patienten mit Übertragungsneurosen. Jene, die die Rolle des Ichs und die Analyse der Abwehr betonen, behalten nicht nur Freuds Überzeugung bei, die Analyse müsse von der Oberfläche aus in die Tiefe vordringen, sondern sie glauben auch, in der analytischen Situation auftauchendes Material aus früher Zeit rühre im allgemeinen von Abwehrprozessen her und nicht davon, daß frühe Triebphantasien auf den Analytiker verschoben werden. Beim gut mit Abwehr versehenen Patienten kann eine tiefe Übertragungsdeutung in den Frühphasen der Analyse sinnlos sein, da ihre unbewußte Bedeutung unzugänglich ist. Wenn andererseits die Abwehr brüchig ist, kann eine solche Deutung zu vorzeitiger und möglicherweise unerträglicher Angst führen. Die frühe Deutung der unbewußten automatischen Abwehrprozesse, mit deren Hilfe die Triebphantasien unbewußt gehalten worden sind, wird als ebenso unwirksam und unerwünscht betrachtet.

Es gibt natürlich innerhalb dieser Gruppe Meinungsverschiedenheiten darüber, wieweit sich die Analyse der Abwehr von der Inhaltsanalyse trennen läßt. Robert Waelder (1954) hat z. B. die Unmöglichkeit einer solchen Trennung betont. Otto Fenichel (1941) war jedoch der Meinung, man solle wenigstens theoretisch trennen, und er sagte, soweit wie möglich solle die Analyse der Abwehr der Analyse unbewußter Phantasien vorangehen. Man ist sich trotzdem allgemein darüber einig, daß sich die Übertragungsneurose in der Regel erst entwickelt, nachdem die Ich-Abwehr so weit untergraben worden ist, daß vorher verborgene Triebkonflikte mobilisiert werden können. In den frühen Stadien der Analyse und häufig auch immer wieder nach der Entwicklung der Übertragungsneurose wird die Abwehr gegen die Übertragung zu einem Hauptzug der analytischen Situation.

Dieser Ansatz beruht, wie gesagt, auf bestimmten Prämissen über Wesen und Funktion des Ichs in der Steuerung und Neutralisierung der Triebenergien und unbewußten Phantasien. Zwar wird die Bedeutung der frühen Objektbeziehungen nicht vernachlässigt, aber die Überzeugung, daß frühe Übertragungsdeutungen unwirksam und potentiell gefährlich sind, hängt mit der Hypothese zusammen, daß die dem reifen Ich zur Verfügung stehende Triebenergie neutralisiert worden ist. Am Anfang der Analyse ist sie also praktisch relativ oder absolut von ihrer unbewußten Phantasiebedeutung getrennt.

Im Gegensatz dazu gibt es eine Reihe von Analytikern mit einer anderen theoretischen Ausrichtung, die die Entwicklung des reifen Ichs nicht als eine relative Trennung der Ich-Funktionen von unbewußten Quellen ansehen. Sie glauben, unbewußte Phantasien seien weiterhin in allen bewußten psychischen Aktivitäten wirksam. Diese Analytiker neigen auch insgesamt dazu, die entscheidende Bedeutung primitiver Phantasien in der Entwicklung der Übertragungssituation zu betonen. Der Mensch, der in die Analyse kommt, hat unweigerlich unbewußte Phantasien in bezug auf den Analytiker, Phantasien, die aus ganz primitiven Quellen stammen. Dieses Material ist zwar in einem gewissen Sinn »tief«, aber trotzdem ist es höchst aktuell und der Deutung zugänglich. Melanie Klein (1948, 1952) bringt außerdem die Entwicklung und die endgültige Struktur des Ichs und des Über-Ichs in Verbindung mit unbewußten Phantasien, die von den frühesten Phasen der Objektbeziehung bestimmt sind. Sie betont die Rolle früher Introjektions- und Projektionsprozesse im Zusammenhang mit der primitiven Angst, die dem Todestrieb und mit ihm verknüpften aggressiven Phantasien zugeschrieben wird. Nach ihrer Ansicht tönen ungelöste Schwierigkeiten und Konflikte der frühesten Entwicklungsperiode die Objektbeziehungen während des ganzen Lebens. Wenn es in dieser frühen Periode mißlingt, eine im wesentlichen befriedigende Objektbeziehung herzustellen, wird dadurch auch bestimmt, daß es mißlingt, ein gutes inneres Objekt zu behalten. Infolgedessen werden relative Objektverluste nicht bewältigt. Derartige Verhaltensmuster berühren nicht nur alle Objektbeziehungen und alle endgültigen Ich-Funktionen; im einzelnen bestimmen sie die Art der angsterregenden Phantasien beim Eintritt in die analytische Situation. Gemäß dieser Anschauung sollten also frühe Übertragungsdeutungen, selbst wenn sie sich auf Phantasien beziehen, die aus einer frühen Lebensperiode stammen, nicht eine Zunahme, sondern eine Abnahme der Angst zur Folge haben.

Wenn man Übertragungsprobleme in bezug auf die Analyse der Übertragungsneurose betrachtet, muß man zwei Hauptpunkte im Auge behalten. Erstens, wie gesagt, neigen jene, die die Analyse der Abwehr betonen, zu einer deutlichen Unterscheidung zwischen der Übertragung als therapeutischem Bündnis und der Übertragungsneurose als Kompromißbildung, die den Zwecken des Widerstands dient. Im Gegensatz dazu sehen jene, die die Bedeutung früher Objektbeziehungen betonen, die Übertragung in erster Linie als eine Wiederbelebung oder Wiederholung an, die manchmal auf symbolische Prozesse (frühe Kämpfe um Objektbeziehungen) zurückgeführt werden. Bei dem Gewicht, das der Rolle unbewußter Phantasien und innerer Objekte in jeder Phase des Seelenlebens beigemessen wird, unterscheiden sich gesunde und krankhafte seelische Prozesse, wenn sie auch verschiedene Folgen haben, nicht in ihrer direkten Abhängigkeit von primitiven unbewußten Quellen.

Als zweites ist die Rolle der Regression in der Übertragungssituation Anlaß zu großen Meinungsverschiedenheiten. Es war natürlich eine von Freuds frühesten Entdeckungen, daß die Regression auf frühere Fixierungspunkte nicht nur in der Entwicklung von Neurosen und Psychosen ein Hauptmerkmal ist, sondern auch bei der Wiederbelebung früherer Konflikte in der Übertragungssituation. Mit der Entwicklung der Psychoanalyse und ihrer Anwendung auf eine immer größere Vielfalt von Persönlichkeitsstörungen, hat man der Rolle der Regression in der analytischen Situation immer mehr Aufmerksamkeit geschenkt. Die Bedeutung der analytischen Situation als eines Mittels zur Förderung der Regression wird z. B. von Ida Macalpine (1950) betont; sie meint, eine solche Regression sei ein wesentlicher Bestandteil des analytischen Prozesses.

Verschiedene Meinungen über Bedeutung, Wert und technische Handhabung von Regressionsmanifestationen sind die Grundlage wichtiger Modifikationen der analytischen Technik, die wir uns gleich ansehen wollen. In bezug auf die Übertragungsneurosen wird die Ansicht Phyllis Greenacres (1954), Regression als unentbehrlicher Zug der Übertragungssituation müsse durch die traditionelle Technik gelöst werden, allgemein akzeptiert. Man ist sich auch darüber einig, daß die Wiederbelebung und Wiederholung der Kämpfe primitiver Entwicklungsstadien in der analytischen Situation eine Voraussetzung für eine erfolgreiche Analyse ist.

Diejenigen, die die Analyse der Abwehr betonen, neigen jedoch dazu, die Regression als eine Manifestation von Widerstand anzusehen, d. h. als einen primitiven Abwehrmechanismus, den das Ich im Rahmen der Übertragungsneurose benützt. Die Analyse dieser Regressionsmanifestationen mit ihren potentiellen Gefahren ist vom Weiterfunktionieren eines Ichs abhängig, das stark genug ist, um ein therapeutisches Bündnis auf erwachsener Stufe aufrechtzuerhalten. Im Gegensatz dazu halten jene, die die Bedeutung der Übertragung als einer Wiederbelebung der frühen Mutter-Kind-Beziehung betonen, die Regression nicht für ein Zeichen von Widerstand oder Abwehr. Die Wiederbelebung dieser primitiven Erlebnisse in der Übertragungssituation wird statt dessen als eine wesentliche Voraussetzung für befriedigende psychische Reifung und echte Genitalität angesehen. Die Kleinsche Schule betont, wie gesagt, daß primitive Konflikte fortwährend weiterwirken und in jedem Stadium der Analyse wesentliche Züge der Übertragung bestimmen. Die immer offenkundigere Wiederbelebung dieser Konflikte in der analytischen Situation bedeutet daher eine Vertiefung der Analyse und wird im allgemeinen als ein Zeichen für abnehmenden und nicht zunehmenden Widerstand angesehen. Die damit verbundenen Gefahren werden nach dieser Anschauung dadurch vermieden, daß man mit Hilfe geeigneter Übertragungsdeutungen die primitive Angst mildert. Dies ist viel wichtiger als Bemühungen, in den Anfangsphasen der Analyse ein gesundes therapeutisches Bündnis herzustellen, das auf der Reife der wesentlichen Ich-Merkmale des Patienten beruht.

Wenn wir uns auch nur kurz die Endphasen der Analyse ansehen, müssen wir viele ungelöste Probleme im Hinblick auf das Therapieziel und die Definition einer abgeschlossenen Psychoanalyse im Auge behalten. Man muß auch unterscheiden zwischen den technischen Problemen der Endphase und der Beurteilung der Übertragungsauflösung nach Beendigung der Analyse. Man ist sich weithin darüber einig, daß in den Endphasen häufig primitive Übertragungsmanifestationen wieder aufflammen, die während der Anfangsphase der Analyse anscheinend gelöst waren.

Michael Balint (1952) und diejenigen, die Sándor Ferenczis Konzept von der primären passiven Liebe akzeptieren, sind der Ansicht, daß eine gewisse Befriedigung primitiver Passivitätsbedürfnisse für eine erfolgreiche Beendigung der Analyse möglicherweise wesentlich ist. Auch für Melanie Klein (1950) stellen die Endphasen der Analyse eine solche Wiederholung wichtiger Merkmale der frühen Mutter-Kind-Beziehung dar, insbesondere eine Wiederbelebung der frühen Entwöhnungssituation. Der Abschluß der Analyse hängt ab von einer Bewältigung früher depressiver Kämpfe, die in der erfolgreichen Introjektion des Analytikers als gutes Objekt gipfelt. Wenn auch in diesem Zusammenhang die Betonungen sehr verschieden gesetzt werden, sollte man beachten, daß diejenigen, die die Bedeutung der Identifizierung mit dem Analytiker als Grundlage eines therapeutischen Bündnisses betonen, auch akzeptieren, daß einige gleichzeitige, fortwährende Modifikationen unvermeidlich sind. Diejenigen, die zwischen Übertragung und Übertragungsneurose unterscheiden, heben die Bedeutung der Analyse und Auflösung der Übertragungsneurose als Hauptvoraussetzung für einen erfolgreichen Abschluß der Analyse hervor. Die auf dem therapeutischen Bündnis beruhende Identifizierung muß gedeutet und verstanden werden, besonders bezüglich der Realitätsaspekte der Persönlichkeit des Analytikers. Es gibt also trotz signifikanter, wichtiger Unterschiede, wie wir schon im Hinblick auf die Abhandlungen von Sterba und Strachey gezeigt haben, erhebliche Übereinstimmung in bezug auf das Ziel der Psychoanalyse.

Die bereits besprochenen Unterschiede zeigen einige aktuelle Grundprobleme der Übertragung. Bisher beschränkte sich die Diskussion jedoch auf Varianten innerhalb des Rahmens einer traditionellen Technik. Jetzt müssen wir uns mit Problemen befassen, die mit offenkundigen Modifikationen zu tun haben. Die genannten Varianten sind im Hinblick auf bestimmte klinische Krankheitszustände eingeführt worden, oft als Vorbereitung für eine klassische Psychoanalyse; man muß sie unterscheiden von Modifikationen, die Veränderungen im Grundansatz sind und zu signifikanten Abwandlungen sowohl in der Methode als auch in bezug auf das Therapieziel führen. Man ist sich allgemein darüber einig, daß gewisse Varianten der Technik bei der Behandlung bestimmter Charakterneurosen, bei Borderline-Patienten und bei Psychosen angezeigt sind. Wesen und Bedeutung derartiger Abänderungen werden jedoch verschieden gesehen, je nach der relativen Betonung, die auf Ich und Ich-Abwehr, auf zugrunde liegende unbewußte Konflikte und auf die Bedeutung und die Handhabung der Regression in der therapeutischen Situation gelegt wird.

In »Die endliche und die unendliche Analyse« (1937) sagt Freud, gewisse Ich-Attribute seien möglicherweise angeboren oder konstitutionell bedingt und daher für die psychoanalytische Prozedur vielleicht unzugänglich. Heinz Hartmann (Hartmann, 1950, 1952; Hartmann et al., 1946) war der Ansicht, außer diesen primären Ich-Attributen könnten andere Ich-Eigenschaften, die ursprünglich für Abwehrzwecke entwickelt worden seien, sowie die damit verknüpfte Triebenergie, die dem Ich verfügbar sei, von der unbewußten Phantasie relativ oder absolut getrennt sein. Dies erklärt nicht nur die relative Unwirksamkeit früher Übertragungsdeutungen, es weist auch auf mögliche Grenzen der Analysierbarkeit hin, Grenzen, die auf eine relativ irreversible sekundäre Ich-Autonomie zurückzuführen sind. Es wird außerdem darauf hingewiesen, daß die Analyse wankender oder schwer pathologischer Abwehrformen – besonders jener, die mit der Steuerung aggressiver Impulse zu tun haben – nicht nur unwirksam, sondern gefährlich sein kann. Der relative Mangel an Ich-Entwicklung schließt in solchen Fällen nicht nur von vornherein die Entwicklung eines echten Arbeitsbündnisses aus, sondern er bedingt auch die Gefahr einer stark regressiven, oft vorwiegend feindseligen Übertragungssituation. Bei bestimmten Fällen wird daher eine vorbereitende Periode der Psychotherapie empfohlen, damit man ausprobieren kann, ob der Patient eine traditionelle Psychoanaylse ertragen kann. Bei anderen ist man der Ansicht, das psychoanalytische Verfahren sei nicht anwendbar – wie es Robert Knight (1953) in seiner Abhandlung über Borderline-Zustände schreibt, ebenso viele andere Analytiker, die mit Psychotikern arbeiten. Statt dessen wird eine therapeutische Verfahrensweise befürwortet, die auf analytischem Verständnis beruht, und die im wesentlichen eine positive Übertragung als Mittel zur Verstärkung der gefährdeten Abwehrmechanismen des Patienten benützt, und nicht, um sie zu analysieren.

Im Gegensatz dazu hat Herbert Rosenfeld (1952) selbst schwer gestörte psychotische Patienten mit einer nur minimal abgewandelten psychoanalytischen Technik behandelt. Es werden nur solche Veränderungen eingeführt, die der Grad der Erkrankung des Patienten notwendig macht. Hier werden die Gefahren der Regression in der Therapie nicht betont, da der Autor der Meinung ist, die primitive Phantasie sei unter allen Umständen aktiv. Die primitivste Periode wird unter dem Aspekt der frühen Objektbeziehungen gesehen, mit besonderer Betonung von Verfolgungsangst, die mit dem Todestrieb zusammenhängt. Man glaubt, wie wir schon gesagt haben, die Deutung dieser primitiven Phantasien in der Übertragungssituation vermindere die psychotische Angst und biete so die beste Möglichkeit, das schwer bedrohte psychotische Ich zu stärken.

Andere Analytiker – z. B. D. W. Winnicott (1955) – führen die Psychose hauptsächlich auf schwerwiegende traumatische Erlebnisse zurück, insbesondere auf Erlebnisse der Entbehrung *(deprivation)* im frühen Säuglingsalter. Nach dieser Anschauung bietet die tiefe Regression eine Möglichkeit, in der Übertragungssituation primitive Bedürfnisse zu erfüllen, die auf der richtigen Entwicklungsstufe nicht erfüllt werden konnten. Ähnliche Vorschläge haben Sidney Margolin (1953) und andere in bezug auf das Konzept der anaklitischen Behandlung schwerer psychosomatischer Erkrankungen gemacht. Auch dieser Ansatz beruht auf der Prämisse, daß die bei gewissen Patienten unweigerlich eintretende Regression in der Therapie benützt werden sollte, um in einer extrem gewährenlassenden Übertragungssituation Forderungen zu erfüllen, die im Säuglingsalter unerfüllt geblieben sind. In diesem Zusammenhang ist zu beachten, daß die für die Behandlung schwer gestörter Patienten empfohlenen Befriedigungen von der Überzeugung bestimmt werden, diese Patienten seien unfähig, eine Übertragung der Art zu entwickeln, wie sie im Zusammenhang mit Neurosen verstanden wird, und sie müßten deshalb mit einer modifizierten Technik behandelt werden.

Die bisher beschriebenen Meinungen sind, so sehr sie sich in mancher Hinsicht voneinander unterscheiden mögen, trotzdem alle auf die Prämisse gegründet, daß der wesentliche Unterschied zwischen Analyse und anderen Therapiemethoden darin liegt, ob die Übertragungsdeutung ein unentbehrlicher Bestandteil des technischen Verfahrens ist oder nicht. Ergebnisse, die auf der Wirkung von Suggestion beruhen, sind soweit wie möglich zu vermeiden, wenn man die traditionelle Technik anwendet. Dieses Ziel war jedoch schwerer zu erreichen, als Freud es erwartete, als er zum erstenmal die Bedeutung der auf einer positiven Übertragung fußenden Symptomheilung entdeckte. Die Bedeutung der Suggestion selbst im Rahmen der strengsten analytischen

Methoden ist von Edward Glover (1954, 1955) und anderen wiederholt betont worden. Eine zunehmende Hervorhebung der Rolle, die die Persönlichkeit des Analytikers für den Verlauf der Übertragung jedes einzelnen Patienten spielt, erfordert, daß man die unvermeidlichen suggestiven Tendenzen erkennt, die dem therapeutischen Prozeß innewohnen. Viele Analytiker glauben heute, das klassische Ideal der analytischen Objektivität und Anonymität lasse sich nicht aufrechterhalten. Statt dessen wird eine gründliche Analyse der Realitätsaspekte der Persönlichkeit des Therapeuten und seiner Anschauung als wesentlicher Zug der Übertragungsanalyse befürwortet; man hält sie auch für eine unentbehrliche Voraussetzung für die dynamischen Veränderungen, von denen wir schon im Zusammenhang mit der Beendigung der Analyse gesprochen haben. Es bleibt also das höchste Ziel der Psychoanalytiker, welcher theoretischen Richtung sie auch angehören mögen, Ergebnisse zu vermeiden, die auf dem unerkannten oder unanalysierten Wirken von Suggestion beruhen. Sie haben als primäres Ziel weiterhin die Auflösung solcher Ergebnisse durch beständige und sorgfältige Deutung.

Es gibt jedoch innerhalb und außerhalb des Bereichs der Psychoanalyse eine Reihe von Therapeuten, die der Meinung sind, selbst bei der Behandlung oder Analyse neurotischer Patienten sollte die Übertragungssituation nicht allein oder in erster Linie als Rahmen für die Deutung angesehen werden. Statt dessen empfehlen sie, man solle die Übertragungsbeziehung für die Manipulation korrigierender emotionaler Erfahrungen benützen. Die theoretische Orientierung jener, die das Konzept der Übertragung verwenden, kann je nach dem Grad, in dem aktuelle Beziehungen als determiniert durch frühere Ereignisse angesehen werden, mehr oder weniger weit von einer freudianischen Anschauung entfernt sein. Am einen Extrem wird aktuellen Aspekten und kulturellen Faktoren beherrschende Bedeutung beigemessen, am anderen Extrem wird die seelische Entwicklung im wesentlichen mit freudianischen Maßstäben gemessen. Modifikationen der Technik werden wegen den der analytischen Methode innewohnenden Begrenzungen als notwendig angesehen. Sie werden nicht auf wesentlich veränderte Auffassungen von den Frühphasen der seelischen Entwicklung zurückgeführt.

Franz Alexander (1950) ist vielleicht das beste Beispiel für diese Gruppe. In seiner Salzburger Abhandlung (1925) hatte er darauf hingewiesen, daß Patienten – selbst nach einer scheinbar erfolgreichen Übertragungsanalyse der ödipalen Situation – die Tendenz haben, auf eine narzißtisch abhängige, prägenitale Stufe zu regredieren. Dieser Zustand erweist sich oft als hartnäckig und widerstandsfähig gegen Übertragungsdeutungen. In seinen neueren Arbeiten wird die Rolle der Regression in der Übertragungssituation immer stärker betont. Alexander weist darauf hin, das Auftauchen und Fortbestehen abhängiger, prägenitaler Forderungen bei einer großen Vielfalt klinischer Krankheitszustände zeige, daß die Förderung einer regressiven Übertragungssituation unerwünscht und therapeutisch unwirksam sei. Der Analytiker solle deshalb, wenn die Regression drohe, eine fest umrissene Rolle einnehmen, die sich ausdrücklich vom Verhalten der Eltern in der frühen Kindheit unterscheiden müsse. Dies kann durch eine korrigierende emotionale Erfahrung in der Übertragungssituation therapeutische Ergebnisse zeitigen. Solche Verfahrensweisen, heißt es, können die Tendenz zur Regression verhüten und so die Länge der Behandlung abkürzen und die Therapieergebnisse verbessern. Nach dieser Ansicht ist eine Einschränkung regressiver Manifestationen durch derartige aktive Schritte, die auf mannigfache Weise das traditionelle analytische Verfahren abwandeln, häufig angezeigt.

Natürlich ist für jene, die überzeugt sind, daß die Deutung aller Übertragungsmanifestationen ein wesentlicher Zug der Psychoanalyse bleibt, die hier beschriebene Art von Modifikation, wenn sie auch auf einer freudianischen Rekonstruktion der frühen Phasen seelischer Entwicklung beruht, eine wichtige Veränderung. Diese Modifikation ist durch die Ansicht motiviert, daß die Psychoanalyse als therapeutische Methode Grenzen hat, die mit der Tendenz zur Regression verknüpft sind, und die durch die traditionelle Technik nicht aufzuheben sind. Außerdem verringert die fundamentale Prämisse, auf der das Konzept von der korrigierenden emotionalen Erfahrung beruht, die Bedeutung von Einsicht und Rückerinnerung. Im Grunde wird angedeutet, daß korrigierende emotionale Erfahrungen allein qualitative dynamische Veränderungen in der psychischen Struktur zustande bringen können, Veränderungen, die dann zu einem befriedigenden Therapieziel führen können. Das bedeutet eine entschiedene Abwandlung der analytischen Hypothese, nach der aktuelle Probleme durch die Abwehr gegen Triebimpulse und/oder internalisierte Objekte bestimmt werden, die in den entscheidenden Phasen der Frühentwicklung aufgebaut worden sind. Nach der traditionellen Anschauung hängt ein echtes Analyseergebnis ab von der Wiederbelebung, Wiederholung und Bewältigung früherer Konflikte im aktuellen Erlebnis der Übertragungssituation, wobei Einsicht als ein unentbehrliches Merkmal des analytischen Ziels betrachtet wird.

Da bestimmte wichtige Modifikationen mit dem Konzept von der Regression in der Übertragungssituation zu tun haben, möchte ich dieses Konzept kurz im Zusammenhang mit dem Wiederholungszwang betrachten. Man ist sich allgemein darin einig, daß die Übertragung, im wesentlichen eine Wiederbelebung früherer emotionaler Erlebnisse, als Manifestation des Wiederholungszwangs anzusehen ist. Man muß jedoch unterscheiden zwischen dem Wiederholungszwang als Versuch, ein traumatisches Erlebnis zu bewältigen, und dem Wiederholungszwang, der ein Versuch ist, zu einem realen oder phantasierten früheren Zustand der Ruhe oder der Befriedigung zurückzukehren. Daniel Lagache (1951) hat den Wiederholungszwang in Verbindung gebracht mit einem tief verwurzelten Bedürfnis, zu jedem Problem zurückzukehren, das ungelöst geblieben ist. Von diesem Standpunkt aus sind die regressiven Aspekte der Übertragungssituation als notwendige Vorbereitung auf die Bewältigung ungelöster Konflikte anzusehen. Von einem anderen Standpunkt aus werden die regressiven Aspekte der Übertragung hauptsächlich auf einen Wunsch zurückgeführt, zu einem früheren Zustand der Ruhe oder der narzißtischen Befriedigung zurückzukehren, auf den Wunsch, zuungunsten jeder progressiven Handlung den Status quo aufrechtzuerhalten, und schließlich auf Freuds ursprüngliche Auffassung vom Todestrieb. Sehr vieles spricht dafür, daß in den regressiven Aspekten jeder Analyse beide Seiten des Wiederholungszwangs zu sehen sind. Denen, die meinen, regressive selbstzerstörerische Kräfte seien gewöhnlich stärker als progressive libidinöse Impulse, erscheinen die Möglichkeiten des analytischen Ansatzes natürlich begrenzt. Im Gegensatz dazu meinen jene, denen das Wiederauftauchen früherer Konflikte in der Übertragungssituation als Anzeichen von Tendenzen der Bewältigung und des Fortschritts erscheint, die klassische analytische Methode bleibe weiterhin die optimale Art der Behandlung psychischer Erkrankungen, wo immer sie anwendbar sei.

Abschließend: ich habe in diesem Kapitel versucht, einige aktuelle Probleme in bezug auf die Übertragung zu umreißen, sowohl im Hinblick auf die Geschichte des psychoanalytischen Denkens als auch in bezug auf die theoretischen Prämissen, auf denen sie beruhen. Was die heutigen Anschauungen betrifft, die eine ernsthafte Modifikation der analytischen Technik befürworten, kann ich nichts Besseres sagen als das, was Ernest Jones in seiner Einführung zum Salzburger Symposium sagte:

»... die Abwertung der freudianischen (infantilen) Faktoren auf Kosten der prä-freudianischen (prä- und post-infantilen) ist eine höchst charakteristische Manifestation des allgemein menschlichen Widerstands gegen die Annahme der Wichtigkeit der ersteren. Gewöhnlich ist dies eine Flucht vor dem Ödipuskomplex, der im Zentrum der infantilen Faktoren steht. Wir wissen auch, daß die praktische Ausübung der Psychoanalyse nicht immer Immunität gegen diese Reaktion garantiert.« (1925, S. 3)

Im Hinblick auf die wichtigen Probleme, die aus echten wissenschaftlichen Differenzen im Rahmen der traditionellen Technik entstehen, habe ich versucht, die Probleme zum Zweck der Erörterung dadurch in den Brennpunkt zu rücken, daß ich so objektiv wie möglich die Divergenzen und nicht die Übereinstimmung betont habe. Ich möchte jedoch mit einer persönlicheren Bemerkung schließen. Ich habe ungewöhnliche Gelegenheiten gehabt, aus nächster Nähe eindrucksvolle Leistungen von Analytikern der verschiedensten theoretischen Ausrichtung an verschiedenen Orten der Welt zu beobachten. Sie alle sind sich über die primäre Bedeutung der Übertragungsanalyse einig. Keiner von ihnen hat irgendeine signifikante Modifikation der traditionellen Technik, entweder als Mittel zur Abkürzung der Analyse oder als Weg zu einem abgewandelten Ziel der Analyse, akzeptiert. Schließlich sind sich auch alle einig darüber, wie grundlegend wichtig es ist, die Bedeutung und die möglichen Gefahren von Manifestationen der Gegenübertragung zu verstehen. Leider beschränkt sich diese höchst wichtige unbewußte Reaktion nicht auf die Situation in der Einzelanalyse. Sie kann auch durch wissenschaftliche Theorien – sowohl innerhalb als auch außerhalb unseres besonderen Wissenschaftsgebietes – hervorgerufen werden. Genau wie die Lösung der einzelnen Übertragungssituation von der Einsicht des Analytikers in seine eigene Gegenübertragung abhängt, so können im größeren Maßstab Einsicht und Objektivität zu einer Lösung der skizzierten Probleme führen.

11

Das therapeutische Bündnis bei der Hysterie-Analyse

Im Kern der klinischen Psychoanalyse steht die Wiederbelebung und darauffolgende Auflösung der hauptsächlichen infantilen Konfliktsituationen im Rahmen der Übertragungsneurose. Eine fundamentale Voraussetzung für die analytische Unternehmung besteht darin, daß der Analytiker gegenüber den unweigerlich aufkommenden Verzerrungen und Projektionen eine Haltung der Objektivität und Neutralität einnimmt. Es wird auch allgemein erkannt, daß eine erfolgreiche Analyse über die Übertragungsneurose hinaus als Kern eine beständige, stabile Beziehung fordert, die den Patienten befähigt, eine im wesentlichen positive Haltung gegenüber der analytischen Aufgabe auch dann einzunehmen, wenn die in der Übertragungsneurose neu belebten Konflikte beunruhigende Wünsche und Phantasien nahe an die Oberfläche des Bewußtseins bringen.

In seinen frühen technischen Schriften hat Freud diesen Kern der therapeutischen Beziehung deutlich als einen gut entwickelten Rapport beschrieben. In »Die endliche und die unendliche Analyse« definiert er ihn strukturell: »Die analytische Situation besteht bekanntlich darin, daß wir uns mit dem Ich der Objektperson verbünden, um unbeherrschte Anteile ihres Es zu unterwerfen, also sie in die Synthese des Ichs einzubeziehen« (1937, S. 79–80). Das therapeutische Bündnis läßt sich definieren als eine Arbeitsbeziehung zwischen Patient und Analytiker. Im Lauf der analytischen Arbeit findet im Ich des Patienten eine Spaltung der Art statt, wie Richard Sterba (1934) und Edward Bibring (1937) sie beschrieben haben. Diese Spaltung ermöglicht es dem reifen oder beobachtenden Teil des Ichs des Patienten, sich mit dem Analytiker in der Aufgabe zu identifizieren, pathologische Abwehrformen abzuwandeln, die ursprünglich gegen innere Gefahrsituationen aufgebaut worden waren. Außerdem ist klar, da unweigerlich zwei Teilnehmer beteiligt sind, daß der analytische Fortschritt in mancher Hinsicht von einer Objektbeziehung abhängig sein muß.

Man hat das Wesen dieser Objektbeziehung im allgemeinen von zwei Seiten her betrachtet. Was die reifen Ich-Funktionen und die Realitätsprüfung angeht, scheint die Fähigkeit des Patienten, mit dem Analytiker als Einzelindividuum – mit positiven und negativen Eigenschaften – eine reale Beziehung beizubehalten, mit seiner Fähigkeit zum Aufbau eines therapeutischen Bündnisses zusammenzuhängen. In diesem

Zusammenhang wird anerkannt, daß die reale Persönlichkeit und die individuellen Eigenarten des Analytikers unweigerlich die analytische Situation beeinflussen. Anna Freud hat in ihren Beiträgen zu den Diskussionen auf den Zusammenkünften im Arden House (1954) betont, welche Bedeutung dem Analytiker als realer Person im analytischen Prozeß zukommt. Die Anerkennung und Deutung dieses Aspekts der analytischen Situation muß natürlich deutlich unterschieden werden von einer überaktiven oder unangemessenen Teilnahme auf seiten des Analytikers. Grete Bibring hat in einer Abhandlung mit dem Titel »Ein Beitrag zum Thema Übertragungswiderstand« (»A Contribution to the Subject of Transference Resistance«, 1936) gezeigt, wie in gewissen Situationen reale Eigenschaften des Analytikers gegen die Herstellung einer fundamentalen Beziehung zwischen dem Patienten und dem Analytiker kämpfen, die so positiv ist, daß sie ein befriedigendes Durcharbeiten und eine Lösung der Übertragungsneurose erlaubt.

Man hat auch häufig vermutet, im Kern der Übertragung stecke eine Beziehung, die wesentliche Aspekte der frühen Mutter-Kind-Beziehung wiederholt. Phyllis Greenacre z. B. hat die Existenz einer Übertragungs-»Matrix« postuliert (1958). Auch Hans Loewald spricht sich in seinen Abhandlungen »Ich und Realität« (»Ego and Reality«, 1951) und »Über das therapeutische Wirken der Psychoanalyse« (»On the Therapeutic Action of Psychoanalysis«, 1960) für eine ähnliche Ansicht aus. Es ist jedoch wichtig, sich klarzumachen, daß es in vielen dieser Beiträge (in bezug auf diese Frage verweise ich auf Ferenczi, Balint, Spitz, Hoffer und Klein) bei dieser fundamentalen Kern-Übertragung um ihre allerprimitivste Bedeutung geht. Besonders Sándor Ferenczi und Michael Balint haben vorgeschlagen, der Analytiker solle die Rolle einer befriedigenden Mutter übernehmen. In den wichtigen Analogien, die Bertram Lewin (1954) zwischen Schlaf, Traum und analytischer Situation aufstellt, weist er auf die Tendanz hin, auf ein äußerst primitives Niveau zu regredieren, auf dem die orale Trias dominiert, eine Stufe, die der Entwicklung echter Objektbeziehungen und dem Anfang eines Gefühls einer eigenen, abgesonderten Identität vorausgeht. Ives Hendricks (1942, 1951) hat in diesem Zusammenhang darauf hingewiesen, daß man unterscheiden solle zwischen den frühesten Objektbeziehungen, die im wesentlichen dyadisch sind, und der ödipalen Situation, die eine Dreiecks- oder triadische Situation ist. Da eine erfolgreiche Analyse nicht nur die Auflösung der Dreieckssituation erfordert, sondern außerdem eine Wiederbelebung und Wiederholung früherer, prägenitaler Konflikte, muß die Übertragungsneurose unweigerlich sowohl triadische als auch dyadische Manifestationen hervorrufen.

Im Zusammenhang mit der früheren Periode muß man jedoch einen wesentlichen Unterschied machen zwischen der frühesten Mutter-Kind-Beziehung als Symbiose, in der noch keine Ich-Grenzen gezogen sind, in der die primäre Identifikation vorherrscht und in der archaische Omnipotenzphantasien überwiegen, und auf der anderen Seite der Periode, nachdem das Kind das Stadium erreicht hat, in dem die frühe Realitätsprüfung und die erste durchgehaltene Objektbeziehung erreicht sein sollten. Auf dieser Stufe, während das Kind noch vorwiegend im Rahmen von Zweierbeziehungen lebt, muß es seine Reaktionen der Wut und Angst angesichts von Frustration bemeistern; jetzt unterscheidet es zum erstenmal zwischen äußeren und inneren Gefahrsituationen; jetzt wird es seiner eigenen Identität gewahr als einer Sache, die von der seines Objekts getrennt ist, und es genießt zum erstenmal den Erwerb von selbständigen Fertigkeiten und Möglichkeiten des Verstehens – einen Prozeß, zu dem Mechanismen der sekundären Identifizierung gehören –, und schließlich lernt es einen gewissen Grad von Abhängigkeit zu akzeptieren, ohne totale Befriedigung zu fordern. Das Zustandekommen einer positiven durchgehaltenen Beziehung mit einer zugrunde liegenden Haltung des Vertrauens, in dem von Erik Erikson beschriebenen Sinn (1950), ist von entscheidender Wichtigkeit für die Entwicklung eines reifen Ichs, das zu guten Objektbeziehungen fähig ist. Das endgültige Erreichen einer reifen Identität ist jedoch abhängig von einem fortwährenden Kampf, der gekennzeichnet ist von einer Reihe von Krisen, die, wenn auch mit neuen Abwandlungen, die ursprünglichen Konflikte wieder beleben und wiederholen. Vom Beginn der ödipalen Periode an werden zwar entscheidende Probleme überwiegend in einer komplexen triadischen Form erlebt, aber trotzdem bleibt in jeder Situation der Frustration und Angst ein dyadisches Element, das den Ausgang der Situation wesentlich beeinflußt. Je weniger erfolgreich der ursprüngliche Kampf ausgegangen ist, desto größer ist in späteren Konfliktsituationen die Tendenz, auf Stufen zu regredieren, die vor dem Ziehen der Ich-Grenzen liegen.

In dieser Hinsicht kann man die analytische Situation als eine besondere, gelenkte Konfliktsituation ansehen. Die Auflösung psychischer Not hängt in diesem in therapeutischer Absicht herbeigeführten Konflikt davon ab, ob der Patient auf prä-ödipaler Stufe mit ausreichendem Erfolg eine sichere Grundbeziehung hergestellt und aufrechterhalten hat, in der die Integrität getrennter Individuen erkannt wurde. Dies ist die Grundlage des therapeutischen Bündnisses, das als Voraussetzung die Fähigkeit erfordert, Angst und Frustration zu ertragen, gewisse Realitätsbegrenzungen zu akzeptieren und zwischen den reifen und den infantilen Aspekten des Lebens zu unterscheiden. Diese Beziehung dient einerseits als Schranke für jede stärkere Ich-Regression, und andererseits ist sie ein Grundzug der analytischen Situation, an dem die durch die Übertragungsneurose hervorgerufenen Phantasien, Erinnerungen und Gefühle gemessen werden und dem sie gegenübergestellt werden können. Das Zustandebringen und die Aufrechterhaltung dieser Beziehung bieten eine große Vielfalt von Problemen, denn sie sind nicht nur von der Psychopathologie des Patienten abhängig, sondern auch von dem jeweils gegebenen Stadium der Analyse. Bei vielen Charakterneurosen, Borderline-Zuständen und bei schweren neurotischen Störungen kann es schwierig, wenn nicht unmöglich sein, theoretisch oder klinisch zu unterscheiden zwischen dem therapeutischen Bündnis als realer Objektbeziehung und dem Erscheinungsbild der Übertragungsneurose. In jeder erfolgreichen Analyse muß sich außerdem das therapeutische Bündnis zu einer Übertragungsanalyse entwickkeln, wenn der Patient eine optimale Reifestufe und die Fähigkeit zur Herstellung und Erhaltung von Objektbeziehungen erlangen soll.

Einerseits ist also das therapeutische Bündnis von der erfolgreichen Mobilisierung von Ich-Merkmalen abhängig, die die Voraussetzung für Objektbeziehungen und Realitätsprüfung bilden. Es gibt natürlich technische Überlegungen im Hinblick auf die Mittel, mit deren Hilfe der Analytiker am besten die verborgenen Fähigkeiten des Patienten zum Schaffen und Erhalten einer sicheren, fundamentalen, realitätsorientierten Objektbeziehung hervorlocken kann, einer Beziehung, die den unvermeidlichen Verzerrungen und regressiven Zügen der Übertragungsneurose standhalten kann. Andererseits muß man insofern, als die beteiligten Fähigkeiten des Ichs zuinnerst mit prägenitalen Konflikten verknüpft sind, die in einer überwiegenden Zweierbeziehung erlebt wurden, auch erkennen, daß zu dem Zeitpunkt, wenn die Analyse diese Stufe erreicht, gerade die Beziehung, die in einem früheren Stadium als Grundlage des therapeutischen Bündnisses gefördert werden konnte, selbst in den Bereich der Übertragungsanalyse eintreten muß. Kurzum, es ist unvermeidlich, daß zu irgendeinem Zeitpunkt bestimmte Grundzüge der analytischen Situation, die gewöhnlich dem therapeutischen Bündnis zugeschrieben werden, ein Bestandteil der Analyse der Übertragungsneurose werden. Da außerdem behauptet wird, der Kern des therapeutischen Bündnisses stamme von Konflikten her, die auf prägenitaler Ebene erlebt wurden, ergibt sich daraus, daß die Unterscheidung zwischen Übertragungsneurose und therapeutischem Bündnis vor allem in der Übertragungsanalyse dyadischer Objektbeziehungen immer schwerer beizubehalten ist.

In der klinischen Arbeit sind daher die folgenden Prämissen wichtig: Erstens ist es bei der Psychoanalyse von Patienten, die man als geeignet für das klassische psychoanalytische Verfahren ansieht, wichtig, zu unterscheiden zwischen dem therapeutischen Bündnis, definiert als reale Objektbeziehung, die die Mobilisierung von selbständigen Ich-Attributen beim Patienten fördert, und der Übertragungsneurose, bei der der Analytiker als das verschobene Objekt unaufgelöster infantiler Phantasien benützt wird. Zweitens tritt dieser Unterschied am deutlichsten in der Analyse von Patienten zutage, deren anfängliches Übertragungsmaterial sich in überwiegend triadischen (d. h. ödipalen) Manifestationen ausdrückt. Drittens müssen die Ich-Fähigkeiten, die bei solchen Patienten in den Frühstadien der Analyse die Entwicklung eines therapeutischen Bündnisses erleichtern und fördern, selbst in die Sphäre der Übertragungsanalyse eintreten, insofern die Analyse bis auf prägenitale Konflikte erweitert wird, die das Annehmen der Realität und die Entwicklung von Objektbeziehungen betreffen.

Die Unterscheidung zwischen der Schaffung und Erhaltung des therapeutischen Bündnisses in den Frühphasen der Analyse und der Umstand, daß diese Beziehung auch in die Übertragungsdeutung einbezogen werden muß, wenn die Analyse mit Erfolg beendet werden soll, sind besonders relevant für die Analyse neurotischer Patienten, bei denen vor der Analyse keine groben Störungen im Bereich der Realitätsprüfung zu bemerken waren. Die Analyse hysterischer Patienten ist in dieser Hinsicht besonders lehrreich. Einerseits enthält die anfängliche Übertragungsneurose hysterischer Patienten im typischen Fall unverkennbar ödipales Material. Aber andererseits muß man wegen der oralen Genese hysterischer Störungen, wie man immer deutlicher erkennt, in den Frühstadien der Analyse die Errichtung eines therapeutischen Bündnisses betonen, das zugleich verfügbare reife Ich-Kräfte benützt und vorzeitige regressive Entwicklungen einschränkt. In den Endstadien der Analyse ist außerdem immer klarer geworden, daß die Lösung der Konflikte, die ursprünglich auf ödipaler Stufe präsentiert wurden, von der Analyse viel früherer Konflikte abhängig ist – von der Herstellung von Objektbeziehungen, zu denen das Akzeptieren der Realität und ihrer Grenzen gehört.

An dieser Stelle ist ein Überblick über die hysterischen Patienten angebracht, die potentiell in der Lage sind, ein so stabiles therapeutisches Bündnis einzugehen, daß es eine vollständige Analyse der Übertragungsneurose möglich macht. Die Betonung liegt hier weniger auf der Art der Erkrankung des Patienten und mehr auf der Technik der Analyse. Einige der entscheidenden Fragen, die hier zu erwägen sind, lauten: Wie kann der Analytiker auf der einen Seite den Fortgang der Analyse fördern, und wie kann er auf der anderen Seite die Entwicklung einer schwerwiegend regressiven Übertragungsneurose beschränken? Kurz gesagt, welche Rolle hat der Analytiker bei der Entwicklung des therapeutischen Bündnisses? Wie ist diese Aktivität von der Gegenübertragung zu unterscheiden? Wie läßt sich auf der Höhe einer starken Übertragungsneurose dieses Bündnis beibehalten? Wie beeinflussen schließlich die Deutung und die Analyse der Objektbeziehung, die im therapeutischen Bündnis impliziert ist, die Auflösung in den Endphasen der Analyse?

Zum ersten und fast einzigen Mal vor den Endphasen der Analyse treffen Patient und Analytiker bei den Vorbesprechungen und beim Erstellen des Behandlungsplans in einer vorherrschenden Zweierbeziehung zusammen; in einer Beziehung, die noch relativ ungestört ist von einer offenkundigen Übertragungsneurose und von den regressiven Tendenzen, die durch die analytische Situation bald gefördert werden. In diesem Zusammenhang ist es im Hinblick auf praktische Empfehlungen und auf die gebräuchliche Haltung der Psychoanalytiker wichtig, zu unterscheiden zwischen den Realitätssituationen, mit denen sich die Pionier-Analytiker konfrontiert sahen, und denen, in die wir uns heute gestellt sehen. Damit die Psychoanalyse sich entwickeln konnte, war es natürlich wesentlich, Grundzüge wie das regelmäßige Kommen, die prompte Bezahlung und vor allem die überwiegende Betonung der Übertragungsneurose als einer Beziehung, an der der Analytiker nicht teilnahm, fest aufrechtzuerhalten. Eine neue und kraftvolle Therapiemethode, die abhängig war von der Herstellung und Auflösung einer Beziehung, die sich qualitativ von allen anderen unterschied, war damals, trotz weitverbreiteter Mißbilligung und Gegnerschaft, im Aufbau begriffen. In diesem Zusammenhang sagte Freud:

»In betreff der Zeit befolge ich ausschließlich das Prinzip des Vermietens einer bestimmten Stunde [an jeden Patienten] ... sie ist die seine, und er bleibt für sie haftbar, auch wenn er sie nicht benützt.« (1913 a, S. 458)
»Ich kann den Kollegen nicht dringend genug empfehlen, sich während der Behandlung den Chirurgen zum Vorbild zu nehmen, der alle seine Affekte und selbst sein menschliches Mitleid beiseite drängt und seinen geistigen Kräften ein einziges Ziel setzt: die Operation so kunstgerecht als möglich zu vollziehen.« (1912, S. 380–381)

Derartige allgemeine Grundsatzaussagen waren auf Freuds Erkenntnis der spezifischen Qualitäten der Übertragungsneurose und der Mittel gegründet, durch die ihre Entwicklung sichergestellt werden konnte.

Sie schlossen in der Praxis die Entwicklung einer sicheren Arbeitsbeziehung zwischen Patient und Analytiker nicht aus.

Die Realitätssituation ist heute ganz anders. Die Prinzipien und die Praxis der Psychoanalyse sind viel weiter verbreitet und akzeptiert, zumindest auf der Ebene des Bewußtseins. Die meisten Analysepatienten werten ihren Platz auf der Couch als ein hart erworbenes Privileg. Von diesem Standpunkt aus ist es nicht mehr absolut erforderlich, sich an starre Verfahrensregeln zu halten. Trotzdem hat die große Verbreitung psychotherapeutischer Techniken in den letzten Jahren neue Probleme geschaffen. Viele derartige Techniken erlauben eine ausgeprägtere, offenere Beziehung zwischen Arzt und Patient, als sie sich mit der Psychoanalyse einer Übertragungsneurose verträgt. Es ist notwendig geworden, zwischen Zielen und Techniken der Psychotherapie und der Psychoanalyse klar zu unterscheiden. Es besteht weitgehend die Tendenz, diese Unterscheidung durch den relativen Mangel an Beteiligung des Analytikers und das relative Fehlen der Interaktion mit dem Analysepatienten zu kennzeichnen. Psychiater, die sonst warmherzig und freundlich sind, nehmen oft in der analytischen Situation eine Haltung des Schweigens und der kompromißlosen Strenge ein. Das kann zwei Ursachen haben. Erstens ist der Analytiker vielleicht überzeugt, daß jede reale Beziehung zwischen ihm und dem Patienten streng vermieden werden muß; zweitens ist er vielleicht unfähig, in den ersten Behandlungsstunden zu unterscheiden zwischen Material, das Angst und Unsicherheit in der analytischen Situation anzeigt (einer Angst, die in der Regel die Herstellung eines therapeutischen Bündnisses begleitet), und spezifischerem Material, das auf die eigentliche Übertragungsneurose hindeutet. Man ist sich allgemein darüber einig, daß die Übertragungsneurose sich meistens allmählich entwickelt, und daß eine verfrühte Deutung unerwünschte Folgen haben kann. Ich komme jedoch immer mehr zu der Überzeugung (besonders im Hinblick auf die kontrollierte Analyse hysterischer Patienten), daß schwerwiegende Probleme bei der späteren Übertragungsanalyse häufig darauf zurückzuführen sind, daß es in den Anfangsphasen der Behandlung nicht gelungen ist, durch angemessene deutende Interventionen ein sicheres therapeutisches Bündnis zustande zu bringen.

Die Rolle des therapeutischen Bündnisses in der Analyse der Hysterie läßt sich in bezug auf drei Aspekte der Behandlung veranschaulichen. Wir wollen klinisches Material anführen: 1. in bezug auf die Eröffnungsphase, 2. auf die Rolle des therapeutischen Bündnisses während der Entstehung der Übertragungsneurose, und 3. in bezug auf den Einfluß der Deutung und Analyse der Objektbeziehung, die während der

Endphasen der Analyse im therapeutischen Bündnis impliziert ist. Wir wollen in diesem Kapitel drei Patientinnen beschreiben. Jede dieser Patientinnen löste später die ödipalen Konflikte, die sie veranlaßt hatten, sich in eine therapeutische Analyse zu begeben. Keine dieser Patientinnen war beim Beginn der Behandlung schwer geschädigt, abgesehen vom Bereich der heterosexuellen Objektbeziehungen. In jedem Fall rechtfertigten die Hauptsymptome, mit denen die Patientinnen sich vorstellten, eine mutmaßliche Diagnose der Hysterie. Man wird jedoch bemerken, daß jede dieser Patientinnen ungelöste Probleme hinsichtlich der frühen Mutter-Kind-Beziehung manifestierte. Jede zeigte relativ früh in der Analyse regressive Tendenzen. Für alle war daher die Herstellung und Erhaltung eines therapeutischen Bündnisses von entscheidender Bedeutung. Die technischen Maßnahmen, die sich als nützlich erwiesen, sollen im Zusammenhang mit jeder der Falldarstellungen aufgezeigt und besprochen werden.

Ein Beispiel: Eine Patientin berichtete in ihrer ersten Stunde, sie habe das Wochenende damit zugebracht, nach etwas zu suchen, das sie tun könnte. Sie hatte sich einsam gefühlt. Wo sie auch hinkam, erschienen ihr die Leute traurig. Sie hatte eine Tagung besucht, wo eine Reihe bekannter Psychologen auf dem Podium gewesen war. Die Zuhörer erschienen ihr bemitleidenswert und zur Hälfte als Verrückte. Sie fragte sich, ob sie nicht auch eine der Verrückten sei. Sie konzentrierte sich vor allem auf eine Frau. Sie meinte, die Redner machten sich vielleicht über die Zuhörer lustig. Schließlich dachte sie, vielleicht sei das alles nur eine Einbildung.

Die Angst dieser Patientin vor dem Eintritt in die Analyse und davor, verächtlich oder lächerlich zu erscheinen, lag bei diesem Material nahe an der Oberfläche. In den ersten paar Stunden produzierte sie recht viel zusätzliches Material ähnlicher Art, das die wachsende Tendenz der Patientin zeigte, den ziemlich schweigsamen Analytiker als eine irreale, allmächtige Figur zu sehen. Die Patientin fühlte sich von Gefühlen der äußersten Hilflosigkeit bedroht, gegen die sie sich durch Verleugnung und etwas Verschiebung wehrte. Nachdem der betreffende Kandidat in seiner Kontrollstunde über diese Situation gesprochen hatte, wurde er sich seiner Starre und seiner Besorgtheit bewußt, irgendeine Aktivität seinerseits könnte in bezug auf diese, seine erste Analysepatientin als unanalytisch angesehen werden. Daraufhin nahm er eine ein klein wenig aktivere und menschlichere Haltung ein und zeigte der Patientin, daß er ihre Angst bemerkte. Infolgedessen berichtete die Patientin am nächsten Tag, bis gestern habe sie den Analytiker für eine entfernte, olympische, etwas magische Gestalt gehalten. Wenn er z. B. etwas aufschriebe, müsse es auf einem Spezialblock sein, mit einer Spezialfeder, die keinen Lärm mache. Jetzt erkannte sie, daß dieses Bild phantastisch gewesen war. Er war schließlich ein gewöhnlicher Mensch. Wenn er sich Aufzeichnungen machte, würde er das wohl auf einen gewöhnlichen Block mit einer gewöhnlichen Feder tun.

Beachten Sie bitte, daß diese Patientin, die wegen ihrer Hemmungen in heterosexuellen Beziehungen (die vorwiegend hysterischer Natur zu sein schienen) in die Analyse gekommen war, nicht schwer gestört war. In ihrem Beruf und in relativ oberflächlichen persönlichen Beziehungen funktionierte sie ausgezeichnet. Sie hatte eine ungewöhnlich ausgeprägte psychologische Einsicht und war für die psychoanalytische Aufgabe stark motiviert. Das rasche Aufsteigen von Material, das mit der Realitätsprüfung zu tun hatte, mit Phantasien, die die analytische Beziehung so darstellten, als seien ein allmächtiger Analytiker und eine hilflose Patientin an ihr beteiligt, veranschaulicht das zugrunde liegende primitive Residuum vieler hysterischer Störungen. Außerdem sprach diese Patientin schon in der allerersten Stunde von ihrer Mutter und bezeichnete sie als »Sammlerin«. Nach ein paar Stunden identifizierte sie ausdrücklich ihren Analytiker mit den negativsten Aspekten der Persönlichkeit ihres Vaters. Man weiß seit langem, daß das in den ersten Analysestunden produzierte Material oft äußerst aufschlußreich ist, da es sehr weitgehend die zukünftige Entwicklung der Übertragungsneurose vorausahnen läßt. Aus vielen Gründen ist eine frühe Übertragungsdeutung derartigen Materials unangebracht. Wie dieses Material zeigt, kann jedoch absolutes Stillschweigen und Mangel an Anteilnahme auch die Entwicklung einer regressiven Übertragungsneurose fördern und die Entstehung der realen Beziehung, zu der wir sie in Gegensatz gesetzt haben, behindern. Wenn der Analytiker seine Anteilnahme und seine Partnerschaft mit dem Patienten als realer Person aktiv vermitteln kann, wird die Entwicklung einer gesicherten Arbeitsbeziehung – des therapeutischen Bündnisses – gefördert. Diese Anteilnahme ist wesentlich für das Entstehen einer analysierbaren Übertragungsneurose, in der der triadische ödipale Konflikt zuerst auf einer überwiegend genitalen Stufe wiederbelebt werden kann. Erst nachdem in der Entwicklung der Partnerschaft erhebliche Fortschritte gemacht worden sind, kann man versuchen, den primitiveren Kern analytisch aufzulösen.

In den ersten Analysestunden neigen viele hysterische Patienten einerseits dazu, den Analytiker rasch mit pathologischen Eigenschaften ihrer ursprünglichen Elternfiguren zu identifizieren, auf der anderen Seite zeigen sie im Bereich der Realitätsprüfung eine Verletzlichkeit, die auf eine Störung auf tiefer, prägenitaler Stufe hinweist. Bei der Kontrolle von Fällen von Ausbildungskandidaten und bei der Abhaltung klinischer Konferenzen bin ich mit vielen derartigen Fällen in Berührung gekommen. Eine bestimmte Gruppe stellt theoretische und klinische Probleme in bezug auf die Rolle des therapeutischen Bündnisses. Diese Patientinnen waren wie die oben beschriebene im wesentlichen alle hysterische, alleinstehende junge Frauen, die hauptsächlich wegen ihrer Schwierigkeiten beim Herstellen von lohnenden heterosexuellen Beziehungen in die Analyse zu einem männlichen Therapeuten kamen – keine hatte zu diesem Zeitpunkt eine Dauerbeziehung dieser Art. Bei allen entwickelte sich früh eine starke, sexualisierte Übertragungsneurose und alle begannen zugleich eine potentiell ernsthafte Beziehung zu einem Mann, der vorher nur mit Gleichgültigkeit betrachtet worden war. Alle versuchten innerhalb von sechs Monaten nach dem Beginn der Behandlung, den Analytiker in eine offene Rivalität hineinzuziehen; in Träumen, Assoziationen und in symptomatischem Verhalten zeigte sich, in welchem Maß der Analytiker als Objekt verschobener unbewußter ödipaler Phantasien benützt worden war.

Das analytische Ergebnis der üblichen technischen Probleme, die sich entwickelten, wurde natürlich in hohem Maß bestimmt durch Unterschiede in der Charakterstruktur der Patientinnen, in ihrer Motivation und in der Geschichte ihrer früheren Objektbeziehungen. Natürlich müssen ungelöste Probleme, die auf die Gegenübertragung des Analytikers einwirken, solche Schwierigkeiten steigern. Ganz abgesehen von diesen Faktoren, habe ich aber wiederholt den Eindruck gehabt, daß, während sich die Übertragungsneurose entwickelt, das Ergebnis der Analyse in hohem Maß von der Beziehung beeinflußt wird, die in den Anfangsphasen der Behandlung hergestellt worden ist. Wenn z. B. die ursprünglichen Verabredungen über Zeiten und Bezahlung nicht auf einer Realitätsgrundlage getroffen worden sind, wobei die individuellen Bedürfnisse und Erfordernisse beider Teilnehmer zu berücksichtigen sind, wenn außerdem der Analytiker in den Frühphasen der Analyse nicht angemessen mit den Anfangsängsten der Patientin fertig geworden ist, und wenn schließlich der Analytiker, während sich die Übertragungsneurose entwickelt, der Patientin nicht klarmachen kann, daß ein Unterschied besteht zwischen ihren ödipalen Phantasien und der realen Beziehung, werden mit großer Wahrscheinlichkeit die bereits beschriebenen regressiven Tendenzen sich erheblich verstärken. Die Übertragungsneurose wird sich zwar in genitaler Form ausdrücken, aber sie wird immer primitivere Züge offenbaren. Die Patientin ist unfähig, die ihr durch die analytische Situation auferlegten Frustrationen und Einschränkungen zu ertragen, und sie wird zunehmende Schwierigkeiten zeigen, ihre Ich-Grenzen zu bewahren; dabei zeigt sie eine wachsende Neigung zu schwerwiegendem Agieren.

Wenn, im Gegensatz dazu, der anfängliche Kontakt und die Reaktionen in den ersten Stunden angemessen waren, wird der Analytiker, während sich die Übertragungsneurose entwickelt, besser in der Lage sein, ein therapeutisches Bündnis aufrechtzuerhalten und den reifen Teil des Ichs des Patienten zu mobilisieren. Zum Beispiel zeigte eine Patientin in der ersten Stunde ein starkes Bedürfnis nach Beifall und eine Tendenz, den Analytiker mit einem höchst pathologischen Vater zu identifizieren, mit dem die Patientin durch eine starke gegenseitige Beziehung verbunden gewesen war. Diese junge Frau verschob in den ersten sechs Wochen der Analyse einen Großteil ihrer Übertragungsneurose auf einen jungen Mann, der sie heiraten wollte. Sie neigte in diesem Zusammenhang dazu, zwischen der analytischen Situation und der Beziehung draußen eine absolute Spaltung einzuhalten. Sowohl Ted als auch der Analytiker forderten totale Unterwerfung und Annahme von ihr. Zugleich war sie dessen gewahr, daß sie Ted durch Maßnahmen, die für ihre früheren heterosexuellen Beziehungen charakteristisch waren, manipuliert hatte, und warnte den Analytiker, ihr nicht zu nahe zu kommen. Einmal bereitete Ted etwas vor, das mit einer Analysestunde kollidieren mußte, eine Situation, die die Patientin dem Analytiker wie etwas Absolutes darstellte. Entweder, sie ginge mit Ted ins Theater – das könnte bedeuten, daß sie die Analyse aufgeben müßte, oder sie opferte Ted für die Analysestunde. Der Analytiker machte, völlig richtig, eine Bemerkung über die absolute Form, in der die Situation dargestellt wurde. In ihren darauffolgenden Assoziationen wurde deutlich, daß Ted tatsächlich gefordert hatte, sie solle die Analyse aufgeben. Sie berichtete auch einen intensiven Übertragungstraum. In diesem Traum war sie zur Analysestunde gekommen, aber der Analytiker hatte ihr gesagt, er könne die Analyse mit ihr nicht fortsetzen, denn er habe sich in sie verliebt. Daraufhin hatte sie Ted mitgeteilt, daß sie ihn nicht liebe. Die Patientin fand den Traum verwirrend; er war auch beunruhigend, weil er ihr Bedürfnis, Männer zu manipulieren, so deutlich zum Vorschein brachte. Der Analytiker deutete ihre Tendenz, absolute Situationen herbeizuführen, als ein Zeichen für ihr Bedürfnis zu manipulieren, und zugleich als ein Zeichen ihrer tieferen Hoffnung, es werde ihr vielleicht nicht gelingen. Es wurde unterschieden zwischen dem ödipalen Inhalt des Traumes und ihrem reifen Wunsch, der Analytiker solle weder ihrem allmächtigen Vater noch ihrer abgewerteten Mutter ähnlich sein. Er sollte vielmehr eine andere Elternfigur werden, die ihr helfen würde, ihre eigene Identität als Person zu erlangen und zu bewahren, indem er sie von ihrer unterschwelligen Überzeugung befreite, Billigung von außen sei absolut unerläßlich. Nach einer kurzen Konfliktperiode tat die Patientin einen endgültigen Schritt und beschloß, sich nicht zu verloben. Die Analyse ging auf der Grundlage eines stabileren therapeutischen Bündnisses weiter.

Dieser Fall zeigt, wie ein auf der Erkenntnis der Ich-Grenzen und auf objektiver Realitätsprüfung gegründetes therapeutisches Bündnis bei der Entwicklung einer intensiven sexualisierten Übertragungsneurose starke regressive Tendenzen und erhebliches Agieren einschränken kann. Außerdem veranschaulicht dieser Fall bestimmte Aspekte der Hysterie, die für die Bedeutung des therapeutischen Bündnisses als Objektbeziehung besonders relevant sind. Bei diesem Mädchen – wie bei mehreren anderen dieser Gruppe – sprach vieles dafür, daß die unbewußte inzestuöse Haltung des Vaters ein wichtiger Faktor in der Psychogenese der Symptomatik der Patientin war. Außer Störungen genitaler Funktionen waren tiefere Störungen in der Fähigkeit zum Herstellen von Objektbeziehungen, in der Realitätsprüfung und der Erhaltung der Ich-Grenzen zu beobachten. In einer Abhandlung mit dem Titel »Realitätstrauma und Realitätssinn« (»Reality Trauma and Reality Sense«), die ich 1953 auf dem Londoner Kongreß vorgetragen habe, habe ich über eine Gruppe von hysterischen Patienten gesprochen, die mit Regression und Realitätsverzerrung auf grobe offenkundige traumatische Erlebnisse in der Latenzzeit reagiert hatten. In jedem dieser Fälle erwiesen sich frühere Schwierigkeiten im Bereich der Objektbeziehungen und der Realitätsprüfung als signifikanter Faktor in der Reaktion der Patienten auf post-ödipale traumatische Erlebnisse. Wir haben Gründe für die Annahme, daß diese Feststellung einen weiteren Anwendungsbereich hat und für die Psychopathologie und Psychoanalyse der Hysterie besonders relevant ist. Wenn auf einer primitiven Stufe die Grenzen der Realität nicht akzeptiert werden, wenn der Übergang von primären zu sekundären Identifizierungsmechanismen nicht vollzogen und Ich-Grenzen nicht abgesteckt werden, entsteht eine gesteigerte Empfindlichkeit (besonders auf der ödipalen Stufe) gegen die unbewußten emotionalen Einstellungen von Elternfiguren. Ein späteres Versagen bei der Lösung der ödipalen Situation prädisponiert solche Menschen für hysterische Störungen. Zugleich bekräftigt und verstärkt eine wechselseitige starke Beziehung zwischen Elternteil und Kind (wie in dem gerade beschriebenen Fall) meistens unbewußte Omnipotenzphantasien, die auf einer früheren Stufe nicht aufgegeben worden sind. Patienten dieser Art identifizieren allzu bereitwillig den Analytiker mit den pathologischeren Aspekten ihrer ursprünglichen Elternfiguren. Viele von ihnen (wie die beiden beschriebenen Patientinnen) besitzen jedoch trotz des relativen Entwicklungsausfalls, der sie verletzlich macht, genügend Ich-Stärke, so daß sie reale Objektbeziehungen herstellen und in der Übertragungsanalyse ein ausreichendes therapeutisches Bündnis aufrechterhalten können.

Während die Analyse in Richtung auf die Auflösung der Übertragungsneurose voranschreitet, zeigen Träume und Phantasien oft an, daß die Analyse in ihre Endphase eintritt. Anfänglich ist derartiges Material im typischen Fall eher progressiv als regressiv. Ein sehr kurzes klinisches Beispiel: Die Patientin war eine hysterische junge Frau, deren Weiblichkeit früher durch ihre Identifizierung mit einer gestörten, inadäquaten Mutter beeinträchtigt worden war. In den Frühstadien der Analyse hatte sie erhebliche Schwierigkeiten gehabt, mit ihrer Analytikerin ein starkes therapeutisches Bündnis einzugehen. Während dieses Prozesses war jedoch klar geworden, daß ihre Frühentwicklung im wesentlichen erfolgreich verlaufen war. Sowohl ihre Symptome als auch ihre hysterischen Charakterzüge waren die Folge schwerer traumatischer Erlebnisse auf der Höhe ihrer infantilen Neurose gewesen. Nach diesen Ereignissen scheint sich der Zustand ihrer Mutter allmählich verschlimmert zu haben; diese Verschlechterung war gekennzeichnet von Depression und einem Scheitern der Mutter-Tochter-Beziehung. Kurz vor dem Traum, von dem gleich die Rede sein wird, hatte die Patientin den Mann kennengelernt, der nach Beendigung der Analyse ihr Ehemann wurde. Der Traum verlief folgendermaßen: Die Patientin ist mit einer Frau zusammen, möglicherweise mit ihrer Mutter, aber sie weiß es nicht, denn die Frau sieht nicht so aus wie ihre Mutter. Sie sind in einer Art Sommerpavillon. Jemand gibt ihrer Mutter eine Schachtel. Die Patientin schaut die Schachtel an und sieht, daß es nicht eine Schachtel ist, sondern zwei ganz gleiche. Die Frau gibt der Patientin eine der Schachteln, und es stellt sich heraus, daß es eine schöne lederne Handtasche oder Reisetasche mit kostbaren und neuen goldenen Beschlägen ist.

Dieser Traum zeigte eine Modifikation der früheren Identifizierung mit der abgewerteten Mutter durch eine positive, sekundäre Identifizierung mit ihrer Analytikerin. Der Beginn der Vereinzelung und der echten Selbständigkeit wurde durch den Umstand exemplifiziert, daß nicht nur ein Objekt vorhanden war, das weibliche Genitalität symbolisierte, sondern zwei Objekte. Die Analyse der Patientin trat so in ihr

Endstadium ein. Zu dieser Periode gehörte zunächst ein progressiveres Durcharbeiten der Übertragungsneurose. Wenn auch die behandelten Themen nicht neu waren, war doch eine signifikante Integrierung ihrer femininen Identifizierung deutlich zu erkennen. Zugleich waren die Endphasen dieser Analyse auch gekennzeichnet durch Depression, Trennungsangst und andere regressive Züge. Dies ist, wie man weiß, ein integraler Bestandteil der Endphase jeder erfolgreichen Analyse. Trotzdem war diese Patientin in der Lage, ihre Analyse weniger als ein Jahr nach dem Bericht dieses Traumes zu beenden. Sie hat später geheiratet, ohne Regression eine Bauchhöhlen-Schwangerschaft überwunden und danach, nach einer unkomplizierten Schwangerschaft, einen Sohn geboren. Sie ist zwar in eine andere Stadt gezogen, schreibt aber bei wichtigen Gelegenheiten noch an ihre Analytikerin. Ein ausführlicheres klinisches Beispiel einer derartigen Regression, in dem die Bedeutung des Ertragens und der Bewältigung von Depression in den Endstadien der Analyse betont wird, findet sich im 6. Kapitel.

Im vorliegenden Kapitel haben wir das therapeutische Bündnis in seiner besonderen Relevanz für die Psychoanalyse der Hysterie betrachtet. Zusammenfassend möchte ich folgende Punkte erwähnen: Erstens muß über die Übertragungsneurose hinaus eine Beziehung vorhanden sein, die den Patienten befähigt, zwischen der objektiven Realität und den durch jene Neurose hervorgerufenen Verzerrungen und Projektionen zu unterscheiden. Zweitens müssen, da diese Beziehung häufig durch die aktuelle, objektive äußere Realität beeinflußt wird, die realen Persönlichkeitszüge des Analytikers voll berücksichtigt werden. Drittens: die Fähigkeit, die notwendige Beziehung – das therapeutische Bündnis – herzustellen, von dem die entscheidende Unterscheidung abhängt, hat ihren Ursprung auf einer im wesentlichen prägenitalen Stufe. Viertens: da die Übertragungsanalyse die Grundkonflikte, von denen hier die Rede ist, berührt, neigen Übertragungsneurose und therapeutisches Bündnis dazu, in so hohem Grad miteinander zu verschmelzen, daß sie möglicherweise ununterscheidbar werden. Im wesentlichen habe ich etwas vorgeschlagen, was man als zweiseitiges Vorgehen gegenüber der Übertragung bezeichnen könnte, wobei ich betont habe, daß man während der gesamten Analyse zwischen den dyadischen und den triadischen Aspekten der Übertragungssituation unterscheiden muß.

Insofern, als das therapeutische Bündnis sich von einem Frühstadium in der Entwicklung der Objektbeziehungen und der Realitätsprüfung herleitet, muß man der Periode, in der das Kind entscheidende Schritte zur Erlangung einer eigenen Identität getan hat, entscheidende Bedeutung beimessen. In diesem Zusammenhang möchte ich betonen, daß die Förderung des kindlichen Strebens nach Selbständigkeit in den späteren Stadien der Entwicklung ebenso wichtig ist wie das Schaffen von Geborgenheit und Befriedigung in den Frühstadien. Eine Beziehung wechselseitigen Vertrauens und Verständnisses, bei der die Unvermeidlichkeit von Einschränkungen, Frustrationen und Enttäuschungen von beiden Teilnehmern verstanden und akzeptiert wird, hat ihren Ursprung in der frühen Kindheit, wenn das Kind zum erstenmal einen Kern seiner eigenen Identität schafft. Bestimmte Formen des Versagens in der Frühentwicklung prädisponieren das Individuum nicht nur zu hysterischen Schwierigkeiten auf ödipaler Stufe, sondern sie steigern auch noch die Wahrscheinlichkeit einer schwer regressiven Übertragungsneurose. Zwar muß die erfolgreiche Beendigung einer Analyse die Wiederbelebung primitiver Konflikte im Bereich der Objektbeziehungen mit einschließen, aber eine wesentliche Voraussetzung dafür ist die vorherige Herstellung und Bewahrung einer relativ reifen Objektbeziehung, damit fruchtlose Regression auf ein Niveau, wo die Realitätsprüfung sehr gestört ist, vermieden werden kann. Die Aufrechterhaltung dieser Beziehung erleichtert das Aufsteigen primitiven Materials, das dann ohne unangemessene Ich-Regression mit der Realität verglichen werden kann, denn, um mit einem Zitat aus »Die endliche und die unendliche Analyse« zu schließen: »Und endlich ist nicht zu vergessen, daß die analytische Beziehung auf Wahrheitsliebe, d. h. auf die Anerkennung der Realität gegründet ist...« (1937, S. 94).

Die Psychotherapie ist, woran Freud uns schon vor mehr als sechzig Jahren erinnerte, die älteste Form der Therapie, deren sich die Medizin bedient hat.

»... Gewisse Leiden ... sind seelischen Einflüssen weit zugänglicher als jeder anderen Medikation. Es ist keine moderne Rede, sondern ein Ausspruch alter Ärzte, daß diese Krankheiten nicht das Medikament heilt, sondern der Arzt, das heißt wohl, die Persönlichkeit des Arztes, insofern er psychischen Einfluß ausübt.« (1905 a, S. 15)

12

Die analytische Situation und der analytische Prozeß

Man kann sagen, diese manifeste Zugänglichkeit habe insofern das Schicksal der Neurotiker geprägt, als sie die Patienten werden sollten, die den Wert, die Grenzen und die Gefahren der Psychotherapie und der Psychoanalyse beweisen mußten. Die Haltung der »gläubigen Erwartung« führte, wie Freud bald entdeckte, nicht zu einer dauernden Heilung, wenn sie auch manchmal der Besserung förderlich war. Als das dynamische Wesen der Verdrängung aufgehellt worden war, wurde die Ursache der Neurose unbewußten seelischen Inhalten zugeschrieben. Während sich die psychoanalytische Methode entwickelte, wurde die reale Persönlichkeit des Arztes verschwommen; sie wurde überschattet oder ging sogar verloren, als die sexualisierte Übertragungsneurose das Zentrum der Bühne einnahm.

Es war natürlich ein Meilenstein in der Entwicklung der Psychoanalyse, als Freud diese neue Kompromißbildung erkannte, die dazu da war, den Kräften des Widerstands zu dienen. Der Widerstand beruhte nicht in erster Linie auf Gefühlen, die der aktuellen Beziehung zwischen Arzt und Patient angemessen waren, sondern er stammte von Wünschen, Phantasien und Erinnerungen her, die im seelischen Apparat des Patienten durch intrapsychische Kräfte verdrängt worden waren. Diese Einsicht führte zur konstruktiven Anwendung der Deutung als Hauptwerkzeug der klinischen Psychoanalyse. Die Deutung konnte aber nur wirksam werden, wenn der Analytiker Distanz und Objektivität bewahrte. Aktive Unterstützung, Lob, Hinweise und Ratschläge könnten zu emotionaler Verwicklung (d. h. Gegenübertragung) führen. Im Jahr 1912 sagte Freud deshalb:

»Die Rechtfertigung dieser vom Analytiker zu fordernden Gefühlskälte liegt darin, daß sie für beide Teile die vorteilhaftesten Bedingungen schafft, für den Arzt die wünschenswerte Schonung seines eigenen Affektlebens, für den Kranken das größte Ausmaß von Hilfeleistung, das uns heute möglich ist.« (1912, S. 381)

In einer fast gleichzeitig entstandenen Abhandlung sagte Freud aber auch:

»Das erste Ziel der Behandlung bleibt, ihn (den Patienten) an die Kur und an die Person des Arztes zu attachieren.... Wenn man ihm ernstes Interesse bezeugt, die anfangs auftauchenden Widerstände sorgfältig beseitigt und gewisse Mißgriffe vermeidet, stellt der Patient ein solches Attachement von selbst her und reiht den Arzt an eine der Imagines jener Personen an, von denen er Liebes zu empfangen gewohnt war.« (1913 a, S. 473–474)

Diese Aussage zeigt, daß eine reale Arzt-Patient-Beziehung immer noch als ein unentbehrlicher Zug der analytischen Situation anerkannt wurde, ein Konzept, das am Schluß der Abhandlung bekräftigt wurde: »Der nächste Motor der Therapie ist das Leiden des Patienten und sein daraus entspringender Heilungswunsch« (1913 a, S. 477).

Freud definierte seine Empfehlung der Gefühlskälte als das zu jener Zeit Optimale; das könnte darauf hinweisen, daß er selber potentielle zukünftige Veränderungen vorausgesehen hat. Seine Bezugnahme auf Unterstützung und positive Gefühle weist überdies deutlich darauf hin, daß Freud intuitiv wußte, Psychoanalyse erfordere mehr als nur die Deutung der Übertragungsneurose. Seine Fallberichte, besonders die Analyse des Rattenmannes, offenbaren auch, daß er auf seinen Patienten ständig als ganzer Mensch reagiert hat. Wenn sich auch die analytische Arbeit auf die Deutung der Übertragungsneurose konzentrierte, wäre dies doch unmöglich gewesen ohne die klare Trennung der Übertragung von der Realität, das gemeinsame Bündnis, um ein Therapieziel zu erreichen, und die echte Objektbeziehung, die intakt blieb, obwohl der Patient Ambivalenz, Feindseligkeit und intensiven Widerstand zum Ausdruck brachte.

Technik und Theorie der klinischen Psychoanalyse beruhten von Anfang an auf einem hypothetischen Modell des seelischen Apparats. Dieses Modell stammte ursprünglich von den Beobachtungen her, die Freud bei der Analyse neurotischer Patienten machte, sowie von Traumdeutungen, die Freud veranlaßten, einen dynamischen Verdrängungsprozeß und die dynamische Triebnatur des Verdrängten zu postulieren. Die Verdrängung wurde als Eckstein der Psychoanalyse definiert und als die Hauptursache, wenn nicht gar die primäre Ursache psychischer Leiden angesehen. Die analytische Methode versuchte, die Verdrängung, den Feind der Gesundheit, des Glücks und des Vollbringens, aufzulösen. Analogien zwischen dem Analytiker und dem Chirurgen waren daher bei einem Kampf gegen unbekannte Kräfte, verborgen in der ahnungslosen Seele des bewußt hoffnungsvollen und kooperativen Patienten, durchaus nicht unangemessen. Die positive Beziehung, von der Freud sagte, sie werde sich bei Vermeidung schwerer Fehler spontan entwickeln, war in der Eröffnungsphase der Behandlung notwendig. »Der Kranke ... [muß] sich so weit an den Arzt attachiert [haben] *(Übertragung)*, daß ihm die Gefühlsbeziehung zum Arzt die neuerliche Flucht unmöglich macht« (1910, S. 124). Wenn sie erst einmal hergestellt war, stellte diese Beziehung eine annehmbare, vorwiegend bewußte Komponente der Übertragung dar, die im ganzen von allein funktionieren sollte.

Diese Formulierung war, wie Freud andeutet, zu einer Zeit angemessen, als es die Psychoanalyse als umfassende Theorie von der Entwicklung, Struktur und Funktion der Seele noch nicht gab. Schon 1904 unterschied Freud aber dennoch deutlich zwischen der Neurose und dem Charakter des Patienten, der neurotische Symptome bekam. Er beschrieb gewisse Charaktereigenschaften etwas ausführlicher, die für eine erfolgreiche psychoanalytische Arbeit notwendig sind. Er schrieb jedoch diese positiven Qualitäten ursprünglich nicht spezifischen Entwicklungsphasen zu. Er sprach auch nicht über die mit der Herstellung dieser fundamentalen Beziehung verbundenen Probleme, die ein ebenso großes Hindernis für eine erfolgreiche Analyse sein könnten wie starker Übertragungswiderstand oder störende Gegenübertragung beim Analytiker.

Der strukturelle Ansatz führte zu Abwandlungen des hypothetischen Modells und zu unvermeidlichen Veränderungen in der Theorie des therapeutischen Prozesses. Der Analytiker wurde daraufhin gemäß seiner Position gegenüber dem Ich, dem Über-Ich und dem Es definiert. Als Über-Ich-Ersatz mildert er die harte Unerbittlichkeit des neurotischen Über-Ichs (Strachey, 1934). Seit der Abhandlung Richard Sterbas aus dem Jahr 1934 wird das Bündnis des Analytikers mit dem gesunden Teil des Ichs des Patienten (nach einer »therapeutischen Spaltung«) immer mehr betont. Freud selber hat das Wesen der analytischen Situation definiert: »Die analytische Situation besteht bekanntlich darin, daß wir uns mit dem Ich der Objektperson verbünden, um unbeherrschte Anteile ihres Es zu unterwerfen, also sie in die Synthese des Ichs einzubeziehen« (1937, S. 79–80).

Es ist bemerkenswert, daß Freud hier zeigt, der Analytiker, also eine Person, sei der eine Partner in diesem Bündnis. Als der andere Partner wird jedoch nicht der Patient, sondern vielmehr sein Ich bezeichnet. Die analytische Situation wird also, wie der analytische Prozeß, mit Begriffen definiert, die sich in erster Linie auf Struktur und Funktion des psychischen Apparats des einzelnen Patienten beziehen. Das mag einen vielfachen deskriptiven Wert haben. Es erklärt aber nicht die zugrunde liegende Bedeutung der affektiven Verbindung und der gläubigen Erwartung, die, wie ich glaube, eine grundlegende Beziehung zwischen zwei Personen – nicht zwei »Ichs« – voraussetzen.

Kurzum, weder Freud noch die anderen Vorkämpfer der Psychoanalyse haben die Arzt-Patient-Beziehung als notwendige Voraussetzung der erfolgreichen Übertragungsanalyse übergangen. Wie Freud sahen jedoch die meisten Autoren diese Beziehung entweder als einen im Grunde stabilen, stillen Hintergrund an, der von allein weiterbestand, oder in erster Linie als ein Merkmal der Anfangsstadien der Analyse. Edward Bibring machte in seiner Abhandlung 1937 eine der ausdrücklichsten und anregendsten Aussagen zu diesem Thema:

»...Nach meiner Ansicht sind die Haltung des Analytikers und die analytische Atmosphäre, die er schafft, im Grunde eine Korrektur der Realität, die die Ängste des Patienten in bezug auf Liebesverlust und Strafe, deren Ursprung in der Kindheit liegt, wieder zurechtrückt. Selbst wenn diese Ängste später analytisch aufgelöst werden, glaube ich dennoch, daß die Beziehung des Patienten zum Analytiker, von der ein Gefühl der Geborgenheit ausgeht, nicht nur eine Vorbedingung des Verfahrens ist, sondern auch eine unmittelbare (abgesehen von einer analytischen) Konsolidierung des Geborgenheitsgefühls beim Patienten bewirkt, eines Gefühls, das er in der Kindheit nicht erfolgreich erworben oder konsolidiert hat. Eine solche unmittelbare Konsolidierung – die an sich außerhalb des Bereiches der analytischen Therapie liegt – ist natürlich nur von dauerndem Wert, wenn sie das koordinierte Wirken der analytischen Behandlung begleitet.« (1937, S. 182–183)

Diese Aussage verdient aus mehreren Gründen diskutiert zu werden. Erstens wird die grundlegende Notwendigkeit einer sicheren Beziehung zwischen Patient und Analytiker klar zugegeben; zweitens wird ihr Wert in der Linderung primitiver Ängste vor Liebesverlust und Strafe gesehen; aber drittens wird, und das ist am wichtigsten, diese »Konsolidierung« oder Linderung ausdrücklich als etwas definiert, das »außerhalb des Bereichs der analytischen Therapie liegt«. Diese letzte Aussage muß in ihrem historischen Zusammenhang verstanden werden. Bibring (1937) und Sterba (1934), wie auch andere Vorkämpfer der Ich-Analyse, schrieben das therapeutische Bündnis den verfügbaren reifen Ich-Funktionen zu. Sie beschrieben den Therapieprozeß vor allem in bezug auf intrapsychische Systeme. Eine von frühen Ängsten getönte Objektbeziehung war, mochte sie noch so wesentlich sein, fast per definitionem von jeder aktiven Rolle im analytischen Prozeß ausgeschlossen. Melanie Klein und ihre Schule hatten zur Bedeutung der frühen Objektbeziehungen eine ganz andere Stellung eingenommen.

Man sah Introjektion, Projektion und primitive Ängste in bezug auf Verlust und Vergeltung als etwas an, das alles durchdringt. Die Übertragung als Objektbeziehung bedeutet auch die Wiederbelebung der frühesten Konflikte in einem neuen Rahmen. Wenn die depressive Position nicht im Säuglingsalter bewältigt wird, werden nicht nur spätere Objektbeziehungen und die endgültigen Ich-Funktionen beeinträchtigt, sondern auch die Fundamente für solche Ängste gelegt, wie sie Bibring für die Eröffnungsphasen der Analyse beschreibt. Diese Ängste beherrschen außerdem die analytische Situation weiterhin in so hohem Maß, daß zwischen der Übertragung als therapeutischem Bündnis und der Übertragungsneurose als Manifestation des Widerstands nur wenig Unterschied klar herausgearbeitet wird, wenn überhaupt.

Ich habe nicht vor, in diesem Kapitel umstrittene Gebiete in bezug auf die Folgen psychischer Ereignisse aus den ersten Lebenstagen für die analytische Situation zu betreten. Beachten wir lieber die Analogien zwischen Freuds »gläubiger Erwartung« (1905 a), Bibrings Bezugnahme auf frühe Objekt-Ängste (1937), Eriksons »Urvertrauen« (1950) und Kleins Bewältigung der depressiven Position (1948). Jedesmal geht es eindeutig um Objektbeziehungen, die aus relativ frühen Erlebnissen stammen. Jedesmal wird auch eine genügend fortgeschrittene psychische Entwicklung impliziert, so daß eine Unterscheidung zwischen Selbst und Objekt und eine Fähigkeit zu positiven, vertrauensvollen Objektbeziehungen und/oder ihrem Gegenteil vorausgesetzt werden können. Schließlich wird jedesmal mehr oder weniger spezifisch die potentielle Verletzlichkeit derartiger Beziehungen durch Frustration, Gefahr, Trennung oder Verlust impliziert. Zur analytischen Situation gehören nicht nur all diese, sondern sie umfaßt auch noch, als unvermeidliche Begleiterscheinung, Regression.

Im 10. Kapitel, das ursprünglich auf dem 19. Kongreß der I. P. A. 1955 vorgetragen wurde, wurden gewisse umstrittene Ansichten über die Bedeutung und Deutung der Regression zusammenfassend dargestellt. Dort wurde der Ausdruck »therapeutisches Bündnis« in bezug auf den damaligen Wissensstand eingeführt. Seither hat man sich in einer Reihe von Beiträgen mit den primitiven Zügen der analytischen Situation beschäftigt. Phyllis Greenacre (1958), Hans Loewald (1960), René Spitz (1956) und Maxwell Gitelson (1962) haben bestimmte Aspekte erheblich betont, die in vieler Hinsicht eine Wiederholung der frühen Mutter-Kind-Beziehung darstellen. Greenacre hat in diesem Zusammenhang von der »Matrix« der Übertragung gesprochen. Gitelson benützte in seiner Abhandlung über »Die Heilfaktoren in der Psychoanalyse«. (The Curative Factors in Psychoanalysis, 1962) einen von Spitz eingeführten Ausdruck. Dieser hatte von der »diatrophischen Funktion« des Analytikers gesprochen – der heilsamen Absicht, den Patienten zu unterstützen und zu bestätigen. Leo Stone (1961) hat diesen Aspekt der Psychoanalyse in seiner Monographie »The Psychoanalytic Situation« gut zusammengefaßt.

Die immer noch umstrittene Grundfrage betrifft die Bedeutung dieses primitiven Aspekts der Beziehung zum Psychoanalytiker für die Förderung oder Behinderung des analytischen Fortschritts in Richtung auf ein Reifungsziel. Freud (1937) und Bibring (1937) sehen z. B. die Herstellung eines Rapports und die Linderung früher Objektangst als eine notwendige, aber im Grunde außeranalytische Voraussetzung an. Wenn dieser Rapport erst einmal hergestellt ist, scheinen sie zu glauben, wird das reife Ich des Patienten der aktive Partner im therapeutischen Bündnis. Melanie Klein und ihre Anhänger, die die Ursache der manifesten Angst in den Eröffnungsstadien der Analyse auf das Säuglingsalter zurückführen, sehen im Gegensatz dazu diese Angst als das Hauptgebiet der Übertragungsdeutung an. Die damit zusammenhängende Tendenz der Kleinianer, in technischer Hinsicht wenig zu unterscheiden zwischen der Deutung auf primitiveren Ebenen als der der depressiven Position, und der Deutung auf Ebenen, die, wie Bibring zu verstehen gibt, optimale frühe Errungenschaften konsolidieren, unterstreicht die Kontroverse und verkleinert die Bereiche potentieller Verständigung. Umgekehrt bedarf jedoch die Betonung des reifen Ichs als Partner im therapeutischen Bündnis, wobei die primitive Objektangst relativ weitgehend vom analytischen Prozeß ausgeschlossen wird, im Licht unseres heutigen Wissensstandes der Berichtigung.

Der Einfluß früher Objektbeziehungen auf grundlegende Ich-Funktionen steht nicht mehr ernsthaft in Frage. In diesem Zusammenhang lautet die Hauptthese dieses Kapitels: gewisse Grundzüge der endgültigen psychischen Struktur hängen von qualitativen Aspekten der Früherlebnisse und von der Art der ersten definitiven Ich-Identifikationen ab. Es muß betont werden, daß die Grundfunktionen des Ichs, die für die spätere Reifung, einschließlich der Fähigkeit zu einem therapeutischen Bündnis, wesentlich sind, sich in einer Periode entwickeln, in der das Kind noch relativ hilflos und notwendigerweise von anderen abhängig ist. Diese Grundfunktionen betreffen die Fähigkeit, auch beim Ausbleiben unmittelbarer Befriedigung das Urvertrauen nicht zu verlieren, die Fähigkeit, in (relativer oder absoluter) Abwesenheit des benötigten Objekts weiter zwischen Selbst und Objekt zu unterscheiden, und die potentielle Fähigkeit, durch die Realität gegebene Einschränkungen zu akzeptieren.

Man darf wohl sagen, kein Patient ist so reif oder so stabil im Hinblick auf diese Fähigkeiten, daß die analytische Situation nicht irgendeine primitive Objektangst hervorruft, die vom spezifischen Inhalt der Übertragungsneurose zu unterscheiden ist. Grad und Qualität solcher Angst in den Eröffnungsstadien der Psychoanalyse sind erheblichen Schwankungen unterworfen. Die ganze Lebenserfahrung des Patienten einschließlich der Ereignisse, die dem Beginn der Analyse vorangegangen sind, spielt natürlich eine wichtige Rolle. Im Grunde erfordert die Anfangsphase jedoch das Zustandebringen einer speziellen Objektbeziehung, die über das Wesen, die Qualität und die Stabilität des therapeutischen Bündnisses entscheidet. Dieses läßt sich also sowohl als Objektbeziehung als auch als Ich-Identifizierung definieren.

Das bedeutet, glaube ich, mehr als die außeranalytische Linderung von Objektangst, die Bibring (1937) so einfühlsam beschrieben hat. Das Konzept von der Untrennbarkeit der Objektbeziehungen von den Ich-Attributen, das sich in den neueren Untersuchungen der frühkindlichen Entwicklung immer deutlicher herausgeschält hat, läßt sich auch auf die analytische Situation anwenden. Im 7. Kapitel bin ich zu dem Schluß gekommen: »Es könnte sich erweisen, daß sich psychoanalytische Wahrheit in abstrakten Begriffen, die auf dem individuellen psychischen Apparat beruhen, nicht adäquat ausdrücken läßt.« Wie gesagt, Erörterungen des analytischen Prozesses haben sich, wie viele theoretische Rekonstruktionen der frühen Entwicklung, in erster Linie auf Ereignisse innerhalb des psychischen Apparats des Individuums konzentriert. Es erweist sich als immer schwieriger, die individuelle Entwicklung zu verstehen, ohne die frühen Objektbeziehungen voll zu berücksichtigen. So kann man auch sagen, weder die analytische Situation noch der analytische Prozeß lassen sich allein als individuelles Ereignis adäquat verstehen oder beschreiben. Analytiker und Patient sind aktive Partner in einer Beziehung, deren Wesen und Bedeutung den Kern der analytischen Situation ausmachen.

Besonders interessant für dieses Thema ist die Arbeit von Ernst Kris und jenen (z. B. Ritvo und Solnit, 1958), die seinen fruchtbaren Anregungen in bezug auf den Einfluß der spontanen Anpassung der Mutter an die angeborenen Potenzen des Kindes auf Art und Stabilität der frühen Ich-Identifizierung gefolgt sind. Soweit die Mutter während der Periode vor der Unterscheidung von Selbst und Objekt intuitiv und ohne Ambivalenz reagiert, hat das Kind optimale Gelegenheit, eine im wesentlichen positive Ich-Identifizierung zu internalisieren und zu integrieren. Wenn die Mutter aber sehr rigide, in sich zurückgezogen oder ambivalent ist, ist die Ich-Identifizierung weniger sicher, das Selbstgefühl ist unbefriedigend, und die Fähigkeit zum Urvertrauen ist beeinträchtigt. Da keine Mutter vollkommen ist, und da außerdem unzählige Variable beteiligt sind, müssen die Grundeigenschaften des Ichs, von denen wir gesprochen haben, immer wieder mit Hilfe alter oder neuer Objektbeziehungen reintegriert werden, wenn sie durch **Streß oder Regression** bedroht sind. Eine solche Reintegration sichert, besonders in den Eröffnungsphasen der Analyse, nicht nur das früher Erworbene, sondern sie leitet auch das weitere Wachstum und die weitere Reifung des Ichs ein, die in den Abschlußphasen des psychoanalytischen Prozesses ihren Gipfel erreichen.

Wesen und Ausmaß der aktiven Interventionen des Analytikers in den ersten Stunden der Analyse sind Gegenstand vieler Diskussionen und Kontroversen gewesen. Besonders signifikante Meinungsverschiedenheiten bestehen über das, was man in dieser Anfangsphase als Übertragungsdeutung definieren kann. Man ist sich sehr allgemein darüber einig, daß sich die Übertragungsneurose gewöhnlich graduell entwickelt und daß vorzeitige Deutungen deshalb ungünstige Wirkungen haben können. Diese allgemein verbreitete Einstellung hat aber in mancher Hinsicht langes Stillschweigen, Mangel an Beteiligung und eine etwas starre Haltung gefördert, besonders bei Ausbildungskandidaten, die ihre ersten Erfahrungen machen. Es hat sich die Überzeugung verbreitet, daß jede Bezugnahme auf die analytische Situation oder auf die Person des Analytikers in den ersten Stunden eine Übertragungsdeutung der Art darstelle, wie man sie vermeiden solle. Im Gegensatz dazu komme ich immer mehr zu der Überzeugung, besonders im Hinblick auf die kontrollierte Behandlung analysierbarer neurotischer Patienten, daß schwere Probleme in der späteren Übertragungsanalyse oft darauf zurückzuführen sind, daß man versäumt hat, in der Einleitungsphase der Behandlung durch geeignete verbale Interventionen ein zuverlässiges therapeutisches Bündnis herzustellen. Klinische Beispiele zur Veranschaulichung dieser Aussage habe ich im 11. Kapitel vorgelegt.

Ernst Kris brachte das Konzept von der frühen Ich-Identifizierung mit dem von der Anpassung der Mutter an die angeborenen Potenzen des Kindes in Verbindung. Die Position des Analytikers in den Eröffnungsphasen der Behandlung muß hiermit verglichen und kontrastiert werden. Ich will weder andeuten, der Analysepatient sei einem Neugeborenen ähnlich, noch, die Rolle des Analytikers sei ausdrücklich eine Mutterrolle. Ich behaupte aber, daß die analytische Situation von Anfang an eine maximale Mobilisierung der Ich-Eigenschaften verlangt, die weitgehend vom erfolgreichen Bestehen eines relativ frühen Stadiums der seelischen Entwicklung abhängig sind. Eine derartige Mobilisierung wird gefördert durch intuitive Anpassungsreaktionen auf seiten des Analytikers, die sehr wohl mit denen der erfolgreichen Mutter zu vergleichen sind. In der Eröffnungsphase reagiert der Analytiker aber nicht auf vorwiegend angeborene Potenzen, die ursprünglich einmal der Unterscheidung von Selbst und Objekt vorangegangen sind. Er reagiert vielmehr auf Ängste, die durch die drohende Beeinträchtigung mehr oder weniger solider früherer Errungenschaften ausgelöst werden. Wenn die Regression auch eine unvermeidliche Begleiterscheinung des analytischen Prozesses ist, muß sie doch in Grenzen gehalten werden. Der Patient muß seine Fähigkeit zum Urvertrauen und zur positiven Ich-Identifizierung bewahren und verstärken, um den analytischen Prozeß zu erleichtern, der von einer Regression abhängt, die potentiell im Dienst des Ichs steht. Ich glaube, daß das, was ich hier sage, einen der entscheidenden Unterschiede zwischen meiner Anschauung und der der Analytiker Kleinscher Richtung ausmacht.

Insofern als ein Patient die Analyse beginnt, wenn er schon in einem Stadium der drohenden oder partiellen Ich-Regression ist, kann der analytische Prozeß nicht eingeleitet werden, bevor die Grundfähigkeiten des Ichs, die eine Voraussetzung echter Einsicht und affektiven Lernens sind, wiederhergestellt worden sind. Dieses Nahziel erfordert eine neue positive Objektbeziehung, die sich zunächst als Bibrings Konsolidierung beschreiben läßt. Kurzum, der Analytiker hilft dem Patienten, zumindest in der analytischen Beziehung die Ich-Fähigkeiten wiederzugewinnen, die sich schon früher in Bereichen außerhalb des neurotischen Konflikts als adäquat erwiesen haben, d. h. Heinz Hartmanns (1939) konfliktfreie und/oder autonome Ich-Funktionen, die sich neutralisierter, ich-syntoner Triebenergie bedienen. Ich möchte hinzufügen, daß die Entscheidung, ob ein Patient für die Einzelanalyse zu empfehlen ist, hauptsächlich davon abhängt, ob sich während der Eingangsuntersuchung positiv erweist, daß diese wesentlichen Ich-Fähigkeiten potentiell verfügbar sind.

Diese positiven Ich-Attribute werden bei analysierbaren Patienten oft durch Angst, Depression oder durch die für die neurotische Symptombildung charakteristische Triebregression vorübergehend beeinträchtigt. Sie werden auch durch die bei vielen Patienten infolge der technischen Anforderungen der traditionellen Analyse ausgelöste Angst leicht bedroht. Das Fehlen dieser Art von Angst braucht kein Zeichen von größerer Reife, einer besseren Fähigkeit zur Herstellung eines therapeu-

tischen Bündnisses oder einer rascheren Entwicklung der Übertragungsneurose zu sein. Es kommt vielmehr gerade bei Charakterneurosen
vor, besonders bei kontraphobischen und zwanghaften, bei hochintel-
lektualisierten Kandidaten und bei anderen, für die eine Einzelanalyse
eine bewußt erstrebte Quelle gesteigerter Selbstachtung ist. Bei solchen
Patienten kann es eine Weile dauern, bis die Analyse »sich vom Boden
hebt«. Die ersten bedeutsamen Zeichen echter analytischer Arbeit sind
dann gewöhnlich von manifester Angst begleitet, die mehr mit Problemen der Herstellung eines therapeutischen Bündnisses, d. h. der
analytischen Situation, zusammenhängt, als mit berichtetem Material,
das sich in Form der Übertragungsneurose ausdrückt.

Insofern daher das Zustandekommen eines therapeutischen Bündnisses
eine Remobilisierung prä-analytischer positiver Kräfte darstellt, muß
es eher als wesentliche Voraussetzung des analytischen Prozesses angesehen werden, und nicht als ein integraler Bestandteil dieses Prozesses.
Unter diesem Gesichtspunkt bleibt Bibrings Formulierung gültig. Man
beachte, daß ein ähnliches Ziel bei der Psychotherapie von reifungs-
oder situationsbedingten Krisen und bei der Langzeitbehandlung schwer
gestörter Patienten ein Hauptzug sein kann. Die spezifischen Merkmale
der Psychoanalyse unterscheiden jedoch die analytische Situation von
den ähnlichen Aufgaben, die, wie Freud selber zugegeben hat, die
Arzt-Patient-Beziehung in jeder therapeutischen Unternehmung kennzeichnen.

Diese spezifischen Merkmale sind uns zwar allen vertraut, man darf
sie aber trotzdem im Zusammenhang mit ihrem Einfluß auf die schon
erwähnten Grundfähigkeiten des Ichs noch einmal wiederholen. Der
Analysepatient muß sich in eine passive, liegende Stellung begeben.
Er muß bestimmte Steuerungen aufgeben, die bisher Form und Inhalt
seiner verbalen Mitteilungen bestimmt haben. Er muß auf die üblichen
verbalen und erkennbaren Reaktionen verzichten, mit denen er normalerweise rechnen kann. Er muß guten Glaubens gewisse Verfahrensregeln annehmen, die er vielleicht gar nicht wirklich versteht. Damit
der Patient diese Forderungen erfüllen kann, müssen für ihn sowohl
das Ziel der Analyse als auch der andere Teilnehmer, der Analytiker,
von zentraler Bedeutung sein, und der Patient muß zugleich den Umstand erkennen und akzeptieren, daß die Beziehung nicht wechselseitig
ist. Er muß daher die Angst, Hilflosigkeit und den Verlust an Selbstachtung ertragen, die diese Situation leicht hervorruft. Er wird trotzdem aufgefordert, zu einem Gefährten in diesem neuen und seltsamen
Unterfangen, den er nicht sieht und der oft schweigt, Zutrauen zu
haben, seine Wünsche von seinen Bedürfnissen zu trennen, und schließ-

lich die neue Beziehung und die neue Identifizierung herzustellen, die seine Einstellung zu sich selber ändern wird.

Die Anforderungen der analytischen Situation stellen in vieler Hinsicht eine Parallele zu den früheren Erlebnissen dar, in deren Verlauf die bereits genannten Ich-Fähigkeiten ursprünglich hergestellt wurden. Es ist kaum verwunderlich, daß, ob der Patient nun vorher in Not war oder nicht, der relative Erfolg oder Mißerfolg in der Bewältigung dieser Grundaufgaben der Entwicklung unter Druck gerät, während die Beziehung sich entfaltet. Das therapeutische Bündnis in der analytischen Situation stellt daher nicht nur eine einfache Konsolidierung früherer Errungenschaften in einem Milieu dar, das die aktuelle Anpassung fördert. Es verlangt vielmehr Mobilisierung und Aufrechterhaltung gewisser Grundattribute des Ichs in einer Situation, die zugleich die Aufgabe anderer Ich-Attribute erfordert. Der Analysepatient muß ein maximales Grundvertrauen bewahren; er muß sowohl seine Angst als auch seine depressiven Affekte in Grenzen halten. Seine Fähigkeit der Realitätsprüfung muß unberührt bleiben. Zugleich wird er aufgefordert, auf entscheidende innere Abwehr- und Steuerungsmechanismen gegen ich-fremde Impulse und Phantasien zu verzichten, die früher durch Signale innerer Gefahr in Gang gesetzt wurden. Dazu gehört weit mehr als eine außeranalytische Konsolidierung primitiver Angst. Wenn man auch gewisse allgemeine Regressionsmerkmale unter anderen Umständen beobachten kann, so wird doch die Regression, die das Aufsteigen primitiver, aggressiver und erotischer Phantasien mit sich bringt, vor allem in der analytischen Situation in einem Rahmen gefördert, in dem zugleich die Verwendung und Verstärkung der komplexen, reifen Ich-Fähigkeiten verlangt wird, die eine unerläßliche Vorbedingung für psychologische Einsicht sind.

Bei meiner Erörterung der analytischen Situation habe ich die Schwierigkeiten ins Zentrum gestellt, die der Formulierung der therapeutischen Psychoanalyse als eines individuellen Ereignisses innewohnen. Sowohl der Analytiker als auch der Patient sind aktive Partner in einer Beziehung, deren Wesen und Bedeutung den Kern der analytischen Situation ausmachen. Das Ziel einer therapeutischen Einzelanalyse betrifft in erster Linie die Weiterentwicklung des einen Partners in der analytischen Situation, nämlich des Patienten. Der erfolgreiche Analytiker mag zwar auch profitieren, aber er verändert sich während irgendeiner Analyse nicht wesentlich im Hinblick auf seine eigene seelische Struktur oder Funktionsweise, seine Grundeinstellung zum Patienten oder sein Ziel: die erfolgreiche analytische Lösung der Probleme des Patienten. Solche Veränderungen – sowohl günstige als auch ungünstige – kommen natürlich vor. Ich möchte jedoch das hypothetische Ideal einer Analyse annehmen, die unberührt bleibt von unerwünschten Gegenübertragungsreaktionen und sich in erster Linie auf das Wesen der progressiven Veränderungen konzentriert, die im psychischen Apparat des Patienten vor sich gehen. Sowohl die explizite als auch die implizite Rolle des Analytikers kann man in diesem Zusammenhang als Teil des Empfindungserlebnisses des Patienten untersuchen.

Es gibt natürlich große Verschiedenheiten im individuellen Stil des Analytikers, welcher Richtung er auch angehören mag. Außerdem habe ich schon von den erheblichen Kontroversen über die relative Zugänglichkeit unbewußter Triebabkömmlinge und die unbewußte Abwehr gegen ihr Auftauchen gesprochen. Derartige Uneinigkeiten kommen von den Unterschieden unserer Theorien über die seelische Entwicklung, Struktur und Funktion her. Sie spiegeln sich in unserer Technik der klinischen Psychoanalyse. Wieweit und auf welche Weise das Schweigen oder die deutende Aktivität des Analytikers den analytischen Prozeß fördert oder behindert, ist ein Zentralbereich fortgesetzter Kontroversen.

Traditionell eingestellte Analytiker betonen, wie stark, wie automatisch und vor allem in welch hohem Grad die Abwehrmechanismen des Ichs am Anfang der Analyse wirklich unbewußt sind. Diese theoretische Position spiegelt sich in der Untätigkeit des Analytikers während der Eröffnungsphasen der Behandlung. Diese Inaktivität kann beim Patienten Angst, Wut und/oder Depression hervorrufen. Sie kann ihm auch ein erhebliches Maß an sensorischer Entbehrung auferlegen. Das fördert meistens, wie wir allmählich gelernt haben, die Regression. Die Übertragungsneurose in ihrer klassischen Form ist die Folge formeller, topischer und zeitlicher Regression. Wie Träume, Symptombildungen und andere Regressionszustände treten labile und fließende Triebabkömmlinge teilweise an die Stelle vorher automatischer Abwehr. Wenn nicht spezifische Übertragungsphantasien geäußert werden, beschränkt der traditionstreue Psychoanalytiker seine Interventionen auf das Minimum, das sich gerade noch mit einem durchgehaltenen therapeutischen Bündnis verträgt.

Im Gegensatz dazu glauben Analytiker der Kleinschen Schule, daß sich die primitive Phantasie schon am Anfang der Behandlung auf den Analytiker richtet. Implizit betonen sie die primitiven Züge des Entwicklungsstadiums, das wenige von uns ohne Hilfe der Analyse erreichen können. Übertragungsmaterial wird nicht hauptsächlich einem regressiven Prozeß zugeschrieben, dessen Einsetzen Zeit, Geduld und analytische Inaktivität erfordert. Frühe Phantasien, frühe Ängste und die labileren Abwehrhaltungen gegen Triebe, wie Projektion, Introjektion und projektive Identifizierung, können schon am Beginn der Analyse in der Übertragung verbalisiert werden. Derartiges Material wird zwar vielleicht in dem Sinn als »tief« betrachtet, daß es von einer primitiven, archaischen Stufe stammt, aber man glaubt, es sei der direkten Deutung zugänglich. Die automatische, unbewußte Abwehr des Ichs gegen Angst und Depression wird also nicht als ein signifikantes Hindernis gegen frühe Übertragungsdeutungen betrachtet.

Die Theorien, die der zähen und fortdauernden Dichotomie zwischen denen, die eine frühe und fortwährende Übertragungsdeutung befürworten, und jenen, die im Gegensatz dazu die Hindernisse betonen, die die Abwehr des Ichs dem Analytiker in den Weg legt, zugrunde liegen, sind in den beiden bereits erwähnten Abhandlungen von Richard Sterba und James Strachey in Kürze dargestellt. Sterba spricht, wie gesagt, von der Reife jenes Teils des Ichs, der sich während des analytischen Prozesses mit dem Analytiker verbündet. Die Objektbeziehung, die in der Ich-Identifizierung mit dem Analytiker impliziert ist, wurde relativ wenig betont. Sterba erkannte trotzdem klar die Realität des Analytikers und die Beziehung der therapeutischen Spaltung des Ichs zur frühen Über-Ich-Bildung.

Stracheys Theorie von der psychischen Entwicklung und vom therapeutischen Prozeß ist von der Kleinschen Psychologie signifikant beeinflußt. Er konzentrierte sich z. B. auf die archaischen primitiven Phantasien, die im Lauf der Übertragungsanalyse freigesetzt werden. Dies ist vereinbar mit der zeitgenössischen Hypothese der Kleinianer, nach der das Primitive und Archaische der Übertragungsdeutung leicht zugänglich sind. Strachey führt das Auftauchen derartigen Materials auf den Umstand zurück, daß der Analytiker die Rolle eines Hilfs-Über-Ichs spielt, das nachgiebiger ist als das unbewußte, archaische Über-Ich des Patienten. Eine solche Formulierung bedeutet nicht notwendigerweise, daß die Regression eine Voraussetzung der Entstehung der Übertragungsneurose ist. Daß der Patient den Analytiker realistisch wahrnimmt, wird trotzdem als wesentliche Begleiterscheinung des analytischen Prozesses angesehen.

Wir können annehmen, daß Stracheys Erörterung des therapeutischen Prozesses sich auf eine Zeit bezieht, in der die analytische Situation bereits hergestellt und integriert worden ist. Seine Darstellung kann also verglichen und kontrastiert werden mit traditionellen Formulierungen in bezug auf die Deutung der Übertragungsneurose. Therapeutische Veränderungen sind nach Strachey auf jene Deutungen zurückzuführen, die er als »mutativ« definiert. Diese haben laut seiner Beschreibung zwei getrennte Stadien. Im ersten wird sich der Patient einer kleinen Menge Es-Energie bewußt, d. h. der primitiven Phantasie. Strachey sagt dann weiter:

»...Da der Analytiker... das *Objekt* der Es-Impulse des Patienten ist, wird die Menge dieser Impulse, die jetzt ins Bewußtsein eingelassen wird, bewußt auf den Analytiker gerichtet. Dies ist der kritische Punkt. Wenn alles gut geht, wird das Ich des Patienten des Gegensatzes gewahr, der zwischen der Aggressivität seiner Gefühle und dem realen Wesen des Analytikers besteht... Das heißt, der Patient bemerkt einen Unterschied zwischen seinem archaischen Phantasieobjekt und dem realen äußeren Objekt.« (1934, S. 142–143)

Stracheys Betonung der realen Gestalt des Analytikers als eines für die mutative Deutung wesentlichen Elements ist mit vielen neueren Beiträgen vereinbar, wenn sie sich auch einer anderen Terminologie bedienen. Greenson, Stone, Gitelson, Greenacre und andere haben den Realitätscharakter der Arzt-Patient-Beziehung als einen wesentlichen Zug der erfolgreichen Analyse hervorgehoben. Unsere Meinungsverschiedenheiten betreffen die Rolle der Regression bei der Freisetzung der Übertragungsphantasie. Es ist leicht zu verstehen, daß jene Analytiker, die das Primitive als leicht zugänglich ansehen, die regressiven Komponenten der erfolgreichen Übertragungsdeutung relativ wenig betonen. Solche Analytiker erkennen wenige Kontraindikationen gegen frühe und fortgesetzte Übertragungsdeutung an. Nach der traditionellen Theorie ist die Übertragungsneurose von der Regression und den sie begleitenden Modifikationen der unbewußten Abwehr abhängig. Der Analytiker, der sich zu dieser Einstellung bekennt, sieht Schweigen und Untätigkeit als einen wesentlichen Faktor zur Förderung derartiger Regression an. Die Aktivität des Analytikers, so angemessen sie sein mag, hat die Tendenz, durch ihre sensorische Wirkung der Regression entgegenzuarbeiten. Dies ist, wie wir schon erwähnt haben, notwendig, wenn eine schwerwiegende Regression unmittelbar bevorzustehen scheint. Im allgemeinen stellt man sich jedoch auf den Standpunkt, eine fortwährende deutende Aktivität habe die Tendenz, die Entstehung einer analysierbaren Übertragungsneurose zu stören.

Gemäß diesem Standpunkt ist die Entstehung einer Übertragungsneurose abhängig von der regressiven Modifikation der neurotischen Abwehrmechanismen. Nach Strachey ist jedoch die Freisetzung primitiver Phantasien implizit progressiv. Sie wird dadurch bestimmt, daß der Patient den Analytiker als weniger bedrohlich wahrnimmt als die internalisierten Elternobjekte. Abkömmlinge des Es werden durch das archaische Über-Ich dem Bewußtsein ferngehalten; dieses archaische Über-Ich beeinflußt die Realitätswahrnehmung erheblich. Während der Patient ein neues, weniger punitives Über-Ich internalisiert, werden unbewußte primitive Inhalte leichter freigesetzt. Soweit der Patient den kritischen Punkt der Realitätsprüfung besteht, sind unbewußte Barrieren gegen die Reifung, die das Über-Ich errichtet, im wesentlichen beseitigt. Sowohl die Symptombildung als auch die Übertragungsneurose werden also hauptsächlich den Konflikten und Phantasien zugeschrieben, die in den ersten Lebensmonaten entstehen. Da ödipale Phantasien während einer Periode aufsteigen, in der die Aggression mächtiger ist als positive, libidinöse, genitale Wünsche, sind die negativen Komponenten des ödipalen Dreiecks viel mehr dem primitiven Trieb zuzuschreiben als einem realistischen Konflikt, an dem drei Individuen beteiligt sind. Diese Theorie macht es schwierig, klar zu unterscheiden zwischen einer Feindseligkeit, die aus den primitivsten Quellen stammt, und Rivalitätsgefühlen, die man einem bekannten und geliebten Objekt gegenüber empfindet.

Eine Wirkung von Grundtheorien auf unser klinisches Verständnis betrifft die Bedeutung der Regression während der Analyse. Ich zitiere Stracheys Zusammenfassung:

»... Das Endergebnis der psychoanalytischen Therapie besteht darin, die gesamte seelische Organisation des neurotischen Patienten, die auf einer infantilen Entwicklungsstufe stehengeblieben ist, in die Lage zu setzen, ihren Fortschritt in Richtung auf einen normalen Erwachsenenzustand weiter zu verfolgen. Die hauptsächlich wirksame Veränderung besteht in einer tiefen qualitativen Modifikation des Über-Ichs des Patienten, aus der sich die weiteren Änderungen in der Hauptsache automatisch ergeben.« (1939, S. 159)

Einem Teil dieser Aussage würden wir alle zustimmen, d. h. in unserer Hoffnung, daß unsere erfolgreich analysierten Patienten »ihren Fortschritt in Richtung auf einen normalen Erwachsenenzustand verfolgen«. Ein Hauptunterschied betrifft unsere Auffassung davon, was mit »eine infantile Entwicklungsstufe« gemeint ist. Ein weiterer betrifft das Konzept vom automatischen Fortschritt.

Viele heutige Analytiker betonen die fortdauernde Wirkung der Erlebnisse, die Qualität und Stabilität der frühen Objektbeziehungen bestimmen. Eine sichere Zweierbeziehung muß im Verlauf der therapeutischen Analyse hergestellt, aufrechterhalten und ständig reintegriert werden. Die Hauptkonflikte jedoch, die die endgültige Ich-Abwehr des analysierbaren Neurotikers bestimmen, haben gar nicht in einer Zweierbeziehung stattgefunden. Diese Neurotiker mögen sich zwar zurückgezogen haben, aber sie haben in ihrer Kindheit ein Entwicklungsniveau erreicht, auf dem ein echter ödipaler Dreieckskonflikt zumindest begonnen hatte. Die Kindheitslösung dieses Konflikts, sei sie gesund oder krankhaft, führt zur Errichtung eines relativ geschlossenen Systems im Hinblick auf bestimmte Es-Abkömmlinge. Eine Rückwärtsbewegung, d. h. Regression, die den Konflikt wieder eröffnet, wird daher als eine notwendige Vorbereitung für die fortschreitende Selbststeuerung angesehen, die ein gemeinsames Ziel aller Analytiker ist, welches Bezugssystem sie auch haben mögen.

Der Bereich der klassischen Übertragungsanalyse schließt also ein Wiederaufbrechen jener Konflikte ein, die vorher durch neurotische, übermäßige oder unangemessene Abwehr beantwortet worden waren, in einem Versuch, eine besser angepaßte Lösung zu erreichen. Dies ist jedoch nur möglich, wenn die Grundfunktionen des Ichs, die weiterhin von zuverlässigen Objektbeziehungen abhängig sind, nicht nur erhalten bleiben, sondern progressiv gestärkt werden. Die Psychoanalyse läßt sich in ihrer Komplexität für den Patienten und den Analytiker mit der der infantilen Neurose für Kind und Eltern vergleichen. Die Rolle des Analytikers beschränkt sich nicht auf die Deutung der Übertragungsneurose. Er muß bei der Deutung von Phantasien und Wünschen aus der verdrängten, vergessenen Vergangenheit objektiv bleiben und eine angemessene Distanz wahren. In dieser Rolle ist er dem Elternteil ähnlich, der, ohne sie zu befriedigen, die Abkömmlinge der inzestuösen Phantasien des Kindes während der infantilen Neurose erkennen kann. Zugleich muß der Analytiker sich mit dem Patienten verbünden und ein Objekt für fortgesetzte positive Ich-Identifizierung bleiben. In diesem Zusammenhang ist die ständige wechselseitige Anerkenntnis von besonderer Bedeutung, daß passives Annehmen des Unvermeidlichen ebenso grundlegend zur psychischen Reife gehört wie aktive Reaktionen und anpassende Selbststeuerung in verfügbaren Bereichen der Befriedigung und Leistung.

Ich schlage also einen zweifachen Zugang zum therapeutischen Prozeß in der Psychoanalyse vor. Dies beleuchtet, glaube ich, die enge Beziehung zwischen der analytischen Situation und dem analytischen Prozeß. Der Analytiker muß während der ganzen Zeit weiterhin intuitiv auf Affekte reagieren, die das Grundbedürfnis des Patienten zeigen, sich als realer Mensch akzeptiert und verstanden zu fühlen. Er muß zur gleichen Zeit Verbalisierungen und nonverbales Verhalten objektiv erkennen und deuten, die Wünsche und Phantasien offenbaren, welche aus der eigentlichen Übertragungsneurose stammen. Hier dient der Analytiker in erster Linie als Objekt verschobener, ungelöster, unbewußter infantiler Konflikte. Die erfolgreiche Analyse erfordert also zu allen Zeiten das Erkennen des Unterschieds zwischen der Übertragungsneurose, die unendlichen Veränderungen unterworfen ist, und dem Kern des therapeutischen Bündnisses, das, wie andere grundlegende Ich-Identifikationen, einen ständigen, stabilen Nukleus behält. Man muß jedoch erkennen, daß die ursprünglich in prä-genitalen dyadischen Objektbeziehungen internalisierten Grund-Identifikationen während der Entstehung, des Durcharbeitens und des Verschwindens des Dreieckskonflikts, der die infantile Neurose charakterisiert, sowohl positiven als auch negativen Modifikationen unterworfen sind. Während dieser Periode legt das Kind den Grund für das, was später seine definitive sexualisierte Identität wird. Seine Wahrnehmung innerer Gefahr mobilisiert intrapsychische Abwehrmechanismen gegen ich-fremde Triebimpulse. Diese Abwehrmechanismen, unter denen beim zukünftigen Neurotiker Verdrängung und verwandte Mechanismen vorherrschen, können auch in größerem oder geringerem Maß die fundamentale Selbstachtung schädigen, die ursprünglich angelegt war.

Ein Hauptziel in den Eröffnungsstadien der Analyse kann definiert werden als die möglichst weitgehende Reintegration früher bewältigter Entwicklungsaufgaben, mit besonderem Bezug auf Selbstachtung und andere Grundattribute des Ichs. Dies ist eine Vorbedingung für die Regression, die letzten Endes im Dienst der Anpassung und Selbststeuerung steht, welche eine analysierbare Übertragungsneurose charakterisieren. Man kann den analytischen Prozeß also verstehen als eine abgewandelte Wiederholung des Durcharbeitens und der Auflösung der infantilen Neurose. Er verändert nicht nur die Wahrnehmung innerer Gefahr und das Bedürfnis, mit jenen automatischen unbewußten Abwehrmechanismen zu reagieren, die man als übermäßig oder neurotisch definieren kann. Er hat auch eine progressive Veränderung der Identifizierungen zur Folge, die während dieser gleichen Periode internalisiert worden sind und die früher zu neurotischen Charakterzügen oder zur Symptombildung beigetragen hatten. Während dies stattfindet, treten auch Veränderungen im Inhalt des Übertragungsmaterials ein, gleichzeitig mit Fortschritten in bezug auf die Reife und die Stabilität des therapeutischen Bündnisses. (Klinische Beispiele finden sich im 11. Kapitel.)

Die Beendigung einer erfolgreichen Analyse führt zu weitgehender Selbständigkeit und Unabhängigkeit. Wenn das Ende sich nähert, werden jedoch unweigerlich restliche Wünsche nach Passivität und Abhängigkeit noch einmal neu belebt und verstärkt. (Ein klinisches Beispiel findet sich im 6. Kapitel.) Die Position des Analytikers während dieser Periode sollte von seiner Haltung in den früheren Behandlungsstadien unterschieden werden. Er ist nun nicht mehr in einer Position, die mit der eines Elternteils vergleichbar ist, der auf die passiv-regressiven

Komponenten der infantilen Neurose reagiert. Er ist eher zu vergleichen mit einem Elternteil, der bereit und fähig ist, in der späten Adoleszenz und im frühen Reifealter Reifung und Selbständigkeit seiner Kinder zu fördern. Mit anderen Worten: der Grad von Passivität, der für den analytischen Prozeß wesentlich ist, stellt während der Endphase einen im Grunde ich-fremden infantilen Wunsch dar. Der Patient muß nun dahin kommen, auf reife Weise realistische Grenzen zu akzeptieren und dies mit einer aktiven Mobilisierung der Selbständigkeit und Unabhängigkeit zu kombinieren. Der Analytiker wird (wie die gute Mutter oder der gute Vater) als Objekt für eine fortgesetzte, positive Ich-Identifizierung beibehalten. Außerdem bleibt der Analytiker, wieder wie der Elternteil, ein im Fall zukünftiger Nöte potentiell verfügbares Objekt. Kein Kind (und kein Patient) erlangt emotionale Reife, bevor es (er) die Tatsache akzeptiert, daß es (er) nicht so unverwundbar ist, um sich nicht im Notfall frei zu fühlen, Rat oder Hilfe suchend zurückzukommen.

Abschließend: die psychoanalytische Behandlung zeigt viele Analogien zum Prozeß der frühen Entwicklung. Im Hinblick auf beide habe ich den doppelten Zugang ausführlicher dargestellt, den ich im 11. Kapitel eingeführt habe. Ich habe also unterschieden zwischen dem, was zur Herstellung und Erhaltung von Objektbeziehungen und Ich-Identifikationen gehört, und dem, was als Ergebnis der durch Signalangst mobilisierten Abwehrmechanismen im psychischen Apparat des Individuums enthalten ist. Das erstere gehört zu einem im wesentlichen offenen System, das die fortwährende Integrierung neuer Identifikationen im Rahmen positiver Objektbeziehungen in sich schließt. Das letztere betrifft ich-fremde Wünsche, Phantasien und damit verbundene Erinnerungen in einem relativ geschlossenen System. Die erfolgreiche Entwicklung in den späteren Kindheitsstadien hängt ab von der Erhaltung der fundamentalen Objektbeziehungen, die am Anfang hergestellt worden sind. Die Qualitäten des Analytikers, die die analytische Situation betreffen, entsprechen in vieler Hinsicht denen, die guten Eltern helfen, die Entwicklung ihres Kindes zum reifen und unabhängigen Menschen zu fördern. Die psychische Entwicklung schließt jedoch zu allen Zeiten progressive und regressive Manifestationen in sich. Eine solche Regression kann nur zu aktiver Selbststeuerung führen, wenn Grundfunktionen des Ichs erhalten und gestärkt werden. Diese Aussage gilt für die infantile Neurose, das Jugendalter und andere entwicklungsbedingte Krisenzeiten. Sie steht im Mittelpunkt der entwicklungsbedingten Bedeutung der gelenkten Regression in der analytischen Situation.

Dieses Kapitel ist eine erneute Untersuchung des ersten und möglicherweise berühmtesten Zwangspatienten, den Sigmund Freud ausführlich besprochen hat. Als ich mich an diese Studie machte, hatte ich zunächst die Absicht, meine Erörterung in erster Linie auf den 1909 gegebenen Bericht zu gründen, der in Freuds »Gesammelten Schriften« veröffentlicht worden ist. Glücklicherweise beschloß ich aber, die Fallgeschichte in der »Standard

13

Ein Zwangsneurotiker: Freuds Rattenmann

Edition« noch einmal nachzulesen. Ich war überrascht und erregt über die Entdeckung, die ich machte – nämlich, die einzigartige Rettung der täglichen Aufzeichnungen Freuds über die ersten vier Monate dieser Analyse. Diese formlosen Notizen erlauben uns, wie James Strachey sagt, an Freuds fortwährender Durchforschung des Materials teilzunehmen, das ihm sein Patient brachte, teilzunehmen an seinem Gewahrwerden von Bereichen, in denen die Konflikte des Patienten seine eigenen berührt haben mögen, teilzunehmen an seinen gleichzeitigen Reflexionen über die mögliche Bedeutung dieser Analyse für ein allgemeineres Verständnis der Zwangsneurose. Seine freimütigen Anspielungen auf seine eigene Aktivität schließlich dienen als heilsame Erinnerung daran, in welchem Maß die Abhandlungen, in denen Freud Gefühlskälte, Neutralität und spiegelgleiche Distanz empfahl, auf einer impliziten Unterscheidung zwischen der Position des Analytikers gegenüber der Übertragungsneurose und der warmherzigen und spontanen Anteilnahme des Menschen in der Zweierbeziehung zwischen Arzt und Patient beruhte, die ein unentbehrlicher Zug der analytischen Situation ist.

Die Veröffentlichung von 1909 lieferte konkretes, empirisches Material, das die fortwährende Wirkung des frühen Trieblebens in der Bestimmung des Inhalts und des Wesens der Symptomatik des Erwachsenen zeigte. In dieser Publikation wurden im Zusammenhang mit den Denkprozessen dieses Patienten die meisten Mechanismen definiert und beschrieben, die die Zwangsneurose kennzeichnen: Reaktionsbildung, Unentschlossenheit, Isolierung, Ungeschehenmachen, Intellektualisierung und magisches Denken. Obwohl in Freuds expliziten Deutungen die ödipalen Inhalte betont werden, wurden auch die analsadistischen Folgerungen aus dem Grundkonflikt des Patienten klar erkannt. Das regressive Wiederauftauchen unbewußter, ungelöster

Konflikte sowohl in der Symptombildung als auch in der Übertragungsanalyse wurde überzeugend demonstriert. Zuletzt, aber nicht am wenigsten, beleuchtet Freuds wiederholte Bezugnahme auf die positiven Attribute des Patienten eins der Hauptkriterien der Analysierbarkeit – nämlich, die Verfügbarkeit des gesunden, intakten Teils der Persönlichkeit des Patienten als Partner in der analytischen Situation.

In seiner Einführung zu den bekannten »Bemerkungen über einen Fall von Zwangsneurose« (1909 a) beschrieb Freud die Zwangsneurose dieses Patienten als mäßig schwer. Dieses Urteil wurde nach dem erfolgreichen Abschluß der Analyse des Patienten abgegeben. Seine Symptome (wie sie in den Anfangsphasen der Behandlung beschrieben werden) waren jedoch manchmal recht behindernd. Man muß daher der Möglichkeit Rechnung tragen, daß Freuds Beurteilung zum Teil bestimmt war durch seine Empfindlichkeit für eine begriffliche Unterscheidung, die er nur zwei Jahre später in den »Formulierungen über die zwei Prinzipien des psychischen Geschehens« (1911) machte, die Unterscheidung zwischen einer durch einen Entwicklungsmangel des Ichs bestimmte Krankheit und einer Symptomatik, die auf Triebfixierung oder Triebregression zurückzuführen ist.

In der gleichen Einführung gab Freud auch zu, daß er die Darstellung dieses Falles und seiner Behandlung drastisch gekürzt hatte. Die Originalaufzeichnungen deuten an, daß der Rattenmann, wie Irma, sich in Kreisen bewegte, die mit Freuds gesellschaftlichem Leben in Berührung standen, und daß ein Grund für viele der Auslassungen der Schutz der Anonymität des Patienten war. Hätte Freud aber seine Aufzeichnungen aufbewahrt, wenn all seine Weglassungen ihren Zweck erfüllt hätten? Das wäre doch gewiß ein ausgezeichneter Grund gewesen, sie zu vernichten. Er selbst hat eine andere Erklärung angedeutet: »Ich bekenne, daß es mir bisher noch nicht gelungen ist, das komplizierte Gefüge eines *schweren* Falles von Zwangsneurose restlos zu durchschauen ... das Verständnis einer Zwangsneurose an und für sich [ist] nichts Leichtes – viel schwerer als das eines Falles von Hysterie« (1909 a, S. 382).

Erst vier Jahre später wies Freud in seiner Abhandlung über »Die Disposition zur Zwangsneurose« darauf hin, in welchem Maß sowohl die Zwangssymptomatik als auch die hysterische Symptomatik sich als täuschend erweisen können. Die Kriterien für die Analysierbarkeit werden nicht durch den Inhalt oder die Schwere der Symptome bestimmt, mit denen der Patient zur Behandlung kommt. Wie Robert Knight (1953) gezeigt hat, können Zwangsdenken und zwanghaftes

Verhalten als ein, wenn auch unbefriedigendes Bollwerk dienen, hinter dem psychotische Störungen partiell verborgen bleiben. Man kann daher annehmen, daß die Zwangspatienten, die Freud entweder als schwere Fälle oder als noch nicht verstanden bezeichnet, sich vom Rattenmann in bezug auf Grundfunktionen des Ichs unterschieden haben. Als Beispiel dafür fällt einem der Wolfmann (1918) ein. Mark Kanzer (1952) hat das Element des Agierens im Verhalten dieses Patienten während kritischer Phasen seiner Analyse hervorgehoben. Ich nehme eher an, daß dieses Verhalten, das sich schließlich vor der »Heiligung« der Couch ereignete, in dramatischer Form jene Ich-Attribute veranschaulichte, die die Voraussetzung der entscheidenden therapeutischen Spaltung zwischen Phantasie oder Übertragung und Realität oder therapeutischem Bündnis sind. Man wird sich erinnern, daß der Rattenmann sich immer der ich-fremden negativen Übertragungsphantasien, die sein Verhalten bestimmten, bewußt blieb und sich von ihnen beunruhigt fühlte. Außerdem zeigte der Rattenmann trotz seiner intellektuellen Abwehr, seiner Tendenz zur Isolierung und Verleugnung, in seinen Träumen, Phantasien und Assoziationen die Fähigkeit zur Triebregression, die eine notwendige Begleiterscheinung einer analysierbaren Übertragungsneurose ist.

In der Originalveröffentlichung, die zwar mit Erfolg die Form und den Inhalt von Zwangssymptomen demonstrierte, blieben einige von Freuds theoretischen Spekulationen schwer verständlich und unklar. Das ist besonders auffallend bei seinen Bemühungen, das unerbittliche Entweder-Oder zu erklären, das die abwechselnden Gefühle von Liebe und Haß kennzeichnete, die der Rattenmann für seinen Vater und seine Geliebte empfand:

»Die einzeln bei unserem Patienten aufgezählten Gefühlskonflikte sind nicht unabhängig voneinander, sonder paarig miteinander verlötet. Der Haß gegen die Geliebte muß sich zur Anhänglichkeit an den Vater summieren und umgekehrt. Aber [und dies ist die Aussage, die ich hervorheben möchte] die zwei Konfliktströmungen, die sich nach dieser Vereinfachung erübrigen, der Gegensatz zwischen dem Vater und der Geliebten und der Widerspruch von Liebe und Haß in jedem einzelnen Verhältnisse, haben inhaltlich wie genetisch nichts miteinander zu schaffen.« (1909 a, S. 454)

Freuds Bezugnahme auf dieses »Entweder-Oder«, ebenso wie seine Erörterung der scharfen Unterscheidung zwischen der Dichotomie männlich-weiblich auf der einen Seite und dem Konflikt zwischen Liebe und Haß innerhalb individueller Objektbeziehungen auf der anderen, verdient eine Anmerkung. Man kann sagen, seine Erörterung dieser Probleme sei zu vergleichen mit seiner eigenen Bezugnahme auf die unklaren und verwirrenden Züge jener Traumelemente, die Probleme von entscheidender Bedeutung am engsten betreffen. Freud selber hat eine Hypothese für das Vorkommen einer solchen »befremdenden Konstellation« vorgelegt (die ebensogut von einem Anhänger Melanie Kleins oder Donald Fairbairns zitiert werden könnte): »Eine sehr frühzeitig, in den prähistorischen Kindheitsjahren erfolgte Scheidung der beiden Gegensätze mit Verdrängung des einen Anteiles, gewöhnlich des Hasses, scheint die Bedingung dieser befremdenden Konstellation des Liebeslebens zu sein...«

In der Erörterung ist eine Unterscheidung impliziert (die 1909 noch nicht hätte gemacht werden können) zwischen einem wesentlichen Ausfall der Integrierung von Wahrnehmungen und Gefühlen, die ursprünglich als einander ausschließend erlebt wurden – z. B. Schmerz und Lust, Liebe und Haß, Aktivität und Passivität, Omnipotenz und Hilflosigkeit – und andererseits der regressiven Beeinträchtigung von bereits zustande gebrachten Integrationen während der neurotischen Symptombildung. Das Erkennen und die weitgehende Bewältigung des Konflikts zwischen Liebe und Haß, den Freud als eine »befremdende Konstellation« bezeichnet, ist uns heute wohlbekannt als eine der entscheidenden Entwicklungsaufgaben, die integraler Bestandteil einer gesunden Unterscheidung zwischen Selbst und Objekt und einer frühen Ich-Identifizierung sind. Die Errungenschaften der Entwicklung, die zumindest eines der Kriterien für die Analysierbarkeit bestimmen, liegen in diesem spezifischen Bereich. Das Individuum, das wie der Rattenmann fähig ist, trotz des Auftauchens konflikterzeugender negativer Gefühle eine reale Objektbeziehung aufrechtzuerhalten, hat es fertiggebracht, was es auch dabei geopfert haben mag, gleichzeitige Gefühle der Liebe und des Hasses gegenüber ein und demselben Objekt zu erkennen und auszuhalten. Seine Liebe ist außerdem, wenn auch vielleicht nur mit knappem Vorsprung, im wesentlichen erfolgreich gewesen beim Erringen dessen, was man wirklich als einen Pyrrhussieg bezeichnen kann. Im Fall des Rattenmanns zeigte sich die Art seines Sieges an den lähmenden Hemmungen, dem ständig wechselnden Zweifel und an der Rauchwolke von Zwängen, die seine schwere, aber trotzdem analysierbare Zwangsneurose kennzeichneten. Trotz des unerbittlichen »Entweder-Oder«, das das Abwechseln zwischen Liebe und Haß in seiner neurotischen Symptombildung und in seiner Übertragungsneurose charakterisierte, erwies sich der Rattenmann als fähig, in der analytischen Situation erhebliche Ambivalenz auszuhalten.

Es überrascht nicht, daß Freuds brillante Spekulationen auf die Phase der psychischen Entwicklung stießen, in der der Grund zu dieser Fähigkeit gelegt wird, nämlich auf das, was damals als die prähistorische Periode der Kindheit bezeichnet wurde. 1909 zog man weder die Bedeutung der frühen Objektbeziehungen in Betracht noch ihre mögliche Relevanz für die analytische Situation. Freuds damals aktuelle Theorie der Objektbeziehungen erschien in einer langen Fußnote, in der er die überragende Bedeutung des frühen Autoerotismus und der Triebbefriedigung betonte. Es ist jedoch wohlbekannt, daß die Stadien der Ich-Entwicklung und die signifikanten Objektbeziehungen, die zwischen der vor der Differenzierung von Selbst und Objekt liegenden autoerotischen Aktivität und der Fähigkeit zu erwachsener heterosexueller Objektliebe liegen, immer noch einer der schwierigsten und umstrittensten Bereiche der psychoanalytischen Theorie sind.

Freuds Rekonstruktion der Frühentwicklung des Rattenmannes mußte auf seiner Einstellung zu Triebimpulsen und autoerotischer Befriedigung beruhen. Der Vater wurde als ein wichtiges reales Objekt angesehen – ein Objekt, das die Triebimpulse seines Sohnes störte oder bedrohte. Der frühen Objektliebe, sei sie prä-genital oder genital, schenkte Freud relativ wenig Aufmerksamkeit. Die Mutter des Patienten z. B. wird nur in sechs kurzen, im Grunde nichtssagenden Äußerungen erwähnt. Obwohl Freud außerdem die mögliche Bedeutung des Todes der älteren Schwester des Patienten anerkannte, sah er sich zu der Rekonstruktion veranlaßt, seine primäre Bedeutung hänge mit der späteren Überzeugung des Patienten zusammen, »wenn du onanierst, stirbst du«.

In auffallendem Gegensatz zu der Veröffentlichung von 1909 gibt es in den ursprünglichen klinischen Aufzeichnungen mehr als vierzig Bezugnahmen auf ein höchst ambivalentes Mutter-Sohn-Verhältnis. Freud hat sein Anfangsgespräch mit dem Patienten fast wörtlich veröffentlicht, mit einer signifikanten Auslassung: »Nachdem ich ihm meine Bedingungen genannt hatte, sagte er, er müsse seine Mutter fragen.« Man wird sich erinnern, daß der Patient zu jener Zeit neunundzwanzig Jahre alt war. Am 18. Oktober berichtete er, er habe sein väterliches Erbteil nicht an sich genommen, sondern es in der Obhut seiner Mutter gelassen, die ihm ein kleines Taschengeld gebe. Während der ersten Wochen der Analyse erwähnte er seine Mutter relativ selten. Es gibt jedoch Hinweise, die dafür sprechen, daß eine zunehmend positive Identifizierung mit Freud stattfand, als die analytische Situation sicherer wurde. Freud schrieb am 8. Dezember mit einiger Befriedigung nieder: »Er hat sich mannhaft gegen die Klagen seiner Mutter gewehrt, die jammerte, weil er im letzten Monat statt 16 Gulden 30 Gulden von seinem Taschengeld ausgegeben hat.« Am 19. Dezember wurden die negativen Gefühle des Patienten gegenüber seiner Mutter manifest und stark: »Er bekommt alles, was schlecht ist in seiner Natur ... von der Seite seiner Mutter. ... Er gibt seiner Mutter all sein Geld, weil er nichts von ihr haben will.« Diese und viele andere Erwähnungen finanzieller Probleme, von Reinlichkeit und Schmutz, feindseligen Phantasien und den Reaktionsbildungen gegen sie weisen deutlich auf ein Hauptgebiet der Triebfixierung hin.

Es gibt außerdem Aufzeichnungen, die darauf hinweisen, daß Freud, wenn er auch keine begriffliche Formulierung aufstellte, den Typus von Mutter-Kind-Beziehung und Ich-Identifizierung wahrnahm, der für viele zukünftige Zwangscharaktere und Zwangsneurotiker kennzeichnend ist. Am 21. Dezember sagt Freud: Er hat sich in seinem Verhalten und in seinen Behandlungsübertragungen mit seiner Mutter identifiziert... Wahrscheinlich identifiziert er sich auch in seiner Kritik an seinem Vater mit seiner Mutter und setzt so die Differenzen zwischen seinen Eltern in seinem Inneren fort. Könnten wir eine bessere Beschreibung des Prozesses haben, der später als Introjektion definiert wurde? Gibt es irgendwo in unserer Literatur eine präzisere Schilderung des Mechanismus, den Anna Freud später als »Identifizierung mit dem Aggressor« bezeichnete? Längsschnitt-Untersuchungen kleiner Kinder haben in den letzten Jahren die Bedeutung dieser defensiven Identifizierung als eines wichtigen Vorläufers des strengen Über-Ichs des zukünftigen Zwangsneurotikers gezeigt.

Man muß aber beachten, daß diese höchst ambivalente Beziehung zur Mutter sich in den Eröffnungsphasen der Analyse des Rattenmannes nicht äußerte. Sie kam erst heraus, nachdem der Patient einen Teil seiner Ambivalenz gemeistert und ein positives therapeutisches Bündnis zu seinem Analytiker hergestellt hatte. Die Tatsache, daß er dies tun konnte, stellt uns vor die Frage, wieweit ungelöste Ambivalenz und eine signifikante Identifizierung mit dem Aggressor die ursprüngliche Beziehung des Patienten zu seiner Mutter gekennzeichnet hatten.

Wir können auch noch andere Hypothesen aufstellen, die uns helfen könnten, seine positiven Ich-Attribute zu verstehen. Erstens, daß eine im Grunde befriedigende Mutter-Kind-Beziehung in der Kindheit durch die Geburt eines jüngeren Bruders bedroht oder beeinträchtigt worden sein könnte, als der Patient achtzehn Monate alt war. Zweitens, daß er sich während des zweiten und dritten Lebensjahrs einer Schwester zugewandt haben könnte, die genügend älter war, um eine Mutterrolle zu genießen. Drittens, daß seine prä-ödipale Beziehung zu einem Vater, der den Eindruck eines im Grunde warmherzigen und liebevollen Elternteils erweckt, überwiegend positiv gewesen sein könnte. Es könnte also schon vor dem Beginn der tödlichen Krankheit seiner Schwester ein im wesentlichen normales, wenn auch partiell verschobenes ödipales Dreieck entstanden sein. Sowohl seine schwere Kindheitsneurose als auch seine Prädisposition zu einer Zwangskrankheit im Erwachsenenalter ließen sich in diesem Fall auf bestimmte regressive Reaktionen auf Traumata zurückführen, anstatt auf die Weiterführung eines ursprünglichen Entwicklungsmangels bis ins Erwachsenenleben hinein.

Die Originalaufzeichnungen liefern viele Hinweise auf die Wichtigkeit dieser Beziehung für beide Kinder. Katherines Zuneigung zum Patienten zeigt sich in ihrer Äußerung: »Bei meiner Seele, wenn du stirbst, töte ich mich.« Der Patient berichtet ein paar Erinnerungen an den Beginn der Krankheit Katherines. Er erinnert sich, daß jemand sie ins Bett getragen hat; er erinnert sich, daß sie schon lange geklagt hatte, sie fühle sich müde. Einmal, als Dr. P. sie untersuchte, wurde er blaß. Er erinnert sich auch, gefragt zu haben, wo Katherine sei, und beschrieb seinen Vater, wie er weinend in einem Stuhl saß. Sein berühmter – aber nicht subjektiv erinnerter – Wutausbruch ereignete sich fast sicher während der tödlichen Krankheit Katherines. In diesem Affektsturm griff der kleine Junge seinen Vater an und nannte ihn »Handtuch«, »Lampe« und »Teller«. War diese Wahl unbelebter Gegenstände, wie Freud meint, dadurch bestimmt, daß es dem Patienten an einem umfassenderen Wortschatz fehlte? War sie ein Zeichen für einen direkten Todeswunsch gegenüber einem ödipalen Rivalen? Die Trennung von einem wichtigen frühen Objekt und sein unmittelbar bevorstehender Verlust müssen auch in Betracht gezogen werden. Man könnte den Ausbruch auch als ein Anzeichen seiner verzweifelten Sehnsucht nach seiner Schwester verstehen. Die Schimpfwörter könnten dann eine zusätzliche Bedeutung haben – Vorwürfe gegen einen geliebten, aber abgewerteten Vater wegen seines Rückzugs, seines Unglücklichseins und seiner Unfähigkeit, dem geängstigten Kind zu helfen oder es zu trösten. Nicht nur die Schwester, sondern auch der Vater versagt darin, das Bedürfnis des Kindes nach Liebe und Unterstützung zu erfüllen.

Ich habe an anderer Stelle ähnliche akute affektive Reaktionen auf Trennung mit der Erkenntnis und dem Ertragen der Depression als Ich-Zustand in Verbindung gebracht. Ein relatives Versagen der Entwicklung zum Ertragen solcher unangenehmer Affekte stellt eine wichtige Determinante der Ich-Abwehr dar, die beim Zwangsneurotiker vorherrscht. Man beachte, daß Bertha Bornstein (1949) die Kindheitsneurose des zukünftigen Zwangsneurotikers Frankie mit seinen Versuchen in Verbindung brachte, während einer Trennung von seiner

Mutter eine Depression abzuwehren. Weder der Rattenmann noch Frankie scheinen offenkundige Depression zugegeben oder gezeigt zu haben. Der Zusammenhang, in dem der Wutausbruch des Rattenmanns sich ereignet, weist jedoch darauf hin, daß Katherines Krankheit und Tod sehr wohl regressive Abwehr gegen das Wiederaufsteigen depressiver Angst mit ihren Gefühlen der Hilflosigkeit mobilisiert haben können. Dies mag zu einer späteren Verstärkung der Abwehrmechanismen geführt haben, die für die frühere anal-sadistische Entwicklungsperiode kennzeichnend sind – magisches Denken, Reaktionsbildung, Isolierung und Intellektualisierung. Es kann auch zu einem spürbaren Rückzug vor den Dreiecksbeziehungen der genitalen ödipalen Situation auf die primitiveren Zweierbeziehungen einer früheren Periode geführt haben. Das »Entweder-Oder«, das die Neurose des erwachsenen Patienten kennzeichnete, kann also ein Wiederaufleben dieser früheren regressiven Reaktion auf Traumatisierung im Erwachsenenleben sein. Die berichtete Erinnerung an Kindheitsängste, seine Eltern wüßten seine Gedanken, weist außerdem auf eine drohende Beeinträchtigung der Unterscheidung zwischen Selbst und Objekt hin, ebenso auf die Verwendung von Projektion als Abwehrmechanismus.

Die Frühentwicklung von Menschen, die gesunde oder analysierbare Erwachsene werden, ist gekennzeichnet dadurch, daß in prä-genitaler Zeit echte Zweierbeziehungen zu beiden Eltern hergestellt werden. Unter solchen Umständen kann der ödipale Konflikt auftreten und sich entwickeln, ohne daß das Kind eine beständige Objektbeziehung opfern muß. Ein wesentliches Versagen in der Entwicklung der Fähigkeit zu solchen Objektbeziehungen schließt vielleicht inzestuöse ödipale Phantasien nicht von vornherein aus, bringt aber gewöhnlich eine »Alles-oder-Nichts-Qualität« mit sich, die die Fähigkeit des Individuums zum Schließen eines positiven therapeutischen Bündnisses beeinträchtigt. Ein solcher Ausfall der Entwicklung muß unterschieden werden von regressiven Reaktionen auf traumatische Erlebnisse, die manchmal eine irreführend ähnliche Symptomatik zeigen.

Der Verlust eines inzestuös begehrten Objekts zu einer Zeit, in der die Bindung stark ist, kann lange andauernde Nachwirkungen haben. Soweit das Kind seinen Verlust als Strafe für seine sexuellen Wünsche erlebt, werden seine Hemmungen, Schuldgefühle und seine Ambivalenz, wie Freud gezeigt hat, erheblich gesteigert. Außerdem kann infolge des frühen Verlusts die Fähigkeit, spätere Verluste zu erkennen und durchzuarbeiten, stark beeinträchtigt werden. Verleugnung, ein Abwehrmechanismus, der im Lauf der gesunden Reifung allmählich abnehmen sollte, kann erheblich verstärkt werden.

Die fortwährende Verleugnung, derer sich der Rattenmann im Erwachsenenleben bediente, fiel auf in seiner erstaunlichen Unfähigkeit, die Endgültigkeit des Todes seines Vaters wirklich zu erkennen, zu betrauern oder anzunehmen. Als er die Geschichte von der Rattenstrafe zum erstenmal erzählte, unterließ er es z. B. zu erwähnen, daß sein Vater schon seit fast zehn Jahren tot war. Andere Episoden unterstrichen sein beständiges Gefühl, sein toter Vater könnte plötzlich ins Zimmer kommen. Er dachte häufig so an ihn, als sei er noch am Leben. Wenn auch viele seiner Phantasien im Bereich der sexuellen Betätigung offenkundig feindselig waren, ist doch immer ein Unterton eines fortbestehenden positiven Gefühls deutlich zu erkennen. Dem Patienten wäre eine Rückkehr seines Vaters willkommen gewesen. Seine positive Objektbeziehung zu seinem Vater scheint mindestens so wichtig gewesen zu sein wie die feindselige ödipale Rivalität, die in der Veröffentlichung von 1909 unterstrichen wurde.

Daß Freud die Bedeutung der Verleugnung des Rattenmannes erkannte, ist an seiner Notiz vom 23. Dezember zu sehen: Ich wies ihn darauf hin, sein Versuch, die Realität des Todes seines Vaters zu leugnen, sei die ganze Basis seiner Neurose. Freud spricht hier offensichtlich von seiner Erwachsenen-Neurose. Ich möchte annehmen, daß eine parallele, aber viel frühere Verleugnung in bezug auf seine Schwester Katherine mindestens ebensoviel Bedeutung für die Prädisposition des Patienten hatte. Dies bestimmte, wie ich glaube, auch seine Zuneigung im Erwachsenenleben zu einer jungen Frau namens Gisela, in der er eine geeignete Ersatzfigur für seine tote Schwester fand. Aus den veröffentlichten Aufzeichnungen und Tagesnotizen bekommen wir ein Bild von Gisela als 1. einer Kusine ersten Grades, 2. möglicherweise zu alt für ihn (ihr Alter wird nicht erwähnt), 3. fast mit Sicherheit unfruchtbar, eine Tatsache, die sie einem vorpubertären kleinen Mädchen ähnlich machte, und 4. einer Frau, die häufig Perioden schwerer und entkräftender Krankheit unterworfen war. Außerdem weist der Umstand, daß diese Kusine, die selber höchst ambivalent war, auch von ihrem Stiefvater »mißbraucht« worden sein könnte, und in bezug auf ihre Psychosexualität mindestens so gestört war wie der Patient, darauf hin, daß ihre Persönlichkeit für eine Beziehung recht geeignet war, die durch viele infantile Züge gekennzeichnet war.

In den Originalaufzeichnungen findet sich eine Fülle von Material, das die Hypothese unterstützen kann, die beharrliche Zuneigung des Rattenmannes zu seiner leidenden Kusine stelle einen überdeterminierten, notwendigerweise ambivalenten Versuch dar, seine Schwester so wieder zu beleben, wie er sie im Gedächtnis hatte, nämlich als ein immer stärker ermüdendes kleines Mädchen, das schließlich in das Zimmer fortgetragen wurde, in dem es dann starb. Das Wiedergewinnen dieses verlorenen Objekts brachte Opfer mit sich – d. h. einen erheblichen Verzicht auf libidinöse Wünsche. Am 27. Oktober träumte der Patient in diesem Zusammenhang, eine andere Schwester sei sehr krank. Ein Freund sagte zu ihm: »Du kannst deine Schwester nur retten, wenn du auf alle sexuelle Lust verzichtest.« Seine Kusine war nicht nur unfruchtbar; sie litt auch unter Perioden der Krankheit, bei denen man annehmen konnte, daß sexuelles Interesse während ihrer Dauer verboten war. Während einer solchen Erkrankung, als »er in größter Sorge um sie war, ging ihm, während er sie ansah, ein Wunsch durch den Sinn, sie möge für immer so daliegen«. Wenn auch die feindseligen Todeswünsche, die Freud aus dieser Szene erschloß, nicht auszuschließen sind, muß man doch eine darunterliegende Verlustangst auch zugeben. Insofern, als Gisela Katherine repräsentierte, kann ihre Krankheit im verdrängten Unbewußten des Rattenmannes als unmittelbar bevorstehender Tod erlebt worden sein.

Man kann postulieren, genau wie Katherines Tod eine Kindheitsregression auslöste, habe auch der Tod des Vaters, bevor der Patient die volle Reife erlangt hatte, nicht nur eine der Anpassung dienende Ausnutzung einer zweiten Entwicklungschance verhindert, sondern auch die bis dahin aufrechterhaltene gefährdete Anpassung untergraben. Keiner der Verluste führte jedoch zu einer irreversiblen Ich-Regression, wie man an der Fähigkeit des Patienten sieht, eine schwierige analytische Situation auszuhalten. Manche der Schwierigkeiten, so können wir annehmen, mögen ihren Ursprung in seinem regressiven Wunsch gehabt haben, seine passive prä-ödipale Vater-Sohn-Beziehung wiederherzustellen. Solche Wünsche mußten unweigerlich mit der ödipalen Rivalität und der unbewußten Suche nach dem verlorenen heterosexuellen Objekt in Konflikt geraten. Diese passiven Wünsche können sehr wohl ein wichtiger Faktor bei dem Umstand gewesen sein, daß er das Liegen auf der Couch nicht ertragen konnte, sowie bei seinem defensiv überdeterminierten negativen Übertragungsmaterial.

Die analytische Situation ist eine Zweierbeziehung, die sich auf die Kräfte stützt, welche durch die ursprüngliche Bewältigung der Ambivalenz in einer überwiegend passiven Situation geweckt worden sind, und die die Schwächen der Nichtbewältigung offenbar werden läßt. Die frühe Mutter-Kind-Beziehung wird von vielen Analytikern erwähnt. Maxwell Gitelson (1962 z. B.) spricht ausdrücklich von der Bedeutung der diatrophischen Reaktionen des Analytikers in den Eröffnungsphasen der klinischen Psychoanalyse. Phyllis Greenacre (1958) spricht von der »Matrix« der Übertragung. Im 15. Kapitel habe ich versucht, die Parallelen und die Unterschiede zwischen den empathischen Reaktionen der Eltern auf ein kleines Kind und den intuitiven Reaktionen des Analytikers auf die affektiven Bedürfnisse seines Patienten aufzuzeigen.

Man kann annehmen, daß die fortwährende ungelöste Ambivalenz dieses Patienten gegenüber seiner Mutter ihn in einer unkommunikativen analytischen Situation für eine Ich-Regression anfällig machte. Freuds spontane Reaktionen, wie sie während der ersten Monate der Analyse des Rattenmanns berichtet werden, scheinen sich jedoch erheblich von seinen späteren theoretischen Modellen unterschieden zu haben – seine Mitteilungen beschränkten sich nicht auf die Deutung der Übertragungsneurose. Er erkannte die Angst seines Patienten an und zog ihn ins Vertrauen. Er lobte und ermutigte ihn. Er korrigierte realistische Fehlinformationen und erklärte die analysebedingten Gründe, warum er dem Patienten nicht erlauben konnte, Namen zu verschweigen. Trotz den etwas intellektualisierten Ausdrücken, in denen die Äußerungen beider formuliert waren, scheint die Grund-Atmosphäre von gegenseitiger Achtung und erheblichem Verständnis geprägt gewesen zu sein. Wenn also meine Hypothese in bezug auf die frühen Gefühle des Patienten gegenüber seinem Vater richtig ist, kann sein therapeutisches Bündnis sich von dieser positiven Zweierbeziehung hergeleitet haben.

Die Originalaufzeichnungen zeigen, mit welcher Selbstverständlichkeit Freud Fehlinformationen über reale Dinge korrigiert und sonstige spontane Interaktionen praktiziert hat, die man heute vielleicht für fragwürdig halten würde. Seine spätere Empfehlung, neutral zu bleiben, mag auf die Erkenntnis zurückgehen, daß solche Interventionen sich manchmal als ungünstig erweisen. Vielleicht haben andere Patienten auf die Art von Aktivität, wie Freud sie in dieser Analyse an den Tag legte, weniger günstig reagiert. Die Reaktionen des Rattenmanns veranschaulichen trotzdem einen Punkt, der in unserem Verständnis der klinischen Psychoanalyse nicht zu stark unterstrichen werden kann. Eine gute analytische Situation kann zwar vorübergehend verzerrt oder modifiziert werden, aber sie wird durch gelegentliches Abweichen des Analytikers von der traditionellen Technik nicht untergraben. Umgekehrt haben technisch korrekte Deutungen, wenn keine gute analytische Situation zustande gekommen ist, wenn überhaupt, nur wenig therapeutischen Wert. Zwei kurze Beispiele sollen Freuds Technik in dieser Analyse anschaulich machen. Jemand hatte dem Patienten erzählt, ein entfernter ungarischer Verwandter Freuds sei ein Krimineller gewesen.

Der Patient berichtete diesen Klatsch erst nach einem mühsamen Kampf mit sich selbst. Freud nahm lachend dem Patienten seine Angst, indem er sagte, er habe keine Verwandten in Budapest. Zwei Tage später berichtete der Patient eine bedeutsamere realistische Verstärkung seiner aktiven negativen Übertragungsneurose. Seine Schwester hatte einmal bemerkt, Freuds Bruder Alex wäre der richtige Mann für die Geliebte des Patienten. Zu der Angst des Patienten, Freud könne auf ihn als prospektiven Mann für seine Tochter ein Auge haben, kam die Phantasie, der Bruder Freuds werde die Geliebte des Patienten übernehmen. Das bekannte feindselige Übertragungsmaterial war also doppelt determiniert. Dieses Beispiel veranschaulicht die realistischen Gründe für bestimmte Auslassungen; daß der Patient fähig war, diesen beunruhigenden Klatsch zu berichten, weist aber darauf hin, daß seine Reaktion auf die erste Korrektur eher nützlich als schädlich gewesen war.

Das zweite Beispiel ist sowohl überraschend als auch ungewöhnlich. Freuds Aufzeichnungen am 28. Dezember beginnen wie folgt: »Er war hungrig und bekam zu essen.« Direkte Reaktionen auf orale Forderungen werden manchmal als geeignete therapeutische Begleitmaßnahmen bei der Behandlung psychotischer Patienten erwähnt. Die Indikation für derartige Verfahren ist in der zeitgenössischen Entwicklungstheorie von der Genese der Psychose zu finden. Wie bereits erwähnt, legte Freud jedoch nach seinem Verständnis der psychischen Entwicklung von 1909 auf frühe mütterliche Funktionen wenig Gewicht. Es ist zwar höchst unwahrscheinlich, daß er sein Handeln als therapeutisches Manöver betrachtete, aber es ist bemerkenswert, daß der Patient, genau wie er vorher bei der Berichtigung der Fehlinformation mit weiteren Offenbarungen reagiert hatte, sich in diesem Fall die Freiheit nehmen konnte, mit Worten die Befriedigung abzulehnen, die er in Wirklichkeit partiell angenommen hatte. In der gleichen Stunde sprach er davon, daß er Diät halten müsse, um abzunehmen. Innerhalb der nächsten paar Tage drückte er mit größerem Freimut seine Identifizierung mit seiner Mutter als Aggressor aus. Er erwähnte außerdem, er habe den ihm angebotenen Hering unberührt gelassen, weil ihm Hering heftig zuwider sei. Diese Reaktionen weisen darauf hin, daß eine Intervention, die man als unanalytisch definieren muß, den Fortschritt der Behandlung dieses Patienten nicht behindert hatte. Der Umstand, daß er mit wachsender Klarheit seine Feindseligkeit gegen seine Mutter offenbaren konnte, die Selbstverständlichkeit, mit der er einen Teil der Mahlzeit ablehnen konnte, wobei er in diesem Zusammenhang noch gewisse kritische Bemerkungen über Freud machte, bestätigt das positive therapeutische Bündnis, das er am Ende des Jahres zustande gebracht hatte.

Weder der veröffentlichte Bericht noch die Originalaufzeichnungen ermöglichen es uns, die Bedeutung seiner symptomatischen Heilung ganz zu verstehen. In dem Bericht werden sowohl ein positives therapeutisches Bündnis als auch das Auftreten einer analysierbaren Übertragungsneurose gezeigt. Die Originalaufzeichnungen ermöglichen es uns, gewisse Aspekte seiner Kindheitsneurose und der Prädisposition des Erwachsenen im Zusammenhang mit der heutigen Theorie neu zu überdenken. Ich nehme an, der kleine Junge, der zum Rattenmann heranwuchs, hätte keine schwere Neurose entwickelt, hätte er nicht auf dem Höhepunkt seiner infantilen Neurose die Wirkung eines bedeutsamen Verlustes aushalten müssen. Seine relativ kurze Psychoanalyse scheint ihm allermindestens zu einer Wiedergewinnung der Entwicklungserrungenschaften verholfen zu haben, die in der frühen Kindheit so untergraben worden waren. Seine positive Identifizierung mit einem Vaterersatz in Gestalt Freuds mag der zentrale Faktor gewesen sein, der ihn zur besseren Bewältigung ungelöster intrapsychischer Konflikte antrieb. Die ungelöste Ambivalenz in seiner Beziehung zu seiner Mutter mag eine potentielle Achillesferse geblieben sein. Er ist aber möglicherweise ein gut integrierter etwas zwanghafter Charakter geworden, anstatt ein dekompensierter Zwangsneurotiker.

Wenn wir auch keine endgültige Notiz über die definitive heterosexuelle Anpassung des Patienten haben, ist doch offensichtlich, daß Freud bei den Versuchen des Patienten, seine genitale Potenz und die heterosexuelle Objektliebe zu reintegrieren, eher als Bundesgenosse und nicht als feindselige Bedrohung wirkte. Ob und wieweit die symptomatische Besserung ihn (hätte er den Ersten Weltkrieg überlebt) befähigt hätte, sein volles Potential zu erreichen und auf die Dauer zu behalten, muß eine offene Frage bleiben. Freuds Bereitschaft jedoch, ihn das Fliegen versuchen zu lassen, sobald seine schweren Symptome verschwunden waren, ist relevant für die immer wiederkehrende Frage nach der Indikation für die Unterbrechung oder Beendigung einer Psychoanalyse. Dieser Patient wäre vielleicht in die Fesseln einer unendlichen Analyse geraten, wenn man theoretischen Überlegungen den Vorrang vor den Forderungen der Realität gegeben hätte.

14

**Der sogenannte
gute Hysteriker**

Da war ein kleines Mädchen,
und es hatt' ein kleines Löckchen
mitten auf der Stirn.
Und wenn es brav war,
war es sehr, sehr brav,
aber wenn es bös' war,
war es abscheulich.

Dieser Kinderreim, im englischen
Sprachraum wohlbekannt, läßt sich
besonders gut anwenden auf die Ana-
lyse jener Patientinnen, deren Symptomatik oder Charakterstruktur bei
der Erstuntersuchung offenkundig auf eine ungelöste genital-ödipale
Situation hinweist. Dies führt zu einer Diagnose mutmaßlicher Hysterie, also des Krankheitszustandes, der immer noch weithin für denjeni-
gen gehalten wird, der am besten auf die traditionelle Psychoanalyse
anspricht. Kurt Eissler hat z. B. bei der Erörterung von Ich-Struktur
und analytischer Technik darauf hingewiesen, man könne die Hysterie
als »die Grundlinie der psychoanalytischen Therapie [ansehen]; ... das
früheste psychoanalytische Modell der Hysterie betrifft ein Ich, das
gerade jenes Minimum an Schädigung erfahren hat, ohne das sich
überhaupt keine Neurose entwickeln würde« (1953, S. 114).
J. O. Wisdom hat jedoch in einer neueren Abhandlung eine höchst
angemessene Frage gestellt; er sagte: »Die Hysterie ist am längsten
untersucht worden, und man hat das Gefühl, man wisse mehr über sie
als über jede andere Störung ... Ist das wahr? Mir scheint im Gegenteil, daß in bezug auf die Theorie der Hysterie vieles im dunkeln liegt«
(1961, S. 224).
Mein Verslein spielt auf einen Aspekt dieser Dunkelheit an, einen
Aspekt, der durch die sehr verschiedenen Reaktionen von ursprünglich
als hysterisch diagnostizierten Patienten auf die traditionelle Psychoanalyse offenbar geworden ist. In einer Studie, die auf einem Überblick über die ersten hundert Patienten beruhte, welche in Boston für
Kontrollanalysen untersucht worden waren, wurde eine Nachuntersu-
chung derjenigen Patienten vorgenommen, die länger als ein Jahr in
Behandlung gewesen waren. Die als zwanghaft Bezeichneten hatten
zum Zeitpunkt unserer Befragung alle eine einigermaßen befriedigende
analytische Situation zustande gebracht. Keiner von ihnen hatte jedoch
eine eindeutig analysierbare ausgesprochene Übertragungsneurose entwickelt. Diese Feststellung stimmt mit der (von Wisdom 1961 zitierten)

Aussage Charles Rycrofts überein, nach der die Theorie vom Denken nach dem Primärprozeß vielleicht anders ausgefallen wäre, wenn Freud vorwiegend Zwangsneurotiker zu behandeln gehabt hätte. Kurt Eissler macht eine ähnliche Bemerkung: »Provisorisch würde ich sagen, die Entdeckung der Psychoanalyse wäre stark behindert, verzögert oder sogar unmöglich gemacht worden, wenn in der zweiten Hälfte des neunzehnten Jahrhunderts nicht die Hysterie die vorherrschende Neurose gewesen wäre« (1953, S. 114).

Es wird trotzdem allgemein anerkannt, daß die meisten in Freuds frühen Studien beschriebenen Patientinnen viel stärker gestört waren als Patienten, die heute mit der Diagnose Hysterie zur Analyse überwiesen werden. Trotz sorgfältiger Vorauswahl waren die Ergebnisse bei ursprünglich als hysterisch bezeichneten und dann für eine kontrollierte Analyse überwiesenen Patienten dramatisch verschieden von den Berichten, die über Zwangskranke vorgelegt wurden. Wie wir gesagt haben: »Unsere Berichte haben bisher anscheinend die Tendenz zu zeigen, daß hysterische Patienten, um es einfach auszudrücken, sehr gute oder sehr schlechte Patienten sind« (Knapp et al., 1960). Die »guten« hatten nicht nur eine befriedigende analytische Situation zustande gebracht; sie hatten auch in fast allen Fällen nach etwa einem Jahr Analyse eine höchst analysierbare Übertragungsneurose entwickelt. Die »schlechten« mochten im Gegensatz dazu eine intensive, höchst sexualisierte Übertragungsneurose entwickelt haben, dabei gab es aber wenig Anzeichen einer stabilen analytischen Situation. Keiner von ihnen schien irgendeinen echten Fortschritt in Richtung auf eine analytische Lösung des Problems gemacht zu haben, mit dem sie in die Behandlung gekommen waren. Wisdoms Zweifel an unserem Hysterieverständnis spiegelt sich also in den sehr verschiedenen Reaktionen von Patienten, deren Symptome beim ersten Augenschein der traditionellen psychoanalytischen Technik als hysterisch erscheinen. Er bemerkte auch, es sei »etwas erstaunlich, wenn man feststellt, daß die Quellen für das Syndrom und die Theorie bei Freud weit verstreut, unsystematisch, seltsam spät oder nicht vorhanden sind« (1961, S. 236 n). In einer neueren Abhandlung mit dem Titel: »Die hysterische Persönlichkeit: Eine neue Beurteilung« (Hysterical Personality: A Re-evaluation) sagen Barbara Easser und Stanley Lesser,

»...Forscher wie die der ›Boston Group‹ haben ein Schlaglicht auf die Notwendigkeit größter diagnostischer Präzision und beurteilender Formulierung geworfen.... Die Termini Hysterie, hysterischer Charakter usw. sind so ungenau definiert und werden so wahllos angewendet, daß ihre Verwendung für diagnostische Kategorien sinnlos geworden ist. Die Verwendung dieser Bezeichnungen für die Beurteilung, Analysierbarkeit oder Prognose ist gleichbedeutend geworden mit der Vorhersage, wie die Würfel fallen werden.« (1965, S. 392)

Diese Aussage harmoniert gut mit Eisslers Versuch »zu demonstrieren, wie wenig oder wieviel ein Mechanismus oder ein Symptom als solches zu sagen hat, je nach der allumfassenden Ich-Organisation, in der er oder es vorkommt« (1953, S. 118). Es ist klar, daß weder die hysterische Symptomatik noch eine scheinbare hysterische Charakterstruktur schlüssige Beweise für das Vorhandensein des relativ unmodifizierten Ichs liefern, das am besten auf die traditionelle Psychoanalyse reagieren kann. Wenn auch Wisdom seine Theorie auf eine Erörterung der männlichen Hysterie beschränkt, kommt er doch zu dem klaren Schluß, daß Probleme der Ich-Identifizierung berücksichtigt werden müssen. Es wird jedoch allgemein anerkannt, daß die manifeste hysterische Symptomatik bei weiblichen Neurotikern weit häufiger vorkommt als bei männlichen. Teilweise aus diesem Grund haben Easser und Lesser ihre Erörterung auf Hysterikerinnen beschränkt.

Wenn diese Aussage auch in bezug auf die manifeste Symptomatik bei der Erstuntersuchung stimmt, kann sie trotzdem etwas irreführend wirken. Im typischen Fall klagen analysierbare Männer wahrscheinlich am Anfang über Schwierigkeiten, die auf einen »Zwangszustand« hinweisen. Ihre offenkundigen Symptome haben häufiger mit der Arbeit als mit heterosexuellen Objektbeziehungen zu tun. Im Lauf einer erfolgreichen Analyse offenbaren jedoch die meisten dieser Männer deutliche Anzeichen einer ungelösten ödipalen Situation, die der der meisten ananlysierbaren hysterischen Frauen recht ähnlich ist. Man kann sie zwar nicht als offenkundig hysterisch bezeichnen, aber sie leiden trotzdem an einer gemischten Neurose mit vielen hysterischen Zügen. Zusammenfassend: Die Genese ihrer Erwachsenen-Neurose erweist sich in vieler Hinsicht als vergleichbar mit den im 13. Kapitel gemachten Aussagen.

Auch noch aus einem anderen Grund schlossen Easser und Lesser männliche Patienten aus, nämlich wegen ihrer Feststellung, daß »zumindest in westlichen Gesellschaften die Hysterie sehr häufig mit weiblichen Eigenschaften einhergeht« (1965, S. 393 n). Diese Feststellung stimmt mit der Ansicht überein, die meisten analysierbaren Männer setzten wahrscheinlich viele zwanghafte Abwehrmechanismen ein. Derartige Abwehr ist zwar bei Frauen weniger durchgehend vorhanden, wird aber im typischen Fall von jenen hysterischen Frauen benützt, die am besten auf therapeutische Analyse reagieren. Nach meiner eigenen klinischen Erfahrung gehören männliche Hysteriker, die keine adäquate Zwangsabwehr mobilisieren, selten zur Gruppe der am besten analysierbaren männlichen Neurotiker. Bestenfalls gehören sie zu der Gruppe, die ich als die der »potentiell guten Hysteriker« bezeichnen möchte. Häufig bringt ihre Analyse jedoch eine zugrunde liegende depressive Charakterstruktur an den Tag. Im schlimmsten Fall sind sie ebenso gestört wie die Gruppe von Frauen, die ich als die der »sogenannten guten Hysteriker« bezeichnen möchte. Gewöhnlich benützt der männliche Neurotiker dieser Art nicht die durchsichtigen hysterischen Mechanismen. Ziemlich häufig fällt er eher in die Gruppe der sogenannten normalen Charaktere. Es sind die Männer, deren täuschende äußere Anpassung mit nur minimalem Gewahrwerden der inneren Realität zustande gebracht worden ist; daher rühren ausgeprägte Mängel im Bereich der Affekttoleranz.

Meine Feststellungen mögen eine gewisse Bedeutung für die Behandlung männlicher Hysteriker haben, aber dieses Kapitel betrifft eigentlich Hysterikerinnen.

Nach meiner Erfahrung fallen Frauen, deren Symptomatik bei der Erstuntersuchung die Diagnose »hysterischer Charakter« oder »hysterische Symptomatik« nahelegt, meistens in eine von vier Untergruppen; je nach ihrer Reaktion auf therapeutische Analyse werden sie von den am leichtesten bis zu den am schwersten Analysierbaren eingeteilt. Zwar hat jede dieser Gruppen in ihrer charakteristischsten Ausprägung klare Unterscheidungsmerkmale, aber ich will natürlich nichts andeuten, was einer starren Einteilung nahekäme. Auch der am besten analysierbare Hysteriker ist in einer schlechten analytischen Situation anfällig für Regression. Umgekehrt können manche Patienten, die schon regrediert waren, bevor sie in die Behandlung kamen, am Anfang ein Krankheitsbild bieten, das auf schwerere Störungen schließen läßt, als in Wirklichkeit vorhanden sind. Meine vier Gruppen lassen sich auf folgende Weise kurz definieren:

Erstens: die »wirklichen guten Hysterikerinnen«, junge Frauen, die zu allen Aspekten der traditionellen Psychoanalyse bereit und fähig sind.

Zweitens: die »potentiell guten Hysterikerinnen«, junge Frauen, deren Entwicklung, Symptomatik und Charakterstruktur deutlich auf eine analysierbare hysterische Störung hinweisen. Sie sind jedoch weniger vollständig bereit oder innerlich fähig, die ernsthafte Verpflichtung einzugehen, die eine Voraussetzung für die Herstellung einer brauchbaren analytischen Situation ist.

Drittens: Frauen mit einer zugrunde liegenden depressiven Charakterstruktur, die häufig in so hohem Maß eine manifeste hysterische Symptomatik zeigen, daß ihre tiefere Krankheit verdeckt wird.

Viertens: Frauen, deren manifeste hysterische Symptomatik sich als pseudo-ödipal und pseudo-genital erweist. Solche Patientinnen entsprechen selten den wichtigsten Kriterien der Analysierbarkeit.

Diese Klassifikation beruht auf einem erneuten Bedenken der Beziehung zwischen Hysterie und der infantilen ödipalen Situation. Ich versuche gewissermaßen, mich dem zu nähern, was Easser und Lesser als eine interessante paradoxe Dissoziation bezeichnet haben:

»...Einerseits nimmt man theoretisch an, der Hysteriker habe das höchste Libido-Niveau für die neurotische Fixierung erreicht, d. h. die phallisch-ödipale Ebene, und andererseits betrachtet man die Leidenden als frustrierende, provokante, infantile, aufreizende, suggestible, verantwortungslose, nichtintuitive, egozentrische, unproduktive Zeitgenossen. Als solche werden sie mit Verachtung und Geringschätzung angesehen.« (1965, S. 391–392)

Das Paradoxon ist, wie ich glaube, mehr scheinbar als real. Es rührt daher, daß man nicht angemessen unterscheidet zwischen Trieb-Progression und Trieb-Regression einerseits und den Ich-Errungenschaften andererseits, die eine Voraussetzung sind für die Entstehung, das Erkennen und die Bewältigung einer echten inneren Gefahrsituation. Die Geschichte von Ödipus selbst ist kein guter Prototyp für das, was wir heute mit einer potentiell gesunden infantilen Neurose meinen. Sein Vater war weder für Ödipus noch für seine Mutter eine reale Person. Er war ein Fremder, der Ödipus im Stich gelassen hatte. Und Jokaste, Ödipus' Mutter, war tatsächlich realistisch verfügbar.

Der Mythos beleuchtet trotzdem die Natur des Dilemmas, mit dem sich das Kind am schärfsten konfrontiert sieht, wenn es einen echten ödipalen Konflikt erlebt. Es war nicht nur die Angst, der Vater sei stärker und könne ihn daher kastrieren, was Freud in seiner Schilderung des kleinen Hans (1906 b) betonte; es war auch der Umstand, daß Hans seinen Vater liebte und ihn nicht verlieren wollte. Seine Mutter war überdies, wenn auch nicht als Sexualobjekt realistisch verfügbar, als Liebesobjekt nicht abweisend. Wenn der Vater auch gemäß der inneren Realität ein Rivale war, war er trotzdem als realer Mensch eine Stütze und ein Identifikationsobjekt. Kurz gesagt, dieser Konflikt ist für das Kind die erste wirklich bedeutsame Konfrontation mit dem Unterschied zwischen äußerer und innerer Realität. Dieser Unterschied führt zur Mobilisierung der Signalangst, die den Hauptabwehrmechanismus des zukünftigen Hysterikers, die Verdrängung, in Gang setzt.

Ich behaupte, daß jeder wahre Hysteriker – ob männlich oder weiblich – einen echten Dreieckskonflikt erlebt hat. Der Hysteriker war außerdem fähig, signifikante Objektbeziehungen zu beiden Eltern aufrechtzuerhalten. Häufig war jedoch die post-ödipale Beziehung weniger befriedigend und stärker ambivalent als die in der prä-ödipalen **Periode** hergestellte Beziehung. Hysteriker haben, kurz gesagt, einen zu hohen Preis für ihren Versuch bezahlt, das ödipale Dreieck aufzulösen. Sie haben trotzdem die potentielle Fähigkeit behalten, die innere Realität und ihre Wünsche und Konflikte zu erkennen und zu ertragen, und sie können sie von der äußeren Realität unterscheiden. Die Fähigkeit des Patienten, diese beiden Aspekte der Realität zu unterscheiden, ist ein Hauptkriterium der Analysierbarkeit, und dies kann tatsächlich den innersten Kern der Fähigkeit ausmachen, zwischen dem therapeutischen Bündnis und der Übertragungsneurose zu unterscheiden.

Man hat natürlich schon lange erkannt, daß die Fähigkeit, primitive Triebreaktionen zu modifizieren, in den prä-ödipalen Jahren der Entwicklung angelegt wird. Das Kind lernt in der frühen Mutter-Kind-Beziehung zuerst, Aufschub und Frustration zu ertragen. Im zweiten, dritten und vierten Lebensjahr erwirbt das Kind am besten bestimmte Steuerungsfähigkeiten und erlangt ein bestimmtes Maß an Unabhängigkeit und Selbständigkeit. Während dieser Periode erweitert das Kind außerdem seine Fähigkeit zur Herstellung von Zweierbeziehungen und vermehrt so seine Ich-Identifikationen. Zu den Hauptentwicklungsaufgaben während der prä-ödipalen Jahre gehört erstens die Entwicklung der Fähigkeit, bestimmte Einschränkungen innerhalb der Zweierbeziehung zu akzeptieren, ohne sich abgelehnt oder abgewertet zu fühlen; zweitens das Ertragen wachsender Zeiten der Trennung von wichtigen Objekten (wozu auch gehört, daß man immer mehr Gefallen an verfügbaren Ersatzobjekten findet), und drittens das Gewinnen von Vergnügen an aktiver Bemeisterung und Lernen.

Bei all diesen Aufgaben ist die Zweierbeziehung das wichtigste Bezugssystem. Das Auftauchen von Abwehr gegen primitive Triebe wird also hauptsächlich in Gang gesetzt durch den Wunsch nach Billigung und sein negatives Gegenstück, die Furcht vor Mißbilligung. Die Hauptunterschiede in bezug auf die Eltern sind partiell auf ihren Geschlechtsunterschied zurückzuführen. Ihre Rolle in jedem dieser drei entscheidenden Bereiche ist auch höchst signifikant. Es ist zu erwarten, daß die Zweierbeziehung mit der Mutter sich wesentlich von der zum Vater unterscheidet. Nicht nur unterscheiden sich ihre Rollen erheblich, sondern ihre spontanen Reaktionen auf Progression und Regression des Kindes sind natürlich enorm verschieden. Es ist fast unvermeidlich, daß die Beziehung des Kindes zu einem seiner Eltern ambivalenter ist als zum anderen. Die Bewältigung der Feindseligkeit in der weniger guten Beziehung hat im typischen Fall bestimmte Reaktionsbildungen zur Folge. Diese bilden, wie ich meine, die Basis der zwanghaften Abwehr, die wir alle als wichtige Begleiterscheinung der Charakterstruktur der am besten analysierbaren Patienten erkennen.

In diesem sehr kurzen Abriß kann man unmöglich versuchen, die große Vielfalt der verschiedenen Probleme zu beschreiben, denen sich das kleine Mädchen im Vergleich zum kleinen Jungen konfrontiert sieht. Ich will mich demgemäß auf die spezifischen Entwicklungsgefahren konzentrieren, die anscheinend das relativ häufige Vorkommen hysterischer Symptome – seien sie echt oder nur sogenannte – bei erwachsenen Frauen bestimmen. Erstens gibt es neben einer möglichen Krankhaftigkeit der Mutter noch viele Gründe, die die Wahrscheinlichkeit vergrößern, daß die prä-ödipale Beziehung des kleinen Mädchens zu seiner Mutter ambivalenter ausfällt als die zum Vater. Zwar ist bei einer gesunden Entwicklung die Identifizierung des kleinen Mädchens mit seiner Mutter die früheste Zweierbeziehung, aber der ödipale Konflikt bringt spezifisch eine Verschiebung der libidinösen Objektwahl für das kleine Mädchen mit sich, und sein erstes Objekt, seine Mutter, wird seine Rivalin. Es ist leicht zu erkennen, wie frühere Ausfälle die Aufrechterhaltung einer guten Objektbeziehung zwischen Mutter und Tochter während der infantilen Neurose zu beeinträchtigen pflegen; diese Beeinträchtigung kann die weibliche Identifizierung des Mädchens ungünstig beeinflussen, ebenso die Internalisierung eines positiven Ich-Ideals.

Es ist ebenfalls zu erwarten, daß viele Väter ihren anziehenden kleinen Töchtern gegenüber weniger fordernd und offener zärtlich gegenübertreten als ihren kleinen Söhnen. Wenn dies ein auffallender Zug der prä-ödipalen Periode war, kann die vollständige genitale Entwicklung beeinträchtigt werden. Der Umstellung auf den Vater geht außerdem in der als phallisch und narzißtisch gut beschriebenen Phase die volle Erkenntnis der Geschlechtsunterschiede unmittelbar voran. Frühere Ausfälle können also einerseits zu verstärktem Penisneid beitragen, andererseits kann das Mädchen auf seine gesteigerte Ambivalenz durch eine regressive Steigerung früherer Passivitätsbedürfnisse reagieren.

Der Umstand, daß der Junge sich in den Endphasen der prä-ödipalen Periode mit seinem Vater identifiziert, verstärkt meistens seine Reaktionsbildung gegen Passivität. Der analysierbare Mann, dem es nicht gelungen ist, seine ödipale Situation adäquat zu lösen, zeigt also wahrscheinlich – mindestens am Anfang – eher eine zwanghafte als eine hysterische Charakterstruktur oder Symptomatik. Das gleiche gilt aber auch – zumindest weitgehend – für die Gruppe, die ich als die der am besten analysierbaren hysterischen Frauen bezeichnet habe. Erstens ist ihre positive Identifikation mit der fürsorglichen Tätigkeit der Mutter oft im zweiten und dritten Lebensjahr deutlich sichtbar. Zweitens haben sie nach meiner Erfahrung den Penisneid defensiv verstärkt, ebenso damit verbundene Strebungen nach aktiver Leistung, partiell in Identifizierung mit dem Vater, aber auch um ihm zu gefallen, denn er ist nicht nur ein ödipales Objekt, sondern auch der Elternteil, mit dem die prä-ödipale Beziehung weniger ambivalent und stabiler war.

Trotz charakteristischer Unterschiede haben Männer und Frauen, die erfolgreich analysiert worden sind, bestimmte wichtige Entwicklungserfolge gemeinsam. Es hat sich herausgestellt, daß die Fähigkeit, ein positives therapeutisches Bündnis herzustellen und aufrechtzuerhalten und die Beendigungsphase durchzuarbeiten, bei Patienten optimal war, deren analytisches Material zeigte, daß sie in der frühen **Mutter-Kind**-Beziehung ihre Ambivalenz weitgehend bewältigt hatten. Dies hat gewöhnlich den Beginn und die Bewahrung bestimmter Reaktionsbildungen zur Folge, die sich als prophylaktisch gegen erhebliche Ich-Regression während der Herstellung der analytischen Situation erweisen. Diese Patienten hatten außerdem vor dem Einsetzen der genitalen ödipalen Situation echte, solide Zweierbeziehungen zu beiden Eltern hergestellt. Ihre Reaktion sowohl auf die analytische Situation als auch auf die Übertragungsneurose zeigte eine Fähigkeit, zwischen äußerer und innerer Realität zu unterscheiden. Diese Fähigkeit wurde am entscheidendsten auf die Probe gestellt in bezug auf das regressive Wiederaufleben eines ödipalen Dreieckskonflikts in der Übertragungsneurose. Diese Patienten haben während des analytischen Prozesses eine haltbare Fähigkeit gezeigt, Angst und Depression zu ertragen. Sie haben schließlich gezeigt, daß sie ohne Bitterkeit oder Selbstabwertung fähig waren, auf das real nicht Verfügbare zu verzichten und sich verfügbaren Objekten und realistischen Idealen aktiv anzunähern und zu versuchen, sie zu erlangen.

Ich will hier eine Skizze geben – nicht irgendeiner einzelnen Patientin, sondern der Merkmale, die mich veranlassen würden, eine Frau als eine echte Hysterikerin zu bezeichnen, die für die Analyse reif ist. Sie ist gewöhnlich ziemlich weit über das Jugendalter hinaus; sie hat gewöhnlich ihre Ausbildung abgeschlossen, obwohl sie vielleicht nach dem Examen noch weiter an ihrer Fortbildung arbeitet. Sie ist oft Jungfrau, wenn nicht, haben ihre sexuellen Erlebnisse sie enttäuscht. Sie mag zwar kurze Zeiten der Promiskuität gehabt haben, aber gewöhnlich hat sie diese zum Zeitpunkt des Behandlungsbeginns aufgegeben. Sie mag zwar nicht frigide sein, aber sie hat es nicht fertiggebracht, sexuell viel in einen Mann zu investieren, den sie als realen Menschen liebt

Oft hat sie irgendwo in ihrem Leben (und manchmal ist sie mit ihm verheiratet) einen Mann, der sie liebt, aber auf den sie nicht sexuell reagieren kann. Sie kommt zum Analytiker oft nach einem Ereignis, das man als »Stunde der Wahrheit« bezeichnen könnte. Irgendein Erlebnis oder eine persönliche Konfrontation haben ihr endlich klargemacht, daß das Problem in ihr selber liegt. Eine solche Patientin, die noch nicht ganz reif für die Analyse war, als sie mich zum erstenmal konsultierte, schob ihre Schwierigkeiten darauf, daß es im Einzugsbereich von Boston keine geeigneten Männer gebe. Erst nachdem sie erkannte, daß dies ein Trugschluß war, kam sie wieder und begann eine kontrollierte Analyse. Die Eröffnungsstadien der erfolgreichen Analyse dieser Patientin werden im 11. Kapitel beschrieben.

Die meisten echten Hysterikerinnen und hysterischen Charaktere sind, wenn sie auch keine reife heterosexuelle Beziehung zustande gebracht haben, im Arbeitsbereich bemerkenswert erfolgreich. Das gilt für alle Patientinnen, bei denen ich diese Diagnose gestellt habe. Alle diese Patientinnen waren außerdem fähig, Freundschaften zu schließen und zu erhalten. Viele von ihnen waren älteste Kinder, gewöhnlich das begabteste, und im typischen Fall das Lieblingskind des Vaters. Keine von ihnen war, soweit ich mich erinnern kann, ein Einzelkind. Der Vater hatte in den meisten Fällen diese Tochter isoliert und mit ihren akademischen, persönlichen und gesellschaftlichen Erfolgen geprahlt. Wenn auch wenige von diesen Patientinnen ihre Väter als aktiv verführerisch bezeichneten, waren sie sich doch gewöhnlich darüber klar, was die Väter in sie investiert hatten.

Bei einer Reihe dieser Patientinnen war die nichterfolgte Lösung einer gut entwickelten ödipalen Situation zumindest teilweise auf äußere Ereignisse zurückzuführen. Ein Vater z. B., der während der ersten vier oder fünf Lebensjahre des Kindes sehr stark in Erscheinung getreten war, ging auf der Höhe der ungelösten ödipalen Situation des Kindes entweder für dauernd oder für längere Zeit verloren. Ein Motiv, nämlich die Erhaltung und Konsolidierung der Vater-Tochter-Beziehung, fehlte daher zur kritischen Zeit. Anstatt einer Bewältigung durch Neutralisierung, Sublimierung und positive Identifizierung mit der Mutter trat massive Verdrängung ein, wobei der Verzicht auf den ödipalen Vater noch nicht vollzogen war und eine Hauptbarriere gegen die erwachsene heterosexuelle Objektwahl darstellte. In ähnlicher Weise wirkt die Trennung von der Mutter oder deren Verlust während dieser kritischen Periode steigernd auf die Schuldgefühle des Kindes und behindert dadurch das Zustandekommen eines positiven Ich-Ideals und einer positiven Ich-Identifizierung.

Wie unterscheidet sich diese Gruppe fast ideal analysierbarer Hysterikerinnen von der zweiten Kategorie, der Gruppe der »potentiell guten Hysteriker«? Diese zweite Gruppe umfaßt einen etwas größeren Bereich von Symptomatiken und Charakterstrukturen als die erste. Darum ist es auch nicht möglich, eine spezifische klinische Skizze zu geben. Im allgemeinen sind die Patientinnen jedoch gewöhnlich jünger, und sie sind immer weniger reif als die der ersten Gruppe. Sie sind oft jüngste Kinder und manchmal Einzelkinder. Es ist ihnen nicht gelungen, so stabile ich-syntone Zwangsabwehrmechanismen zu erwerben wie die der ersten Gruppe. Sie sind etwas passiver und in ihren akademischen und beruflichen Leistungen weniger konsequent. Ihre Freundschaften sind weniger stabil und offenkundiger ambivalent. Sie haben oft Angst vor ihren Wünschen nach Abhängigkeit, die näher der Oberfläche liegen als üblicherweise bei den echten »guten Hysterikerinnen«.

Das Hauptproblem in der Analyse dieser Patientengruppe betrifft die erste Phase der Analyse, nämlich die Herstellung einer stabilen analytischen Situation, in der eine analysierbare Übertragungsneurose sich allmählich bilden kann. Manche der Patientinnen sind ganz einfach zu jung, um eine echte Verpflichtung einzugehen. Andere, die man zuerst in einem Zustand der neurotischen Dekompensation zu sehen bekommt, können auf eine von zwei Arten auf die Analyse reagieren: entweder durch Flucht in die Gesundheit oder dadurch, daß eine regressive Übertragungsneurose vor der Herstellung eines therapeutischen Bündnisses auftritt. Wenn man jedoch diese Verfahren vermeiden kann, erweisen sich die Patientinnen dieser Gruppe als fähig, echte Resultate zu erreichen. Sie bieten nicht notwendigerweise ernsthafte Schwierigkeiten, weder in bezug auf das Entstehen und die Analyse der Übertragungsneurose, noch in bezug auf die Durcharbeitung der Abschlußphase.

Es folgen zwei ganz kurze klinische Beispiele:

Eine unverheiratete, dreiundzwanzigjährige Studentin mit Abschlußexamen suchte um Behandlung nach, weil sie »an der Universität schlecht vorankam, und wegen einer unbefriedigenden Affäre mit einem verheirateten Mann«. Sie hatte vor kurzer Zeit während einer Examensperiode akute Angstsymptome entwickelt und hatte zum erstenmal schlechte akademische Leistungen gezeigt. Diese Patientin war das zweite von drei Kindern und das einzige Mädchen. Ihr Vater wurde beschrieben als ein passiver, ziemlich erfolgloser Mann, der gelegentlich deprimiert wirkte. Ihre Mutter hatte in den Jugendjahren der Patientin große Schwierigkeiten mit Alkoholismus. Die Patientin war damit fertig geworden, indem sie mütterlich und selbständig wurde. Sie war in der Schule immer gut vorangekommen und hatte eine höchst erfolgreiche College-Laufbahn an einem bekannten Frauencollege hinter sich. Sie war jedoch immer sehr stark von der Billigung anderer abhängig gewesen. Ihre Arbeitsgewohnheiten waren etwas unregelmäßig gewesen, und in ihren heterosexuellen Beziehungen hatte sie sich erhebliches destruktives Agieren erlaubt. Bei der Untersuchung erwies sie sich als eine freundliche, warmherzige junge Frau, deren Wunsch nach Analyse hauptsächlich motiviert war durch ihre aktuelle Dekompensation und ihre relativ starke Angst.

Diese Patientin wurde zur kontrollierten Analyse angenommen. Glücklicherweise wurde sie an eine außerordentlich begabte Therapeutin überwiesen. Die Eröffnungsstadien ihrer Analyse erwiesen sich als stürmisch. Zwischen ihrer Annahme und dem Beginn ihrer Analyse hatte sie versucht, ihre unbefriedigende Lebenssituation zu stabilisieren. Sie hatte große Schwierigkeiten, Angst zu ertragen, ohne zu agieren oder zu versuchen, die analytische Situation zu lenken. Mehrere Monate lang war es zweifelhaft, ob sie fähig sein würde, ein genügend sicheres therapeutisches Bündnis zu entwickeln, das das Durcharbeiten einer Übertragungsneurose erlauben würde. Schließlich nahm jedoch ihre Angsttoleranz zu, sie ging ein stabiles therapeutisches Bündnis ein und entwickelte eine höchst analysierbare Übertragungsneurose. Die Abschlußstadien der sehr erfolgreichen Analyse dieser Patientin werden im 11. Kapitel beschrieben.

Eine junge Frau von einundzwanzig Jahren suchte um analytische Behandlung nach wegen ihrer Angst in bezug auf heterosexuelle Objektbeziehungen. Diese Patientin war das jüngste von drei Kindern. Ihre Eltern hatten sich scheiden lassen, als sie noch ein kleines Kind war. Sie hatte in ihrer Kindheit und Jugend wenig von ihrem Vater gesehen, hatte ihn aber vor kurzem getroffen und, nachdem sie mit ihm getanzt hatte, sehr starke, etwas sexualisierte Phantasien gehabt. Sie beschrieb aus ihrer Kindheit und Jugend keine offenkundigen neurotischen Symptome. Sie war jedoch ein etwas abhängiges Kind gewesen, das bei mehreren Gelegenheiten Angst gehabt hatte, von zu Hause wegzugehen. Ihre Schulleistungen waren ausreichend, aber keineswegs hervorragend. Sie strebte nach nichts anderem als nach Heirat und Mutterschaft. Bis zur Zeit ihrer Überweisung hatte sie jedoch nur wenige ernsthafte heterosexuelle Beziehungen gehabt.

Diese Patientin wurde mit einigem Zögern zur kontrollierten Analyse überwiesen. Man hatte das Gefühl, sie sei sehr unreif und möglicherweise noch nicht bereit, eine ernsthafte Verpflichtung einzugehen. Obwohl sie beim Erstgespräch eine oberflächliche Bereitschaft zur Mitarbeit zeigte, erwies sich bald, daß die Befürchtungen zu Recht bestanden hatten. Die Patientin brachte zahllose Probleme in bezug auf die Organisation ihrer Analyse zur Sprache. Sie bezweifelte, ob sie eine so intensive Behandlung brauche. Weniger als einen Monat nach ihrer Überweisung wurde die Analyse in gegenseitigem Einverständnis abgebrochen.

Die beiden letzten meiner vier Gruppen umfassen die große Mehrheit der sogenannten »guten Hysterikerinnen«. In der einen sind die depressiven Charaktere im typischen Fall Frauen, denen es in jeder wichtigen Entwicklungskrise gänzlich mißlungen ist, ihre Aktivitätsreserven zu mobilisieren. Einige von ihnen sind vielleicht in einer langen und schwierigen Analyse analysierbar. Ihre fundamentale Selbstachtung ist niedrig, und darüber hinaus neigen sie dazu, ihre eigene Weiblichkeit abzuwerten. Trotz dieser schwerwiegenden Nachteile haben viele dieser Patientinnen irgendeinen echten Dreieckskonflikt erlebt, wobei sie oft ihre Väter übermäßig idealisiert haben. Gewöhnlich ist es ihnen mißlungen, während der prä-ödipalen Periode adäquate Reaktionsbildungen zu entwickeln. Sie sind zwar, ganz abgekürzt formuliert, zum Erkennen und Ertragen erheblicher Depression in der Lage, aber im Bereich der Selbststeuerung haben sie signifikant versagt. Sie sind nicht nur passiv, sie fühlen sich auch hilflos. Trotz dieser Beeinträchtigungen sind sie oft attraktive, begabte Frauen, deren Depression sich hinter Lachen und Flirten verbirgt. Ihre manifesten Symptome können offensichtlich hysterisch sein.

Es kann extrem schwierig sein, einen depressiven Charakter bei der Erstuntersuchung zu erkennen. Oft jedoch kommen diese Patientinnen erst in späterem Alter dem Psychiater oder Analytiker zu Gesicht als die, die ich zu meinen anderen Gruppen zähle. Die Tatsache, daß sie nicht früher Hilfe suchen, ist seltener auf ihren Mangel an Gelegenheit zurückzuführen als auf ihren Mangel an Selbstachtung. Sie kommen oft erst zur Behandlung, wenn sie praktisch »geschlagen« sind, d. h. wenn wichtige Ich-Funktionen erheblich geschädigt sind. Diese Patientinnen verbalisieren im typischen Fall ziemlich früh in der Behandlung Gefühle der Hilflosigkeit und Depression. Sie neigen zur Entwicklung passiver, abhängiger Übertragungsreaktionen, die ihre Fähigkeit beeinträchtigen, angemessen zwischen dem therapeutischen Bündnis und der Übertragungsneurose zu unterscheiden. Solche Patientinnen sollten nicht ohne gründliche Beurteilung zur traditionellen Analyse überwiesen werden. Zu dieser Beurteilung gehört auch ihre gesamte Lebenssituation und ihr Potential zur progressiven Veränderung. Alle diese

Patientinnen bieten, nach meiner eigenen klinischen Erfahrung, in den Abschlußphasen der Analyse schwerwiegende Probleme. Wenn also keine positiven, erreichbaren, realistischen Ziele vorhanden sind, können sie in eine relativ schwer zu beendende analytische Situation hineintreiben.

Ein kurzes Beispiel: Eine verheiratete Frau von sechsunddreißig Jahren wurde zur Analyse überwiesen; die Symptome bei der Erstuntersuchung waren Frigidität, gesellschaftliche Unsicherheit und gelegentliche Depression. Sie war seit zehn Jahren mit einem schwierigen, etwas in sich zurückgezogenen Mann verheiratet. Sie hatte zwei Kinder, die relativ gut angepaßt zu sein schienen. Die Patientin war das jüngste von vier Kindern, etwa fünf Jahre jünger als das dritte. Sie war das dritte Mädchen und hatte immer das Gefühl gehabt, ihre Geburt sei ein Unglücksfall gewesen, denn ihre Eltern hatten sich einen weiteren Sohn gewünscht. Außerdem waren ihre Eltern Juden, die in die nichtjüdische Gemeinschaft aufgenommen werden wollten. Alle ihre Geschwister waren relativ hellhäutig und hatten unjüdische Gesichtszüge. Ihre nächstältere Schwester war eine attraktive blauäugige Blondine. Die Patientin war jedoch in ihrem Aussehen ausgeprägt semitisch, mit einer großen Nase und dunklem, lockigem Haar. Die Patientin sagte, sie habe sich von ihrer Mutter und ihrer nächstälteren Schwester abgelehnt gefühlt, soweit sie sich zurückerinnern könne. Sie war jedoch von ihrem Vater akzeptiert und geliebt worden; der Vater war weniger am Loskommen vom Judentum interessiert. Er war jedoch kurz vor dem achten Geburtstag der Patientin plötzlich gestorben. Darauf begann die Mutter für den Unterhalt der Familie zu arbeiten. Die Patientin wurde in ein Internat geschickt, bevor sie zehn Jahre alt war. Sie erinnert sich an ihre Ferien zu Hause als an Zeiten der Einsamkeit und des Ausgeschlossenseins von den Unternehmungen der übrigen Familie. An der Schule war sie jedoch aktiv und erfolgreich gewesen und hatte eine weit höhere Bildung erworben als alle Geschwister. Sie war vor ihrer Heirat in ihrem Beruf recht erfolgreich gewesen.

Diese Heirat zeigte deutlich ihre eigene Identifikation mit der Ablehnung des Judentums durch ihre Familie. Ihr Mann war kein Jude und hellhäutig und blond wie ihre ältere Schwester. Die Ehe war aber nicht sehr befriedigend gewesen. Die Patientin hatte nie sexuelle Befriedigung erlangen können. Wegen ihres semitischen Aussehens konnte sie sich nicht gesellschaftlich sicherfühlen. Sie hatte gelegentlich Perioden der Depression und Lethargie, die sie akut an die Ferienzeiten in ihrer Kindheit und Jugend erinnerten.

Diese Patientin entwickelte eine extrem intensive Übertragungsneurose, bevor sie ein echtes therapeutisches Bündnis hergestellt hatte. Ihre Übertragung war gekennzeichnet von extremer Abhängigkeit, einem Gefühl, abgelehnt zu werden, und Ausbrüchen von Angst. Im Verlauf einer sehr ausgedehnten Analyse zeigte die Patientin erhebliche Besserung auf mehreren Gebieten. In bezug auf ihre gesellschaftliche Unsicherheit machte sie unermeßliche Gewinne. Sie kehrte zu ihrer akademischen Karriere zurück und bezog erhebliche Befriedigung aus ihren hervorragenden Erfolgen. Ihre sexuellen Symptome zeigten relativ wenig Veränderung. Sie war weiterhin Perioden der Depression ausgesetzt, die besonders während der Analyseferien ausgeprägt waren. Diese Patientin war zwar fähig, ihre Analyse für viele positive Gewinne zu nutzen, aber sie erwies sich als wirklich unfähig, eine erfolgreiche Beendigung ganz durchzuarbeiten. Nach der Beendigung ihrer analytischen Behandlung erwies es sich noch viele Jahre lang als notwendig, sie von Zeit zu Zeit kommen zu lassen. Wie die im 6. Kapitel beschriebene Patientin erkannte sie, daß ihre depressiven Episoden beträchtlich modifiziert werden konnten, wenn sie gelegentlich ein Gespräch mit ihrer früheren Analytikerin führte. Ich möchte betonen, daß diese hochbegabte Frau während der ganzen Analyse und später auch außerhalb der analytischen Situation immer auf einem äußerst hohen Niveau funktionierte. Sie blieb trotzdem ein anfälliger depressiver Charakter, dessen fortwährende Anpassung von der Verfügbarkeit irgendeiner realistischen Unterstützung abhängig war.

Die vierte und letzte Gruppe ist die der sogenannten »guten« Hysterikerinnen, die im typischen Fall durch ein symptomatisches Bild gekennzeichnet sind, das man nur als »blühende Hysterie« bezeichnen kann. Diese Gruppe von Patienten überschneidet sich weitgehend mit Easser und Lessers »Hysteroiden«. Zwar mögen ihre Symptome eine Fassade zeigen, die genital aussieht, aber während der Behandlung erweisen die Patientinnen sich als unfähig, eine echte Dreieckssituation zu erkennen oder zu ertragen. Für sie ist, wie für Ödipus selbst, der gleichgeschlechtliche Elternteil nicht in irgendeiner bedeutsamen Weise ein reales Objekt geblieben. Solche Patientinnen sind nur allzu bereit, intensive sexualisierte Übertragungsphantasien zu äußern. Sie neigen jedoch dazu, solche Phantasien als potentielle Bereiche realistischer Befriedigung anzusehen. Sie sind wirklich unfähig zu der bedeutsamen Unterscheidung zwischen innerer und äußerer Realität, die eine Voraussetzung der Herstellung eines therapeutischen Bündnisses und der Entstehung einer analysierbaren Übertragungsneurose ist.

Ein ganz kurzes klinisches Beispiel von der Art der Übertragung, die viele sogenannte gute Hysterikerinnen kennzeichnet:

Eine der ersten Patientinnen, deren Analyse ich in Boston kontrollierte, kam mit dem Symptom Frigidität in die Behandlung. Es gab deutliche Anzeichen für eine intensive, ungelöste ödipale Bindung an ihren Vater, die sich während der ersten Monate der Analyse reichlich bestätigten. Die Patientin war der erste Kontrollfall eines Ausbildungskandidaten. Sie entwickelte eine intensive sexualisierte Übertragung, zeigte aber wenig Anzeichen eines echten therapeutischen Bündnisses. Außerdem sprach vieles dafür, daß ihre Fähigkeit zu echten Objektbeziehungen seicht und narzißtisch war. Die Analyse schien trotzdem einige Monate lang ohne größere Ereignisse voranzugehen. Dann betrat die Patientin eines Tages das Sprechzimmer des Analytikers und sagte: »Bevor ich mich hinlege, würde ich gern eine Frage klären. Wenn ich mich von meinem Mann scheiden lasse, lassen Sie sich dann auch von Ihrer Frau scheiden und heiraten mich?«

In dieser ziemlich verheerenden Konfrontation offenbarte die Patientin deutlich ihre Unfähigkeit, zwischen Übertragung und Realität zu unterscheiden. Sie war wirklich unfähig, die Tatsache zu erkennen, geschweige denn zu akzeptieren, daß der Analytiker in der Realität nicht zu haben war. Sie hatte nie die Hoffnung auf ihren Vater aufgegeben; sie hatte wirklich bei der Heirat all ihre liebsten Besitztümer im Elternhaus zurückgelassen. Die Symptome, mit denen die Patientin sich vorstellte, waren zwar klassisch-hysterisch, aber ihre Bindung an ihren Vater war von einer Art, die ihre Mutter als bedeutsames Objekt ausschloß. Sie hatte, kurz gesagt, die prä-ödipalen Beziehungen zu beiden Eltern nicht herstellen können, die eine wesentliche Voraussetzung für die echte (im Gegensatz zur sogenannten) Hysterie sind.

Die sogeannten guten Hysterikerinnen entsprechen nach meiner Meinung nicht den Kriterien für die traditionelle Psychoanalyse. Ihre Hauptpathologie ist wesentlichen Ausfällen in der Entwicklung grundlegender Ich-Funktionen zuzuschreiben. Am Anfang können sie jedoch manchmal schwer von analysierbareren Frauen zu unterscheiden sein, die in der Zeit vor ihrer Überweisung regrediert sind. Eine ausgedehnte Eingangsuntersuchung leistet oft für diese Unterscheidung unschätzbare Dienste. Die analysierbareren Patientinnen »fangen« sich oft ziemlich rasch wieder. Umgekehrt neigen die sogenannten guten Hysterikerinnen dazu, rasch eine intensive sexualisierte Übertragung zu entwickeln, selbst in einer strukturierten Gesprächssituation von Angesicht zu Angesicht.

Diese Frauen kommen in fast jedem Alter in die Behandlung. Häufig sind sie vorher bei mehr als einem Therapeuten oder Analytiker gewesen, oft mit ungünstigem Ergebnis. Anders als die Patientinnen in den anderen Gruppen haben sie nur wenige Bereiche früherer oder aktueller konfliktfreier Interessen oder autonomer Ich-Funktionen zur Verfügung. In ihrer Vorgeschichte gibt es nur selten eine echte Periode der Latenz in bezug auf Leistungen oder Beziehungen mit Gleichaltrigen. Wenn zwanghafte Abwehr vorhanden ist, richtet sie sich nicht gegen die eigenen ich-fremden Impulse. Wie die zwanghaften Abwehrmechanismen bei Borderline-Patienten oder Psychotikern richten sie sich darauf, ihre Wahrnehmung und Steuerung bestimmter Aspekte der äußeren Realität zu sichern. In vielen Fällen zeigt die Entwicklungsgeschichte den einen oder anderen der folgenden Züge:

1. Fehlen oder spürbare Trennung von einem oder beiden Eltern innerhalb der ersten vier Lebensjahre

2. schwere Erkrankung eines oder beider Eltern, oft verbunden mit einer unglücklichen oder zerbrochenen Ehe

3. schwere und/oder länger dauernde körperliche Krankheit in der Kindheit

4. eine fortdauernde feindselig-abhängige Beziehung zur Mutter, die entweder abgewertet oder als ablehnend und abwertend empfunden wird

5. Fehlen bedeutsamer, durchgehaltener Objektbeziehungen zu Angehörigen beider Geschlechter.

Keine dieser Beobachtungen genügt allein, um zu der Diagnose »sogenannte gute Hysterie« zu gelangen. Zwei oder mehr von ihnen aber, gepaart mit einer Bereitschaft zur regressiven Übertragung, sollten als Warnsignal gelten.

Die Grundfrage, die ich in diesem Kapitel gestellt habe, läßt sich ganz einfach formulieren: Wieweit können wir eine manifeste ödipale oder genitale Symptomatik (d. h. Triebinhalte) als annehmbaren Beweis dafür betrachten, daß die betreffende Patientin ein Niveau der Ich-Entwicklung erreicht oder bewahrt hat, auf dem die Fähigkeit zur Identifizierung, zum Herstellen von Objektbeziehungen und zur Affekttoleranz die Entstehung und die Erkenntnis einer Dreieckssituation erlaubt, an der drei ganze Individuen beteiligt sind? Dies sehe ich als unerläßlich an, um die potentielle Fähigkeit festzustellen, zwischen innerer und äußerer Realität zu unterscheiden, die ein Hauptkriterium der Analysierbarkeit ist.

Ich habe in diesem Kapitel versucht, bestimmte Untergruppen herauszustellen, die bei Patientinnen zu unterscheiden sind, welche mit hysterischen Symptomen zur Behandlung kommen. Alle diese Patientinnen zeigten am Anfang ein klinisches Bild, das deutlich auf eine ungelöste ödipal-genitale Situation hinwies. Nicht alle erwiesen sich als

analysierbare Hysterikerinnen. Ich möchte zum Abschluß meinen Er-
öffnungsvers paraphrasieren:

> Es gibt viele kleine Mädchen
> deren Beschwerden wie die Fädchen
> im klassischen Teppich der Hysterie aussehen.
> Wenn es so ist
> kann und soll man analysieren,
> aber wenn's nicht stimmt,
> wird's chaotisch.

Der wesentliche Kern der klinischen Psychoanalyse ist die Neubelebung früher Konflikte durch das Medium der Übertragungsneurose. Damit dies geschieht, ist eine Rückwärtsbewegung sowohl in bezug auf die Wünsche als auch in bezug auf die Erinnerungen eine wesentliche Voraussetzung. Kurzum, der neuen und besseren Lösung intrapsychischer Konflikte, die ein primäres Ziel der Therapie ist, muß also die Regression vorangehen. Die

15

Ein Entwicklungsmodell und die Theorie der Therapie

Unvermeidlichkeit solcher Regression ist in der psychoanalytischen Literatur häufig diskutiert worden. Im 10. Kapitel haben wir z. B. verschiedene Meinungen über ihre Bedeutung, ihren Wert und ihre technische Handhabung etwas ausführlicher besprochen. Viele Autoren halten es für ein wesentliches Erfordernis, daß für frühe Entwicklungsstadien charakteristische Konflikte wiederbelebt und durchgearbeitet werden. Man ist sich trotzdem weithin darüber einig, daß bestimmte Formen der Regression die Hauptursache sein können, wenn Analysen erfolglos verlaufen oder nicht zu beenden sind. Im Hinblick auf dieses Problem können wir uns mit der Differenzierung zwischen verschiedenen Arten und Graden der Regression in der speziellen Zweiersituation, die ein wesentlicher Bestandteil der analytischen Situation ist, im Zusammenhang der Psychoanalyse als allgemeiner Entwicklungspsychologie beschäftigen.

Wenige haben zu diesem Aspekt der Psychoanalyse mehr beigetragen als Heinz Hartmann. Seine Monographie »Ich-Psychologie und Anpassungsproblem« hat, obwohl sie erst 1958 in englischer Sprache verfügbar wurde, seit 1939 die psychoanalytische Ich-Psychologie stark beeinflußt. Seine späteren Beiträge (siehe 1951, 1952, 1954) haben das Konzept von der Anpassungshypothese erweitert und bereichert, das heute von den meisten Theoretikern als eine unserer fundamentalen metapsychologischen Annahmen angesehen wird. Außerdem offenbaren diese Abhandlungen Hartmanns beständige Bemühung, Feststellungen anderer über die psychische Entwicklung und Feststellungen, die durch Methoden gewonnen wurden, die auf anderen Bezugssystemen beruhen, in seine Erörterung einzubeziehen.

Im 7. Kapitel habe ich das Wesen und die Funktion der unbewußten psychischen Inhalte und ihre Beziehungen zu psychischen Prozessen erörtert, die in Hartmanns Definition der »konfliktfreien Sphäre des

Ichs« (1939) enthalten sind. In jenem Kapitel habe ich mich vornehmlich auf einen Vergleich zwischen den Beiträgen von Hartmann, Kris und Loewenstein und Rapaport auf der einen Seite und jenen Melanie Kleins und ihrer Schule auf der anderen konzentriert. Allgemeinere Fragen wurden jedoch in bezug auf die Wirkung unseres wachsenden Wissens über die Rolle früher Objektbeziehungen auf unsere theoretischen Annahmen erhoben. Ich habe deshalb angedeutet, es könne notwendig werden, unser begriffliches Bezugssystem so zu modifizieren, daß es die Objektbedürfnisse des menschlichen Säuglings voll berücksichtigt, und »(es) könnte sich dennoch erweisen, daß sich psychoanalytische Wahrheit in abstrakten Begriffen, die auf dem individuellen psychischen Apparat beruhen, nicht adäquat ausdrücken läßt«. Ich bin jedoch zu dem Schluß gekommen, wir hätten »die Möglichkeiten der begrifflichen Neuformulierung noch keineswegs ausgeschöpft..., und die Rolle von Objektbeziehungen in der frühesten Kindheit [sei] immer noch umstritten«.

In seiner Abhandlung »Technische Folgerungen aus der Ich-Psychologie« (Technical Implications of Ego Psychology) sagte Hartmann: »Wenn wir diesen Gedankengang weiter verfolgen und uns durch unsere Neugier dazu verführen lassen, in die Zukunft zu blicken, können wir sagen, daß der technische Fortschritt von einem systematischen Studium der verschiedenen Funktionseinheiten innerhalb des Ichs abhängt.« (1951, S. 148) Hier wie an anderer Stelle zeigt Hartmann, wie eng in seinem Denken der Zusammenhang zwischen empirischem klinischem Material und fundamentalen Entwicklungshypothesen ist. Im vorliegenden Kapitel möchte ich die Möglichkeiten der begrifflichen Neuformulierung etwas weiter untersuchen und versuchen, in unsere Theorie von der Entwicklung des einzelnen bestimmte spezifische Hypothesen über die Rolle früher Objektbeziehungen bei der Entstehung definitiver Aspekte der Ich-Struktur und Ich-Funktion einzubeziehen. Die Betrachtung der Bedeutung der Regression in der analytischen Situation kann in diesem Zusammenhang ein Versuch sein, »die verschiedenen funktionalen Einheiten im Ich« unter dem Blickwinkel der Entwicklung zu sehen.

In einer Diskussion in jüngster Zeit habe ich gesagt:

»...Unsere Entwicklungshypothese schließt per definitionem zu allen Zeiten sowohl progressive als auch regressive Möglichkeiten in sich. Diese Aussage gilt sowohl für die Triebentwicklung als auch für das strukturierte System von Ich und Über-Ich.... Nicht zufällig hat Freud die infantile Neurose als ein allgemeines Entwicklungsphänomen hingestellt. ... Symptome können in diesem Zusammenhang einen notwendigen Schritt rückwärts darstellen, der der Konfliktlösung und der progressiven Charakterbildung vorangeht. Die Konsolidierung primitiver oder regressiver Abwehrmechanismen im Rahmen der post-ödipalen Charakterstruktur stellt im Gegensatz dazu einen wichtigen genetischen Faktor in der Bildung des neurotischen Charakters dar.« (Zetzel, 1964, S. 153–154)

Wie man aus dieser Aussage folgern kann, können die regressiven Züge, die ein integraler Bestandteil der analytischen Situation sind, wie die regressiven Züge, die alle der Reifung dienenden Veränderungen kennzeichnen, als potentiell anpassungsfördernd definiert werden. Jedoch stellen die regressiven Komponenten, die zur Übertragungsneurose gehören, wohlbekannte Gefahren dar, genau wie die psychische Entwicklung Regressionsgefahren birgt. Man kann also die Theorie des psychoanalytischen Prozesses in ihrem Bezug zu unserer Theorie vom Entwicklungsprozeß selbst betrachten. In diesem Zusammenhang ist es eine Hauptprämisse, daß man unterscheiden muß zwischen den Ich-Attributen, die die Fähigkeit zu fortdauernder Motivation in Richtung auf progressive Reifungserrungenschaften bestimmen, und jenen Abwehrmechanismen des Ichs, auf die man im Lauf der Übertragungsanalyse verzichten muß.

Die Hauptannahmen, die dieser Erörterung der Therapietheorie zugrunde liegen, lassen sich zusammenfassen wie folgt: Früherlebnisse und Qualität und Stabilität der erlangten Objektbeziehungen spielen beim Beginn der frühen Ich-Identifizierungen eine zentrale Rolle. Derartige Identifikationen spielen eine wichtige Rolle bei der Festlegung des Rahmens, in welchem das Individuum ein Reifungsniveau erreicht, auf dem es potentiell fähig ist, Frustration, Aufschub und Trennung zu ertragen. Zwischen dieser frühesten Periode und dem Einsetzen der ödipalen Situation liegt die Periode der individuellen psychischen Entwicklung, die über die Fähigkeit entscheidet, in die ödipale Situation selbst einzutreten und sie wirklich zu erleben, die zweitens die Art der versuchten oder erreichten Lösung beeinflußt und infolgedessen auch die Prädisposition für verschiedene Arten der Regression im Erwachsenenleben bestimmt. Schließlich (und für diese Erörterung wohl am wichtigsten) entscheidet diese Periode wahrscheinlich über die potentielle Fähigkeit, eine analysierbare Übertragungsneurose zu entwickeln, durchzuarbeiten und aufzulösen.

In seiner Abhandlung über »Probleme der infantilen Neurose« (»Problems of Infantile Neurosis«, 1954) erwähnt Heinz Hartmann die vielen Faktoren, die »die Form und Intensität der Objektbeziehungen und die Entwicklung des Ichs« beeinflussen. Er sagte jedoch, es gebe »fehlende Glieder zwischen diesen sehr frühen Ereignissen und dem, was wir heute über die ätiologische Bedeutung späterer Phasen wissen«. Er

nimmt hier Bezug auf fast das gleiche Gebiet, das ich in »Symptombildung und Charakterbildung« erörtert habe:

»... unsere Theorie hat den Punkt des Zusammentreffens und die Überschneidung zwischen dem prägenitalen Erleben und der infantilen Neurose noch
nicht klar begrifflich gefaßt. ... Weithin anerkannt wird erstens die Bedeutung
der Früherfahrung und zweitens der Umstand, daß Signalangst als Motiv der
Abwehr relativ spät erworben wird. Die vielen entscheidenden Entwicklungsaspekte der Periode jedoch, die zwischen der Differenzierung von Selbst und
Objekt und der klassischen infantilen Neurose liegt, bleiben offen für Fragen
und Meinungsverschiedenheiten.« (Zetzel, 1964, S. 151; siehe auch 16. Kapitel)

Es sollte selbstverständlich sein, ist es aber leider nicht immer, daß
sowohl die Theorie als auch die Technik der klinischen Psychoanalyse
auf dem Konzept vom intrapsychischen Konflikt beruhen, das für unsere Disziplin grundlegend gewesen ist, seit Freud zuerst einen dynamischen Prozeß der Verdrängung und die dynamische, triebhafte Natur
dessen, was verdrängt wird, postuliert hat. Insbesondere die Bedeutung
der Verdrängung und der mit ihr verbundenen Abwehrmechanismen
für die Abschließung und Unzugänglichmachung von Phantasien,
Wünschen und mit ihnen verbundenen Erinnerungen, deren direktes
Auftauchen eine innere Gefahrsituation schaffen würde, weist auf
einen Bereich des Seelenlebens des einzelnen hin, der in einem relativ
geschlossenen System enthalten ist. Man hat erkannt, daß sich Signalangst als Motiv für Verdrängung und verwandte Abwehrmechanismen
erst entwickeln kann, wenn psychische Struktur und Funktion ein Niveau erreicht haben, auf dem innere Gefahrsignale erkannt werden
können. Deshalb gehören in der klinischen Psychoanalyse zu den
Hauptmanifestationen der Übertragungsneurose und des analytischen
Prozesses das Erkennen, das Ertragen und die Bewältigung der manifesten Angst, die durch die Phantasien und Impulse mobilisiert wird,
welche spezifische innere Gefahren darstellen. Das kann nur gesche-
hen, wenn eine zuvor stabile neurotische Abwehr allmählich untergraben wird, d. h. wenn sie ein relativ geschlossenes System nicht mehr
absolut aufrechterhalten kann.
Damit dies erreicht wird, fordert der analytische Prozeß vom Patienten
die Fähigkeit, so weit zu regredieren, daß Konflikte wieder aufbrechen
können, welche vorher von jenen Abwehrmechanismen unter Ver-
schluß gehalten wurden, die unbewußte automatische Reaktionen auf
Signalangst darstellen. Eine solche Regression bedeutet hauptsächlich
eine allmähliche Verminderung automatischer unbewußter Ich-Abwehr.
Diese hat ein signifikantes Wiederauftauchen früher intrapsychischer

Konflikte zur Folge. Sie braucht aber nicht notwendigerweise einen Einfluß auf die Realitätsprüfung zu haben, sie muß auch nicht zum Wiederauftauchen primitiverer psychischer Prozesse führen, die die Fähigkeit zu durchgehaltenen Objektbeziehungen vermindern. Anders ausgedrückt, man muß unterscheiden zwischen einer Regression, die das defensive Ich und damit zusammenhängende Triebinhalte betrifft, und einer Regression, die fundamentale Ich-Fähigkeiten untergräbt. Eine erfolgreiche Psychoanalyse erfordert erstens die Fähigkeit, im Dienst zukünftiger Reifung auf neurotische Ich-Abwehr zu verzichten, zweitens, eine ausreichende Bewältigung der Entwicklungsprozesse, die frühe Objektbeziehungen und die frühe Ich-Entwicklung betreffen, so daß die Möglichkeit einer schwerwiegenden Ich-Regression auf ein Mindestmaß herabgesetzt ist. Kurzum, die Fähigkeit, Phantasie und Übertragung von der Realität zu unterscheiden, muß erhalten bleiben. Eine Regression, die in diesem letztgenannten Bereich Ich-Fähigkeiten berührt, kann die Fähigkeit vernichten, das therapeutische Bündnis von der Übertragungsneurose zu trennen. Diese Fähigkeit ist als unerläßlicher Zug des analytischen Prozesses anzusehen.

In einer Reihe von Abhandlungen hat Heinz Hartmann sein Konzept von der sekundären Autonomie des Ichs unter vielen verschiedenen Blickwinkeln erörtert. Man kann sagen, die primäre Autonomie betrifft jene Ich-Fähigkeiten, die sich, wenn keine schwerwiegende Erkrankung vorliegt, spontan entwickeln, ohne notwendigerweise eine innere Konfliktbewältigung zu erfordern. Gewisse angeborene Attribute spielen eine erhebliche Rolle bei der Entscheidung über individuelle Unterschiede in bezug auf Fähigkeiten wie Ertragen von Aufschub, Angst und Frustration. Sekundäre Autonomie enthält, wie sekundäre Angst, sekundäre Identifizierung und/oder sekundärer Narzißmus, individuellere Beiträge, die über qualitative Unterschiede entscheiden. Obwohl Hartmann sagt, definitive Ich-Eigenschaften, die sekundäre Autonomie hätten, seien stabiler als Ich-Abwehr, macht er doch sehr deutlich, daß diese Qualitäten unter bestimmten Umständen der Regression unterworfen sein können. Er sagt auch, daß zu einer solchen Regression eine Modifikation der für autonome Ich-Funktionen verfügbaren Triebenergie gehört. Kurz gesagt, neutralisierte Energie wird resexualisiert oder wieder aggressiv gemacht, wenn die sekundäre Autonomie durch Regression beeinträchtigt wird.

In seiner Abhandlung »Die gegenseitige Beeinflussung von Ich und Es in der Entwicklung« (»The Mutual Influences in the Development of Ego and Id«, 1952) erkennt Hartmann klar die komplexe Beziehung zwischen Struktur und Funktion, die in dem Konzept von der sekundären Autonomie impliziert ist. Er weist nicht nur auf die Notwendigkeit hin, zwischen Arten und Graden der Neutralisierung zu unterscheiden, sondern er verknüpft den Grad der sekundären Autonomie mit der »Widerstandsfähigkeit der Ich-Funktion gegen Regression«. Er sagt, daß »verschiedene Funktionen des Ichs bei verschiedenen Individuen verschiedene Grade effektiver Unabhängigkeit von Konflikten und regressiven Tendenzen erreichen können«. Er weist außerdem auf die Relevanz von beständigen Objektbeziehungen für diese entscheidenden Fragen hin und sagt, die Entwicklung beständiger Objektbeziehungen erleichtere einerseits die Neutralisierung, sei aber andererseits auch von ihr abhängig. Man kann also sagen, ein von der Entwicklung ausgehender Zugang zur Theorie der Therapie müsse unweigerlich die fortdauernde Bedeutung der Fähigkeit zu konstanten Objektbeziehungen berücksichtigen. Man ist sich gewiß allgemein darüber einig, daß eine erfolgreiche Analyse eine gesteigerte Fähigkeit zu all dem zur Folge hat, was mit dem Konzept von der Neutralisierung gemeint ist. Es ist auch immer klarer geworden, daß eine der wichtigsten Voraussetzungen das vorherige Vorhandensein eines Grades von sekundärer Autonomie betrifft, der wesentlich zur Bekämpfung der Regression fundamentaler Ich-Funktionen ist. Eine umfassende Theorie des therapeutischen Prozesses muß daher einerseits alle jene Faktoren berücksichtigen, die zur sekundären Autonomie beitragen, und andererseits die gleichzeitige Erleichterung einer partiellen Regression, die ein integraler Bestandteil der Entwicklung und Lösung der Übertragungsneurose ist.

Wie meine Überschrift schon sagt, hoffe ich, bestimmte Aspekte des therapeutischen Prozesses mit Hilfe eines an der Entwicklung orientierten Modells des psychischen Apparats anschaulich zu machen. Da diese Diskussion sich hauptsächlich auf die klinische Psychoanalyse beschränkt, will ich mich auf die Analyse von Patienten konzentrieren, deren früheste Entwicklung erfolgreich genug war, so daß sie potentiell fähig sind, eine analysierbare Übertragungsneurose zu entwickeln und wieder aufzulösen. Zugleich wird es nötig sein, um des Kontrastes und des Vergleichs willen die Abnormitäten der Entwicklung aufzuzeigen, die wesentliche Hindernisse für die Entwicklung der analytischen Situation (des therapeutischen Bündnisses) und für die Entstehung und die Auflösung einer echten Übertragungsneurose darstellen können.

Abbildung I zeigt jene Stadien der frühesten Entwicklung, die nach unserer Ansicht in wesentlichem Maß über die psychische Grundausstattung entscheiden, mit der das einzelne Kind in die entscheidende Periode der kindlichen Entwicklung eintritt, die zwischen der Erlangung der Fähigkeit, zwischen Selbst und Objekt zu unterscheiden, und der Auflösung der infantilen Neurose liegt. Die Grundlinie bezieht sich auf die Zeit.

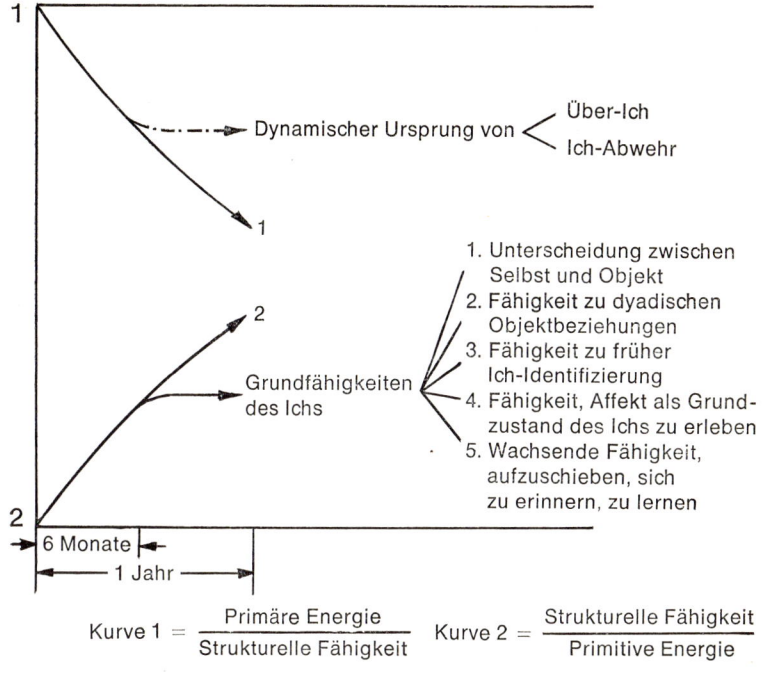

Fig. 1

Die Vertikalachse ist komplexer. Von links nach rechts: die obere Kurve stellt das Verhältnis der unstrukturierten Energie, der der psychische Apparat ausgesetzt ist, zu den verfügbaren strukturellen Fähigkeiten dar, die von innen und außen kommenden Reize zu steuern, zu modifizieren, abzuweisen oder zu befriedigen. Die untere Kurve, die der oberen reziprok ist, stellt das Verhältnis von strukturellen Fähigkeiten zu unstrukturierter Energie dar. Für die Zwecke unserer Diskussion nehmen wir an, die strukturellen Fähigkeiten seien bei der Geburt unerheblich. Dies stimmt mit Freuds Definition der primären Angst überein. Der Säugling antwortet mit unmittelbaren, ungesteuerten Reaktionen auf alle Reize, die sein Gleichgewicht stören. In den ersten Lebensmonaten führen Reifung und Wahrnehmungserlebnisse zu einer allmählichen relativen Zunahme der strukturellen Fähigkeiten, der Vorläufer jenes Teils des endgültigen Ichs, dem Heinz Hartmann primäre Autonomie zuschreibt. Zu diesen Vorläufern gehört die Fähigkeit, Triebaktivität auf bestimmte Quellen der Befriedigung zu richten, Aufschub zu ertragen, und immer mehr auch die Fähigkeit, zu internalisieren (d. h. sich an frühere Erlebnisse sowohl lustvoller als auch schmerzlicher Art zu erinnern und sie zu integrieren).

Diese Abbildung geht bis zu der Zeit im Leben (mit individuellen Variationen), wenn der Säugling fähig geworden ist, Selbst und Objekt zu unterscheiden und eine stabile Objektbeziehung zu einer Person, gewöhnlich der Mutter, herzustellen. Ein solches Erkennen schließt implizit eine gewisse Integration der befriedigenden, nährenden Mutter und ihres ablehnenden und/oder strafenden Gegenstücks in sich. Es ist eine Hauptprämisse dieser Erörterung, daß gewisse Eigenschaften der endgültigen psychischen Struktur von der Art und Qualität der frühen Stadien der Ich-Entwicklung, die ihren Höhepunkt während der Periode der Differenzierung von Selbst und Objekt hat, wesentlich **beeinflußt werden**. Der Säugling ist bis dahin notwendigerweise sowohl positiven als auch negativen Erlebnissen ausgesetzt gewesen (d. h. Befriedigung und Frustration). Wir postulieren, eine stabile, befriedigende Differenzierung von Selbst und Objekt sei abhängig von früheren Erlebnissen, wie immer sie determiniert gewesen sein mögen (d. h. angeboren oder erfahrungsbestimmt), die insgesamt qualitativ positiv waren. Das bedeutet keineswegs, daß negative Erlebnisse gefehlt haben; es bedeutet aber, daß in den ersten Lebensmonaten im Optimalfall die positiven Erlebnisse die negativen überwiegen sollten. Ich nehme an, daß dies positive Objektbeziehungen erleichtert und daß diese den Kern bilden, um den herum sich Ich-Funktionen entwickeln, die sekundäre Autonomie besitzen.

Die für die analytische Situation relevantesten Eigenschaften sind:

1. Die Fähigkeit, auch beim Fehlen unmittelbarer Befriedigung das Urvertrauen nicht zu verlieren.

2. Die Fähigkeit, in Abwesenheit eines geliebten Objekts, die Unterscheidung von Selbst und Objekt beizubehalten.

3. Die potentielle Fähigkeit, realistische Begrenzungen zu akzeptieren. Das betrifft sowohl das Fehlen persönlicher Allmacht als auch umgekehrt die Erkenntnis, daß das Objekt Wünsche und Forderungen vielleicht nicht aus Feindseligkeit oder Ablehnung nicht erfüllt, sondern auf Grund realistischer Grenzen, die man akzeptieren muß.

Jener Aspekt der psychischen Grundausstattung daher, der lebenslang den Kern bilden wird, um den herum sich wichtige Ich-Funktionen entwickeln, besonders jene, die unter die Definition »sekundäre Autonomie« fallen, wird hier in der unteren der zwei reziproken Kurven veranschaulicht. Die Bedeutung ihres Gegenbildes (nämlich der oberen Kurve) ist natürlich mindestens ebenso wichtig. Der mit I bezeichnete Punkt in der Abbildung betrifft im wesentlichen das Wesen und die Menge des unveränderten primitiven Triebes, der minimal für Neutralisierung, Sublimierung oder direkte Abfuhr nach außen verfügbar bleibt. Derartige Energie ist bestimmt für spätere Einverleibung in das definitive Über-Ich und/oder die unbewußte Ich-Abwehr des Individuums. Die wohlbekannten prägenitalen Vorläufer des Über-Ichs werden also hier veranschaulicht, mit besonderer Bezugnahme auf sowohl die Qualität als auch die Quantität der beteiligten unmodifizierten Triebenergie. Auch hier muß man das relative Vorherrschen positiver oder negativer Erfahrung berücksichtigen. Individuelle Unterschiede sowohl in der angeborenen Ausstattung (in bezug auf Triebstärke und auf den Bereich der autonomen Ich-Funktionen) als auch in der aktuellen Wahrnehmungserfahrung können die Qualität des subjektiven Erlebens des Säuglings wesentlich beeinflussen. Was auch der Grund sein

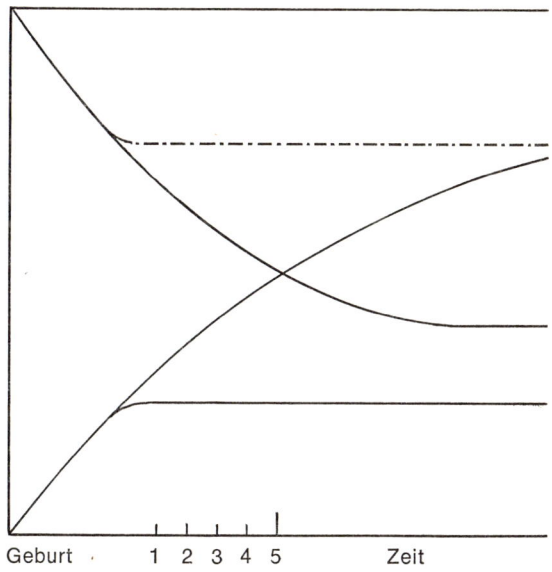

Geburt ·　1 2 3 4 5　　　Zeit

Kurven 1 und 2 schneiden sich etwa beim Alter von 5 Jahren (Lösung der ödipalen Situation).

Fig. 2

mag, man kann jedoch mit einiger Überzeugung sagen, je größer die positiven Erfahrungen sind, desto höher ist auch das Niveau, auf dem Punkt 2, d. h. die Differenzierung von Selbst und Objekt, erreicht wird – und umgekehrt, um so niedriger liegt Punkt I, d. h. die Menge unveränderter Triebenergie, mit der das Individuum ausgestattet ist.

In Fig. 2 setzt sich der Entwicklungsprozeß fort, wie er bei optimaler Reifung ablaufen könnte. Die parallel der Grundlinie verlaufende Linie in der unteren Hälfte der Darstellung repräsentiert den Kern, um den herum sich das autonome Ich entwickelt. Ihre Parallele in der oberen Hälfte zeigt sowohl die frühe Quelle und die fortdauernde Bedeutung der primitiven Triebenergie, die zum Über-Ich und/oder der unbewußten Ich-Abwehr beiträgt. Diese beiden Parallellinien erfassen also jenen Teil der psychischen Grundausstattung, die in späteren Reifungsphasen zumindest wichtigen Veränderungen unterworfen ist. Progressive Veränderungen betreffen die Erwerbung zusätzlicher ich-syntoner Energie auf späteren Entwicklungsstufen. Wesentliche Regression in der unteren dieser beiden Linien weist auf eine progressiv verminderte Selbstachtung, eine beeinträchtigte Fähigkeit zu Objektbeziehungen und schließlich den Verlust der Differenzierung von Selbst und Objekt. Eine derartige Regression kann man gut vergleichen mit Hartmanns vielen Bezugnahmen auf die regressiv beeinträchtigte sekundäre Autonomie des Ichs. Eine gleichzeitige Regression der oberen Linie bedeutet eine Zunahme der unmodifizierten Triebenergie, die dem Über-Ich zur Verfügung steht; diese Zunahme kennzeichnet die meisten depressiven Zustände. Die Linie zeigt später die regressive Beeinträchtigung von Über-Ich-Funktionen, die bei der offenkundigen Psychose die bedeutsame Abnahme der Fähigkeit zur Unterscheidung von Selbst und Objekt begleitet.

Entlang den beiden reziproken Kurven bis zu dem Punkt, an dem sie sich treffen, umfaßt dieser Abschnitt des Entwicklungsmodells den Zeitraum, der zwischen der Erlangung der Fähigkeit, zwischen Selbst und Objekt zu unterscheiden, und dem Zeitpunkt liegt, zu dem der psychische Apparat fähig geworden ist, stabile intrapsychische Abwehr einschließlich der Signalangst nicht nur in Gang zu setzen, sondern auch aufrechtzuerhalten. Bei optimaler Entwicklung, so kann man sagen, fällt das Vorübergehen der ödipalen Situation weitgehend mit der Zeit zusammen, in der der psychische Apparat in wesentlichem Maß zur Erreichung seines Ziels angeregt wird.

Während dieser Periode nehmen die strukturellen Attribute im Verhältnis zum unmodifizierten primitiven Trieb allmählich zu. Wenn auch die Kurven um der Klarheit willen als gleichmäßig progressiv gezeichnet sind, gibt es doch eine Reihe komplexer Faktoren, die noch weiterer Erläuterung bedürfen. Zum Beispiel sind etwa während der ersten drei Lebensjahre die Objektbeziehungen überwiegend dyadisch. Obwohl das gesunde Kind gute Objektbeziehungen zu mehr als einer Person herstellen kann, bleiben Rivalitätssituationen im wesentlichen prä-ödipal, d. h., sie betreffen Befriedigung und/oder Bewältigung in bezug auf nur einen Menschen auf einmal. Außerdem ist ein Hauptproblem der Modifizierung des primitiven Triebes während dieser Zeit die Bemeisterung der Aggression und ihrer Begleiterscheinungen. Eine optimale Entwicklung autonomer Ich-Funktionen betrifft also erstens eine weitere Integrierung und Sicherung grundlegender Identifikationen; zweitens eine verstärkte Motivierung zum Lernen und zur Steuerung und drittens weiteren Verzicht auf Forderungen nach totaler Befriedigung.

Das Einsetzen der ödipalen Situation wird hier nur durch das Verstreichen der Zeit angezeigt. Es ist jedoch auch gekennzeichnet durch qualitative Veränderungen im Wesen und in der Menge der unmodifizierten Triebenergie und durch eine Fähigkeit zu komplexeren (triadischen) Objektbeziehungen. Einerseits ist die genitale Periode durch eine entscheidende Zunahme unmodifizierter sexueller Energien gekennzeichnet. Diese hat jedoch beim potentiell gesunden Kind ihr Gegengewicht in den positiven Zweierbeziehungen, die in bezug auf beide Eltern bereits hergestellt worden sind. Auftreten und Auflösung der ödipalen Situation erfordern erstens die Fähigkeit, angesichts ich-fremder Triebwünsche vorwiegend ödipalen Inhalts stabile intrapsychische Abwehrmechanismen in Gang zu setzen und aufrechtzuerhalten, zweitens in der Sphäre des autonomen Ichs und des Ich-Ideals eine gleichzeitige Integrierung einer positiven Identifizierung mit dem gleichgeschlechtlichen Elternteil, drittens den Verzicht auf sexualisierte Ziele in bezug auf den Elternteil des anderen Geschlechts, wobei jedoch zur gleichen Zeit eine zielgehemmte positive Objektbeziehung verstärkt wird, viertens Neutralisierung, Sublimierung oder Verschiebung der durch die Rivalität mit dem gleichgeschlechtlichen Elternteil mobilisierten Aggression. Angst, d. h. Furcht, ist eine wichtige Motivation zur Ingangsetzung defensiver Ich-Funktionen. Man muß aber auch betonen, daß nicht nur Furcht und Haß, sondern auch Liebe und Vertrauen zu all dem führen, was zu einer reifen Lösung dieses entscheidenden Konflikts gehört.

Ich postuliere, daß bei einer gesunden Entwicklung die Überschneidung der zwei Kurven mit der Lösung des ödipalen Konflikts zusammenfällt. Zu dieser Zeit wird die primitive Triebenergie, die durch die obere Parallellinie repräsentiert wird, dem unbewußten defensiven Ich-Über-Ich-System ständig verfügbar. Man beachte jedoch, daß in dieser Abbildung die Über-Ich-Linie nicht sehr weit über der des defensiven Ichs liegt. Dem definitiven Über-Ich gesunder Menschen steht relativ wenig unmodifizierte Triebenergie zur Verfügung.

Die Überschneidung der beiden reziproken Kurven bezeichnet die folgenden wohlbekannten psychoanalytischen Lehren:

1. Die enge Beziehung zwischen von Signalangst stimulierten stabilen Abwehrformen und der Lösung der ödipalen Situation.

2. Die klassische Definition des definitiven Über-Ichs als Erbe der ödipalen Situation (d. h. der strafende Aspekt des wahrgenommenen gleichgeschlechtlichen Elternteils wird dem unbewußten Über-Ich einverleibt).

3. Die Amnesie, die die Ereignisse der infantilen Neurose betrifft, die nach der Überschneidung im typischen Fall in den Bereich des Seelenlebens verbannt werden, den Freud ursprünglich als das verdrängte Unbewußte definiert hat.

Rechts vom Schnittpunkt umfaßt der Bereich zwischen den beiden reziproken Kurven Wünsche, Phantasien und Erinnerungen, die in einem relativ geschlossenen System zusammengefaßt sind. Der Bereich zwischen der unteren Kurve und der Ich-Grundlinie umfaßt jene Ich-Funktionen, denen Hartmann sowohl primäre als auch sekundäre Autonomie zuschreibt. Die diesem Teil des Ichs zur Verfügung stehende Triebenergie ist, welcher Grad von Bewußtsein auch herrschen mag, in einem weitgehend offenen System wirksam. Hierher gehören die neutralisierte Triebenergie sexueller und aggressiver Art, die durch Verschiebung oder Sublimierung modifizierte Triebenergie und schließlich die primitive Triebenergie, die im wesentlichen ich-synton geblieben ist. Eine gesunde Entwicklung erfordert, kurz gesagt, nicht nur die Fähigkeit, eine stabile Ich-Abwehr aufzubauen, sondern auch die erfolgreiche Modifizierung und Verwendung von Triebenergien für Zwecke der Anpassung. Man kann auch sagen, daß die sekundäre Autonomie, wie sie hier definiert wird, die Fähigkeit in sich schließt, Affekte, besonders Angst und Depression, zu erkennen und zu ertragen, ebenso die damit zusammenhängende Fähigkeit, eine gewisse Regression zuzulassen, d. h. eine partielle Wiedereröffnung des relativ geschlossenen Systems, ohne daß damit eine wesentliche Beeinträchtigung des autonomen Ichs einhergeht. Zu einer solchen Regression gehören, wie man sehr wohl weiß, nicht nur neurotische Symptombildung, Träume und Phantasien, sondern auch Regression im Dienst des Ichs, wie sie Ernst Kris (1950) definiert hat.

Man beachte auch, daß die regressiven Komponenten wichtiger Reifungsveränderungen, zu denen man auch die Psychoanalyse zählen kann, danach unterschieden werden können, welcher Teil dieses Modells betroffen ist. Triebregression, die von einer Zunahme unmodifizierter Triebenergie innerhalb des relativ geschlossenen Systems herrührt, führt zu einer gleichzeitigen Bewegung beider reziproker Kurven nach links. Zu einer solchen Bewegung gehört erstens die Mobilisierung von Angst, zweitens eine partielle Wiedereröffnung, insoweit die betreffende Triebenergie die spezifische Abwehrfähigkeit des Ichs, sie in Schranken zu halten, übersteigt. Eine solche Regression verträgt sich trotzdem mit der Aufrechterhaltung erheblicher sekundärer Autonomie, vorausgesetzt, daß die untere Grundlinie nicht wesentlich abfällt. Aber wenn dies geschieht, hat die Regression nicht nur die Ich-Abwehr untergraben, sondern auch grundlegende Ich-Funktionen beeinträchtigt. Man kann zwar Triebregression als potentiell anpassungsfördernd ansehen, aber Ich-Regression bedeutet gewöhnlich unheilvollere Veränderungen.

Dieses Modell, das eine optimale Entwicklung darstellt, ist natürlich hypothetisch. Es kann trotzdem auch dazu dienen, die Hauptziele der therapeutischen Psychoanalyse anschaulich zu machen, die als eine partielle, aber anpassungsfördernd modifizierte Wiederbelebung und Wiederholung wichtiger Aspekte des ursprünglichen Entwicklungsprozesses angesehen werden können. Bevor ich die Theorie der Therapie eingehender bespreche, will ich kurz auf einige mögliche Varianten in der Art der Entwicklung hinweisen, die zu pathologischer Symptomatik oder zu einer pathologischen Charakterstruktur im Erwachsenenleben führen können.

Die nächste graphische Darstellung (Abb. 3) betrifft z. B. die Entwicklungsvarianten, die zu einer klassischen Übertragungsneurose mit hysterischer Symptomatik führen können. Bei diesem Beispiel ist die Entwicklung der psychischen Grundausstattung im ganzen befriedigend verlaufen. Mit anderen Worten: Die Position der beiden parallelen Linien unterscheidet sich nicht wesentlich von der bei der hypothetischen gesunden Entwicklung gezeigten. Die Variante betrifft das Tempo der Konvergenz und der Überschneidung der beiden reziproken Kurven. Eine Prädisposition zur Hysterie bringt den Aufbau mächtiger intrapsychischer Abwehrmechanismen auf der Höhe des ödipalen Konflikts mit sich. Dies wird veranschaulicht durch das frühere Sich-Überkreuzen der beiden reziproken Kurven. Ein solcher vorzeitiger Abschluß läßt darauf schließen, daß zumindest eins der Ziele, die zu einer optimalen Lösung der ödipalen Situation gehören, nicht erreicht worden ist. Kurzum, ödipale Phantasien sind also mehr der Verdrängung und der entsprechenden Abwehr unterworfen worden, als sie bewältigt,

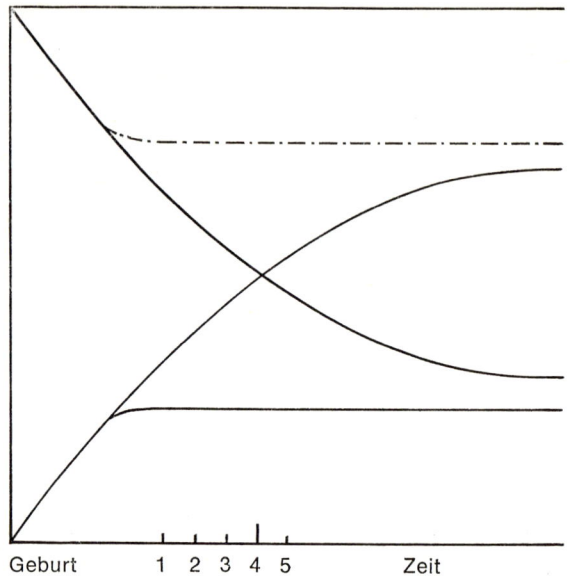

Geburt   1 2 3 4 5   Zeit

Die Kurven 1 und 2 kreuzen sich etwa beim Alter von 4 Jahren (vorzeitige Lösung der ödipalen Situation).

Fig. 3

modifiziert oder durch Verzicht erledigt worden sind. Infolgedessen ist der Bereich des relativ geschlossenen Systems im Verhältnis größer. Das bedeutet unweigerlich, daß dem offenen System, das mit der sekundären Autonomie in Verbindung gebracht worden ist, ein kleinerer Bereich zur Verfügung steht. Dem autonomen Ich steht also weniger Energie – neutralisierte und unneutralisierte – zu Gebote. Das kann auch eine weniger stabile Integration der positiven Ich-Identifizierung mit dem gleichgeschlechtlichen Elternteil bedeuten.

Das hypothetische Modell für den zukünftigen Zwangsneurotiker, der für eine Übertragungsneurose empfänglich ist, wäre ganz ähnlich. Das Zusammenlaufen und die Überschneidung der beiden reziproken Kurven wäre jedoch noch verfrühter; es würde während den Zweierbeziehungen stattfinden, die die ersten drei Lebensjahre kennzeichnen. Ein solches verfrühtes Sich-Überschneiden der Kurven hätte auch wieder einen übergroßen Bereich des relativ geschlossenen Systems zur Folge. Die Zeit des Abschlusses zeigt außerdem die Ingangsetzung und Aufrechterhaltung der Haupt-Ich-Abwehr gegen Aggressionen an – sie liegt auf dem Höhepunkt der anal-sadistischen Periode. Zwar sind einige der betreffenden Abwehrmechanismen mit einer gesunden Entwicklung vereinbar und für sie notwendig, aber in der definitiven psychischen Struktur gesunder Individuen nehmen sie keine beherrschende Position ein. Die Modelle sind keineswegs als einander ausschließend zu betrachten, sondern vielmehr als Veranschaulichung von dominanten Tendenzen.

Die Psychopathologie der Systemneurose betrifft also vor allem die Periode der psychischen Entwicklung, die auf die Differenzierung von Selbst und Objekt folgt. Eine solche Psychopathologie kann jedoch bei Individuen vorkommen, deren Bewältigung früherer Entwicklungsaufgaben sehr stark variiert. Bei Individuen, für die die Psychoanalyse definitiv die geeignete Behandlungsmethode ist, hält sich die Grundausstattung im allgemeinen in den Grenzen des Normalen. Die sekundäre Autonomie kann zwar infolge verfrühter Entwicklung – ähnlich der für Zwangsneurosen gezeigten – eingeschränkt sein, aber sie ist relativ stabil und daher nicht sehr anfällig für eine regressive Beeinträchtigung. Das Ziel der therapeutischen Psychoanalyse ist in solchen Fällen in erster Linie eine Modifikation der Stellung der beiden reziproken Kurven. Abb. 3 könnte, kurz gesagt, bei einer erfolgreichen Analyse den Stand der Dinge am Anfang der Behandlung darstellen. Der analytische Prozeß schließt zahllose partielle Wieder-Öffnungen des relativ geschlossenen Bereichs ein und erleichtert insofern eine mehr der Anpassung dienende Lösung intrapsychischer Konflikte. Bei Beendigung der Analyse sollte man sich daher dem Modell genähert haben, das die gesunde Entwicklung zeigt.

Man darf aber nicht vergessen, daß selbst Individuen, deren Grundausstattung im wesentlichen gesund ist, in spezifischen Belastungssituationen weiterhin in ihrer sekundären Autonomie durch Regression beeinträchtigt werden können. Eine derartige Regression in der analytischen Situation sollte man von der Triebregression unterscheiden, die eine Begleiterscheinung der Übertragungsanalyse ist. Welche Bedeutung die psychische Grundausstattung für die analytische Situation hat, wird in den nächsten Abbildungen gezeigt, die sich auf schwerwiegendere Abweichungen von der hypothetischen Norm beziehen. Abb. 4 veranschaulicht, vielleicht in etwas übertriebener Form, ein

Entwicklungsmuster, das sich über lange Zeit mit sogenannter Normalität verträgt. Eine vorzeitige Entwicklung von Ich-Abwehr zeigt sich in einem Tempo der Konvergenzbewegung, das zu einer sehr verfrühten

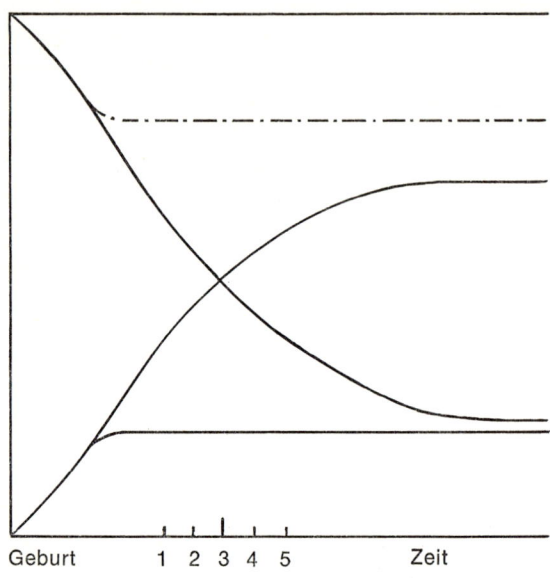

Geburt   1 2 3 4 5   Zeit

Frühreife erste Entwicklung

A. Untere Grundlinie (schwache Ich-Identifizierung)
B. Hohe obere Horizontale (Archaisches Über-Ich)
C. Vorzeitige Überschneidung der Kurven 1 und 2

Fig. 4

Überschneidung führt. Die Hauptabwehr ist also wahrscheinlich eine Kombination aus Reaktionsbildung, Intellektualisierung und Isolierung. Diese Entwicklung trifft hier aber zusammen mit einer psychischen Grundausstattung, die nicht in den Grenzen des Normalen liegt. Die Differenzierung von Selbst und Objekt hat in einem Rahmen stattgefunden, der die Integrierung einer positiven Ich-Identifizierung eingeschränkt hat. Das Urvertrauen ist nicht sehr fest und daher für narzißtische Kränkung anfällig. Die reziproke Höhe der oberen horizontalen Linie zeigt die größere Menge unmodifizierter Triebenergie innerhalb des Systems von Über-Ich und Abwehr-Ich an. Man beachte auch, daß der größere Abstand zwischen den Bereichen des Über-Ichs und des

Abwehr-Ichs mit dem überstrengen, fordernden Über-Ich übereinstimmt, das für bestimmte Zwangscharaktere typisch ist.

Der relativ steile Verlauf der beiden reziproken Kurven stimmt überein mit der raschen Regression, die während der Dekompensation von Zwangscharakteren auftreten kann. Die Verletzlichkeit des autonomen Ichs und die damit einhergehende Strenge des Über-Ichs veranschaulichen die Prädisposition zur depressiven Erkrankung, die man schon lange mit der zwanghaften Charakterstruktur in Zusammenhang gebracht hat. Die sekundäre Autonomie ist bei solchen Individuen nicht nur in vielen Bereichen eingeschränkt; sie ist auch leichter anfällig für regressive Veränderungen, wenn die Ich-Abwehr bröcklig wird. Das damit einhergehende Versagen des Urvertrauens hat nicht nur den ursprünglichen Entwicklungsprozeß beeinflußt, sondern es stellt auch für die Entstehung eines therapeutischen Bündnisses schwerwiegende Probleme dar. Das Fehlen einer sicheren, positiven Ich-Identifizierung, die verfrühte Aufstellung von stabilen Abwehrmechanismen des Ichs und ein forderndes Über-Ich fördern eine Passivitäts-Intoleranz und eine damit verbundene Betonung von Selbststeuerung und Leistung. Individuen, deren Entwicklungsmuster diesem Bild nahekommt, bieten oft eine täuschende Fassade der Normalität und Gesundheit.

Die letzte Zeichnung (Abb. 5) veranschaulicht eine mögliche Entwicklung, die zu schlimmeren Arten der Regression prädisponiert. In dieser Abbildung hat, wie bei der vorigen, die psychische Grundausstattung nicht zu einer stabilen Differenzierung von Selbst und Objekt oder zu einer sicheren, positiven Objektbeziehung geführt. Die mit dem Beginn der sekundären Autonomie des Ichs verbundene Identifizierung ist in beiden signifikant anfällig für narzißtische Kränkung und Beeinträchtigung durch Regression. Der Zwangscharakter ist jedoch zu verfrühter Ich-Entwicklung angeregt worden, die zu einem verfrühten Abschluß und zu einem relativen Überwiegen des geschlossenen Systems führt. Das stimmt überein mit der starken Ich-Abwehr, die viele solche Patienten der Regression im Dienst des Ichs entgegensetzen. Im Gegensatz dazu ist die in Abb. 5 dargestellte Strukturentwicklung in den Spätphasen der kindlichen Entwicklung so unzulänglich gewesen, daß die Fähigkeit, innerhalb eines relativ geschlossenen Systems auf Signalangst zu reagieren, fast nicht existent ist. Unneutralisierte Triebenergie wirkt ständig nah auf ein Ich ein, das nur ein Minimum an sekundärer Autonomie erreicht hat. Dies zeigt eine Anfälligkeit für Regression auf eine Stufe an, auf der die Fähigkeit, zwischen Phantasie und Realität zu unterscheiden, kaum noch bewahrt werden kann.

Diese beiden Abbildungen betreffen ein Entwicklungsversagen, das bei manchen Patienten eine Kontraindikation für Psychoanalyse sein kann. Beim Zwangscharakter mit einer schlechten psychischen Grundausstattung kann es sich als fast unmöglich erweisen, ein genügend sicheres therapeutisches Bündnis zustande zu bringen, so daß die Auflösung der mit übermäßigem Aufwand errichteten und bewahrten Ich-Abwehr erleichtert wird. Solche Patienten führen vielleicht die Formen der analytischen Arbeit aus, aber oft ist ihre Abwehr zu stark, so daß eine analysierbare Übertragungsneurose nicht entstehen kann. Bei dem Borderline-Fall oder potentiellen Psychotiker, der in Abb. 5 veranschaulicht wird, kann im Gegensatz dazu das relative Scheitern des Abschlusses zusammenstimmen mit einer Symptomatik, die bei der Vorstellung manifeste ödipale Inhalte und eine täuschende hysterische Fassade zeigt. Außerdem kann die Bereitschaft, mit der solche Patienten intensive Übertragungsgefühle entwickeln, den grundlegenderen

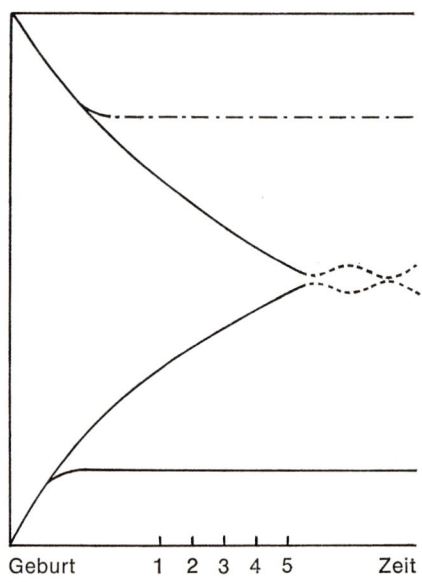

Geburt   1 2 3 4 5   Zeit

Relatives Entwicklungsversagen

A. Untere Grundlinie: Unsichere Differenzierung von
   Selbst und Objekt
B. Selbstachtung niedrig
C. Kein stabiler Schnittpunkt der Kurven 1 und 2

Fig. 5

Entwicklungsausfall wirksam verdecken, der ihre Fähigkeit zur Herstellung eines therapeutischen Bündnisses beeinträchtigt. Bei manchen Patienten, die ursprünglich als klassische Hysteriker diagnostiziert wurden, stellt sich mit fortschreitender Behandlung heraus, daß sie diesem Entwicklungsmuster entsprechen. Viele von ihnen können kein so stabiles therapeutisches Bündnis aufrechterhalten, daß sie die Deutung der Übertragungsneurose ertragen könnten. Zwar ist die geeignete Therapie für jene Patienten, die nicht für die Psychoanalyse geeignet sind, nicht Gegenstand dieser Erörterung, aber die Probleme, die sie stellen, sind uns trotzdem in weniger schweren Formen im Analyseverlauf jedes Patienten vertraut. Wir müssen erkennen, daß selbst die analysierbarsten Patienten einige Abwehrmechanismen und einige durch die Entwicklung bedingte Anfälligkeiten haben, die denen ähnlich sind, wie sie bei schwereren Störungen auftreten. Eine gesunde Grundausstattung ist nie eine absolute Vorbeugung gegen partielle Ich-Regression, die zu einer Verringerung der Selbstachtung oder einer vorübergehenden Beeinträchtigung der Realitätsprüfung führt. Wenn sich auch solche drohende Regression des autonomen Ichs in aktuellen Ängsten ausdrückt, stammt sie doch aus sehr primitiven Quellen.

Diese primitiven Quellen veranschaulichen die Bemerkungen über den Zusammenhang zwischen den Objektbeziehungen und der Ich-Identifizierung, mit denen ich dieses Kapitel eröffnet habe. Es wird zu oft angenommen, Bezugnahmen auf die primitive Quelle der Arzt-Patient-Beziehung in der Psychoanalyse bedeuteten, die analytische Situation stelle eine Wiederholung der frühen Mutter-Kind-Beziehung dar. Derartige Annahmen haben starke Einwände von seiten derer angeregt, die, wie Richard Sterba (1934) und Edward Bibring (1953), die reifen Züge jenes Teils vom Ich des Patienten betonen, der sich mit dem Analytiker verbündet. Man muß jedoch unterscheiden zwischen dem theoretischen Verstehen eines entwicklungsbedingten Ursprungs und der in der analytischen Situation angebrachten Technik. Eine solche Unterscheidung verträgt sich mit Hartmanns Betonung der Notwendigkeit, unser Verständnis der Entwicklungsaspekte verschiedener Ich-Funktionen zu erweitern.

Nach meiner Ansicht kann man die psychoanalytische Behandlung mit dem sich vorwärtsbewegenden Entwicklungsmodell vergleichen, das wir hier veranschaulicht haben, wenn auch mit einigen wichtigen Modifikationen. Die Anfangsstadien der Analyse, zu denen die Herstellung eines therapeutischen Bündnisses gehört, locken mit wenigen Ausnahmen irgendeine primitive Objektangst hervor, die vom spezifischen Inhalt der Übertragungsneurose zu unterscheiden ist. Wenn auch diese

Angst bei den einzelnen erhebliche Unterschiede zeigt, betrifft das Anfangsstadium im wesentlichen die Herstellung einer neuen und besonderen Objektbeziehung in einer Zweiersituation. Das ist der Beginn einer neuen Ich-Identifizierung, die nach meiner Ansicht das Wesen, die Qualität und die Stabilität des therapeutischen Bündnisses bestimmt, das also sowohl als Objektbeziehung wie auch als Ich-Identifizierung definiert werden kann.

Als eine Hauptprämisse dieser Diskussion habe ich postuliert, die erste und wichtigste Objektbeziehung, die zu einer Ich-Identifizierung führe, sei die frühe Mutter-Kind-Beziehung. Das Wesen und die Qualität dieser frühen Errungenschaft läßt sich in einen Zusammenhang bringen mit dem Beginn der sekundären Ich-Autonomie. Diese ist, wie im Modell gezeigt wurde, als der Kern jenes Teils der Grundausstattung des Ichs anzusehen, der im Lauf des Lebens des Einzelmenschen am beständigsten bleibt. Die analytische Situation als Zweierbeziehung muß unweigerlich von den Kräften zehren, die von dieser Anfangserrungenschaft bestimmt sind, und ihre Schwächen offenbaren. Die Bedeutung von Objektbeziehungen für bestimmte Ich-Attribute bezieht sich nicht nur auf ihre Anfänge; sie sind ebenso wichtig für ihre Aufrechterhaltung, besonders in anstrengenden Zweierbeziehungen.

Für diese Erörterung ist Ernst Kris' Äußerung relevant, in der er die frühe Ich-Identifizierung in Zusammenhang bringt mit der Anpassung der Mutter an die angeborenen Potenzen des Kindes während der Periode, die der Differenzierung von Selbst und Objekt vorangeht. Wie ich schon früher gesagt habe, sollte hier die Rolle des Analytikers in den Eröffnungsphasen der Behandlung verglichen und kontrastiert werden. ... Die analytische Situation erfordert von Anfang an eine maximale Mobilisierung jener Ich-Attribute, die vorwiegend von dem Erfolg abhängig bleiben, der in einem relativ frühen Stadium der psychischen Entwicklung errungen worden ist. Eine derartige Mobilisierung wird gefördert durch intuitive, der Anpassung dienende Reaktionen von seiten des Analytikers, die sehr wohl mit denen erfolgreicher Eltern zu vergleichen sind. Kurzum, in den Eröffnungsstadien der Behandlung hilft der Analytiker dem Patienten, innerhalb der analytischen Beziehung Ich-Fähigkeiten zu integrieren, die auch früher schon in Bereichen außerhalb der Sphäre des neurotischen Konflikts erfolgreich waren.

Auf diesen Zug der analytischen Situation hat man oft in bezug auf die Anfangs- und Endphasen der Analyse hingewiesen. Man muß jedoch betonen, daß kein Patient in der Lage ist, die zusätzliche Belastung durch die aufsteigende Übertragungsneurose zu ertragen, ohne daß das therapeutische Bündnis hergestellt ist und zu allen Zeiten bewahrt bleibt. Wir können hier eine weitere Analogie zum ursprünglichen Entwicklungsprozeß sehen. Um es zu paraphrasieren: Nur das Kind, das eine frühe, positive Ich-Identifikation hergestellt hat, kann während der Wechselfälle der späteren Kindheitsentwicklung, die in der ödipalen Dreieckssituation gipfeln, positive Objektbeziehungen und zusätzliche Ich-Identifikationen aufrechterhalten. Neurotische Symptome oder Charakterzüge stammen in solchen Fällen hauptsächlich von intrapsychischen Abwehrmechanismen, die durch Angst als das Signal innerer Gefahr mobilisiert werden. Zur Übertragungsanalyse gehört in solchen Fällen die Wiedereröffnung von Konflikten, die vorher durch neurotisch übertriebene oder inadäquate Abwehr abgeschlossen worden waren; damit strebt man das Ziel einer angepaßteren Lösung an. Dies ist jedoch abhängig von der Erhaltung und progressiven Integrierung sicherer Objektbeziehungen, d. h. vom therapeutischen Bündnis.

Der Analytiker muß natürlich während der Deutung von Phantasien und Wünschen, die aus der verdrängten, vergessenen Vergangenheit stammen, objektiv und leidenschaftslos bleiben. In dieser Rolle ist er dem Elternteil ähnlich, der während der infantilen Neurose die ödipalen Phantasien des Kindes erkennen kann, ohne sie zu befriedigen. Er muß sich zugleich mit dem Patienten verbünden und ein Objekt für fortwährende positive Ich-Identifizierung bleiben. Seine Rolle beschränkt sich also keineswegs auf die Deutung der Übertragungsneurose. Von besonderer Bedeutung in diesem Zusammenhang ist die beständige Erkenntnis beider Partner, daß das passive Annehmen des Unvermeidlichen ebenso grundlegend für die psychische Reife ist wie aktive Reaktionen und angepaßte Steuerung in verfügbaren Bereichen der Befriedigung und Leistung.

Kehren wir zu unserer Abbildung zurück. Der analytische Prozeß stellt im Grunde eine Wiederbelebung dessen dar, was früher in der Periode zwischen der Unterscheidung von Selbst und Objekt und der Kindheits-Überschneidung der beiden reziproken Kurven erlebt wurde, im neuen Rahmen der analytischen Situation. Das bedeutet, daß die vorherige Erfahrung (d. h. vor der Unterscheidung von Selbst und Objekt), obwohl sie für die Gestaltung entscheidender Ich-Attribute von größter Bedeutung ist, im allgemeinen in einer traditionellen Psychoanalyse keiner wesentlichen Modifikation unterworfen ist. Man kann solche Ich-Attribute jedoch nicht als selbstverständlich voraussetzen. Sie müssen im Verlauf der Analyse aufrechterhalten und gestärkt werden. Der Analytiker muß zu allen Zeiten auf Affekte reagieren, die das

Bedürfnis des Patienten anzeigen, sich als realer Mensch geachtet und anerkannt zu fühlen. Während sich die Übertragungsneurose entwickelt, ist jedoch eine signifikante Regression in den beiden reziproken Kurven eine wesentliche Begleiterscheinung. Wenn dies geschieht, wird der Analytiker immer wichtiger als ein Objekt, auf das ungelöste infantile Konflikte verschoben werden.

Eine erfolgreiche Analyse erfordert also ein zweifaches Vorgehen im therapeutischen Prozeß. Dies wirft ein Schlaglicht auf die enge Beziehung und die entscheidenden Unterschiede zwischen der Übertragungsneurose, die unendlichen Veränderungen unterworfen ist, und dem therapeutischen Bündnis, das als reale Beziehung einen beständigen, stabilen Kern braucht. Ein solches zweifaches Vorgehen setzt eine auf der Entwicklung fußende Unterscheidung zwischen dem Abwehr-Ich, das regredieren muß, und dem autonomen Ich voraus, das die Fähigkeit zu beständigen Objektbeziehungen behalten muß.

Man muß sich aber auch klarmachen, daß die frühesten Ich-Identifikationen, wenn sie auch von größter Bedeutung sind, alles, was zum Konzept des autonomen Ichs und des Selbst gehört, nicht wirklich determinieren, sondern eher in Gang setzen. Spätere Stadien der kindlichen Entwicklung beeinflussen also die Verfügbarkeit der frühesten Errungenschaften sowohl positiv als auch negativ. Wenn auch substantielle frühe Erfolge als relativ irreversibel anzusehen sind, sind spätere Identifikationen während der ganzen Entwicklung und Auflösung der infantilen Neurose vielen Wechselfällen ausgesetzt. Diese Identifikationen mögen dazu bestimmt sein, später dem autonomen Ich, dem Abwehr-Ich und/oder dem Über-Ich und Ich-Ideal einverleibt zu werden. Ihre definitive Lokalisierung beeinflußt also nicht nur das Gefühl der persönlichen Identität, sondern auch die Bereiche verbotener und erlaubter Triebaktivität sowohl sexueller als auch nichtsexueller Art. Der analytische Prozeß sollte nicht nur die Wahrnehmung innerer Gefahr ändern, sondern auch eine progressive Modifizierung jener Ich- und Über-Ich-Identifikationen herbeiführen, die vorher neurotische Ich-Abwehr angeregt hatten. Während dies geschieht, finden gleichzeitig Veränderungen im Inhalt des Übertragungsmaterials und in der Qualität und Stabilität des therapeutischen Bündnisses statt.

Derartige Veränderungen im Verlauf der erfolgreichen Übertragungsanalyse sind Ursache wichtiger Unterschiede zwischen den Anfangs- und Endphasen der Behandlung. Die Ähnlichkeiten beim Wiedererscheinen primitiver Phantasien und Trennungsängste sind zu bekannt, als daß sie hier ausführlich besprochen werden müßten. Ihr Auftreten beleuchtet die regressiven Begleiterscheinungen aller Reifungskrisen. Während aber die Eröffnungsphasen dazu dienen, die passiven Komponenten eines länger dauernden Entwicklungsprozesses einzuführen, bedeutet die Endphase eine Bewegung in Richtung auf eine bedeutsame Selbständigkeit und Unabhängigkeit. Der Grad von Passivität und Abhängigkeit, den der analytische Prozeß erfordert, stellt mit der herannahenden Beendigung der Behandlung immer mehr einen ichfremden Wunsch dar. Wenn auch der Analytiker primitive Abhängigkeitswünsche deuten muß, sowie sie wieder auftreten, ist er nun nicht mehr in einer Position, die der eines Elternteils vergleichbar wäre, der auf den frühen Entwicklungsprozeß reagiert. Der Patient muß jetzt zu einer reifen Annahme realistischer Grenzen kommen, die mit einer aktiven Motivation in Richtung auf Selbständigkeit und Unabhängigkeit vereinbar ist. Der Analytiker als Objekt für fortdauernde positive Ich-Identifizierung muß im Bereich der autonomen Ich-Funktionen erhalten bleiben. Er muß auch in Fällen zukünftigen Bedarfs potentiell verfügbares Objekt bleiben. Kurz gesagt, kein Patient erreicht eine erfolgreiche Beendigung seiner Analyse, wenn er nicht erkennt, daß er nicht so unverletztlich ist, daß er nicht im Notfall zurückkehren und um Rat oder Hilfe bitten könnte.

Der Abschluß einer Psychoanalyse bedeutet also ein reifes Annehmen von Begrenzungen, erstens in bezug auf die Analyse und den Analytiker, zweitens in bezug auf die optimalen Fähigkeiten des Patienten für zukünftige Leistungen und schließlich in bezug auf den Grad von Befriedigung, den man von der Realität selbst erwarten kann. Es ist kaum verwunderlich, daß diese komplexe Aufgabe Angst, Depressionen und Regressionswünsche mit sich bringt. Der Analytiker ist jetzt jedoch in einer Position, die mit der des Elternteils vergleichbar ist, der die wachsende Selbständigkeit seines Kindes akzeptiert und fördert. Die Beendigung der Analyse beschränkt sich also nicht auf das erneute Abschließen alter Konflikte, auf das wir schon hingewiesen haben. Sie erfordert auch eine Deutung und Integrierung jener passiven Komponenten des therapeutischen Bündnisses, die eine zukünftige Regression im Dienst des Ichs erleichtern. Der Abschluß der Analyse ist darin der »erfolgreichen Trauer« ähnlich, daß auf den Analytiker als auf einen fortwährenden stützenden Elternersatz im großen ganzen verzichtet wird. Zwar mobilisiert ein solcher bevorstehender Verzicht Affekte, die Komponenten von Angst und Depression enthalten, aber eine erfolgreiche Bewältigung steigert die zukünftige Selbständigkeit und Freiheit ganz wesentlich.

Zusammenfassend möchte ich meine früheren Äußerungen über die

Bedeutung intrapsychischer Konflikte und ihrer Lösung in der Theorie des psychoanalytischen Prozesses noch einmal wiederholen. Die psychoanalytische Behandlung weist viele Analogien mit dem frühen Entwicklungsprozeß auf.

Erstens ist die erfolgreiche Entwicklung in späteren Stadien der Kindheit abhängig von der früheren Herstellung guter Objektbeziehungen, die aufrechterhalten werden müssen. Ebenso ist das erfolgreiche Aufsteigen und die erfolgreiche Lösung der Übertragungsneurose in der klinischen Psychoanalyse abhängig von der Herstellung und Bewahrung des therapeutischen Bündnisses. Die Eigenschaften des Analytikers, die das therapeutische Bündnis am besten fördern, entsprechen darüber hinaus in vieler Hinsicht jenen intuitiven Reaktionen der Mutter, die beim Kleinstkind zu einer erfolgreichen frühen Ich-Entwicklung führen.

Zweitens bringt die psychische Entwicklung auf allen Stufen sowohl progressive als auch regressive Manifestationen mit sich. Regression ist also eine unvermeidliche Begleiterscheinung einer progressiven Vorwärtsbewegung. Eine solche Regression kann nur dann zu Selbststeuerung und vermehrter Anpassung führen, wenn Grundfunktionen des Ichs aufrechterhalten werden. Das gilt für die infantile Neurose, die Adoleszenz und andere Entwicklungskrisen. Es steht im Zentrum der Folgen gesteuerter Regression während des analytischen Prozesses für die Entwicklung.

Schließlich bringt, genau wie eine gesunde Entwicklung während der ganzen Kindheit und Adoleszenz zu Unabhängigkeit, Reife und beträchtlicher Selbständigkeit beim jungen Erwachsenen führt, eine befriedigende Beendigung einer erfolgreichen Analyse auch Selbständigkeit und Unabhängigkeit mit sich. Sowohl die normale Reifung als auch die klinische Psychoanalyse erfordern einen Trennungsprozeß, zu dem auch Komponenten von Kummer und Trauer gehören, und der zur Reintegration erfolgreicher, stabiler Ich-Identifikationen führt. Weder Reife noch eine erfolgreiche Analyse können jedoch als eine absolute Errungenschaft betrachtet werden. Eine entscheidende Fähigkeit zu beidem umfaßt das Annehmen realistischer Einschränkungen, den Verzicht auf Allmachtsphantasien und die Fähigkeit, bei Bedarf Hilfe oder Unterstützung zu suchen. In diesem Sinn sollte keine Psychoanalyse als endgültig abgeschlossen gelten, so erfolgreich ihr Ergebnis auch sein mag.

Im Schlußkapitel des ersten Teils dieses Buches habe ich erörtert, wieweit die Psychoanalyse als umfassende Entwicklungspsychologie für die psychiatrische Beurteilung und Behandlung relevant ist. In diesem Zusammenhang habe ich von der Notwendigkeit gesprochen, die Rolle von Programmen zur Förderung der seelisch-geistigen Gesundheit und verschiedener Methoden der therapeutischen Intervention in ihrer Beziehung zu bestimmten entscheidenden Wendepunkten in Wachstum und Entwicklung des Individuums zu verstehen. In einer Zeit, in der die Gemeinschaftspsychiatrie *(community psychiatry)* immer populärer wird, ist es ebenso notwendig, bestimmte Kriterien der echten psychischen Gesundheit zu formulieren. Diesem Problem kann man nur durch ein zunehmendes Verständnis der psychischen Struktur und Funktion des Individuums näherkommen. Der Psychoanalytiker von heute sollte auf Grund seiner intensiven Erfahrung in der Behandlung potentiell gesunder erwachsener Patienten in der Lage sein, auf diesem Gebiet wichtige Beiträge zu leisten. Ich will daher in diesem Kapitel versuchen, aus der klinischen Erfahrung und meinem theoretischen Wissen ein psychoanalytisches Konzept von der psychischen Gesundheit zu extrapolieren. Dieses sollte erstens mit unseren heutigen metapsychologischen Annahmen vereinbar sein, zweitens mit unserer zunehmenden Erkenntnis, wie wichtig die entscheidenden frühen Jahre der individuellen Entwicklung für die spätere Krankheit und Gesundheit sind.

Psychoanalytiker haben schon lange erkannt, daß äußere Anpassung, so wichtig sie auch sein mag, weder ein Zeichen für eine erfolgreiche Entwicklung, noch ein Zeichen der Immunität gegen schwerwiegende tieferliegende Krankheiten sein muß. Schon vor über fünfzig Jahren hat z. B. Wilfred Trotter die Gefahren unterstrichen, die für die Psychoanalyse darin liegen, normales Verhalten mit seelischer Gesundheit zu verwechseln.

»...Die psychoanalytische Psychologie ist unter Bedingungen aufgewachsen, die sehr wohl die Beibehaltung des menschlichen Standpunkts gefördert haben können. ... Der objektive Maßstab ... an dem die Gesellschaft gemessen wurde, war notwendigerweise der des Arztes, nämlich die Fähigkeit, der abnormen Psyche ihre Normalität wiederzugeben. Normal ist in diesem Sinne natürlich nichts weiter als ein statistischer Ausdruck, der den Zustand des Durchschnitts-

---

16

Psychoanalyse und psychische Gesundheit

menschen meint. Es konnte jedoch kaum ausbleiben, daß er die Bedeutung von gesund annahm. Sobald die statistisch normale Psyche als gleichbedeutend mit dem psychisch Gesunden akzeptiert wird ... hat man einen Maßstab aufgestellt, der einen höchst trügerischen Anschein der Objektivität hat.« (1916, S. 78–79)

Ernest Jones wies darauf hin, daß die »sogenannte Normalität eine viel gewundenere und unklarere Art des Umgangs mit den Grundlagen des Lebens ist als die Neurosen, und es ist entsprechend sehr viel schwieriger, diesen Weg zurückzuverfolgen« (1930, S. 366). In seiner Abhandlung »Das Konzept von einer normalen Psyche« (»The Concept of a Normal Mind«) spricht Ernest Jones von den Möglichkeiten, die die Analysen von anscheinend normalen Kandidaten bieten. »Bei einer Arbeit dieser Art«, sagt er, »ist man oft erstaunt, wenn man beobachtet, wie ein vergleichsweise gutes Funktionieren der Persönlichkeit vereinbar ist mit einer ausgedehnten Neurose oder sogar Psychose, die nicht manifest ist« (1932, S. 207). Diese frühen Beobachtungen sind von Gitelson, Tartakoff und vielen anderen durch die viel umfassenderen Erfahrungen reichlich bestätigt worden, die sich infolge der jahrelangen Popularität der Psychoanalyse nach dem Ende des Zweiten Weltkriegs angesammelt haben.

In einer Monographie über »Aktuelle Auffassung von der positiven psychischen Gesundheit« (»Current Concepts of Positive Mental Health«, 1958), hat Marie Jahoda die Literatur über dieses Thema zusammenfassend dargestellt. Ihre einführenden Bemerkungen sind höchst relevant für meine eigene These:

»...Man hat die Wahl, psychische Gesundheit auf zumindest zweierlei Arten zu definieren: als eine relativ konstante und dauerhafte Funktion der Persönlichkeit... oder als eine momentane Funktion von Persönlichkeit und Situation. Wenn wir die psychische Gesundheit auf die erste Art betrachten, führt es dazu, daß wir Individuen als mehr oder weniger gesund klassifizieren. Wenn wir sie auf die zweite Art ansehen, führt es dazu, daß Handlungen als mehr oder weniger gesund klassifiziert werden...«

Diese Äußerung läßt sich verdeutlichen, wenn wir auf die klinischen Erfahrungen im Zweiten Weltkrieg Bezug nehmen, die mich zu meiner ersten theoretischen Abhandlung über »Angst und die Fähigkeit, sie zu ertragen« angeregt haben (3. Kapitel). Soldaten mit einer Vorgeschichte von manifester Angst erwiesen sich als elastischer nach einer Periode der schweren Belastung als viele andere, deren Lebensgeschichte Zeugnis ablegte für scheinbare Gesundheit und erfolgreiche äußere Anpassung. Diese Feststellung bestätigt Edward Glovers Annahme, »ein normaler Mensch muß eine gewisse Fähigkeit zeigen, Angst zu ertragen« (1932, S. 249). Außerdem dient sie jedoch dazu, Marie Jahodas Unterscheidung zwischen gesunden Menschen und gesunden Handlungen zu veranschaulichen. Eine Untersuchung der früheren Handlungen derjenigen, die sich rasch erholten, zeigte oft, daß sie trotz erheblicher Leistungen und emotionaler Reife durch phobisch-kontraphobische Charakterzüge, Symptome, Hemmungen oder durch ihre manifeste Angst etwas behindert gewesen waren. Umgekehrt waren die Handlungen, d. h. die äußere Anpassung, der schwerer erkrankten Kriegsneurotiker im typischen Fall bis zum Zeitpunkt ihrer traumatischen Erlebnisse gesund, angepaßt und im wesentlichen erfolgreich gewesen. Man darf sagen, daß es unwahrscheinlich ist, daß solche Individuen dem Psychiater oder Psychoanalytiker zu Gesicht kommen, bevor ihre erfolgreiche Anpassung – aus welchen Gründen auch immer – ernsthaft untergraben worden ist.

Eine wichtige Ausnahme von dieser Feststellung betrifft die Probleme, die scheinbar normale Kandidaten und andere bieten, die eine persönliche Analyse vorgeblich aus beruflichen Gründen wünschen. Es ist die Aufgabe des Analytikers, ihre gute äußere Anpassung in bezug auf ihre Genese in der Kindheitsentwicklung zu erklären. Es ist jedoch ebenso wichtig, das als sogenannte Normalität bezeichnete Syndrom von echter psychischer Gesundheit (die, worauf wir hinweisen möchten, die Fähigkeit zu emotionaler Entwicklung einschließt) zu unterscheiden. Ich will versuchen, die Entwicklungsaufgabe genau zu bezeichnen, von der ich glaube, daß sie für das Individuum, das eine wesentliche Selbständigkeit, eine sexualisierte Identität, die Fähigkeit zu bedeutungsvollen Beziehungen zu anderen und schließlich die Fähigkeit zu fortwährender emotionaler Entwicklung erwerben wird, entscheidend ist. Meine Erörterung beschränkt sich jedoch notwendigerweise auf Individuen, die innerhalb unserer Sozialstruktur leben. Ich bin bereit zuzugeben, daß die Art von Anpassung, die in unserer Kultur zu sogenannter Normalität führt, in Gesellschaften mit einer Art der Sozialstruktur, die nicht das fordert, was wir als Autonomie ansehen, zur Erlangung von Anpassung und annehmbarer psychischer Gesundheit adäquat sein könnte. Das könnte auch in jenen Gesellschaften zutreffen, wo die Fähigkeit, ein definitives heterosexuelles Objekt zu wählen, nicht als integraler Bestandteil emotionaler Reife angesehen wird.

Wie Dr. Jahoda sagte, die Probleme der Definition psychischer Gesundheit oder Normalität hängen eng zusammen mit unserer Auffassung vom Charakter und seiner Entwicklung. Bei der Winterzusammenkunft der amerikanischen psychoanalytischen Gesellschaft im Jahr 1957 führte Dr. Helen Tartakoff bei einer Podiumsdiskussion über

»Die psychoanalytische Auffassung vom Charakter« den Vorsitz. In ihren einführenden Bemerkungen gab sie einen Überblick über die einschlägige Literatur und schloß, nach dem veröffentlichten Tagungsbericht:

»Komplexe genetischer und dynamischer Faktoren sind beteiligt, ob nun die Konflikte durch der Realität angepaßtes, gut integriertes Verhalten gelöst werden, das zu scheinbarer Normalität führt, oder, im Gegensatz dazu, ein neurotischer Kompromiß geschlossen wird, der eine offenkundige Symptomatik oder eine Charakterneurose hervorruft.« (Tartakoff, 1958, S. 567)

Das bei dieser Podiumsdiskussion vorgelegte klinische Material erweist sich im Rückblick als höchst relevant für die These dieses Kapitels. Samuel Atkin (1958) legte Material aus den Analysen mehrerer scheinbar gut angepaßter, in Wirklichkeit sogenannter normaler Personen vor. Als er unter die Oberfläche zu sehen begann, war er unter anderem beeindruckt von »einem Hervortreten primitiver Ich-Abwehrmechanismen«.

Während der gleichen Podiumsdiskussion legte Annie Reich (1958) in gewissem Gegensatz dazu ihre Analyse eines Patienten vor, der auch »von sich selbst und seiner Umgebung als normal angesehen wurde«. Man beachte jedoch, daß dieser Patient spontan die Analyse aufsuchte, weil er subjektiv Einschränkungen seiner Arbeitsproduktivität bemerkte. Auch in seinem Fall verdeckte eine scheinbar gesunde Fassade schwere Hemmungen und eine ernste Neurose. Seine Analyse war jedoch im wesentlichen erfolgreich, sehr viel mehr als jene, die Dr. Atkin beschreibt, der ausdrücklich von einem »relativ starren und unveränderlichen Residuum« spricht.

In seiner Besprechung dieser Abhandlung nimmt Maxwell Gitelson (1958 b) auf einige der Kriterien psychischer Gesundheit Bezug. Im Hinblick auf Annie Reichs Fall sagt er, »die früheste Beziehung zwischen Mutter und Kind war von großer Bedeutung für die zukünftige Entwicklung«. Zum Abschluß der Diskussion bemerkte Atkin, auch er sei der Ansicht, eine frühe befriedigende Identifizierung müsse der Faktor gewesen sein, der für das ausgezeichnete Funktionieren und die Reifung des Patienten von Annie Reich verantwortlich gewesen sei. Da es für bestimmte Aspekte meiner These relevant ist, möchte ich wiederholen, daß dieser Patient sich schon vor der Analyse subjektiv innerer Probleme bewußt gewesen war, die eine offenkundig erfolgreiche äußere Anpassung zwar nicht verhinderten, aber einschränkten.

Symptombildung und Charakterbildung war ein Zentralthema der Diskussion auf dem 1963 in Stockholm abgehaltenen internationalen

Kongreß für Psychoanalyse. Zwei Abhandlungen, von Jeanne Lampl-de Groot (1963) und Jacob Arlow (1963), wurden schon vor der Tagung im »International Journal of Psycho-Analysis« veröffentlicht. In meiner vorbereiteten Besprechung dieser Abhandlungen habe ich unterschieden zwischen Charakterentwicklung und Symptombildung. Diese Unterscheidung verträgt sich mit Marie Jahodas Unterscheidung zwischen gesunden und nicht gesunden Individuen und gesunden oder ungesunden Handlungen.

»... Es ist ein Kardinalmerkmal des psychischen Lebens, daß jede wichtige Herausforderung der Entwicklung höchst signifikante Regressionsdrohungen mit sich bringt... Eine große Vielfalt von Funktionen, die für die endgültige Persönlichkeitsstruktur relevant sind, wird zu verschiedenen Zeiten der entwicklungsbedingten Veränderung etabliert. ... Die Charakterbildung umfaßt also die ganze Spielbreite von Lösungen, anpassungsfreundliche und -feindliche, für erkannte Herausforderungen der Entwicklung. Die Symptombildung dagegen ist zwar während bestimmter Reifungskrisen unvermeidlich, aber sie kann nicht als progressives, sondern nur als regressives Phänomen definiert werden. Sie geschieht als Folge einer Beeinträchtigung... in der Fähigkeit des psychischen Apparates, auf anpassende Weise mit den äußeren und/oder inneren Reizen fertigzuwerden, denen er ausgesetzt ist. Eine solche Beeinträchtigung, sei sie akut oder chronisch, kann durch eine Vielfalt auslösender Ereignisse herbeigeführt werden.« (Zetzel, 1964, S. 153)

Diese Definition erlaubt uns, manifestes affektives Leiden während erkannter Entwicklungs- oder situativ bedingter Krisen in den Bereich potentiell gesunder psychischer Struktur und Funktion einzubeziehen. Sie besagt außerdem, daß sich begrenzte Symptome, die auf Teilversagen bei der Lösung spezifischer intrapsychischer Konflikte zurückzuführen sind, bei Individuen finden können, deren Potential für echte Reife größer ist als das der Individuen, die in ihrer endgültigen Charakterstruktur konsolidierte primitive oder regressive Abwehrformen haben. Ich habe jedoch darauf hingewiesen, daß beide Abhandlungen einen Bereich bedeutsamer Schwierigkeiten in unserem Verständnis psychischer Gesundheit und Krankheit offenbart hätten. Beide Autoren betonten die Bedeutung prä-ödipaler Erlebnisse für die Entwicklung gesunder und krankhafter Charakterstrukturen.

»... Untersuchungen des Säuglingsalters und der frühen Kindheit haben... den Einfluß der prä-ödipalen Erlebnisse auf die Ich-Entwicklung immer mehr betont. Relativer Erfolg oder Mißerfolg beim Herstellen echter Objektbeziehungen und bei der frühen Ich-Identifizierung beeinflußt sowohl die Prädisposition für schwere Störungen als auch die Entwicklung und Bewältigung der infantilen Neurose.« (Zetzel, 1964, S. 151)

Der Umstand, daß Symptome oder Charakterzüge, die auf einen frühen (prä-ödipalen) Ausfall der Entwicklung zurückzuführen sind, von Charakterzügen oder Symptomen zu unterscheiden sein könnten, die auf einer späteren, d. h. ödipalen Stufe etabliert werden, wurde also implizit anerkannt. Die Diskussion der Symptombildung wurde trotzdem im allgemeinen auf die Neurosen begrenzt. Neurotische Symptome wurden also definiert als Reaktionen auf Signalangst, wie sie Freud in »Hemmung, Symptom und Angst« (1926) beschrieben hat. Wie z. B. Arlow betonte, wird diese Art von Angst jedoch erst in einem relativ späten Stadium der Kindheitsentwicklung etabliert. In beiden Abhandlungen wurde, zusammengefaßt, gesagt, daß unsere Theorie den Punkt des Zusammentreffens und der Überlappung zwischen prägenitalem Erleben und der infantilen Neurose bis jetzt noch nicht begrifflich klar gefaßt habe. Ein Hauptziel dieses Kapitels ist es, sich diesem sehr schwierigen Bereich im Licht unserer heutigen erweiterten Entwicklungshypothese zu nähern.

Bestimmte Äußerungen von Ives Hendrick (1942, 1943, 1951) sind relevant für meine eigene Einstellung zu diesem Thema. Seine Betonung der spontanen Bemühungen des Kindes in Richtung auf Konfliktbewältigung in mehreren Abhandlungen stimmt überein mit meiner eigenen Auffassung von Affekttoleranz und Affektbewältigung. Ob man in diesem Zusammenhang einen Grundtrieb postuliert oder nicht, ist nach meiner Ansicht weniger wichtig als das Erkennen der Motivation zur Affektbewältigung als eines integralen Bestandteils sowohl der äußeren als auch der inneren Anpassung. Außerdem ist Hendricks Betonung der Bedeutung der Unterscheidung zwischen Bemeisterung der Ambivalenz in Zweierbeziehungen (dyadischen) und den komplexeren Aufgaben, die die Entstehung eines Dreieckskonflikts (triadischen) stellt, nach meiner Ansicht entscheidend für unser Verständnis jener Attribute der psychischen Gesundheit und Krankheit, die vom relativen Erfolg oder Mißerfolg in bezug auf diese sehr verschiedenen Herausforderungen der Entwicklung herrühren.

In meinem eigenen Ansatz habe ich Hendricks Auffassung von dyadischen Beziehungen etwas erweitert. Die Bewältigung der Ambivalenz in der frühen Mutter-Kind-Beziehung bleibt nach meiner Meinung eine Voraussetzung für optimale zukünftige psychische Gesundheit. Relative Mißerfolge in diesem Bereich können vereinbar sein mit langen Perioden der erfolgreichen äußeren Anpassung. Jedoch zeigen schwer regressive Reaktionen auf spätere Entwicklungskrisen – Adoleszenz, Heirat, Elternschaft, Pensionierung und Alter – im typischen Fall signifikantes Versagen in dieser ursprünglichen Entwicklungsaufgabe an. Außerdem haben meine klinischen Erfahrungen mich zu dem Schluß geführt, daß zur erfolgreichen prä-ödipalen Entwicklung die Herstellung mehr als einer wesentlichen dyadischen Beziehung gehört. Kurz gesagt, das Kind, das später ein potentiell gesunder Erwachsener wird, hat vor dem Einsetzen der genitalen ödipalen Dreieckssituation erfolgreiche Zweierbeziehungen zu beiden Eltern hergestellt. Unter diesen Umständen fördern echte intrapsychische Konflikte die Fähigkeit, zwischen äußerer und innerer Realität zu unterscheiden. Dies ist nach meiner Ansicht ein unentbehrliches Attribut des gesunden oder potentiell gesunden (analysierbar neurotischen) Individuums.

In einer neueren Schrift mit dem Titel »Charakterbildung in der Adoleszenz« (»Character Formation in Adolescence«, 1968) sagt Peter Blos, die für diesen Lebensabschnitt so charakteristische Regression erleichtere die endgültige Bewältigung von vier Entwicklungsaufgaben. Er nennt sie: die zweite Individuation, die Erlangung der Ich-Kontinuität, Integration einer sexuellen Identität und die Bewältigung residualer Traumata. Ich glaube, unser Verständnis dieser verschiedenen Aufgaben läßt sich steigern, wenn wir unterscheiden zwischen der Triebregression, die sonst abgewehrte intrapsychische Konflikte wieder eröffnet, und der Regression des Ichs auf die prä-genitale Periode der Zweierbeziehungen. Man kann also sagen, Dr. Blos' erste zwei Entwicklungsaufgaben, die zweite Individuation und die Erlangung der Ich-Kontinuität, enthalten hauptsächlich eine endgültige Integrierung von Fähigkeiten, die während des ersten Individuationsprozesses angelegt worden sind. Dieser findet nach Margaret Mahler (1963, 1965, 1969) im zweiten und dritten Lebensjahr statt. Man kann, wie ich später noch ausführlicher erklären werde, auch sagen, daß die Erringung einer sexuellen Identität und die Bewältigung residualer Traumata von den komplexeren Aufgaben abhängig sind, die die Entstehung eines Dreieckskonflikts oder ödipalen Konflikts stellen.

Ich möchte zuerst meine eigene Auffassung von den ersten beiden von Peter Blos besprochenen Entwicklungsaufgaben ausführlicher erklären. Ich habe an anderer Stelle gesagt, diese Aufgaben beschränkten sich nicht auf den Prozeß der Individuation (Zetzel, 1964). Sie umfassen auch die Anfänge der Fähigkeit, schmerzliche Affekte zu erkennen, zu ertragen und zu bewältigen. Eine Bewältigung der Ambivalenz ist sowohl in der ersten als auch in der zweiten Individuierungsperiode eine Voraussetzung für den Erfolg. Das Erkennen, Ertragen und Bewältigen von Angst und Depression, die Edward Bibring (1953) als Grundzustände des Ichs definiert hat, sind als ebenso unentbehrlich anzusehen. Ich habe diese Schritte in der Reihenfolge erwähnt, in der ich selber mir ihrer bewußt geworden bin. Ich sehe es aber heute als fraglich an, ob mein erster Eindruck, dies sei die Reihenfolge der ausdrücklichen chronologischen Entwicklung, richtig war. Es weist vielmehr einiges darauf hin, daß während des Säuglingsalters, während der Kindheitsneurose und der Latenzzeit der Hauptfortschritt vor allem auf die letzte Entwicklungsaufgabe begrenzt ist, d. h. auf alles, was mit Selbststeuerung zu tun hat: Lernen, Leistung und eine gewisse oberflächliche Unabhängigkeit. Dies ist vereinbar mit den bloßen Anfängen, d. h. den allerersten Schritten in bezug auf das Erkennen und Ertragen von Depression und Angst als integralen Zügen der affektiven Position, die, wie ich glaube, der echten Bewältigung von Trennung und narzißtischer Kränkung vorangehen muß. Insofern jedoch, als Depression und Depressionstoleranz und -bewältigung als notwendige Komponenten psychischer Gesundheit anzusehen sind, bin ich mit Dr. Blos der Meinung, daß dies ein entscheidendes Merkmal der zweiten Individuierungsperiode ist, die eng mit seiner zweiten Entwicklungsaufgabe, der Erlangung von Ich-Kontinuität, zusammenhängt. Man kann auch sagen, die Fähigkeit, in einer Analyse im Erwachsenenalter ein erfolgreiches therapeutisches Bündnis herzustellen, sei weitgehend bestimmt davon, in welchem Maß dieser zweite Individuationsprozeß die Fähigkeit hervorgebracht hat, Angst, Depression und intrapsychische Konflikte zu ertragen.

Nach meiner Ansicht entwickelt sich der Typus des sogenannten Normalen, der mit darunterliegender schwerer Krankhaftigkeit vereinbar ist, im typischen Fall bei Individuen, bei denen bestimmte Aspekte dieser frühen Entwicklungsaufgaben weitgehend ausgefallen sind. Wie bei dem Syndrom der sogenannten guten Hysterie, das ich an anderer Stelle (14. Kap.) beschrieben habe, so mißlingt es auch dem sogenannten Normalen weitgehend, während der prä-ödipalen Periode Angst oder Depression zu erkennen oder zu ertragen. Seine Hauptabwehr richtet sich nicht gegen ich-fremde Phantasien und Wünsche. Sie wird vielmehr immer noch motiviert durch den primitiveren Wunsch, von außen Billigung (d. h. narzißtische Zufuhr) zu bekommen und sie sich zu erhalten. Oft haben solche Individuen eine adäquate primäre Ich-Autonomie erlangt, und sie können außerdem in bezug auf die von der Umwelt gestellten Aufgaben eine natürliche Begabung haben. Äußere Angepaßtheit kann sich also lange mit emotionaler Unreife, seichten Objektbeziehungen und Konformität mit den Idealen einer bestimmten Umwelt vertragen.

In einer neueren Abhandlung mit dem Titel »Die normale Persönlichkeit in unserer Zeit und der Nobelpreis-Komplex« (1966) betont Helen

Tartakoff, in welchem Maß die »in unserer Kultur geförderten Erfolgs-ziele« zu einem Charakter-Abwehr-Verhalten führen, das Zwecken der Anpassung dient. Außerdem erweitert sie Maxwell Gitelsons frühere Erörterung (1958 b) der Probleme, denen man bei der Analyse soge-nannter normaler Kandidaten begegnet. Zum Abschluß sagt sie:

»...In dieser auf das Kind zentrierten Kultur haben die Interaktionen zwischen Mutter und Kind, die stattfinden, bevor eine echte Kausalität etabliert worden ist, eine Reihe potentieller Konsequenzen..., [die] das Fundament für die Erwartung des Kindes legen können, für seine Anpassungsleistungen Anerken-nung und Belohnung zu bekommen. Sie haben die Tendenz, Abkömmlinge der Omnipotenz in Form narzißtischer Phantasien zu verewigen.« (1966, S. 249)

Meine eigene These ist etwas anders, aber nicht unvereinbar mit der Dr. Tartakoffs. Ich habe schon gesagt, daß emotionale Reife die Fähig-keit erfordert, schmerzliche Affekte (z. B. Angst und Depression) zu erkennen, zu ertragen und zu bewältigen. Wenn die Anfangsschritte in den prä-ödipalen Jahren nicht getan worden sind, kann eine fortge-setzte aktive Anpassung, wie Dr. Tartakoff angibt, Omnipotenzphanta-sien und narzißtische Ziele zur Folge haben, und es mißlingt weitge-hend, die eigenen Grenzen oder die Grenzen der Realität anzunehmen. Ich bin mit der Autorin der Meinung, daß eine Kultur, in der übertrie-ben viel Wert auf Erfolg gelegt wird, solche Entwicklungsausfälle länger hinziehen und verstärken kann. Zugleich bezweifle ich persön-lich aber, ob irgendeine frühe Mutter-Kind-Beziehung so vollkommen befriedigend sein kann, daß das Kind keine Gelegenheit hat, relative Hilflosigkeit, Trennungsangst oder irgendein Zeichen seiner eigenen Grenzen zu erkennen und zu erleben. Ich neige deshalb dazu, diese Form der sogenannten Normalität auf einen Entwicklungsausfall in bezug auf die Aufgaben, die ich im Hinblick auf die erste Individua-tionsperiode skizziert habe, zurückzuführen.
In der gleichen Abhandlung sagt Dr. Tartakoff abschließend:
»Diese narzißtische Orientierung kompliziert die Herstellung von Ob-jektbeziehungen und die Lösung des ödipalen Konflikts« (1966, S. 249). Ich möchte diesen Punkt sogar noch stärker unterstreichen. Tatsäch-lich möchte ich sagen, daß entscheidende Ausfälle in der Bewältigung der Ambivalenz in Zweierbeziehungen die Entstehung, ganz zu schwei-gen von der Lösung, eines echten ödipalen Dreieckskonflikts nicht nur komplizieren, sondern erheblich behindern können. Der Beginn der Fähigkeit, so kann man sagen, affektive Not zu erkennen, zu ertragen und zu meistern, findet bei einer gesunden Entwicklung im Zusammen-hang mit Zweierbeziehungen statt. Es ist wichtig, daß solche Beziehun-

gen zu beiden Eltern vor dem Einsetzen der genital-ödipalen Periode hergestellt worden sind. Jeder Elternteil ist, mit anderen Worten, in den prä-ödipalen Jahren sowohl als Liebesobjekt wie auch als Objekt für die Identifizierung erlebt worden. Die Mutter ist gewöhnlich das erste Objekt, mit dem eine Ich-Identifizierung vollzogen wird. Bei einer optimalen Entwicklung fügt das Kind jedoch in den prä-ödipalen Jahren sowohl eine Objektbeziehung als auch einen gewissen Grad von Identifizierung mit dem Vater hinzu. Beim Jungen ist diese Identifizierung ein Vorläufer des Gefühls, das der Mann von seiner männlichen Identität hat. Beim Mädchen kann eine solche Identifizierung einerseits durch eine Beziehung zum Vater motiviert sein, die weniger ambivalent ist als die zur Mutter. Sie ist aber häufig auch eine Begleiterscheinung der defensiven Verstärkung des Penisneids, dem man im typischen Fall bei der Analyse potentiell gesunder Frauen begegnet, die an einer umschriebenen hysterischen Übertragungsneurose leiden können oder auch nicht. (Siehe 14. Kap.)

Ich habe die progressiven und die regressiven Aspekte von Herausforderungen, die im Zusammenhang mit Zweierbeziehungen zu erwägen sind, etwas ausführlicher besprochen. Solche Herausforderungen tauchen zuerst in den prä-ödipalen Jahren auf und werden im typischen Fall in der Adoleszenz noch einmal neu erlebt. Das Erlangen und die Erhaltung erwachsener Selbständigkeit sind jedoch niemals als fixiert oder unveränderlich anzusehen. Die klinische Erfahrung mit der Analyse neurotischer Patienten offenbart jedoch deutlich, daß im Verlauf und bei der Beendigung einer erfolgreichen therapeutischen Analyse in diesem Bereich bedeutsame progressive Veränderungen vor sich gehen. Entsprechende Herausforderungen sind auch im Hinblick auf viele andere Perioden der entwicklungsbedingten Veränderung während des ganzen Lebens zu erkennen. Solche Herausforderungen müssen jedoch klar unterschieden werden von den komplexeren Internalisierungen, die nach meiner Ansicht ihren Ursprung dort haben, wo das Kind eine echte ödipale Dreieckssituation erlebt. Erfolg oder Mißerfolg in diesen ersten Entwicklungsaufgaben ist besonders relevant für die individuellen Reaktionen auf die realen Verluste und Einschränkungen, die in den späteren Lebensjahren zu erwarten sind. Ich möchte zitieren:

»...Kurze, einfache depressive Episoden könnten als unvermeidliche Begleiterscheinungen der großen Vielfalt von Verzichten angesehen werden, die in späteren Lebensjahren akzeptiert werden müssen... Das älter werdende Individuum, das mit einer vorübergehenden, reversiblen, einfachen Depression reagiert, wiederholt im Grunde einen Prozeß des Annehmens seiner eigenen Grenzen und der Grenzen der Welt, der in der frühen Kindheit begonnen hat.

Ein derartiges Annehmen braucht nicht Resignation oder Verzweiflung zur Folge zu haben. Es kann sogar neue Anpassungen erleichtern, die den Errungenschaften und Befriedigungen angemessen sind, die noch zur Verfügung stehen. ... Die inneren Kräfte [die dies ermöglichen], sind am Anfang des Lebens erworben worden. Soweit sie echt errungen sind, bleiben sie bei jeder späteren Entwicklungskrise potentiell verfügbar. In diesem Sinn läßt sich [jede Lebensperiode], wie Erik Erikson (1950) gesagt hat, in den Rahmen einer umfassenden Entwicklungspsychologie einbeziehen.« (Zetzel, 1965, S. 115, 119)

Zusammenfassend: Die ersten beiden Entwicklungsaufgaben Dr. Blos' lassen sich im Zusammenhang mit Zweierbeziehungen betrachten. Diese Aufgaben unterscheiden sich deutlich von jenen, die die Triebregression stellt, die im Grunde die komplexeren Konflikte wieder eröffnet, die ursprünglich die infantile Neurose bestimmt haben. Die Wiedereröffnung eines echten Dreieckskonflikts bietet dem Jugendlichen eine zweite Gelegenheit, diesen entscheidenden Konflikt zu lösen. Der Erfolg schließt als ein Hauptziel die Erlangung einer echten sexualisierten Identität ein. Eine wichtige Voraussetzung dafür bleibt die Bewältigung residualer Traumata. Das Individuum, das alle vier Aufgaben Dr. Blos' erledigt hat, hat nicht nur echte Individuation und Autonomie erlangt, sondern es hat auch eine sexuelle Identität integriert, die sicher genug ist, um eine befriedigende Objektwahl zu ermöglichen. Außerdem haben solche Individuen die Fähigkeit erlangt, neutralisierte psychische Energie in Bereichen konfliktfreier Aktivität zu verwenden.

Es ist vielleicht nicht uninteressant, sich klarzumachen, was für ein seltsames historisches Paradoxon meine Phraseologie bestimmt. Die Erkenntnis des infantilen Ödipuskonflikts war eine der frühen wichtigen Entdeckungen Freuds. Lange wurden dieser Konflikt und die verschiedenen Ängste, die er mit sich bringt, als die Hauptdeterminanten der neurotischen Leiden Erwachsener betrachtet. Der Umstand, daß man in jüngster Zeit den prä-genitalen Jahren mehr Bedeutung beimißt, sollte uns jedoch nicht veranlassen, die Bedeutung der ödipalen Periode zu unterschätzen. Das Individuum, das einen echten Dreieckskonflikt erlebt hat, kann als potentiell gesund angesehen werden, ob der Konflikt nun völlig gelöst worden ist oder nicht. Ich behaupte also, daß eine psychoanalytische Betrachtung der Kriterien psychischer Gesundheit implizit eine Unterscheidung zwischen jenen Individuen enthält, die trotz neurotischer Symptome, neurotischer Charakterzüge, manifester Angst oder Depression fähig erscheinen, weitgehende Gesundheit zu erlangen, und jenen, die umgekehrt, was immer ihre offenkundige Symptomatik oder wie ihr sogenanntes »normales« Verhalten auch sein mag, gewisse entscheidende Punkte im Erwerb potentieller oder tatsächlicher psychischer Gesundheit nie hinter sich gebracht haben. Auch unter diesem Gesichtspunkt behaupte ich, das Erkennen und das Ertragen der Angst, die wesentlich zum Auftauchen eines echten intrapsychischen Konflikts gehören, sind wesentliche Attribute der psychischen Gesundheit und der fortdauernden Fähigkeit zu emotionaler Entwicklung.

Eine analytische Erörterung dieses Themas wird kompliziert durch den Umstand, daß unsere Hauptquelle detaillierter Informationen unsere Kenntnis von Individuen sein muß, die mit Erfolg eine persönliche Analyse durchgemacht haben. Aus dieser Kenntnis können wir vielleicht gewisse Kriterien extrapolieren, die uns befähigen zu entscheiden, ob »normales« Verhalten und »normale« Anpassung in die Kategorie des sogenannten Normalen fallen, d. h. einen ernsthaften Entwicklungsausfall spiegeln, oder ob wir das Verhalten und die Anpassung bestimmter Individuen als wirklich gesund akzeptieren, obwohl sie sich vielleicht nicht um eine persönliche Analyse bemüht haben. Beide sollten, mit anderen Worten, in die Kategorie der analysierbaren Patienten fallen, ob diese Behandlung nun indiziert ist oder nicht.

In meiner eigenen klinischen Erfahrung habe ich nicht festgestellt, daß alle anscheinend gut angepaßten Individuen, die aus beruflichen Gründen in die Analyse kamen, in die Gruppe der gestörten, sogenannten Normalen fallen. Viele von ihnen sind sich, obwohl sie ganz gut angepaßt sind, in einem Maß, das mit dem von Annie Reich beschriebenen vergleichbar ist, einer Einengung, Hemmung oder Angst bewußt – entweder in ihrem Beruf oder in ihren Beziehungen zu anderen. Diese Menschen zeigen während der Analyse sowohl hysterische als auch zwanghafte Mechanismen. Im allgemeinen haben die am besten analysierbaren Frauen dieser Gruppe hysterische Symptome und/oder Charakterzüge gezeigt, gewöhnlich in ihren heterosexuellen Objektbeziehungen. Sie haben auch einige zwanghafte Abwehrmechanismen an den Tag gelegt. Die am besten analysierbaren Männer haben im Verlauf der Analyse auch ein Teilversagen in der Lösung der ödipalen Situation gezeigt. Wie bei dem Patienten von Dr. Reich sind jedoch die Probleme, mit denen sie kommen, gewöhnlich zwanghafter Natur oder betreffen Hemmungen – selten sind sie offen hysterisch. Viele von ihnen haben zwar Erfolge in der Arbeit aufzuweisen, haben aber Schwierigkeiten, ihr volles Potential zu verwirklichen. Beim Versuch, diesen Geschlechtsunterschied zu erklären, komme ich auf einen weiteren Bereich, der für die Formulierung einer psychoanalytischen Beurteilung psychischer Gesundheit von entscheidender Bedeutung ist. Diese Frage betrifft die Beziehung zwischen Aktivität und Passivität im Seelenleben.

Wenn man diese Frage verstehen will, muß man begrifflich unterscheiden zwischen deutlich sexualisierten Aspekten von Aktivität und Passivität einerseits und Ich-Attributen andererseits, zu denen auch eine Energie gehört, die in Bereichen konfliktfreier Aktivität zur Verfügung steht, und nicht notwendigerweise vollständig von den libidinösen (d. h. sexuellen) Trieben herstammt. Libidinöse Wünsche und Aktivitäten auf der genitalen Stufe sind natürlich einer offensichtlichen Geschlechtsdifferenzierung unterworfen. Der Mann erreicht seine typische sexuelle Befriedigung durch aktive Genitalität. Die reife genitale Weiblichkeit erfordert die Fähigkeit zum passiven Annehmen der Aktivität eines anderen Menschen (des Mannes) als Hauptquelle der sexuellen Befriedigung. Es ist leicht zu verstehen, daß Männer häufig dazu neigen, Aktivität mit Männlichkeit gleichzusetzen. Umgekehrt neigen Frauen oft dazu, Weiblichkeit als essentiell passiv anzusehen. Wie ich schon gesagt habe, ist jedoch die Bewältigung der Ambivalenz in Zweierbeziehungen ein entscheidender Wendepunkt in der frühen Entwicklung. Eine derartige Ambivalenz impliziert natürlich nicht nur libidinöse, sondern auch feindselige aggressive Impulse gegenüber einem Objekt, das als befriedigend und zugleich als frustrierend gesehen wird. Ich habe gesagt, bei der optimalen Entwicklung sei das Individuum fähig, während des ursprünglichen Entwicklungsprozesses sowohl passives Annehmen als auch aktive Bemeisterung in bezug auf die Konflikte, Frustrationen und Trennungen der frühen Kindheit in Anfängen zu entwickeln. Diese Entwicklung schließt die Fähigkeit ein, Gefühle der Wut im Prozeß der Mobilisierung aktiver Impulse in bezug auf verfügbare Ziele und Ideale zu modifizieren und zu modulieren. Eine derartige aktive Steuerung ist eine notwendige Voraussetzung für spätere psychische Gesundheit, welchem Geschlecht das Individuum auch angehören mag.

Deshalb sollten wir keine scharfe Geschlechtsunterscheidung treffen, wenn wir betrachten, welche Rolle Aktivität und Passivität spielen, wenn das Ich Ambivalenz, Angst und Depression erkennt, erträgt und meistert. Psychische Gesundheit erfordert eine erfolgreiche Einführung und später Integrierung jener Fähigkeiten, die während des ganzen Lebens erstens das passive Erkennen und Ertragen von Einschränkungen, Verlusten und Bedrohungen erleichtern, ebenso aber auch aktive Bemühungen, verfügbare Objekte und persönliche Ziele zu finden und zu erlangen, die sowohl passive Befriedigung als auch aktive Leistung ermöglichen. Man kann aber sagen, daß die Bereiche des relativen Entwicklungsausfalls, denen man im typischen Fall bei potentiell gesunden Männern und Frauen begegnet, je nach Geschlecht verschieden sind. Kurz gesagt, es ist für den Mann leichter und mehr ich-synton, aktive Kräfte und damit verknüpfte Abwehrmechanismen zu mobilisieren, als passiv Angst, Depression und Aufschub zu erleben und zu ertragen. Umgekehrt rühren bei Frauen die häufigeren Entwicklungsausfälle von Problemen her, die mit Arten der Ich-Steuerung zu tun haben. Am einen Extrem können gewisse Frauen, nämlich jene, deren Penisneid übermäßig oder defensiv verstärkt ist, Schwierigkeiten haben, reife Weiblichkeit zu erlangen. Am anderen Extrem zeigen jene Frauen, die die passiven Komponenten der Weiblichkeit überbetonen, möglicherweise ein relatives Versagen im Bereich der aktiven Bewältigung.

Das Verstehen dieses Unterschieds bereitet viele schwierige Probleme. Es ist z. B. klar, daß gesunde kleine Mädchen in den prä-ödipalen Jahren gewöhnlich ein erhebliches Maß an Selbständigkeit und Aktivität zeigen. In einem anderen Kapitel habe ich besprochen, welchen positiven Wert die frühe Entwicklung dieser aktiven Fähigkeiten für die zukünftige psychische Gesundheit hat. Der Hinweis Peter Blos', erst in der Adoleszenz werde eine echte sexuelle Identifizierung integriert, eröffnet die Möglichkeit, daß viele Faktoren, sowohl äußere als auch innere, die Natur und Stabilität männlicher und weiblicher Ich-Ideale bestimmen. Insofern, als Männer Männlichkeit mit fortwährendem aktivem Streben gleichsetzen können, werden sie möglicherweise die passiven Komponenten der Reife weitgehend opfern. Diese sind, so kann man sagen, unerläßlich für die Fähigkeit, im Dienst des Ichs zu regredieren, ebenso für den kreativen Prozeß. Es ist wichtig, defensive Über-Mobilisierung der Aktivität infolge der Adoleszenz-Entwicklung von ursprünglichen Entwicklungsausfällen zu unterscheiden. Die erstere ist nicht unvereinbar mit potentieller psychischer Gesundheit; die letzteren sind oft mit der sogenannten Normalität verbunden, die wir schon besprochen haben. Umgekehrt ist, wo Frauen, besonders in der Adoleszenz, Weiblichkeit mit Passivität gleichsetzen und Aktivität nur bei rein häuslichen Funktionen zulassen, ein paralleles Opfer gebracht worden. Vorausgesetzt, daß die ursprünglichen Entwicklungsaufgaben erfolgreich erledigt worden sind, erweisen sich jedoch viele Frauen in späteren Jahren als fähig, ihre aktiven Fähigkeiten wieder zu mobilisieren und so Bereiche für individuelle Befriedigung zu finden.

Der reife schöpferische Mann ist nicht völlig auf fortwährende aktive

Leistung angewiesen, um seine Selbstachtung aufrechtzuerhalten. Er ist auch fähig zu einer gewissen Kontemplation, zu äußeren Interessen und zur Teilnahme an Betätigungen, die keine fortgesetzten Erfolgsbeweise erfordern. Er hat gewöhnlich irgendwann in seinem Leben ein Erlebnis der Enttäuschung, des Verlustes oder der Traurigkeit durchgemacht. Er hat gewiß den Affekt der Angst zu irgendeiner Zeit in irgendeiner Form erlebt. Er ist jedoch auch in der Lage gewesen, seine inzestuöse Rivalität durchzuarbeiten. Er kann also aktiven Wettbewerb in bezug auf erreichbare Ziele vom Wettbewerb in der ödipalen Rivalitätssituation unterscheiden. Ein relatives Versagen auf diesem Gebiet ist, wie ich glaube, einer der Gründe, warum das, worüber so viele analysierbare Männer klagen, wenn sie in die Behandlung kommen, so häufig Probleme der beruflichen Leistung betrifft. Eine erfolgreiche Entwicklung und/oder erfolgreiche Analyse des potentiell gesunden Mannes erlaubt eine Mobilisierung von aktiven Kräften, ohne daß die passive Komponente der Reife ausgeschlossen wird.

Die reife Frau ist umgekehrt nicht vollständig auf äußere Objekte als Quelle von Befriedigung und Lust angewiesen. Sie hat auch persönliche Bereiche aktiver Befriedigung und Steuerung errungen. Die gesunde oder mit Erfolg analysierte Frau sollte fähig sein, eine erfolgreiche Ehe und Mutterschaft mit irgendeiner persönlichen Karriere zu verbinden. Was sie für diese Karriere investiert, ist gewöhnlich sekundär gegenüber der Investition in Haus und Familie während der Jahre des Heranwachsens ihrer Kinder. Sie kann jedoch ihre früheren Betätigungen erneuern und verstärken, wenn die Kinder größer werden. Relative Mißerfolge auf diesem Gebiet werden bei vielen verheirateten Frauen vielleicht erst recht spät im Leben offenbar. Oft zeigen sich frühere Entwicklungsausfälle bei beiden Geschlechtern erst während des Alterungsprozesses. Ich glaube, ein Mensch, dem es weitgehend gelungen ist, die Hauptattribute der psychischen Reife anzubahnen, wird höchstwahrscheinlich nicht signifikant oder in irreversibler Weise regredieren, wenn er sich den realistischen Veränderungen gegenübersieht, die der Prozeß des Alterns mit sich bringt. Das bedeutet, daß wir unsere Kriterien der psychischen Gesundheit im Zusammenhang mit der Entwicklung betrachten müssen. Es erscheint auch unmöglich, irgendwelche absoluten Kriterien der psychischen Gesundheit aufzustellen. Ich habe jedoch schon gesagt, daß bei einem relativen Vorgehen bestimmte entscheidende Wegmarken der Entwicklung als Determinanten der endgültigen Fähigkeit, psychische Gesundheit zu erlangen oder wiederzuerlangen, betont werden.

Nicht alle Menschen, die den allgemein gültigen Kriterien für normales Verhalten entsprechen, bestätigen in der analytischen Situation, daß äußere Anpassung notwendigerweise unvereinbar ist mit weitgehenden Erfolgen im Hinblick auf diese Wegzeichen der Entwicklung. Die Analyse solcher Menschen hat jedoch reichlich bestätigt, daß die infantile ödipale Situation von entscheidender Bedeutung ist, sowohl als Voraussetzung für psychische Gesundheit als auch als fortbestehender ungelöster Konflikt beim potentiell gesunden, analysierbaren Neurotiker. Nach meiner eigenen Erfahrung als Analytikerin und Kontrollanalytikerin hat die Analyse solcher Patienten die frühe günstige Entwicklung in bezug auf die Anbahnung dessen bestätigt, was ich als wesentliche Voraussetzung für die psychische Gesundheit des Erwachsenen bezeichnet habe. Bei der großen Mehrheit der analysierbaren neurotischen Patienten hat die Analyse jedoch ungünstige Erlebnisse, entweder während der infantilen Neurose selbst oder am Anfang der post-ödipalen Periode, zutage gefördert. Solche ungünstigen Erlebnisse sind sehr vielfältig – am einen Ende der Skala steht der Verlust eines Elternteils durch Tod – am anderen die Beeinträchtigung der Mutter-Kind-Beziehung nach der Geburt eines jüngeren Geschwisters während einer entscheidenden Periode in der Entwicklung des Patienten. Solche Erlebnisse hatten fast immer die Tendenz, die eine oder die andere prä-ödipale Zweierbeziehung zu untergraben; auf diese Weise wurde die Fähigkeit des Kindes untergraben, die inneren Kämpfe dieser entscheidenden Periode zu ertragen, geschweige denn zu bewältigen. Bei einer Reihe von Patienten dieser Gruppe kam noch dazu, daß sie längere Zeit der Urszene ausgesetzt gewesen waren.

Unser Verständnis des Traumas und seiner Wirkung auf die Charakterbildung und die Prädisposition zur Neurose muß zum Teil bestimmt sein durch unser Verständnis des Wiederholungszwangs. Die vierte Entwicklungsaufgabe Dr. Blos', die Bewältigung des residualen Traumas, weist deutlich darauf hin, daß zur potentiell gesunden und der Anpassung dienenden Entwicklung der Zwang gehört, traumatische Erlebnisse neu zu beleben und zu wiederholen. Der Wiederholungszwang ist mindestens zum Teil auf den positiven Wunsch der Bewältigung zurückzuführen. Eine solche Bewältigung umfaßt nicht nur die Wirkungen schmerzlicher Reize aus der Außenwelt; es gehört auch das Ertragen und die Bewältigung der Angst dazu, die durch einen graduellen Internalisierungsprozeß geweckt worden ist. Schließlich umfaßt sie noch das Ertragen und Bewältigen der Hilflosigkeit, nämlich des depressiven Affekts, der zur Zeit des traumatischen Erlebnisses durch einen verwandten Prozeß zustande gekommen war. Aus der Analyse und aus psychiatrischen und psychotherapeutischen Erfahrungen bin ich zu dem Schluß gekommen, daß nicht nur die Schwere, sondern noch mehr der Zeitpunkt traumatischer Erlebnisse einen Einfluß darauf hat, in welchem Maß die Wiederholung durch den Wunsch motiviert ist, das Trauma zu bewältigen und zu internalisieren. Da ein schweres Trauma sehr früh im Leben die Grundattribute psychischer Gesundheit beeinträchtigen kann, liegen sie außerhalb des Bereichs unserer Diskussion. Ich glaube jedoch, daß die Art von traumatischem Erlebnis, die während oder nach der Entstehung einer ödipalen Dreieckssituation eintritt, mit dem späteren Erringen weitgehender psychischer Gesundheit vereinbar ist. Man kann anführen, daß in den günstigsten Fällen die Jahre der Adoleszenz die spontane Lösung dieses Dreiecks erleichtern. Einige Menschen scheinen in den späteren Jugendjahren gut auf relativ kurze Psychotherapie zu reagieren. Die besten und am besten analysierbaren Patienten gehören, mit welcher Symptomatik sie auch zur Behandlung kommen, oder umgekehrt, wenn sie gar keine Symptome haben, nach meiner Erfahrung zu dieser Gruppe.

Ich habe schon gesagt, psychische Gesundheit erfordert, daß während der ersten Jahre der Kindheitsentwicklung bestimmte entscheidende Attribute angebahnt werden, die sich gemäß unseren metapsychologischen Prämissen beschreiben lassen. Ich möchte sie kurz zusammenfassen. Während der prä-ödipalen Jahre erwirbt der psychische Apparat des Kindes strukturelle Attribute, um mit der dynamischen Energie fertigzuwerden, die durch ökonomische Merkmale gekennzeichnet ist. Ich habe an anderer Stelle ausdrücklich gesagt, daß die Qualität der Früherfahrungen, welcher Art die angeborene Triebausstattung auch sein mag, einen entscheidenden Einfluß auf die Menge und die Verteilung positiver und negativer Impulse (z. B. Aggression und Libido) hat, mit denen das Kind in spätere Entwicklungsperioden eintritt. Während der gleichen Periode entwickelt sich psychische Struktur durch einen Reifungsprozeß, der, wie Freud selbst in »Die endliche und die unendliche Analyse« (1937) gesagt hat, zum Teil von angeborenen konstitutionellen Faktoren bestimmt sein kann. Außerdem beeinflußt jedoch die Qualität der Beziehungen, die die ersten Ich-Identifikationen bestimmen, nicht nur die spätere Ich-Entwicklung, sondern sie hängt auch eng zusammen mit der Internalisierung der Vorläufer des definitiven Über-Ichs. Die Anpassungsfähigkeit des Kindes, das sich erfolgreich entwickelt, richtet sich zunächst hauptsächlich auf eine Bewältigung der äußeren Realität. Der Beginn der infantilen ödipalen Situation hat eine optimale Entwicklung der Unterscheidung zwischen innerer und äußerer Realität zur Folge, die zur Entstehung von Angst als Signal für intrapsychische Abwehr führt. Man kann also, wenn das potentiell gesunde Kind diese Stufe erreicht, klar erkennen, daß unsere metapsychologischen Annahmen in einem Entwicklungszusammenhang weiterhin ihre Gültigkeit behalten. Wie gesagt, umfaßt jedoch unsere Entwicklungshypothese per definitionem zu allen Zeiten sowohl progressive als auch regressive Möglichkeiten. Sowohl Entwicklungskrisen als auch situativ bedingte Krisen stellen einerseits Reifungsherausforderungen, andererseits signifikante Regressionsdrohungen dar.

Die Beendigungsphasen der Analyse sind gewiß eine wichtige Herausforderung für die Reifung. Es ist auch wohlbekannt, daß bei den meisten erfolgreichen Analysen diese Periode durch erhebliche regressive Züge gekennzeichnet ist. Das vorübergehende oder flüchtige Wiederauftauchen früherer neurotischer Symptome ist weder überraschend noch beunruhigend. Wichtiger ist das Wiederauftauchen früherer Konflikte, die Zweierbeziehungen gekennzeichnet hatten. Die Endstadien einer erfolgreichen Analyse sind im typischen Fall durch Trennungsangst, Traurigkeit und sogar Depression charakterisiert. Solche regressiven Erlebnisse sind aber kombiniert mit zusätzlichem Vergnügen in den erweiterten Bereichen konfliktfreier Betätigung, die durch die Analyse der Übertragungsneurose erleichtert worden ist. Während dieser entscheidenden Periode der Behandlung werden also sowohl die progressiven als auch die regressiven Folgen der Reifungsveränderung herausgehoben. Hier wird sich das Individuum auch völlig klar über den Umstand, daß es keine absoluten Kriterien der psychischen Gesundheit gibt. Ein endgültiges Annehmen der Grenzen der Realität und des eigenen Selbst kennzeichnet also die Endphasen einer erfolgreichen Analyse. Ein solches Annehmen ist eine notwendige Voraussetzung für die Fähigkeit, schmerzliche Affekte als unvermeidliche subjektive Erfahrung angesichts drohender oder tatsächlicher Enttäuschungen oder Verluste zu erkennen und zu ertragen. Diese Toleranz könnte man, wie bereits gesagt, als die Grundlage ansehen, auf der sich die Art von echter Bewältigung, die ich als die aktive Komponente der Reife bezeichnet habe, optimal entwickeln läßt. Schließlich, aber nicht zuletzt, kann der erfolgreich analysierte Patient erkennen, daß die Beendigung der Analyse selbst nicht als absolutes, sondern als relatives Ereignis anzusehen ist. Ich habe also noch einmal betont, welche Bedeutung die prä-ödipale Periode für die Anbahnung bestimmter, entscheidender Ich-Attribute hat: durch die Herstellung guter Zweier-Objektbeziehungen und die Internalisierung stabiler Ich-Identifikationen. Während dieses Prozesses entwickelt das Individuum zum erstenmal ein Ich, das fähig ist, Angst und Depression zu erleben, die, wie gesagt, als Grundzustände des Ichs anzusehen sind. Die Fähigkeit, sie zu erkennen, zu ertragen und zu bewältigen, muß jedoch in verschiedener Form und Gestalt während jeder wichtigen Periode der situations- und/oder entwicklungsbedingten Veränderung wiederholt und neu integriert werden.

Darüber hinaus habe ich die fortdauernde Bedeutung der infantilen ödipalen Situation als einer entscheidenden Wegmarke in der psychischen Entwicklung unterstrichen. Individuen, die dieses Niveau erreicht haben, können als potentiell gesund und fähig zu emotionaler Entwicklung angesehen werden. Ein relatives Versagen bei der Lösung dieses Konflikts, wenn er zum erstenmal auftaucht, kann die Lösung von zwei der Entwicklungsaufgaben der Adoleszenz, die Peter Blos nennt, beeinträchtigen: die Bewältigung des residualen Traumas und die Erlangung einer sexualisierten Identität. Derartige Teil-Ausfälle kennzeichnen jene Individuen, die als Erwachsene eine analysierbare Neurose bekommen. Man kann jedoch ins Feld führen, daß die der Adoleszenz eigene Triebregression eine zweite Gelegenheit für eine erfolgreiche Lösung bietet. Daher können in günstigen Fällen Menschen aus dieser Identitätskrise ohne signifikante emotionale oder charakterologische Probleme hervorgehen. Ich habe schließlich darauf hingewiesen, daß sowohl die regressiven als auch die progressiven Züge, die die Endphasen der Analyse kennzeichnen, das fortbestehende Bedürfnis bestätigen, jene Grundqualitäten des Ichs aufs neue zu erleben und aufs neue zu integrieren, die während der prä-ödipalen Periode zuerst angebahnt worden sind. Außerdem hängen jedoch sowohl die Mobilisierung und Ausnutzung von Energie in Bereichen konfliktfreier Betätigung als auch die Herstellung und Erhaltung einer reifen, sexualisierten Identität von einer adäquaten Lösung einer echten ödipalen Dreieckssituation ab.

»...Die [se] Einsetzung des Realitätsprinzips erwies sich als ein folgenschwerer Schritt. Zunächst machten die neuen Anforderungen eine Reihe von Adaptierungen des psychischen Apparats nötig, die wir infolge von ungenügender oder unsicherer Einsicht nur ganz beiläufig aufführen können... Während das Ich die Umwandlung vom Lust-Ich zum Real-Ich durchmacht, erfahren die Sexualtriebe jene Veränderungen, die sie vom anfänglichen Autoerotismus durch verschiedene Zwischenphasen zur Objektliebe im Dienst der Fortpflanzungsfunktion führen. Wenn es richtig ist, daß jede Stufe dieser beiden Entwicklungsgänge zum Sitz einer Disposition für spätere neurotische Erkrankung werden kann, liegt es nahe, die Entscheidung über die Form der späteren Erkrankung... davon abhängig zu machen, in welcher Phase der Ich- und Libidoentwicklung die disponierende Entwicklungshemmung eingetroffen ist. Die noch nicht studierten zeitlichen Charaktere der beiden Entwicklungen, deren

mögliche Verschiebung gegeneinander, kommen so zu unvermuteter Bedeutung.«
(Freud, 1911, S. 232–237)

Wenn wir noch die Fähigkeit zur emotionalen Entwicklung hinzufügen, definiert diese Aussage in der Nußschale die wesentlichen Probleme, vor die wir gestellt sind. Wieweit können wir 1970 die Bereiche
ausfüllen, die noch nicht untersucht waren, als Freud vor mehr als
einem halben Jahrhundert seine »Formulierungen über die zwei Prinzipien des psychischen Geschehens« schrieb?

Kriegsneurose: Ein klinischer Beitrag:
vorgetragen am 3. März 1943 in der Britischen Psychoanalytischen Gesellschaft, zum erstenmal veröffentlicht im Int. J. Psycho-Anal., 24 (1943).

Angst und die Fähigkeit, sie zu ertragen:
vorgetragen am 4. Mai 1949 vor der Britischen Psychoanalytischen Gesellschaft, zuerst veröffentlicht im Int. J. Psycho-Anal., 30 (1949).

Depression:
vorgetragen auf dem 21. Kongreß der Internationalen Psychoanalytischen Gesellschaft in Kopenhagen im Juli 1959. Veröffentlicht zuerst im Int. J. Psycho-Anal., 41 (1960).

Die depressive Position:
erste Veröffentlichung in: Affective Disorders, hrsg. von Phyllis Greenacre, New York (International Universities Press) 1953.

Über die Unfähigkeit, Depression zu ertragen:
erste Veröffentlichung unter dem Titel »Depression and the Incapacity to Bear It« in: Drives, Affects, Behavior, Bd. 2, hrsg. von Max Schur, New York (International Universities Press) 1965.

Konzept und Inhalt in der psychoanalytischen Theorie:
erste Veröffentlichung unter der Überschrift: »An Approach to the Relation between Concept and Content in Psychoanalytic Theory« in: The Psychoanal. Study of the Child, II (1956).

Die Beziehung zwischen Arzt und Patient in der Psychiatrie:
Bearbeitung einer Abhandlung mit dem Titel: »Übertragung in der Psychotherapie« (»Transference in Psychotherapy«), die auf einem Symposium über die Rolle der Übertragung am 20. Mai 1966 im Psychiatrie-Department der School of Medicine der Tufts University vorgelegt wurde.

Das Konzept der Übertragung:
vorgetragen auf dem 19. Kongreß der Internationalen Psychoanalytischen Gesellschaft in Genf, im Juli 1955. Erstveröffentlichung im Int. J. Psycho-Anal., 37 (1956).

Das therapeutische Bündnis bei der Hysterie-Analyse:
Bearbeitung eines Vortrages, der bei einer Zusammenkunft der American Psychoanalytic Association im Jahr 1958 gehalten wurde.

Die analytische Situation und der analytische Prozeß:
Bearbeitung von zwei Artikeln: 1. »Die analytische Situation«, vorgetragen auf dem ersten panamerikanischen Kongreß für Psychoanalyse im März 1964 und

zuerst veröffentlicht in: Psychoanalysis in the Americas, hrsg. von Robert E. Litman, New York (International Universities Press) 1966, und 2. »Der analytische Prozeß«, vorgetragen auf dem zweiten panamerikanischen Kongreß für Psychoanalyse im August 1966; zuerst veröffentlicht in: Psicoanális en las Américas, hrsg. von L. Grinberg, M. Langer und E. Rodrigué, Buenos Aires (Editorial Paidós) 1969.

Ein Zwangsneurotiker: Freuds Rattenmann:
Vortrag auf dem 24. Kongreß der Internationalen Psychoanalytischen Gesellschaft in Amsterdam im Juli 1965. Erste Veröffentlichung im Int. J. Psycho-Anal., 47 (1966).

Der sogenannte gute Hysteriker:
Erweiterung eines Vortrags, der im Juli 1967 auf dem 25. Kongreß der Internationalen Psychoanalytischen Gesellschaft in Kopenhagen gehalten wurde. Erstveröffentlichung im Int. J. Psycho-Anal., 49 (1968).

Ein Entwicklungsmodell und die Theorie der Therapie:
vorgelegt in Form eines Entwurfs bei der Podiumsdiskussion über »Die Theorie des therapeutischen Prozesses« auf der Herbstsitzung der American Psychoanalytic Association im Dezember 1963. Das in der Abhandlung benützte Modell wurde auch bei dem Symposium über Klassifikation vorgelegt, das auf dem 22. Kongreß der Internationalen Psychoanalytischen Gesellschaft in Edinburgh abgehalten wurde. Erstveröffentlichung im Int. J. Psycho-Anal., 46 (1965).

Abraham, K. (1911): Ansätze zur psycho-analytischen Erforschung und Behandlung des manisch-depressiven Irrseins und verwandter Zustände. In: Klinische Beiträge zur Psychoanalyse. Int. Psa. Verlag, Leipzig, Wien, Zürich 1921, X.

— (1924): A short study of the development of the libido, viewed in the light of mental disorder, ebd.

Alexander, F. (1925): A metapsychological description of the process of cure, Int. J. Psycho-Anal., 6.

— (1950): Analysis of the therapeutic factors in psychoanalytic treatment, Psychoanal. Quart., 19.

Arlow, J. A. (1963): Conflict, regression, and symptom formation, Int. J. Psycho-Anal., 44.

Atkin, S. (1958): A clinical investigation into the nature of character, Auszüge in: The psychoanalytic concept of character (rep. von A. F. Valenstein), J. Amer. psychoanal. Assoc., 6.

Balint M. (1952): Primary Love and Psycho-Analytic Technique, London (Hogarth Press); deutsch: Die Urformen der Liebe und die Technik der Psychoanalyse, Stuttgart (Ernst Klett) 1966.

Bibring, E. (1937): Contribution to the symposium on the theory of the therapeutic results of psycho-analysis, Int. J. Psycho-Anal., 18.

— (1947): The so-called English school of psychoanalysis, Psychoanal. Quart., 16.

— (1953): The mechanism of depression. In: Affective Disorders, hrsg. von P. Greenacre, New York (International Universities Press.).

Bibring, G. L. (1936): A contribution to the subject of transference resistance, Int. J. Psycho-Anal., 17.

Blos, P. (1968): Character formation in adolescence, The Psychoanal. Study of the Child, 23.

Bornstein, B. (1949): The analysis of a phobic child: some problems of theory and technique in child analyses, The Psychoanal. Study of the Child, 3—4.

Bowlby, J. (1946): Forty-Four Juvenile Thieves, Their Characters and Home Life, London (Baillière, Tindall & Cox).

Brain, W. (1963): The languages of psychiatry, Brit. J. Psychiat., 109.

Brierley, M. (1951): Trends in Psycho-Analysis, London (Hogarth Press).

Deutsch, H. (1929): The genesis of agoraphobia, Int. J. Psycho-Anal., 10.

Easser, B. R. & Lesser, S. R. (1965): Hysterical personality: a re-evaluation, Psychoanal. Quart., 34.

Eissler, K. R. (1953): The effect of the structure of the ego on psychoanalytic technique, J. Amer. psychoanal. Assoc., 1.

Erikson, E. H. (1950): Kindheit und Gesellschaft, Stuttgart (Ernst Klett) 2. A. 1965.

Fairbairn, W. R. D. (1943): The war neuroses: their nature and significance, Brit. med. J., 1.

Fenichel, O. (1939): The counter-phobic attitude, Int. J. Psycho-Anal., 20.

— (1941): Problems of Psychoanalytic Technique, New York (Psychoanalytic Quarterly Inc.).

— (1945): The Psychoanalytic Theory of Neurosis, New York (Norton).

Flügel, J. C. (1939): The examination as initiation rite and anxiety situation, Int. J. Psycho-Anal., 20.

Freud, A. (1927): Einführung in die Technik der Kinderanalyse, London (Imago) 1949 und München (Kindler) 1966.

— (1936): Das Ich und die Abwehrmechanismen, London (Imago), München (Kindler) 1964.

— (1949): Aggression in relation to emotional development: normal and pathological, The Psychoanal. Study of the Child, 3—4.

— (1954): The widening scope of indications for psychoanalysis, J. Amer. psychoanal. Assoc., 2.

Freud, S. (1900): Die Traumdeutung, Ges. W., Bd. II und III, Frankfurt a. M. (S. Fischer).

— (1905a): Psychische Behandlung, Ges. W., Bd. V.

— (1905b): Bruchstück einer Hysterie-Analyse, Ges. W., Bd. V.

— (1905c): Drei Abhandlungen zur Sexualtheorie, Ges. W., Bd. V.

— (1909a): Bemerkungen zu einem Fall von Zwangsneurose, Ges. W., Bd. VII.

— (1909b): Analyse der Phobie eines fünfjährigen Knaben, Ges. W., Bd. VII.

— (1910): Über »wilde« Psychoanalyse, Ges. W., Bd. VIII.

— (1911): Formulierungen über die zwei Prinzipien psychischen Geschehens, Ges. W., Bd. VIII.

— (1912): Ratschläge für den Arzt bei der psychoanalytischen Behandlung, Ges. W., Bd. VIII.

— (1913a): Zur Einleitung der Behandlung, Ges. W., Bd. VIII.

— (1913b): Die Disposition zur Zwangsneurose, Ges. W., Bd. VIII.

— (1914): Zur Einführung des Narzißmus, Ges. W., Bd. X.

— (1917): Trauer und Melancholie, Ges. W., Bd. X.

— (1918): Aus der Geschichte einer infantilen Neurose, Ges. W., Bd. XII.

— (1920): Jenseits des Lustprinzips, Ges. W., Bd. XIII.

— (1926): Hemmung, Symptom und Angst, Ges. W., Bd. XIV.

— (1933): Neue Folge der Vorlesungen zur Einführung in die Psychoanalyse, Ges. W., Bd. XV.

— (1937): Die endliche und die unendliche Analyse, Ges. W., Bd. XVI.

Gerö, G. (1936): The construction of depression, Int. J. Psycho-Anal., 17.

Gitelson, M. (1958a): On ego distortion, Int. J. Psycho-Anal., 39.

— (1958b): Discussant in panel: The psychoanalytic concept of character (rep. durch A. F. Valenstein), J. Amer. psychoanal. Assoc., 6.

— (1962): The curative factors in psychoanalysis: the first phase of psychoanalysis, Int. J. Psycho-Anal., 43.

Glover, E. (1932): Medico-psychological aspects of normality. On the Early Development of Mind, London (Imago) 1956; New York (International Universities Press) 1956.

— (1942): Notes on the psychological effects of war conditions on the civilian population. III. The ›Blitz‹ — 1940—41, Int. J. Psycho-Anal., 23.

— (1945): Examination of the Klein system of child psychology, The Psychoanal. Study of the Child, 1.

— (1947): Basic mental concepts: their clinical and theoretical value, Psychoanal. Quart., 16.

— (1954): Therapeutic criteria of psycho-analysis, Int. J. Psycho-Anal., 35.

— (1955): The Technique of Psychoanalysis, New York (International Universities Press).

Greenacre, P. (1941): The predisposition to anxiety, Trauma, Growth and Personality, London (Hogarth Press) 1952; New York (International Universities Press) 1969.

— (1945): The biologic economy of birth, ebd.

— (1952): Trauma, Growth and Personality, London (Hogarth Press); New York (International Universities Press) 1959.

— (1954): The role of transference: practical considerations in relation to psychoanalytic therapy, J. Amer. psychoanal. Assoc., 2.

— (1958): On transference. Gekürzt in panel: Technical aspects of transference (rep. D. Leach), J. Amer. psychoanal. Assoc., 6.

Greenson, R. R. (1959): Phobia, trauma and the ego. Gekürzt in panel: Phobias and their vicissitudes (rep. L. Ferber), J. Amer. psychoanal. Assoc., 7.

— (1960): Empathy and its vicissitudes, Int. J. Psycho-Anal., 41.

Hartmann, H. (1939): Ich-Psychologie und Anpassungsproblem, Stuttgart (Ernst Klett) 2. A. 1970.

— (1950): Psychoanalyse und Entwicklungspsychologie. In: Ich-Psychologie. Studien zur psychoanalytischen Theorie, Stuttgart (Ernst Klett) 1972.

— (1951): Die Bedeutung der Ich-Psychologie für die Technik der Psychoanalyse, ebd.

— (1952): Die gegenseitige Beeinflussung von Ich und Es in ihrer Entwicklung, ebd.

— (1954): Probleme der infantilen Neurose, ebd.

— (1964): Ich-Psychologie. Studien zur psychoanalytischen Theorie. Stuttgart (Ernst Klett) 1972.

Hartmann, H., Kris, E. & Loewenstein, R. M. (1946): Comments on the formation of psychic structure, The Psychoanal. Study of the Child, 2.

— (1949): Notes on the theory of aggression, The Psychoanal. Study of the Child, 3—4.

Heimann, P. (1942): A contribution to the problem of sublimation and its relation to processes of internalization, Int. J. Psycho-Anal., 23.

Hendrick, I. (1942): Instinct and the ego during infancy, Psychoanal. Quart., 11.

— (1943): Work and the pleasure principle, Psychoanal. Quart., 12.

— (1951): Early development of the ego: identification in infancy, Psychoanal. Quart., 20.

Isaacs, S. (1948): The nature and function of phantasy. In: Developments in Psycho-Analysis, hrsg. v. J. Riviere, London (Hogarth Press) 1952.

Jacobson, E. (1946): The effect of disappointment on ego and super-ego formation in normal and depressive development, Psychoanal. Rev., 33.

— (1953): Contribution to the metapsychology of cyclothymic depression. In: Affective Disorders, hrsg. v. P. Greenacre. New York (International Universities Press).

Jahoda, M. (1958): Current Concepts of Positive Mental Health, New York (Basic Books).

Jones, E. (1911): The pathology of morbid anxiety, Papers on Psycho-Analysis, London (Baillière, Tindall & Cox) 4. A. 1938.

— (1925): Introduction to symposium on the relation of psycho-analytic theory to psycho-analytic technique, Int. J. Psycho-Anal., 6.

— (1926): The origin and structure of the super-ego, Papers on Psycho-Analysis, London (Baillière, Tindall & Cox) 4. A. 1938.

— (1929): Fear, guilt and hate. Papers on Psycho-Analysis, London (Baillière, Tindall & Cox) 5. A. 1948.

— (1930): Psycho-analysis and psychiatry, ebd.

— (1932): The concept of a normal mind, ebd.

— (1936): Psycho-analysis and the instincts, ebd.

— (1946): A valedictory address, Int. J. Psycho-Anal., 27.

— (1947): The genesis of the super-ego, Papers on Psycho-Analysis, London (Baillière, Tindall & Cox) 4. A. 1948.

Kanzer, M. (1952): The transference neurosis of the Rat Man, Psychoanal. Quart., 21.

Klein, M. (1927): Symposium on child analysis, Contributions to Psycho-Analysis 1921—1945, London (Hogarth Press) 1948.

— (1932): Die Psychoanalyse des Kindes, Wien (Int. Psychoanal. Verlag) 1934.

— (1935): A Contribution to the psychogenesis of manicdepressive states, Contributions to Psycho-Analysis 1921—1945, London (Hogarth Press) 1948. Deutsch: Zur Psychogenese der manisch-depressiven Zustände, Int. Zs. f. Psa., 23 (1960).

— (1940): Mourning and its relation to manic-depressive states, ebd. Deutsch in: Das Seelenleben des Kleinkindes, Stuttgart (Ernst Klett) 1962.

— (1945): The oedipus complex in the light of early anxieties, Int. J. Psycho-Anal., 26.

— (1946): Notes on some schizoid mechanisms, Developments in Psycho-Analysis, London (Hogarth Press) 1952. Bemerkungen über einige Schizoide Mechanismen. In: Das Seelenleben des Kleinkindes, Stuttgart (Ernst Klett) 1962.

— (1948): Contributions to Psycho-Analysis 1921—1945, London (Hogarth Press).

296

— (1950): On the criteria for the termination of an analysis, Int. J. Psycho-Anal., 31.

— (1952): Developments in Psycho-Analysis, London (Hogarth Press).

Knapp, P. H., Levin, S., McCarter, R. H., Wermer, H. & Zetzel, E. (1960): Suitability for psychoanalysis: a review of one hundred supervised analytic cases, Psychoanal. Quart., 29.

Knight, R. P. (1953): Borderline states. In: Psychoanalytic Psychiatry and Psychology, hrsg. v. R. P. Knight & C. R. Friedmann, New York (International Universities Press) 1954.

Kris, E. (1950): On preconscious mental processes, Psychoanalytic Explorations in Art, New York (International Universities Press) 1952.

Lagache, D. (1951): Quelques aspects du transfert, Rev. franç. Psychanal., 15.

Lampl-de Groot, J. (1963): Symptom formation and character formation, Int. J. Psycho-Anal., 44.

Lewin, B. D. (1950): The Psychoanalysis of Elation, New York (Norton).

— (1954): Sleep, narcissistic neurosis, and the analytic situation, Psychoanal. Quart., 23.

Loewald, H. W. (1951): Ego and reality, Int. J. Psycho-Anal., 32.

— (1960): On the therapeutic action of psychoanalysis, Int. J. Psycho-Anal., 41.

Loewenstein, R. M. (1940): The vital or somatic instincts, Int. J. Psycho-Anal., 21.

Macalpine, I. (1950): The development of the transference, Psychoanal. Quart., 19.

Mahler, M. S. (1952): On child psychosis and schizophrenia: autistic and symbiotic infantile psychoses, The Psychoanal. Study of the Child, 7.

— (1963): Thoughts about development and individuation, The Psychoanal. Study of the Child, 18.

— (1969): On Human Symbiosis and the Vicissitudes of Individuation, Bd. 1, New York (International Universities Press); London (Hogarth Press).

Mahler, M. S. & LaPerriere, K. (1965): Mother-child interaction during separation-individuation, Psychoanal. Quart., 34.

Margolin, S. G. (1953): Genetic and dynamic psychophysiological determinants of pathophysiological processes. In: The Psychosomatic Concept in Psychoanalysis, hrsg. v. F. Deutsch, New York (International Universities Press).

Modell, A. H. (1963): Primitive object relationships and the predisposition to schizophrenia, Int. J. Psycho-Anal., 44.

Nacht, S. & Racamier, P. C. (1960): Symposium on depressive illness. II. Depressive states, Int. J. Psycho-Anal., 41.

Ogilvie, H. (1949): In praise of idleness, Brit. med. J., 1.

Pear, T. H. (1948): Perspectives in modern psychology, Brit. J. Psychol., 38.

Radó, S. (1928): The problem of melancholia, Int. J. Psycho-Anal., 91.

Rank, B. (1949): Aggression, The Psychoanal. Study of the Child, 3—4.

— & MacNaughton, D. (1950): A clinical contribution to early ego development, The Psychoanal. Study of the Child, 5.

Rank, O. (1924): Das Trauma der Geburt und seine Bedeutung für die Psychoanalyse, Leipzig.

Rapaport, D. (1960): Die Struktur der psychoanalytischen Theorie, Stuttgart
(Ernst Klett) 2. A. 1970.

— (1967): Collected Papers, hrsg. v. M. Gill, New York und London (Basic
Books).

— & Gill, M. M. (1959): The points of view and assumptions of metapsychology, Int. J. Psycho-Anal., 40.

Reich, A. (1958): A character formation representing the interaction of unusual
conflict solutions into the ego structure. Abstracted in panel: The psychoanalytic concept of character (rep. A. F. Valenstein), J. Amer. psychoanal.
Assoc., 6.

Reik, T. (1941): Aggression from anxiety, Int. J. Psycho-Anal., 22.

Ritvo, S. & Solnit, A. J. (1958): Influences of early mother-child interaction on
identification processes, The Psychoanal. Study of the Child, 13.

Rosenberg, E. (1946): Siehe Zetzel, E. Rosenberg (1946).

Rosenfeld, H. (1952): Transference-phenomena and transferenceanalysis in an
acute catatonic schizophrenic patient, Int. J. Psycho-Anal., 33.

Schur, M. (1953): The ego in anxiety. In: Drives, Affects, Behavior, hrsg. v.
R. M. Loewenstein, New York (International Universities Press).

— (1955): Comments on the metapsychology of somatization, The Psychoanal.
Study of the Child, 10.

Spitz, R. A. (1945): Hospitalism: an inquiry into the genesis of psychiatric
conditions in early childhood, The Psychoanal. Study of the Child, 1.

— (1946): Anaclitic depression: an inquiry into the genesis of psychiatric conditions in early childhood, The Psychoanal. Study of the Child, 2.

— (1956): Countertransference: comments on its varying role in the analytic
situation, J. Amer. psychoanal. Assoc., 4.

Sterba, R. (1934): The fate of the ego in analytic therapy, Int. J. Psycho-Anal.,
15.

Stone, L. (1961): The Psychoanalytic Situation, New York (International Universities Press).

Strachey, J. (1934): The nature of the therapeutic action of psychoanalysis, Int.
J. Psycho-Anal., 15.

Tartakoff, H. (1958): Introduction to panel: The psychoanalytic concept of
character, J. Amer. psychoanal. Assoc., 6.

— (1966): The normal personality in our culture and the Nobel Prize complex.
In: Psychoanalysis — A General Psychology: Essays in Honor of Heinz
Hartmann, hrsg. v. R. M. Loewenstein et. al., New York (International
Universities Press).

Trotter, W. (1916): Instincts of the Herd in Peace and War, London (Benn)
2. A. 1919.

Waelder, R. (1937): The problem of the genesis of psychical conflict in earliest
infancy, Int. J. Psycho-Anal., 18.

— (1954): Contribution to panel: Defence mechanisms and psychoanalytic technique, J. Amer. psychoanal. Assoc., 2.

Winnicott, D. W. (1955): Metapsychological and clinical aspects of regression within the psycho-analytical set-up, Collected Papers, London (Tavistock Publications) 1958.

Wisdom, J. O. (1961): A methodological approach to the problem of hysteria, Int. J. Psycho-Anal., 42.

Zetzel, E. Rosenberg (1946): An unusual neurosis following head injury, Int. J. Psycho-Anal., 27.

— (1953): Reality trauma and reality sense, Int. J. Psycho-Anal., 35 (Auszug).

— (1964): Symptom formation and character formation: a contribution to discussion, Int. J. Psycho-Anal., 45.

— (1965): Dynamics of the metapsychology of the aging process. In: Geriatric Psychiatry, hrsg. v. M. A. Berezin & S. H. Cath, New York (International Universities Press).

Zilboorg, G. (1933): Anxiety without affect, Psychoanal. Quart., 2.

**Bibliographie der
Veröffentlichungen von
Elizabeth R. Zetzel**

1940
(Mit E. Guttmann.) Chronic neurotics and the outbreak of war, Lancet, 239.

1943
A clinical contribution to the psychopathology of the war neuroses, Int. J. Psycho-Anal., 24. (Vortrag vor der British Psycho-Analytical Society, 3. März 1943. Neudruck: Ybk Psychoanal., 1.)

1946
An unusual neurosis following head injury, Int. J. Psycho-Anal., 27. Vortrag vor der British Psycho-Analytical Society, 1. Mai 1946.)

1949
Anxiety and the capacity to bear it, Int. J. Psycho-Anal., 30. (Vortrag vor der British Psycho-Analytical Society, 4. Mai 1949. Neudruck: Ybk Psychoanal., 6.)
The changing functions of a psychiatric outpatient department, Quart. Bull. Brit. psychol. Soc., 1, Nr. 5.

1951
Observations on dynamic changes after prefrontal lobotomy, Archs Neurol. Psychiat., 66; J. nerv. ment. Dis., 116. (Vortrag vor der Boston Society of Psychiatry and Neurology, 17. Mai 1951.)

1952
Psychoanalytic observations regarding the dynamic effects of prefrontal lobotomy, Bull. Amer. psychoanal. Assoc., 8.

1953
The dynamic basis of supervision, J. soc. Casework, 34.
The depressive position. In: Affective Disorders, hrsg. v. P. Greenacre, New York (International Universities Press).
Beitrag zur Discussion. In: The Psychosomatic Concept in Psychoanalysis, hrsg. v. F. Deutsch, New York (International Universities Press).
Panel Report: The traditional psychoanalytic technique and its variations, J. Amer. psychoanal. Assoc., 1.

1954
Reality trauma and reality sense. (Auszug). Int. J. Psycho-Anal., 35. (Vortrag vor dem Congress der International Psycho-Analytical Association, London, 1953.)
Panel Report: Defence mechanisms and psychoanalytic technique, J. Amer. psychoanal. Assoc., 2.

1955

The concept of anxiety in relation to the development of psychoanalysis, J. Amer. psychoanal. Assoc., 3.

1956

Current concepts of transference, Int. J. Psycho-Anal., 37. (Vortrag vor dem 11. Congress der International Psycho-Analytical Association, Geneva, 1955.)

An approach to the relation between concept and content in psychoanalytic theory: with special reference to the work of Melanie Klein and her followers, Psychoanal. Study Child, 11.

1958

Therapeutic alliance in the psychoanalysis of hysteria. Auszug in Panel: Technical aspects of transference (rep. D. Leach), J. Amer. psychoanal. Assoc., 6.

Ernest Jones: his contribution to psycho-analytic theory, Int. J. Psycho-Anal., 39. (Aus einem Vortrag vor British Psycho-Analytical Society, 19. März 1958, und American Psychoanalytical Association, 11. Mai 1958.)

1960

Criteria for analysability. (Panel der American Psychoanalytic Association.) J. Amer. psychoanal. Assoc., 8.

Introduction to symposium on depressive illness, Int. J. Psycho-Anal., 41. (Vortrag vor dem 21. Congress der International Psycho-Analytical Association, Copenhagen 1959.)

The problem of accrediation, Bull. Philadelphia Assoc. Psychoanal., 10.

(Mit P. H. Knapp et al.) Suitability for psychoanalysis: a review of one hundred supervised analytic cases, Psychoanal. Quart., 29.

1961

Melanie Klein 1882—1960, Psychoanal. Quart., 30.

1964

Symptom formation and character formation: a contribution to discussion, Int. J. Psycho-Anal., 45. (Vortrag vor dem 23. Congress der International Psycho-Analytical Association, Stockholm, 1963.)

Closing address: First Pan-American Congress for Psychoanalysis, Int. J. Psycho-Anal., 45.

Diskussion eines Vortrags von Herbert Rosenfeld: ›Object relations of the acute schizophrenic patient in the transference situation‹. In: Recent Research on Schizophrenia, hrsg. v. P. Solomon & R. C. Glueck, Washington, D. C.: American Psychiatric Association.

1965

The use and misuse of psychoanalysis in psychiatric evaluation and psychotherapeutic practice. In: Proceedings of the 6th International Congress of Psychotherapy, hrsg. v. M. Pines & T. Spoerri, Basel und New York (Karger).

Depression and the incapacity to bear it. In: Drives, Affects, Behavior, vol. 2, hrsg. v. M. Schur, New York (International Universities Press).

Dynamics of the metapsychology of the aging process. In: Geriatric Psychiatry, hrsg. v. M. A. Berezin & S. H. Cath, New York (International Universities Press).

The effects of psychotherapy, Int. J. Psychiat., 1, nos. 1—2.

The theory of therapy in relation to a development model of the psychic apparatus, Int. J. Psycho-Anal., 46. (Vortrag vor dem 22. Congress der International Psycho-Analytical Association, Edinburgh, 1961, und der American Psychoanalytic Association, December 1963.)

1966

The analytic situation. In: Psychoanalysis in the Americas, hrsg. v. Robert E. Litman, New York (International Universities Press). (Vortrag vor dem ersten Pan-American Congress for Psychoanalysis, Buenos Aires 1964.)

The predisposition to depression, Canad. psychiat. Assoc. J., 11 (suppl.). (Vortrag bei der McGill University Research Conference on The Depressive Group of Illnesses, February 1965.)

Drugs or psychotherapy — William Sargant. In: Psychiatric Drugs, hrsg. v. P. Solomon, New York (Grune & Stratton). (Vortrag bei der Conference on Psychiatric Drugs, Boston State Hospital, 1965.)

In memoriam: Max Gitelson 1902—1965, J. Amer. psychoanal. Assoc., 14.

1965: Additional notes upon a case of obsessional neurosis: Freud 1909, Int. J. Psycho-Anal., 47. (Vortrag auf dem 24. Congres of the International Psycho-Analytical Association, Amsterdam 1965.)

Transference in psychotherapy. (Presented at Symposium on the Role of Transference in Psychotherapy, Department of Psychiatry, Tufts University School of Medicine, 20. Mai 1966.)

1967

(With J. Ewalt et al.) Long-term treatment of chronic schizophrenia, Int. J. Psychiat., 4.

The relationship of defence to affect and its tolerance. In: The Unconscious Today. (Essayband zu Ehren von Max Schur; im Erscheinen.) (Vortrag beim Annual Meeting der American Psychoanalytical Association, 1967.)

1968

The so-called good hysteric, Int. J. Psycho-Anal., 49. (Vortrag auf dem 25. Congress der International Psycho-Analytical Association, Copenhagen 1967.)

Represión de la experiencia traumática y proceso de aprendizaje. (Repression of traumatic experience and the learning experience.) Rev. Psicoanál., 25. Vortrag beim Fall Meeting der American Psychoanalytical Association, 1964. Auszug in Panel: Memory and repression, rep. W. G. Niederland, J. Amer. psychoanal. Assoc., 13 (1965).

Discussion of ›Psychoanalytic theory and the teaching of dynamic psychiatry‹

by R. M. Loewenstein. In: The Teaching of Dynamic Psychiatry, hrsg. v. G. L. Bibring, New York (International Universities Press). (Beitrag zum Beth Israel Hospital Symposium, 1964.)

1969

The analytic process. In: Psicoanálisis en las Américas, hrsg. v. L. Grinberg et. al. Buenos Aires (Paidós).

96 Gloucester Place: some personal recollections, Int. J. Psycho-Anal., 50.

1970

Discussion of ›Towards a basic psychoanalytic model‹ by Joseph Sandler and W. G. Joffe. Int. J. Psycho-Anal., 51. (Vortrag auf dem 26. Congress der International Psycho-Analytical Association, Rome, 1969.)

Buchbesprechungen

1932

Mind and Money — A Psychologist Looks at the Crisis, von J. T. MacCurdy, Int. J. Psycho-Anal., 13.

1933

Sin and the New Psychology von C. E. Barbour, Int. J. Psycho-Anal., 14.

1934

A New Physiological Psychology von W. Burridge, Int. J. Psycho-Anal., 15.

1938

Modern Psychology in Practice von W. L. Neustatter, Int. J. Psycho-Anal., 19.

The Management of Early Infancy; Puberty and Adolescence; The Psychological Approach; The Neurotic Character; von E. J. Partridge et al., Int. J. Psycho-Anal., 19.

Love and Happiness (Intimate Problems of the Modern Woman) von I. M. Hotep, Int. J. Psycho-Anal., 19.

1941

Clinical Studies in Psychopathology: A Contribution to the Aetiology of Neurotic Illness von H. V. Dicks, Int. J. Psycho-Anal., 22.

1955

Recent British approaches to problems of early mental development. (Developments in Psycho-Analysis von Melanie Klein et al.; Primary Love and Psycho-Analytic Technique von M. Balint; Psycho-Analytical Studies of the Personality von R. D. Fairbairn; ›The so-called English school of psycho-analysis‹ von E. Bibring.) J. Amer. psychoanal. Assoc., 3.

1958

Envy and Gratitude: A Study of Unconscious Sources von Melanie Klein, Psychoanal. Quart., 27.

1963

The significance of the adaptive hypothesis for psychoanalytic theory and practice. (Psychoanalysis of Behavior: Collected Papers von S. Radó & G. E. Daniels.) J. Amer. psychoanal. Assoc., 11.

1965

Introduction to the Work of Melanie Klein von H. Segal, Psychoanal. Quart., 34.

1966

Personality Structure and Human Interaction von H. Guntrip, Psychiatry, 29.

1967

Psychosis and the very young infant. (Psychotic States von H. A. Rosenfeld.), Contemp. Psychol., 12.

Psychoanalytic Supervision von J. Fleming & T. F. Benedek. J. nerv. ment. Dis., 145.

Psychoanalysts in Training—Selection and Evaluation von H. R. Klein, Psychosom. Med., 29.

1968

The Psychoanalysis of Dreams von A. Garma, Psychoanal. Quart., 37.

1969

The Technique and Practice of Psychoanalysis, vol. 1, von R. R. Greenson, Int. J. Psycho-Anal., 50.

—, »Matrix« der 185, 203, 227
—, Objektbeziehungen in der 172 f.,
175
— und Abwehr 174, 179
— und Realität 153 f., 200, 219, 243 f.
Übertragungsdeutung 155—157,
172 f., 179—181, 188, 227, 265
—, frühe — und verfrühte 154, 174 f.,
177, 192, 206, 210 f.
—, mutative 171, 211 f.
Übertragungsneurose
— als Widerstandsmanifestation
172 f., 175, 203
—, analysierbare —, beim Rattenmann
165, 219, 229
—, Auftauchen, Entwickeln, Entstehen
einer 155, 159, 163 f., 167, 190, 206,
229, 243
— bei Hysterikern 11, 163, 188, 230 f.,
243, 265, 280
—, Fehlen einer analysierbaren — bei
Zwangsneurotikern 163, 239 f., 264
—, regressive 151, 192, 198, 239
—, Rolle der Angst in der 15, 88, 208,
250
—, sexualisierte 193, 195, 199, 231, 243
— und Entwicklung 168, 259—261,
263 f., 267 f.
—, Wiederbelebung früher Konflikte
in der 213, 237, 247
s. a. Regression, therapeut. Bündnis
Übertragungsobjekte und Trennungs-
bewältigung 97
Übertragungssituation
—, Bedeutung primitiver Phantasien
in der 174, 179
—, Rolle der Regression in der 170,
176, 179, 181 f., 191, 193
— und Objektbeziehungen 81 f., 197
Unbewußtes, verdrängtes 167, 258
Urszene 286
Urvertrauen, Grundvertrauen 62,
203 f., 206 f., 209, 254, 262

Valenstein, A. F. 293, 294, 298

Vater
—, Abwesenheit oder Verlust des -s
24, 26, 97—100, 104, 226, 238
—, Vater-Sohn-Beziehung 23, 226,
236
—, Vater-Tochter-Beziehung 111, 157,
236—238, 241, 244
Verdrängung 89, 199 f.
— aggressiver Tendenzen (unter-
drückte) 27
— ödipaler Phantasien 260
— und Abwehr 234, 250, 260
— und Angst 36, 171
— und Depression 58
Verfolgungsangst 41
Verleugnung 50 f., 53, 55, 115, 191,
224 f.
Verschiebung 112, 170, 191, 194, 257 f.
Verzerrung
— aufgrund einer Übertragungsneurose 167, 187, 197
— der Objektbeziehungen, aufgrund
frühreifer genitaler Aktivität 129
—, Ich-, Anpassungswert einer 90

Waelder, R. 71, 126, 174, 298
Wahnideen, -vorstellungen 101—103,
130
Weiblichkeit
—, Abwertung der 113, 241
—, beeinträchtigte 196
—, Passivität und 283—286
Wermer, H. 163, 297
Widerstand 170, 176, 185, 199 f.
—, Regression als Manifestation
eines -s 176
—, Übertragungsneurose als Mani-
festation eines -s 172 f., 175, 203
Wiederherstellung, Wiedergut-
machung 33, 69, 84
Wiederholungszwang 95, 170, 182, 286
Wilde, O. 114
Winnicott, D. W. 7, 179, 299
Wisdom, J. O. 230—232, 299

Weitere Titel der
KONZEPTE DER HUMANWISSENSCHAFTEN

Charlotte Bühler† / Melanie Allen: Einführung in die humanistische Psychologie. Aus dem Amerikanischen von Emmy-Renate Schön. ISBN 3-12-901490-X

Adolf M. Däumling / Jörg Fengler / Lothar Nellessen / Axel Svensson†: Angewandte Gruppendynamik. Selbsterfahrung — Forschungsergebnisse — Trainingsmodelle. ISBN 3-12-901890-5

Uwe Laucken: Naive Verhaltenstheorie. Ein Ansatz zur Analyse jenes Konzeptrepertoires, mit dem im alltäglichen Lebensvollzug das Verhalten der Mitmenschen erklärt und vorhergesagt wird. ISBN 3-12-925260-6

George A. Miller / Eugene Galanter / Karl H. Pribram: Strategien des Handelns. Pläne und Strukturen des Verhaltens. Mit einer Einführung von Hans Aebli. Aus dem Amerikanischen von Paul Bärtschi. ISBN 3-12-925890-6

Ashley Montagu: Körperkontakt. Die Bedeutung der Haut für die Entwicklung des Menschen. Aus dem Amerikanischen von Eva Zahn. ISBN 3-12-905880-X

Frederick S. Perls: Gestalt-Therapie in Aktion. Aus dem Amerikanischen von Joseph Wimmer. ISBN 3-12-906270-X

René A. Spitz: Das Leben und der Dialog. Aus dem Englischen von Käte Hügel. ISBN 3-12-907150-4

D. W. Winnicott: Vom Spiel zur Kreativität. Aus dem Englischen von Michael Ermann. ISBN 3-12-908720-6

ERNST KLETT VERLAG STUTTGART